上海档案史料研究

上海市档案馆 编

第二十一辑

《上海档案史料研究》编辑委员会

目　录

专题研究

译林

读档札记

档案指南

档案架

学术动态

Shanghai Archives & Records Studies, Vol. 21
Contents

Monograph

Translation

Archival Jotting

Guide to Archival Materials

Archive Library

Academic Activity

专题研究

1919年上海南市垃圾清理与民初卫生防疫观念述论

姬凌辉

始于1916年10月的上海南市垃圾堆积问题成为1919年华界市政顽疾之一,其根源在于市政经费短绌和垃圾码头改建延宕。此年7月—9月间,上海暴发了严重的霍乱疫情,不仅造成大量居民死亡,而且给上海公共卫生管理带来了挑战。加之公众舆论的导向作用,南市垃圾堆积问题再次被推到台前。淞沪警察厅作为南市卫生防疫的主要行政机构,基于种种考量,便将垃圾清理作为主要防疫措施。但从时人言论出发,针对饮用水和食物的消毒灭菌措施对于防治霍乱才最具有实效性和针对性,理论上的消毒和实际上的垃圾清理之间存在观念上的落差,折射出时人防疫观念的复杂与多元。

对于1919年上海霍乱防治与城市公共环境卫生管理已有不少研究成果,且关注的重点多为病名、疫情、防疫和公共卫生,然而对于其背后的卫生防疫观念挖掘尚少。① 近年来,余新忠、路彩霞等学者已关注

---

① 如程恺礼(Kerrie MacPherson)的《霍乱在中国(1820—1930):传染病国际化的一面》(刘翠溶,伊懋可主编:《积渐所至:中国环境史论文集》,台北中研院经济所,2000年)堪称研究霍乱的经典之作,该文对霍乱的起源和病名古今中外含义流变进行了着重探讨。其代表作 *A Wilderness of Marshes: The Origins of Public Health in Shanghai* (Hong Kong: Oxford University Press, 1987,2002)则论述了上海西式公共卫生制度的构建历程。李玉尚和韩志浩在《霍乱与商业社会中的人口死亡——以1919年的黄县为例》(《中国历史地理论丛》,2009年第4期)一文中,利用黄县县志和县卫生局档案,一方面探讨了1919年霍乱的传播路线、各区域死亡人口的数字统计,另一方面揭示了商业社会中霍乱的传播和人口死亡模式。胡勇的《民国时期上海霍乱频发的原因探略》(《气象与减灾研究》,2007年第2期)一文则从宏观上总结出民国时期上海霍乱频发的原因,认为上海的霍乱不仅是一种烈性传染病,而(转下页)

到清末民初疫病观念变迁问题,但他们基本上均认为民初国人的疫病观念是“疫虫观”。① 且如何将疾病史与环境史研究更好的结合起来,仍然值得进一步思考。若从技术层面上讲,霍乱弧菌才是霍乱致病之原,针对饮用水和食物的措施才最具有针对性和实效性。而对于1919年霍乱,上海南市②防疫工作的重点却是垃圾清理,何以出现这种偏差?这其中包含哪些复杂的历史情节?本文拟以1919年霍乱疫情暴发为时间节点,以上海南市垃圾清理为个案,意图揭示民初防疫行为和观念之间的复杂面相。

一、南市垃圾堆积问题之由来

1919年上海正处于工巡捐局时期③,作为主要自治机构的工巡捐局影响力在此时期处于逐渐被削弱的境地。由于工巡捐局的权力是来自于上海镇守使公署的任命,所以其权力是来自于上级的威权,加之其

(接上页)且还是近代上海城市环境畸形病态发展的结果;马长林、刘岸冰在文章《民国时期上海传染病防治的社会环境》(《民国档案》,2006年第1期)中以民国时期上海发生的各种传染病(以霍乱为主)为背景,探讨了当时上海传染病防治的社会环境与公共卫生体系发展之间的关系,重点关注了传染病防治与公共卫生,但并未揭示出防疫行为背后的防疫观念。姬凌辉的《流感与霍乱:民初上海传染病防治初探(1918—1919)》(《商丘师范学院学报》,2014年第7期)一文,虽然对1919年流感与霍乱疫情下的上海各方面疫病防治工作,进行了较为细致的梳理,但对租界和华界防疫行为和观念之间的复杂关系并未深究。刘文楠的《治理“妨害”:晚清上海工部局市政管理的演进》(《近代史研究》,2014年第1期)一文,从“治理妨害”的角度出发,探讨了上海市工部局对华人不卫生行为的规训与惩罚措施的演变过程,但对华界市政管理的演进介绍不多。

① 余新忠:《从避疫到防疫:晚清因应疾病观念的演变》,《华中师范大学学报》,2008年第2期,第58页。路彩霞:《清末京津公共卫生机制演进研究(1900—1911)》,湖北人民出版社2010年版,第140—157页。

② 南市区是上海老县城所在地,是上海城市发祥地。晚清时期租界在城北地区辟设以后,形成北市,老城厢及小南门、十六铺以南沿江地区被称为“南市”,即是本文所指南市。参见熊月之主编:《上海通史》(第1卷:导论),上海:上海人民出版社,1999年,第121—122页。又有民国三年版《上海指南》中记载,“十六铺以北各国租界统称北市;十六铺以南地方则曰南市”。引自薛理勇:《上海老城厢史话》,立信会计出版社1997年版,第8页。

③ 上海1905—1927年的地方自治划分为五个时期,即城厢内外总工程局(1905—1909)、自治公所(1909—1911)、市政厅(1911—1914)、工巡捐局(1914—1924)、市公所(1924—1927)等,参见周松青:《上海地方自治研究:1905—1927》(序一),上海社会科学院出版社,2005年,第2页。

背景与具有中立色彩的市政厅无法相比,这使得有较长期地方自治传统的上海民众对之尤其缺乏好感,直接后果是地方民众的低配合率。①在1914年4月1日,工巡捐局又将"清道、路灯两项移交沪南警察分厅厅长崔凤舞接收办理"②,此举又剥离了其权力,但工巡捐局仍然是卫生建筑设施的主要施工单位。魏斐德认为,20世纪初期中国城市警察的职责非常广泛,包括管理商务、审查报刊、检查住房、巡视店铺、颁发行医执照和开设难童收容所,此外还要负责食品检疫、卫生、消防、公共福利、大众教育和人口普查等工作③,故此时的淞沪警察厅④是华界地区疫病防治和公共环境卫生管理的主要机关。

早在1898年,华界就已颁布《沪南新筑马路善后章程》二十四款,其中明确规定要"定时倾倒垃圾"、"不许随路大小便"、"不准堆物碍路"⑤,而鉴于"公共租界马路违犯章程,皆有罚款,今南市马路事同一律",华界又颁布《简明罚款章程》六条,并命令"巡勇随时拘局罚办"⑥。一般而言,华界垃圾主要由淞沪警察厅所属的巡警和清道夫役负责清扫,并集中到垃圾码头进行堆放,警厅复将华界垃圾转运业务承包给较大的挑运者或船户,并由工巡捐局工程处负责修筑和维护垃圾转运码头,承包者复将所有垃圾按照码头分区转包,此又形成诸多大小不一的承运船户,这些船户多从上海郊区而来,进而将各垃圾码头的垃圾转运到乡下,所以垃圾码头也就成为整个垃圾清运过程的关键所在。

---

① 周松青:《上海地方自治研究:1905—1927》,上海社会科学院出版社2005年版,第239—240页。

② 《警厅接办清道路灯之整理》,《申报》,1914年4月2日,第3张,第10版。

③ [美]魏非德:《上海警察,1927—1937》,章红等译,上海古籍出版社2004年版,第17页。

④ 1913年袁政府颁布《划一现行地方警察官厅组织令》,即依照成立淞沪警察厅,管辖区域跨有上海、宝山两县。内部设机要处、督察处以及总务、行政、司法、卫生等四科;外部设一、二、三、四、五、六各区署,区以下设分所十九处。另设保安警察一队,游巡警察四队,水巡警察一队,侦缉警察一队,警察人员共为三千余人。当二次革命时,该厅曾一度分设为两分厅,因袁政府感觉警力薄弱,明令改委淞沪水陆警察督办。又藉口警察人数不敷分派,陆续调来大批北洋警察,分别编组,于是上海警察始有北洋色彩。在江浙战争以前,因淞沪政权旁属的问题,该厅长时为徐国梁,竟于1923年11月10日被人刺死。参引自上海通社编:《旧上海史料汇编》(上册),北京图书馆出版社,1998年,第91—92页。

⑤ 《沪南新筑马路善后章程》,《申报》,1898年1月21日,第58册,第110页。

⑥ 《马路罚款》,《申报》,1898年2月1日,第58册,第156页。

南市垃圾堆积问题始于1916年,此年10月中旬,十六铺垃圾码头承运船户向淞沪警察厅报告称,"因十六铺老垃圾码头年久失修,咸均损裂,近更风吹雨打,日晒夜露,致上面装置木漏斗霉烂不堪,虽经船户勉力支持,无如东斜西侧,实难倾倒。况查该处原为众码头最要区域,矧此秋令垃圾广多之际,而又该漏斗为逐日动用之件,若不呈请赶速修理,殊于公务在所关系。"请求淞沪警察厅转令沪南工巡捐局工程处,派工赶速修葺完善。10月17日,警察厅回复道,"查该处垃圾码头前曾修复,今尚未坏,惟码头上拖出之板为垃圾车压重,略有损破。现已饬知工程处赶紧修补,但此板本属不能行车,应请嗣后特别注意,以免复修复坏。"但是这种小修小补并不能从根本上解决垃圾转运问题,1917年8月10日,淞沪警察厅致函沪南工巡捐局,讨论垃圾码头修理事宜,"查南市十六铺垃圾码头前因朽坏,曾经贵局修理在案。近因阅时已久,又复破坏。来此近日垃圾车辆,每日因车载重量,不能送上码头,该处道路既狭,停车不便,所有车上垃圾势须先倒路旁,再由夫役特用畚箕送至船上,不特稽延时刻,是以夫役在上搬运危险堪虞。"8月13日,南市工巡捐局函复称,"该处垃圾码头并未损坏,惟码头边披出之板系属活动,以备潮水涨落时高低之用。本不能行驶车辆,运垃圾车往往从板上经过,板系活动,误以为码头损坏。"实际问题并不在此,而在于沪南工巡捐局不愿对码头做大规模修整,恐为筹措工程款项所累,故辩称码头并无大碍。

1918年2月,沪南工巡捐局又将"小南门外仓桥浜东首圣贤桥基址填塞后,又将西首小闸桥之瓦筒阴沟接排,朝东惟仅做丈余,工程旋即中断,尚未续做。故每逢雨天,积水甚多,秽气逼人,兼之垃圾夫将城内各处车出之垃圾在彼堆储,致臭气更甚"①。1918年12月,淞沪警察厅厅长徐国梁与上海宁绍商轮公司协商,决定在原十六铺垃圾码头基础上改建新垃圾码头,"并议定由敝公司分认经费,计元一千六百两"。根据协议,淞沪警察厅将允许该公司在新垃圾码头之上搭建楼房充当货栈,这也是宁绍商轮公司愿意出钱办事的原因所在。但淞沪警察厅考虑到自身经费支绌,希望宁绍商轮公司能在一千六百两基础上,再加

① 《整顿沪南道路卫生之筹议》,《申报》,1919年2月27日,第3张第11版。

追四百五十两,总计二千零五十两,相当于总预算四千一百两的二分之一。宁绍商轮公司则表示难以接受,此事便搁置下来,任由垃圾堆积在旧码头上。

1919 年 5 月 9 日,宁波旅沪同乡会张美翊(字让三)、钱廷爵(字达三)、方舜年(字樵苓)集体致函沪南工巡捐局局长姚石荪,就宁绍公司码头附近垃圾堆积问题进行调解,“执事允在该处筑墙障蔽,以免秽气熏蒸,而公司亦愿津贴费用,洵属一举两得。现值夏令炎热,关系更为紧要。”最终议定宁绍公司照付一千六百两建筑经费,另由久记营造公司负责垃圾码头围墙施工及十六铺码头改造,并于 5 月 16 日开工。改造十六铺码头就意味着要将该处垃圾转移到其他码头上,而淞沪警察厅所属“大码头”即在宁绍公司附近,“原议一二月工竣即行迁回,乃不意开工数月,迄今尚未完工。”且大码头的水文条件本就不利于卸运垃圾,“该码头外涨滩甚宽,以致运送垃圾船只不能靠岸,即俟潮大可以靠岸,而潮落即行搁浅。”如此以来,大码头堆积的垃圾愈来愈多。沪南工巡捐局工程处只好加装一块五尺长的跳板,但在跳板上来回卸运垃圾不免散落,潮水一涨,极易冲泻入江,进而堵塞航道。①

1919 年 5 月 25 日,淞沪警察厅厅长徐国梁发布训令,要求各区署所严厉处理垃圾堆积问题,并制定奖惩办法,要求清道员随时督饬夫役勤加打扫各处道路,并规定若有违犯“该管清道员初次记过,再次罚薪,三次撤差。该管署长署员,有监督指挥之权,并当同负责任”。还针对市民制定了“九条垃圾罚则”,对倾倒垃圾的时间和地点、门前垃圾清扫、禁止任意便溺、惩处办法等做出详细规定。② 从上文可知,若不首先解决垃圾码头问题,其他各种奖惩和清道措施也只不过是避实就虚之举。

总之,十六铺垃圾码头施工迁延数月,而临时堆放在大码头的垃圾也愈积愈多。垃圾堆积不仅妨害公共卫生,还影响了码头附近的水文航道环境。关于垃圾堆积问题,淞沪警察厅、沪南工巡捐局、宁绍商轮

---

① 以上关于十六铺垃圾码头改建内容均引自《沪南工巡捐局关于警察厅请修十六铺垃圾码头卷》(1916 年 10 月—1920 年 10 月),上海市档案馆藏:Q205-1-103。

② 《警厅订定垃圾处罚专则》,《申报》,1918 年 4 月 9 日,第 3 张第 10 版;《关于清道卫生之警厅训令》,《申报》,1919 年 5 月 25 日,第 3 张第 12 版。

公司、宁波旅沪同乡会、久记营造公司之间,主要围绕十六铺垃圾码头改造经费问题和大码头垃圾卸运问题多次协商,码头垃圾堆积问题并未得到彻底解决,且有逐渐加剧的趋势,这便是南市垃圾堆积问题的症结所在。

二、霍乱疫情下南市垃圾清理问题的激化

1919 年霍乱最先在香港暴发,继而汕头,波及厦门、福州、上海、青岛、无锡、苏州、安庆、郑州、开封、天津、廊坊、沙河、营口、沈阳、哈尔滨、齐齐哈尔等地,对此北洋政府内务部与中央防疫处、交通部协商,会同津海关、东海关、江海关、上海领事团等实行进口轮船检疫措施。① 但是由于各口岸情况不一,各海关也不直接归北洋政府统辖,这就大大影响了港口检疫的实效性。中央防疫处也仅于 1919 年 1 月刚刚成立,其实际防疫能力仅及京津地区,尚未覆盖全国。② 且"上海本埠检疫医院、医药及疗护物品年久每不适用"③,加之此年"天时不正",故上海出现疫情也就可想而知。7 月 9 日,上海浦东首先发现"虎烈拉"(cholera 音译,即霍乱),浦东烂泥渡、陆家嘴等处虎列拉症蔓延甚速,患者在经历数十小时后往往毙命。④ 初起于烂泥渡、陆家嘴一带,后蔓延及杨家渡、塘桥、琉璃桥、杨思桥、洋泾镇、三林塘等处⑤,感染人群以码头工人、工厂工人、监狱囚犯、江北客民等下层民众为主。

7 月中旬,疫势流行更盛,"近日南市之患是疫而不救者颇众,南北市收治疫症之各医院,病人都为之满,所有各寿器店及冥纸、僧道、鼓手人等,大有应接不暇之势"⑥。7 月下旬,霍乱渐次蔓延至洋泾浜一带,

---

① 中国第二历史档案馆编:《中央防疫处关于进口轮船实行防疫事项相关文件》,《北洋政府档案》(影印版),第 155 册,中国档案出版社 2010 年版,第 13—20 页。

② 中国第二历史档案馆编:《中央防疫处为刊发霍乱通告致京师警察厅步军都统衙门函》,《北洋政府档案》(影印版),第 155 册,第 55—61 页。

③ 中国第二历史档案馆编:《抄东海关监督赵世基来电》,《北洋政府档案》(影印版),第 155 册,第 35 页。

④ 《发现虎烈拉症》,《申报》,1919 年 7 月 9 日,第 3 张第 10 版。

⑤ 《关于时疫与防救之消息》,《申报》,1919 年 7 月 30 日,第 3 张第 10 版。

⑥ 《疫势流行更盛》,《申报》,1919 年 7 月 19 日,第 3 张第 10 版。

波及公共租界,①进而继续传染至沪南南会馆以北至薛家镇一带及闸北地区,并且一直不断扩散,“沪上时疫近日仍不见退,且已蔓延内地,闻无锡、江阴、常州一带,近亦发生时疫”②。8月上旬,“本埠时疫仍不减退,虹口同仁医院昨日有留院之患疫病人二十八人,时疫医院留院者约一百余人,南市新普育堂有七十余人”。③ 8月25日有报道称“浦东一带疫气已告平靖”④,洋泾镇所设立的广济会临时救疫医院也已于9月23日撤销。且此后未有关于这次霍乱的报道,所以可认为自9月23日之后这场霍乱就此平息。

垃圾在平时也只是市政问题,可一旦与霍乱疫情发生联系,则易造成民众情绪的焦躁和不满。1919年7月17日,上海华商纱厂联合会会长穆抒斋(穆藕初之兄)致函沪南工巡捐局姚石荪局长,对沿路堆积垃圾提出质问,“今年疫症业由浦东沿岸发生,已将蔓延于浦西各处,今特聚此秽臭难闻之垃圾于通行大道之中,延长至十余日之久,执事为居户设身处地,其感想为何如?倘因此而酿成疫症,则地方人民之对于执事,其感想更复何如?岂贵局每年征收巨额之地方税后,而以此垃圾为酬报品耶?”⑤从语气上判断措辞比较严厉,可见商人对垃圾长期堆积十分愤慨,对工巡捐局很不满意。另有一位署名为“庸”的人对当局抱持悲观态度并指出,“南市街道之污秽、垃圾之堆积,贻人以口实。此次因疫症之流行,死亡相藉,沪人士愤公共卫生之废弛,乃群向负责者为痛切之交涉,而警厅方面始有招人包运之举。夫南市之垃圾问题,几为数月以来之悬案,至今日而警厅始注意及此,诚嫌太晚。”⑥

7月21日,淞沪警察厅长徐国梁作出回应:一方面“令知第一区警署赵署长,就近会同浦江水巡队另雇小工,多备船只从事驳运,并转令各清道员临场监视”⑦;另一方面作出官方解释,由于承运垃圾的船夫头姚增兆未能及时将“南市大码头浦滨一带垃圾装船运清,致逢梅

① 《疫症并未稍减》,《申报》,1919年7月21日,第3张第10版。
② 《关于时疫之消息》,《申报》,1919年8月7日,第3张第10版。
③ 《关于时疫之消息》,《申报》,1919年8月13日,第3张第10版。
④ 《浦东救疫医院撤销》,《民国日报》(上海),1919年8月25日,第3张11版。
⑤ 《沿路堆积垃圾之质问》,《申报》,1919年7月18日,第3张第10版。
⑥ 《警厅之卫生责任》,《申报》,1919年7月23日,第3张第11版。
⑦ 《南市之垃圾问题》,《申报》,1919年7月21日,第3张第11版。

雨冲激,垃圾遍溢街市”,并将姚进行革职,罚款三百元,另外招人充任。[①] 紧接着,淞沪警察厅另招新人包运南市垃圾[②],在《申报》上刊登招标布告,招标条件包含八个方面:承包期限、停船处所、经送地点、船只数目、估定包价、缴存证金、规定处分、担负责任。最后,王更记中标,其后便开展清运工作,但从王氏承运垃圾实际情况来看,效果并不乐观。“承办后每日仍不能依时运清,所有各处挑出之垃圾,仍在大码头迤南沿浦地方堆积,虽不若前次之多,而臭秽之气未能稍减,迭经赵署长严加督饬,终如因限于经费,船只不能多备,以致难期运清”。[③] 另招标第5条明确规定“估定包价,所有船只、人夫各费及龙华堆场地租一应具包在内,无论如何不得请求增加”[④],王氏自承包以来,“未半月已亏耗二百余元,并沉没垃圾船三只”,不得不靠“临城人林某为王纠合垫款”[⑤]。可见,此次垃圾承包清运不太成功,而且南市垃圾清理也不彻底,王更记更是赔本。

虽然北洋政府早在1916年3月就颁布了《传染病预防条例》,按照规定“虎列拉”(cholera)是八种法定传染病之一,且条例第二条明确规定,“地方行政长官认为有传染病预防上之必要时,得于一定之区域内,指示该区域之住民施行清洁方法并消毒办法,其已办自治地方应指示自治区董行之”[⑥]。1919年1月又成立了由内务部统辖的中央防疫处,并制定了《中央防疫处分科办事章程》12条[⑦]和《卫生实验所试验

① 《押缴代运垃圾费》,《申报》,1919年7月25日,第3张第11版。

② 承运垃圾的做法并非一时之举,但具体起于何时,学界尚无定论。彭善民先生认为1867年公共租界工部局同粪秽承包商正式签订粪秽清除承包合同,是粪秽商办制度实施的开端,1871年和1902年,法租界和华界南市地区先后仿行,见于彭善民:《商办抑或市办——近代上海城市粪秽处理》,《中国社会经济史研究》,2007年第3期,第64页。余新忠先生指出明清时期,特别是清代,随着农业的发展和桑、棉等经济作物种植业的扩展,对肥料的需求急剧增长,收集粪便也就成了有利可图的事。参见余新忠:《清代江南的卫生观念与行为及其近代变迁初探——以环境和用水卫生为中心》,《清史研究》,2006年第2期,第17页。

③ 《警厅垃圾终难清除垃圾》,《民国日报》(上海),1919年8月13日,第3张第10版。

④ 《警厅招人包运垃圾》,《申报》,1919年7月23日,第3张第11版。

⑤ 《承运垃圾要亏本》,《民国日报》(上海),1919年8月16日,第3张第11版。

⑥ 中国第二历史档案馆编:《教令第十六号·传染病预防条例》,《政府公报》(影印版)(1916年3月13日,第67号),上海书店出版社,第82册,第495—500页。

⑦ 中国第二历史档案馆编:《内务部令第三十三号·中央防疫处分科办事章程》,《政府公报》(影印版)(1919年6月1日,第1194号)第144册,第7—8页。

收费规则》20 条。[1] 从制度设计上讲,此时"中央防疫体系"似乎初具规模,但由皖系所把持的北京政府此时正忙于应对国内的五四运动,以及与直系、奉系之间的派系纠葛,在政治上陷入孤立境地,于卫生事宜已无心顾暇。面对经费问题亦极力推诿于地方,"此项防疫经费系临时发生事件,本无预备专款,且际此财力支绌之时,当力求省节。曾据各省长官电请拨款,经部商明,国务院、财政部电复准,由各该省长官酌量疫情轻重,分别设法就地筹用"[2],可见中央卫生防疫经费不足是一大瓶颈,而当时上海市当局也面临着"日事救济,尚不能杜其蔓延,灾情日重,款项日绌"[3]的窘境,所以在处理南市垃圾问题上就显得捉襟见肘。从这个意义上来说,王更记难以为继,南市垃圾无法彻底清除也就在情理之中。

南市垃圾难以清理除了垃圾码头改建、防疫资金不足等原因外,还与淞沪警察厅部分署员玩忽职守有关。为此,淞沪警察厅通令惩处一区二分驻所属员,署员王清河、代理巡官王德山各记大过一次,清道员罚薪五元,记过一次,并表示如果再有玩忽职守的情况,定将严惩不贷。[4] 惩处之后,南市一区一分驻所署员王琴轩,"每日午后两时起,亲率长警数名,周历各处街巷,实力查察有无污秽积存,一经查见,令挑夫立即扫除清净,并令清道员将各挑夫之勤惰查核报告,倘有疲玩成性之徒,立时斥除"[5]。又有报道一区二分署巡官王德山于 7 月 23 日起,"每日午后督率长警亲往各处,周历查察,见有秽污者,即饬清道夫迅速挑除,以重卫生"[6]。此两则报道是在 7 月 24 日被通令惩罚之后出现,且王琴轩和王德山均表现得颇为尽责,故不排除媒体有意为之。

---

① 中国第二历史档案馆编:《内务部令第三十四号·卫生试验所试验收费规则》,《政府公报》(影印版)(1919 年 6 月 1 日),第 1194 号,第 144 册,第 9—12 页。

② 中国第二历史档案馆编:《兼署内务总长朱深呈大总统呈报京畿暨各省所属地方相继发现真性霍乱时疫暨分别筹防情形文》,《政府公报》(影印版)(1919 年 9 月 8 日),第 1290 号,第 147 册,第 196—198 页。

③ 中国第二历史档案馆编:《中国红十字会副会长蔡廷干呈大总统呈报接收红十字会日期并选派理事长驻沪办事情形文》,《政府公报》(影印版)(1919 年 9 月 9 日),第 1291 号,第 147 册,第 217—218 页。

④ 《昨日之疫症消息》,《申报》,1919 年 7 月 24 日,第 3 张第 10 版。

⑤ 《疫势渐杀后之防疫消息》,《申报》1919 年 8 月 4 日,第 3 张第 10 版。

⑥ 《关于时疫之消息》,《申报》,1919 年 8 月 5 日,第 3 张第 10 版。

1919年2月份,南市第一区警察署赵署长发布告示,“扫除垃圾,有益公共卫生,专设木泥各箱,以期务图洁净,布告居民人等,比户相率勿轻,早晚倾倒秽物,必须倒在箱内,且勿任意抛弃”①。此处出现的“木泥各箱”并非临时设立,据1918年淞沪警察厅报告指出,“以近年马路日辟,居户倍增,此项箱只需要骤繁,每有供不应求之虑,且经风雨剥蚀,易就朽坏,咸需添换,糜费实多。若用水门汀质,则价贵倍蓰,无从筹此钜款。”警察厅本就经费窘困,当此霍乱流行之际,垃圾清理又成为公共舆论的焦点,淞沪警察厅最终决定仿照租界办法,饬令居民自行依式建造水泥垃圾箱,“查租界水泥垃圾箱俱由房主自费砌造,立法甚善。敝厅现已通令所属各署所查明应置箱只、地点,限令房主依式砌造。”并将免费颁发给居民的水泥垃圾箱建筑执照,列为此项工程的专件办理。另外根据使用执照规定,“无论新造或翻造,除实无砌造垃圾箱之容地以外,其余或成里衖,或有近旁隙地可以砌筑箱只,无碍交通,即于照会内明为规定,一律由房主自备工料,加造水门汀垃圾箱若干只,愈多愈善。如不遵从,即予吊销照会,勒停工作。”如此以来,对于房主而言,“所费无几,且造成箱只仍为房主财产,并无损失”,而在公共行政方面,“减省购办木箱之资,将来私家自造箱只日益加多,所以保清洁而免积秽,实于地方行政大有裨益”。② 这一切当然是官方说法,实际操作起来并不容易,所以直至1919年霍乱发生以后,特别是在8月份,淞沪警察厅不得不再次命令辖境内所有房主居民“须在街巷等处添备垃圾箱,以水门汀③堆砌,外用铁门关闭”④。

在将垃圾从南市码头转运出去之前,需要用垃圾车将垃圾运到码

---

① 《垃圾切勿任意抛弃》,《申报》,1919年2月12日,第3张第11版。

② 《沪南工巡捐局令房主建造水泥垃圾箱卷》(1918年3月26日),上海市档案馆藏:Q205-1-217。

③ “水门汀”是“cement”的汉语音译名,发音为1917年的上海方言,笔者较赞同邹振环先生的观点,他认为以混凝土铺成地面的“水泥坪”一词,是从“水门汀”音转而来,因为在上海方言中两者的发音非常接近,“水泥”一般被认为是意译名。又“水泥”最初在上海地区的使用主要是以混凝土铺就地面和马路,所以“水泥”很可能是“水泥坪”的缩略词,“水泥”一词应属于“音义双关词”。详见邹振环:“Cement的汉译名与晚清水泥技术知识在上海的译介”,上海市档案馆编:《上海档案史料研究》(第八辑),上海三联书店,2010年版,第3—14页。

④ 《新垃圾箱添设完备》,《民国日报》(上海),1919年8月27日,第3张第11版。

头上,而“本城内外承运垃圾之车辆大都破旧窄小,不合用度”①,于是淞沪警察厅命令各区署所清道员统计破损情况,并上报警厅行政科。之后由行政科负责绘图和招工制造,于9月中旬完工,并将新垃圾车编发给各区署所,同时将破旧车辆一律上缴。②

由于舆论导向作用和垃圾堆积问题积弊甚久,淞沪警察厅便将垃圾清理作为南市防疫的主要措施,并兼有设置水泥垃圾箱、修缮运载垃圾车辆等做法,但总体上是以清洁为主,虽然以上措施的实效性很难具体考察,也很难明显看出淞沪警察厅清理垃圾背后的防疫观念为何,但是从当时同一天发布的两条布告中似乎可以找出一些线索。

布告一:

现在天气炎热,时疫流行,染患之家死亡相继,骇人听闻。本厅长一再筹思,欲免传染之患,莫如设法消毒。现就本厅东首前沪南防疫所原址设立时疫消毒所,委派主任一员,以本厅卫生科长兼充消毒专员一员,以闸北防疫员兼充调查员,以卫生科科员兼充,随时会同各区官长办理。如有人民染患时疫者,责令该家属立时送往医院医治,倘遇染疫身故者,即由各该署报告该所,随时由专员带同夫役及一切消毒之物,前往死者之家切实消毒,以免传染。定于八月一日开办,除呈报并分行外,合亟令行知照,仰即督饬所属,认真调查,会同办理,勿违,切切此令。

布告二:

现在天气热了,时疫流行的很快,本厅长为你们想那避疫的方法,如取缔食物、饮料,例如扫除垃圾,清洁道路,例一再的订立章程、布告,晓谕并规定居民倾倒垃圾时间,每日以上午十时以前为度,晓谕大家亦不止一次,无非是讲求公共卫生的意思。但是有一般不顾公德的人民仍然将垃圾及一切污秽之物随时随地任意的抛

① 《换制垃圾车辆之预备》,《申报》,1919年8月23日,第3张第11版。

② 《警厅编发垃圾箱》,《申报》,1919年9月21日,第3张第11版。

弃,要晓得垃圾是最龌龊的,什么苍蝇呀,蚊子呀都是由里面生出来传播疫气的。所以街面上最要洁净,万不可有一点垃圾堆积的。①

由布告一可知,淞沪警察厅虽为防控时疫,专门设立了时疫消毒所,并要求所辖各区署所协助该所工作,针对"死者之家"进行消毒。但细加考证便知,此种做法实际是照章行事,1916年《传染病预防条例》第三条规定,"已办地方自治之自治区应设立传染病院、隔离病舍、隔离所及消毒所。传染病院、隔离病舍、隔离所及消毒所之设备及管理方法,由地方行政长官以单行章程定之"②。此外,淞沪警察厅对该所使用的主要消毒方法并未具体介绍,此后也未见相关报道。实际上具体的清洁办法和消毒办法是有章可查的,1918年1月31日,北洋政府颁布了《清洁办法、消毒办法》,清洁办法主要包括扫除尘芥、灭鼠防百斯笃、疏浚阴沟等,消毒办法包括烧毁、蒸汽消毒、煮沸消毒、药物消毒等,具体到消毒药物的配制比例都有详细规定。③ 1918年2月27日,上海公布了由内务部制定的《清洁办法与消毒办法》,二者在内容上完全一致。④ 按照内务部的要求,强调清洁与消毒并重,且倡导清洁办法与消毒办法相结合。然而大量制造石炭酸水、昇汞水、生石灰末、格鲁尔石灰水、佛尔吗林等消毒药品费用较高,而当时从中央到地方都是一种防疫经费不足的窘状。限于经费不足,故消毒所只规定对"死者之家"进行消毒,且规定"染时疫者,责令该家属立时送往医院医治",更未对染疫区域进行大规模消毒。1919年10月1日,"届仲秋疫氛已减,闻办迄今商民称善,始饬将该防疫消毒所撤销,以节经费"⑤。至于商民是否真正满意,目前无法考证,但消毒所的设立确实能够起到一定的防疫作用,而且在"死亡相继,骇人听闻"的形势下,它的存在也能起

① 《关于时疫之消息》,《申报》,1919年8月1日,第3张第10版。

② 中国第二历史档案馆编:《教令第十六号·传染病预防条例》,《政府公报》(影印版)(1916年3月13日,第67号),第82册,第495—500页。

③ 中国第二历史档案馆编:《内务部令第二十三号·清洁方法并消毒方法》,《政府公报》(影印版)(1918年1月31日),第728号,第120册,第807—812页。

④ 《部颁清洁及消毒方法》,《申报》,1918年2月27日,第3张,第10版。

⑤ 《防疫消毒所撤销》,《申报》,1919年10月2日,第3张,第11版。

到安抚民众惶恐情绪的作用。总体上,淞沪警察厅此年很明显是重清洁垃圾,而轻消毒防疫,所以也不能过分夸大消毒所的作用。另外,从专业角度看,淞沪警察厅卫生科对消毒并不陌生,但很难讲警察厅全体人员在当时均能够认识到消毒的重要性。

布告一是用文言写成,但布告二却是用白话文所写,显然是针对普通民众。使用白话来宣传公共卫生事宜,效果应该更大①,但从内容来看,淞沪警察厅丝毫未提消毒二字,而是反复强调垃圾是疫气之源,扫除垃圾和清洁道路能够避疫。对于此则布告至少可以做以下两种解读:第一种理解,淞沪警察厅基于防疫需要和公共卫生的考虑,要求人们及时清扫垃圾,同时也显示出对公德的讲求;第二种理解,警察厅很可能觉得没有必要把消毒防疫观念作为一种生活常识进行普及。但据时任北京政府内务部总长朱深所言,"防御之法亦经各该机关,将清洁卫生及取缔售卖生熟食品等办法刊布白话通告,以期减杀疫势"②,这与淞沪警察厅所发白话文布告有"异曲同工之妙"。另外,从语气上判断,布告中"时疫"一词近乎为"广告语",成为一种宣传策略。而对于淞沪警察厅而言,他们向民众推销的是"垃圾——蚊蝇——疫气——时疫——卫生"的防疫观念,并不是"霍乱弧菌——水、食物、粪溺、蚊蝇——霍乱———消毒——卫生"的防疫观念。如果说垃圾清理是代表着清洁观念的推行,那么消毒即是彻底清洁的一种方式,但在时人语境下,我们能感受到的是淞沪警察厅虽然提及消毒,但显然是把防疫措施的重点放在了清洁上。综合以上所述,虽然淞沪警察厅已经认识到苍蝇和蚊子是传播疫气的重要媒介,但是很难讲淞沪警察厅当局已经认识到霍乱弧菌才是致病的根源。两则内容差别较大的布告,折射出警察厅防疫知识和观念似乎仍游离在"消毒说"和"疫气说"之间,也可能仍然是传统的"疫气说",此时警察厅内部也恐难就消毒防疫观念达成共识。从这个意义上讲,"消毒"和"清理垃圾"也就成为了一种话语

① 李孝悌:《清末下层社会启蒙运动:1901—1911》,河北教育出版社 2001 年版,第 46 页。

② 中国第二历史档案馆编:《兼署内务总长朱深呈大总统呈报京畿暨各省所属地方相继发现真性霍乱时疫暨分别筹防情形文》,《政府公报》(影印版)(1919 年 9 月 8 日,第 1290 号),第 147 册,第 196—198 页。

上和行为上基于自身利益考量下的选择和操作,归根结底还是在强调清洁。

饭岛涉先生认为“在华界的治疗与防疫中发挥中心作用的不是行政当局,而是民间团体”①,经笔者梳理后发现,医药行业有:公立上海医院、上海红十字会、神州医药总会、中国济生会、上海济生会、上海医学研究所、中华医药联合会等;同业组织有:闸北恒丰路浙宁水木公所、上海联益施材会等;同乡组织有:绍兴同乡会、江北同乡会等;宗教团体有:华界青年普益社、南市基督教青年普益社、浦东基督教青年团、基督教布道团。例如,以上海红十字会和中华医药联合会为代表的医疗慈善团体,所设时疫医院功劳很大,“用盐水注射法治冷麻、吊脚、瘪螺等痧,五日内住院病人已达四十余人,院为之满。将开刀后养病之人载送闸北公立医院住宿,日夜住院诊治”②。其他慈善团体的救疫义举也纷见报端,8月25日江北同乡维持会电求当局“请为通饬患疫各县,火速延医立局,设法消弭以保民命”③。但以上多是施医给药之举,具体到垃圾清理上,民间团体直接参与不多,而是多以卫生演讲的形式传布卫生防疫知识。

鉴于“华界之曲街僻隅,仍是瓜皮、垃圾、各种污物沿途满积,秽气触鼻,殊于公共卫生大有妨害”,基督徒布道团分队沿途进行卫生宣讲,普及防疫知识,使居民知晓“清洁为防疫之必要”。④ 华界青年普益社组织了卫生演讲会,“请富有卫生学经验之士担任演讲,并用影灯以表演之,俾听讲者易于明晓”⑤,反复强调清洁有利于卫生,并未谈及细菌学知识,这可能是考虑到受众的文化水平。但演说仍然是一种“口语启蒙”,它能把上层的思想、信念转化为一般人生活中的常识,建立

① [日]饭岛涉:《霍乱流行与东亚的防疫体制——香港、上海、横滨、1919年》,收入《上海和横滨》联合编辑委员会,上海市档案馆合编:《上海和横滨——近代亚洲两个开放城市》,华东师范大学出版社1997年版,第438页。

② 《时疫医院开幕纪》,《申报》,1919年7月11日,第3张第10版。

③ 《江北同乡会请求防疫》,《申报》,1919年8月25日,第3张第10版。

④ 《布道团注意公共卫生》,《申报》,1919年8月2日,第3张第10版。

⑤ 《青年普益社卫生演讲预志》,《申报》,1919年5月18日,第3张第11版。

上下一体的共识。① 在霍乱流行的历史图景下,这种卫生知识演讲有利于"鼓民力"、"新民德"、"开民智"。此外,浦东基督教青年团还直接上书给淞沪警察厅厅长和上海县知事,陈情以重公共环境卫生。② 当然,对于基督教团体的种种努力,也不能忽略其维护公共卫生的表象之下,隐含着"救赎灵魂"的终极目的。③ 除卫生演讲之外,南市基督教青年普益社童子部发起的"驱疫队"则直接参与了垃圾清扫,"城内外各街巷,凡为该队所经过者,垃圾为之一清,服务人皆系教员及学生,即洒扫运秽,亦不雇用夫役",这使得"一般居民无不为之感动,相率提倡清洁"④,将"驱疫"与垃圾清扫关联起来,也有利于清洁卫生观念的形成。

三、何以防疫:垃圾与细菌

淞沪警察厅将垃圾清理作为防治霍乱主要措施,除了因防疫经费不足和南市垃圾问题紧迫之外,还与其防疫观念有关,而其自身防疫观念目前很难直接考察,但却可以从大的历史背景和时人防疫观念入手。在分析时人防疫观念之前,必须先明晰垃圾是为何物。最早有关垃圾的记载是出自南宋吴自牧所著《梦粱录》,其中《河舟》记载,"大小船只往来河中,搬运斋粮柴薪。更有载垃圾粪土之船,成群搬运而去"⑤,且当时是将垃圾与粪土并称。又有其中《诸色杂货》写道,"供人家食用水者,各有主顾供之。亦有每日扫街盘垃圾者,每日支钱犒之"⑥,将街道污物称为垃圾。此外,清人吴趼人在《二十年目睹之怪现状》中第七十二回写道,"我走近那城门洞一看,谁知里面瓦石垃圾之类,堆的把

① 李孝悌:《清末下层社会启蒙运动:1901—1911》,河北教育出版社2001年版,第67页。

② 《关于时疫之消息》,《申报》,1919年8月1日,第3张第10版。

③ 杨念群:《再造"病人":中西医冲突下的空间政治:1832—1985》,中国人民大学出版社2012年版,第55—56页。

④ 《关于时疫与防救之消息》,《申报》,1919年7月30日,第3张第10版。

⑤ 吴自牧:《梦粱录》,浙江人民出版社1984年版,第113页。

⑥ 吴自牧:《梦粱录》,第121页。

城门也看不见了"①,可见废弃的瓦石之类的建筑材料也被称为垃圾。近人所修《宝山县志》中记载,"垃圾,音勒蹷,俗言积秽"②,换言之,所有堆积的秽物都可称为垃圾。1929年一位署名为"实之"的作者在《东方杂志》上发表了一篇关于垃圾科学处理的文章,专门讲到垃圾分类,可资参考。

垃圾分类表

市芥	雪、货物包装外皮、建筑材料废料、牛马粪、落叶、石块、土砂。
残屑	家屋尘埃等,洋钉、碎铁等金属品,破瓶、玻璃、陶瓷器类等,皮革、橡皮类,纸、木、竹、绳、布片、棉类等。
灰烬	煤块、薪片、炉灰。
厨芥	植物质(果实、蔬菜)、动物质(骨片、肉片)。

资料来源:《垃圾之科学处理》,《东方杂志》,第26卷第14号,第103页。

在现代《汉语大词典》中,垃圾指脏土或扔掉的烂东西③,在《辞海》中,垃圾指被倾弃的污秽废物④。结合古今不同含义可知,垃圾不同于粪便,粪秽包括粪便和垃圾,而垃圾包括瓦石、街道污物等一切堆积的秽物。据梁其姿研究,她认为有明以降,沟渠污水、尸气等开始成为秽气的构成要素,且在明末清初有强化趋势;自清代中后期起,污秽的内容更为丰富,衍生出范围更明确、更符合近人卫生观念的因素;到了民国初年时人除了传统的沟渠污水、地裹尸气外,渐将粪溺及污秽的家居床几器具,甚至衣服等也视作引发疫病的因素。⑤ 霍乱主要是通过水、苍蝇、食物等途径传播⑥,而"天气炎热,时疫流行,垃圾最为发生疫病之媒介"⑦,每当夏秋之际,"上海市疫痨繁兴,大都是由于城市公共卫生之不讲求所致,秽物、秽水、垃圾等极易滋生细菌,污秽不堪的道

① 吴趼人:《二十年目睹之怪现状》(下册),人民文学出版社1985年版,第665页。

② 《宝山县志》,十四卷,清光绪八年刻本,第1597页。

③ 汉语大词典编辑委员会编:《汉语大词典》(第二卷),汉语大词典出版社1988年版,第1087页。

④ 辞海编辑委员会编:《辞海》(上册),上海辞书出版社1979年版,第1218页。

⑤ 梁其姿:《疾病与方土之关系:元至清间医界的看法》,收入李建民主编:《生命与医疗》(台湾学者中国史研究论丛:12),中国大百科全书出版社2005年版,第357—389页。

⑥ 《夏秋之急性胃肠病》,《东方杂志》,第16卷,第10号,第178—179页。

⑦ 《南市之垃圾问题》,《申报》,1919年7月21日,第3张第11版。

路和河沟便成为各种疫病滋生的温床”①,故时人认为垃圾清理关系直接到疫病防治和公共卫生。而污秽、粪溺、衣服属于垃圾分类中“市芥”和“残屑”之类,故民初人们的防疫观念应该可以称为“清洁防疫”。

霍乱是由霍乱弧菌所致,所以从技术层面来说,加强对饮用水、食物等的消毒和检疫才更有实效性和针对性。然而与公共租界相比,淞沪警察厅却将垃圾清理作为防治霍乱的主要内容,为何会造成这种认识偏差?究其原因,一方面可能受到此年公共租界垃圾清理举措的影响,另外一方面也有可能是淞沪警察厅当局未能认识到霍乱弧菌才是导致霍乱发生的罪魁祸首,而是认为垃圾是致病之根源。进而思考,细菌致病说此时是否已经深入人心?笔者发现,一方面时人认识到“从保健卫生上看来,垃圾之合法的处理,实为都市重要行政之一”②,而另一方面在1894年,细菌学说之于西方还处于早期发展阶段③,而且清末民初之际致病细菌的发现和培养④仍然是细菌学说的主要成就。

造成霍乱的病菌是霍乱弧菌或霍乱逗点形菌,它是帕西尼(Pacini)于1854年发现,并由斯诺(Snow)证明是由水传染的。它被科赫(Robert Koch)于1883年分离出来,而其发现于1884年,并被科赫正式报告给德国政府。⑤ 可见,当时人们对霍乱弧菌的认识还主要局限于实验室显微镜下⑥和化验报告里。据美国学者吴章(Andrews Bridie)研究,中国人对于细菌学说的最早记录出现在薛福成的日记中⑦,而他的这种说法与高晞说法类似,其文引用《薛福成日记》中关于决定派遣赵元益前往德国科赫实验室学习的内容,虽提及“痨虫”一

---

① 李维清:《上海乡土志》,上海古籍出版社1989年版,第68页。

② 《垃圾之科学处理》,《东方杂志》,第26卷,第14号,1929年7月25日,第102页。

③ [美]威廉·H.麦克尼尔:《瘟疫与人》,余新忠,毕会成译,中国环境科学出版社2010年版,第91页。

④ 有国外学者专门梳理出了微生物发现年表,详情参见[意]卡斯蒂廖尼:《医学史》(下册),程之范主译,广西师范大学出版社2003年版,第738—741页。

⑤ 程恺礼(Kerrie MacPherson)的《霍乱在中国(1820—1930):传染病国际化的一面》,收入刘翠溶,伊懋可主编:《积渐所至:中国环境史论文集》,台北中研院经济所2000年,第751页。

⑥ 《拔克台里亚:色素着色显微镜廓大之凡千倍:虎列拉菌(照片)》,《理学杂志》,1907年第4期,第1页。

⑦ Bridie J. Andrews,“Tuberculosis and the Assimilation of Germ Theory in China, 1895 - 1937”, Journal of the History of Medicine and Allied Sciences, 52(1),pp. 114 - 157.

词,但并非如吴章所言,“在此值得重视的是这位中国官员并没有使用传教士为‘germ’或‘bcateria’新创造的词汇,而选择了贴近中国概念的‘痨虫’①。这表明在19世纪,这种解释在受过良好教育的中国人中仍旧普遍”。笔者认为国人对于细菌学说的最早记录应是斌春所为,而非薛福成。斌春在《乘槎笔记》中写道,“有滴水于玻璃,用显微镜照影壁上,见蝎虫千百,游走其中,滴醋亦然。蚤虱大于车轮,毫发粗于巨蟒。奇观也!”并且赋诗一首,“野马窗前飞,醯鸡瓮中舞;照壁见蝎行,乡心动一缕。君看一粒粟,世界现须弥;有国称蛮触,庄生岂我欺。”②稍晚于斌春的是志刚,他在美国观显微镜而知“细菌”,“有作电气光视显微镜,能见人所不见之物者。其法:将面糊涂于径二尺许、边薄中厚之显微镜。镜后发电气光。人在镜前观之,则陈面糊中,有寸许至尺许大之虫,或蜿蜒而行,或蠕蠕而动。盖一切食物及汤中,皆有生机之动,动而为生物居其中。故冷水及隔宿有汤水之物,皆不可食,观于此而益信当知所戒矣。”③此段关于志刚的记录亦是有关学者常引之文,由此综合看来,认为最早记录为薛福成所为的说法存在“以讹传讹”之嫌。从这些早期记录中可以看出,时人多以“虫”、“蝎”、“虱蚤”等词语对译理解细菌,反映出此时期国人对于细菌的认知仍处于感性阶段。

若从其引介情况来看,在1919年之前细菌学说之于中国尚处于输入阶段。仅以《东方杂志》为例分析,从1904年创刊到1919年共有11篇专门论述细菌学说的文章④,且主要集中在1916—1919年。加之从

① 高晞:《晚清政府对西医学的认知过程》,《自然辩证法通讯》,1994年,第16卷,第5期,第45—53页。

② 斌椿:《乘槎笔记·诗二种》,收入钟叔河主编:《走向世界丛书》,长沙岳麓书社1985年版,第175页。

③ 志刚:《初使泰西记》,收入钟叔河主编:《走向世界丛书》,长沙岳麓书社1985年版,第276页。

④ 简列之:1.《预防害虫病菌警言》,《东方杂志》,第13卷,第5号,1916年5月10日;2.《霉菌学大家梅几尼各甫传》,《东方杂志》,第13卷,第10号,1916年10月10日;3.《襄母菌病又名萌芽菌病》,《东方杂志》,第14卷,第1号,1917年1月15日;4.《病理学大家麦基尼夸甫之生平》,《东方杂志》,第14卷第3号,1917年3月15日;5.《病菌之二大发明》,《东方杂志》,第14卷,第10号,1917年10月15日;6.《鼠咬症病原菌之新发明》,《东方杂志》,第14卷,第11号,1917年11月15日;7.《微菌与人生之利害》,《东方杂志》,第15卷,第5号,1918年5月15日;8.《细菌致病说》,《东方杂志》,第15卷,第8号,1918年 (转下页)

主题和内容来判断,这些文章主要是介绍农学上的病虫害、细菌培养法和细菌致病说等。其中恽代英的文章较为系统地梳理了细菌致病说,他认为"古人病魔之说,恃古代宗教为之根本。近日病菌之说,则一以科学为依据,由实地试验而得之。试入科学家之试验室,可于显微镜中亲见有蠕动者,是即疾病之源"①。但他也隐约地认识到,"凡疾病之生,必有二种原因:一为病菌,一为病者对于病菌之承受性,即抵抗力之强弱,或有或无"②。此外,亦有时人按照西方各种致病学说出现的先后顺序,将其为 8 种,即"稀播古刺提斯时代之想像说、流行组成说、特异病毒说、触接传染性说、地下水说、生活物说(即细菌生活病毒说)、原生虫说、超显微生体说"③。较之以往,此时知识分子对于细菌致病说认识已较为系统,却也过于笼统,且失之精准。

对于此次霍乱致病原因,中医王寿芝认为是由湿毒所致。④ 广州西医叶芳圃认为,"霍乱菌之传染于人,乃由病者之粪溺及排泄物倾泻河中,或随地渗入井内,或洗涤患人之衣服被褥于江岸井傍,均足以污染其水。饮用之或以此水洗涤杯盆、碗碟、蔬菜、生果等等,皆可携带此种微菌入胃肠而致霍乱也。且病者日泻微菌无数,衣服床褥为之污染,侍疾者扶持看护不离左右,十指沾染便溺而不觉。每有未经洗手消毒,遂以污指取用食物,印菌在食物上而并吞咽之,直接投入胃肠,滋生繁衍,大抵不出三日而疾作矣。更有苍蝇亦为霍乱之媒介,蝇性贪食,务多腥臭不厌,苟止于霍乱病者之粪溺及排泄物上亦足沾染微菌,再飞集于食物之中,则人连屎带菌而食之,鲜有不中毒致病者也"⑤。叶医生已经认识到霍乱是由微菌所致,也认识到苍蝇和饮用水是重要传播途

(接上页)9 月 15 日;9.《说细菌》,《东方杂志》,第 16 卷,第 7 号,1919 年 7 月 15 日;10.《微菌》,《东方杂志》,第 16 卷,第 8 号,1919 年 8 月 15 日;11.《中国病菌之闻见录》,《东方杂志》,第 16 卷,第 8 号,1919 年 8 月 15 日,等等。

① 恽代英:《细菌致病说》,《青年进步》,1918 年,第 12 期,第 65 页;又见于《东方杂志》,第 15 卷第 9 号,第 175 页。

② 恽代英:《细菌致病说》,《青年进步》,1918 年,第 12 期,第 71 页;又见于《东方杂志》,第 15 卷第 9 号,第 179 页。

③ 叶锦彝:《学说:传染病原因之沿革》,《光华卫生报》,1919 年第 5 期,第 25—29 页。

④ 王寿芝:《上海浦东霍乱即(真虎列拉)时疫酌方》,《绍兴医药学报》,1919 年第 7 期,第 9 卷,第 10—11 页。

⑤ 叶芳圃:《霍乱症之防卫》,《光华卫生报》,1919 年第 6 期,第 20 页。

径。但《光华卫生报》创刊时间为1918年,创刊地是广州,它是由广州光华医学社有感于“汉医不信有细菌传染之说,妄立方剂”①而创办的同人报刊,其创刊时间和目的从侧面反映了当时人们的防疫观念仍然停留在“疫气学说”之上,而非“晚清戾气与细菌说的结合上”②。

不过,广州的防疫观念并不能代表上海的实际情况。若以上海的《通俗事月刊》为例,此年有谈到饮食卫生问题,“不洁净的水里多含微生物和寄生虫卵,多种毛病从他传播,如虎疫、肠窒扶斯等都可由水媒介而来……对于饮食卫生的问题,个人既要有卫生的知识,还要有完善的公众的卫生才好,譬如各种卖食品的铺子,不能有腐败的、不洁的食品,那就可慢慢减少疾病传播啦”③。可见此年上海已开始用较为通俗的语言,向民众宣讲霍乱的致病原理,至于民众实际反响如何,目前尚未看到相关材料。但同时期也有文章谈到防疫问题,认为由于“中国人没有公益心”、“死守顽固风俗习惯不肯变通”、“一般人程度太低”④,导致防疫知识难以普及和防疫措施难以推行。由此,更加可以断定此时细菌致病学说之于中国,仍处于初步引介阶段,即便是在较为开放的广州和上海,细菌致病说的普及也并不顺利,中医与西医防疫观念不同,广州与上海防疫观念也不同,知识分子与普通民众之间也很难讲业已形成良性互动。所以淞沪警察厅当局作为上层,即便认识到了霍乱弧菌致病原理,但在当时,究竟有没有必要把细菌致病说这种仍然是处于发展阶段的知识,用一种启蒙性话语去启蒙普罗大众?在霍乱造成的恐慌情绪下,淞沪警察厅基于自身利益考虑选择着重解决南市垃圾问题,是一种理性选择。同理,普通民众选择“建醮”、“游神”等策略去因应疫情,实际上也是一种自有其“传统”的“理性回归”。从这个意义上讲,南市垃圾清理成为1919年上海南市霍乱防治工作的重点,看似意料之外,却又在情理之中。

---

① 梁培基:《本报改组之理由》,《光华卫生报》,1918年第1期,第8页。

② 余新忠:《从避疫到防疫:晚清因应疾病观念的演变》,《华中师范大学学报》,2008年第2期,第58页。

③ 徐树梅:《饮食要选择》,《通俗事月刊》,1919年第1期,第14—16页。

④ 伍干侯:《防疫》,《通俗事月刊》,1919年第2期,第14—15页。

四、结 语

上海南市垃圾堆积问题，一开始便以“市政积案”的面貌呈现在世人面前，淞沪警察厅、沪南工巡捐局、宁绍商轮公司、宁波旅沪同乡会、久记营造公司之间，主要围绕十六铺垃圾码头改造经费问题和大码头垃圾卸运问题多次协商，但效果并不明显。1919 年中国中东部地区暴发了严重的霍乱疫情①，此次霍乱之于上海，迅猛异常，起于华界，盛于华界，造成大量民众死亡，给上海的城市卫生管理带来了挑战。上海南市垃圾堆积问题暴露在霍乱疫情下显得异常紧迫，而垃圾清理又是上海南市地区市政、警政等部门的职责所在。代表着华界防疫机构的淞沪警察厅从制定奖惩专则、承包驳运垃圾、督斥惩办署员、设立防疫消毒所、刊发白话布告等方面进行应对，综合观之，其防疫工作的重点是南市垃圾清理。由于南市垃圾堆积问题由来已久、北洋政府防疫资金不足和淞沪警察厅囊中羞涩，以及部分警厅署员玩忽职守，而负责承包清运的王更记也是亏本经营，最终导致南市垃圾未能彻底清除。在霍乱造成的恐慌情绪下，各种社会团体亦采取种种办法避疫和防疫，总体上是强调清洁防疫。普通民众实际上仍然是“不问苍天问鬼神”，用“迷信”的行为和方式去驱除瘟疫。

虽然从技术层面上来讲，霍乱弧菌才是霍乱致病之源，针对饮用水和食物的措施才最具有针对性和实效性，但实际上，在防治时疫话语和霍乱造成的恐慌情绪下，南市垃圾堆积问题经过新闻媒体发酵，不再是单纯的市政问题。而道路清理是淞沪警察厅的职责所在，面对南市商民指责，必须给予回应，于是淞沪警察厅把清理南市垃圾作为其防治霍乱的主要措施。另外，淞沪警察厅虽然也按照北洋政府内政部的要求照章行事，设立了防疫消毒所，但限于防疫经费，故只规定对“染疫身故之家”进行消毒。所以总体上，淞沪警察厅是重清洁垃圾，轻消毒

① “霍乱在近百余年内，曾先后发生六次世界大流行(1817—1823 年，1826—1837 年，1846—1862 年，1864—1875 年，1883—1896 年，1910—1926 年)。”见于王季午：《传染病学》，上海科学技术出版社，1983 年，第 118 页。

防疫。

那么,以垃圾清理为主的防疫行为背后的防疫观念究竟为何?恐怕很难说警察厅内部有一个上下一致的认识,对于警察厅是否认识到了霍乱弧菌致病原理,我们也不得而知,目前只能从大的历史背景和时人言论去分析。此时细菌致病说之于世界正处于起步发展阶段,之于中国尚处于初步引介阶段。即便是在较为开放的广州和上海,细菌致病说的普及也并不顺利,中医与西医的防疫观念不同,广州与上海的防疫观念也不同,知识分子与普通民众之间也很难讲业已形成良性互动,而且在清洁防疫与消毒防疫之间,人们更倾向于清洁防疫。所以淞沪警察厅当局作为上层,即便认识到了霍乱弧菌致病原理,但在当时,究竟有没有必要把细菌致病说这种仍然是处于发展阶段的知识,用一种启蒙性话语去启迪普罗大众?在霍乱造成的恐慌情绪下,淞沪警察厅基于自身利益考虑选择着重解决南市垃圾问题,是一种理性选择。同理,普通民众选择"建醮(打醮)"、"游神"等策略去因应疫情,实际上也是一种自有其"传统"的"理性回归"。从这个意义上讲,南市垃圾清理成为1919年上海南市霍乱防治工作的重点,看似意料之外,却又在情理之中。

由此可见,在时人的防疫行为和观念之间,事实上形成了一个复杂的历史场域,充斥着科学、宗教、地方习俗和信仰之间的"混战"。"混战"的结果是,在时人认为的细菌、垃圾、鬼神三种疫原之间,人们更倾向于相信后两者。毕竟此时的细菌致病说仍然存在于相对专业的卫生报刊里,停留在知识分子的脑海中,尚属"精英智识"。医生和科学家也只有在显微镜下和实验室的化验报告中,才会真切地感受到细菌的存在。从这个意义上来说,我们很难讲当局(淞沪警察厅)本身对细菌致病说有一个较为清晰的认识,当局和时人的防疫观念也是新旧杂陈,理论上的防疫思想和实际上的防疫行为更是存在偏差,遑论细菌致病说在清末民初已取得各阶层的认同了。而与细菌学知识紧密相关的近代细菌学科的建构过程则又是另外一个值得探讨的问题。

(作者系复旦大学历史学系博士研究生)

1926 年南京制礼事件述论

——兼论身处其中的章太炎

王　锐

《左传》云:“礼,经国家,定社稷,序民人,利后嗣者也。”在古代中国,礼在政治上、社会上、文化上,甚至是个人心理层面上具有着巨大的影响。唐代杜佑著《通典》,讨论礼制者居其大半。虽然北宋欧阳修曾经感慨:“由三代以上,治出于一,而礼乐达于天下;由三代以下,治出于二,而礼乐为虚名。”①但是各种礼制以及礼节在古人的日常生活中依然随处可见。明末清初天主教初入中国,在中西之间所引起的最大争论,也是所谓“礼仪之争”。不过到了近代,伴随着西方势力的巨大冲击,传统中国社会在许多方面皆出现了亘古少有的波动。整个社会文化形态,较之往昔,已有很大的不同。正如陈寅恪所言:“自道光之季,迄于今日,社会经济之制度,以外族之侵迫,致剧疾之变迁,纲纪之说,无所依凭。”②各种礼制,也屡显衰微之象,加上新文化运动以来对于传统的猛烈抨击,更让其地位一落千丈。然而在 1926 年,正当从广东出发的北伐军高唱凯歌、步步逼近之时,盘踞东南数省,一时间颇具实力的军阀孙传芳却组织了一次制礼活动,以至于在社会上掀起了一阵不小的波澜,引起了各方的议论。特别是孙氏为了郑重其事,特意聘请章太炎参与斯事。长期以来,学界对于这一事件,似未有较详细的专门研究,偶有论述,也多为一笔带过。而对于这次制礼事件进行探讨,

① (宋)欧阳修、宋祁:《新唐书》,中华书局 1999 年第 1 版,上册第 197 页。

② 陈寅恪:《王观堂先生挽词并序》,载《陈寅恪集 · 诗集》,生活 · 读书 · 新知三联书店 2001 年第 1 版,第 12 页。

不但可以展现出近代中国军阀政治的一些特点,还可以反映出当时言论界的风气与趋向。

一、孙传芳策划的制礼活动

1926年8月2日的《申报》报道了这样一条消息:"南京孙总司令(按:即孙传芳)、陈省长(按:即陈陶遗)提倡投壶大会,曾志前报。今闻已定于夏历二十八日下午五时至八时正式举行。其内容以适合时宜为标准,故名投壶新仪。二十五至二十七预演,孙有亲自加入演习之说。上海大同乐会,以得有正式通告,先于二十四日派头二等车来沪,接载该会人员。闻乐有雅乐、清乐、燕乐、铙乐等。舞有剑舞、文小舞、武小舞等。除戏剧外古今音乐,可谓全备。又闻此举有感于社会上通行之游艺,如踢球、弹子等,无一非外国式而起,嗣后凡属古来有价值之游艺,均将次第提倡,亦足为保全国民性之一助也。"[①]随后该报还登录出此次活动孙传芳方面所写的《投壶新仪缘起》。其文曰:"投壶古礼也,其性质与今之游艺会相近。惟古法礼重于艺,而难施于今日。今法重于礼,又易习轻率,不适固有之文化。吾国以礼乐为文化之精神,今欲发扬文化,非以修明礼乐不可。但礼乐之范围至广,求其在今日最可通行者,莫如投壶。按投壶为有道德之竞争,详载于礼经,古士大夫所常用。《左传》齐侯、晋侯,用于会盟,是国际上曾见之矣。晋羊叔子常雅歌投壶以临戎,是军旅中亦用之矣。明朱载堉《律吕精义》,所载投壶篇,有乐有歌有舞,尤视为重大之典。历来若宴会若军营,师其事者,不一而足。顷者士夫名流,咸以修明礼乐为救世之急务,为此提倡斯举,是礼则求其适用,于艺则诗歌雅乐外,酌加燕乐、铙乐、舞剑等节,名投壶新仪,岂不甚善。"[②]

当孙传芳正在策划这一制礼活动时,南方的北伐军正步步向北方进逼,首当其冲的吴佩孚感到难以支撑。局面如此,孙传芳又为何突来雅兴,从事修礼制乐?傅斯年认为,孙"固与其他战豪同为北洋军阀余

① 《孙陈提倡之投壶新仪》,《申报》,1926年8月2日,第3张。
② 《孙陈提倡之投壶新仪》,《申报》,1926年8月2日,第3张。

孽，然孙氏神速的驱逐张宗昌部队出上海，驱逐杨宇霆出南京，在淮浦斩戮白俄的一着，顿引起一时清望。”①对民国掌故知之甚详的徐一士也认为孙传芳在那一时期“兼有两巡阅使之地盘，五省将帅，悉秉号令，意气发舒，声威远播。”②所以就连名重一时的丁文江也愿意出马相助，担任淞沪商埠督办公署全权总办。所以，在当时局面一片混乱的情形下，孙传芳却显得气定神闲，从容讨论礼乐，部分原因或许是出于对自己实力的自信。

而据丁文江观察，“孙在军人中，很有才，很爱名誉，很想把事情办好。只是有一个根本的缺陷，就是近代知识太缺乏了。”③陈志让先生认为，近代中国的军阀虽然本身并无多少文化，有些甚至是胸无点墨，但是在价值观上却很受到儒家思想的影响。所以彼辈对于传统文化有着很强的认同感。而近代以来社会动荡、国力衰退，他们也多觉得乃是因为儒学没落、纲纪不振所导致。④ 所以孙传芳提倡制礼，也可以说是与他的价值取向深有契合。然则古礼名目甚多，他却为何独青睐于投壶之礼？清人孙希旦云：“大夫士与宾客宴饮，而投壶以为乐”。古人置此项于宾礼或嘉礼之中。⑤ 所以，孙传芳的心思，或许是表明在此乱世之下，自己独占东南富庶之地，各方势力均难以与之抗衡，因而可以借此行为来显示己乃诸侯盟主，余人皆为自己的“宾客”，君子相争以礼，大家都应该在自己的安排之下，进而商讨中国未来的政治格局。同时，鉴于当时吴佩孚屡屡向自己求援，而北伐军却并未停止前进步伐，孙传芳或许也在借此行为来向蒋介石等广州国民政府军政要员暗示息兵戈、修礼乐，大家停战议和，互为妥协。

几天之后，孙传芳更进一步，拟成立“江苏省修订礼制会”，并聘请章太炎、沈彭年、姚文枏、汪东等11 人为会员。同时发布文告，声称“礼

---

① 傅斯年：《丁文江一个人物的几片光彩》，载欧阳哲生主编：《傅斯年全集》，湖南教育出版社2003 年第1 版，第5 卷第484 页。

② 徐一士：《亦佳庐小品》，中华书局2009 年第1 版，第85—86 页。

③ 傅斯年：《丁文江一个人物的几片光彩》，载欧阳哲生主编：《傅斯年全集》，第5 卷第483 页。

④ 陈志让：《军绅政权——近代中国的军阀时期》，生活·读书·新知三联书店1980 年第1 版，第140—149 页。

⑤ （清）孙希旦：《礼记集解》，中华书局1989 年第1 版，下册第1383 页。

为治本,而治贵因时。民元以来,频年多故,制作之业,阙焉未备。遂使人民无率由之规,风俗有陵迟之惧。现拟组织修订礼制会,并酌定简章八条,就苏省婚、丧、祭礼诸端,悉心研究,制定施行。所冀树全国之楷模,仍以待中央之采择。"其聘请会长、会员标准,包括"精深礼学,声望素著","精研历代礼制","深通民法","研究外国现今礼仪"等。同时还颁布了该会的各项经费名目与具体办事细则。① 值得注意的是,古人云:"礼者,时为大"。孙传芳诸人,在制定具体的细则上,倒并非唯古是尚,率由旧章。而是在不少方面颇有"革新"之气。比如在会员方面,需要入会者明了民法,甚至是熟知外国的相关礼仪。而投壶之礼,也被定之为"新仪"。虽然不排除凡此种种,在当事人看来,只是装点门面,聊备一格,但是起码证明了一点,就是哪怕真的有心复兴中国传统的相关礼制,在这个文化面临巨大转型与挑战的时代里,对于所谓"现代性"的因素,不管本心是否愿意,但都需面对并至少在表面上加以考虑。

经过这些"预热",数日之后,孙传芳等人在南京正式举行"投壶新仪"。此次活动之礼堂为联军总司令部大堂。其具体场景:四周广扎松枝,其间缀以灯彩,并设一"雅歌投壶"之牌匾。暖阁前设置正席两列。右为大宾席,左为大傧席。月台右边为参观席、大同乐会席。左边亦为参观席,并加有新闻记者席。礼堂中间设铜壶、矢筒、鼓、錞、算筹、鹿之模型。所陈列的乐器包括阴阳十二律、琴、瑟、奚琴、笙、箫、管、笛、天宝乐、箜篌、阮、浑不似、筝、埙、篪、竽、排箫、胡琴、三弦、边钟、边磬、搏拊、笳、鼗、云锣、铙乐等四十余种。在参与人员方面,原定为主办方所礼聘的章太炎并未前来。故而临时改请姚子让,并让杨文恺为大傧,众宾为南京一带的重要士绅,下关、浦口两处的商埠督办,国立省立学校校长,孙传芳治下五省的军民长官代表。众傧为江宁镇守使、南京卫戍司令、师旅长、总部各处长,政务、财政、教育、实业各厅厅长,警务部门相关官员。联同社会各界的参观者,总计参与其中的共有二百余人。②

① 《江苏修订礼制会之发起》,《申报》,1926年8月7日,第3张。

② 《宁当局举行投壶新仪记》,《申报》,1926年8月8日,第3张。

各方列席之后，司相者引此次活动的主角孙传芳出立东阶之下，司宾者引大宾、众宾至西阶之下。主宾随即行三鞠躬礼，然后升阶行献宾礼。同时江苏省省长陈陶遗出迎大僎、众僎，亦如前仪，其间有歌者三人，唱《鹿鸣》之诗。之后众人依次投壶。第一耦，二人左右分立，投箭三式，每式投四箭。凡一次不能决胜负者，得复投二次，共投十二箭。投式为直箭、翻箭、屏箭。总共进行三耦。负者饮酒一杯，胜者旁立一鞠躬。整个活动结束前，复奏乐以送宾。而其时，早已是夕阳西下，万家灯火。①

在投壶仪式中，章太炎并未出席。对此，孙传芳等人似有遗憾。两天之后，彼等决意聘章氏为修订礼制会会长。而章太炎也随即来到南京。8 月 9 日，孙传芳于省署设宴接待他，当天下午在总司令部召开第一次礼制讨论会，晚间复举行雅歌投壶礼。②

8 月 11 日，孙传芳、陈陶遗等人又函邀章太炎、姚子让等九人，于南京联军总司令部参加修订礼制会成立会。该会的会长、会员以及孙政权的农商总长杨文恺、各师师长、总务处长江恒源、课长朱肇升、周纲仁、事务长陶森杰、周冕英等都到场出席。在会场里面，会长居中独坐，主席职员席西向，会员席、来宾席东向，作矩尺相对状。阶下纷陈干、戚、羽、竽、旌、编钟、编磬、琴、瑟、箫、笛、埙、篪、琵琶、箜篌等古今乐器与相关物什。席间由古琴奏《平沙落雁》，琵琶奏《普安咒》，埙、篪奏《鹿鸣》中的一章。③

在会上，孙传芳、章太炎分别发表致辞。孙传芳说道："我国固有文明，敷流最广且甚久远者，厥惟礼乐教化。而教化之成，本于礼乐，乐又为礼之节文，故礼制实为我国固有文明之中心，其作用亦最且要。如此次举行投壶礼，看似迂阔，实则君子礼让之争，足以感人心而易末俗。此次惠然肯来之诸师儒，于古今礼制，均夙有心得。甚望集思广益，蔚成美制，由江浙而推行于全国，移风易俗，于焉观成，岂不懿欤！"④齐锡生先生曾指出，当时的军阀们对于传统思想的了解，基本上是通过通俗

---

① 《宁当局举行投壶新仪记》，《申报》，1926 年 8 月 8 日，第 3 张。
② 《南京快信》，《申报》，1926 年 8 月 10 日，第 2 张。
③ 《江苏修订礼制会成立纪详》，《申报》，1926 年 8 月 12 日，第 3 张。
④ 《江苏修订礼制会成立纪详》，《申报》，1926 年 8 月 12 日，第 3 张。

戏曲小说而得来,高文典册,并非彼辈所能理解。[1] 所以按照孙传芳的文化水准,这番话的原创性实足以启人怀疑,很有可能乃是其幕宾所捉刀。不过这段官样文章,倒也全非陋见。梁启超就曾指出:“礼治主义,是儒家所独有的,也是儒家政治论的根本。”[2]后来陈寅恪亦云:“夫政治社会一切公私行动,莫不与法典相关,而法典为儒家学说具体之实现。故两千年来华夏民族所受儒家学说之影响,最深最钜者,实在制度法律公私生活之方面。”[3]而礼制正为诸法典之所宗。所以说,孙传芳借制礼之事来提倡“固有文化”,只从学理本身而言,实则颇能抓住中国传统文化之特点。此外,在这段讲话中,孙氏强调所谓“君子礼让之争”云云,其现实意涵也正是前文所谈到的,乃是对当时颇为混乱的时局表明立场:希望与南方的北伐军停战议和,在湖广一带做困兽斗的吴佩孚也不必苦苦挣扎,甚至于向自己求援,而自己则可以继续高唱“保境安民”的口号,稳坐“东南王”的位置。名记者胡政之在当时曾这样评价孙氏:“头脑颇旧而手段甚新,伺机甚敏而自计殊巧……盖孙氏之性格,宜于因利乘便以成功名,不宜于大开大阖冒险创。”[4]从当时的国内时局出发,来看整个制礼事件之过程,再对孙传芳的心思略作分析,可以说,其所作所为颇能表现“自计殊巧”、善于“因利乘便”的性格特点。

据1926年8月12日的《申报》报道:“苏省修订礼制会成立后,现预备征求国内名流关于制礼意见及学说,并搜集古今中外礼乐各类经典图书以备参考。该会总务处长江恒源,每日到会督率各职员筹备进行会务之一切手续。”[5]可见孙传芳等人对这一活动仍希望有其后续。可是时局变化实在太快,北伐军一路奏捷,直逼孙传芳管辖内的江西

---

① [美]齐锡生:《中国的军阀政治》,杨云若、萧延中译,中国人民大学出版社1991年版,第172—173页。

② 梁启超:《先秦政治思想》,载吴松等点校:《饮冰室文集点校》,云南教育出版社2001年第1版,第5集,第3077页。

③ 陈寅恪:《冯友兰中国哲学史下册审查报告》,载《金明馆丛稿二编》,生活·读书·新知三联书店2009年第2版,第283页。

④ 政之:《孙传芳与时局》,载沈云龙主编:《国闻周报社说、社论、时评》(近代中国史料丛刊第三编第五辑),台北文海出版社1985年第1版,第441页。

⑤ 《南京快信》,《申报》,1926年8月12日,第3张。

省,吴佩孚也呈现出败落之象。在这样的情形下,孙传芳诸人大概也无暇顾及修礼制乐之事了。整个制礼活动,从开始提倡到再无下文,仅仅维持了数日的时间。在当时风云变幻、动荡不安的中国政坛,这一事件顶多算是狂涛中的一朵浪花而已。

二、关于制礼事件之各方反应

虽然此次南京制礼事件并未持续多久,但是在当时的思想界舆论界还是颇引起了一些议论。新文化运动以降,反传统之风日炽,作为中国传统文化中重要组成部分的礼,一时间顿成为了人们的主要攻击对象之一。鲁迅认为当时中国思想界应该"立意改变:扫除了混乱的思想,和助成混乱的物事(儒道两派的文书)。"①本此见解,在小说《狂人日记》中,他借"狂人"之口,痛斥写满"仁义道德"的古书里其实归根结底只有"吃人"二字。② 而这一论调,立即就被吴虞所引用,并且将聚焦点置于"礼教"之上。依他之见,"孔二先生的礼教讲到极点,就非杀人吃人不成功,真是惨酷极了!一部历史里面,讲道德说仁义的人,时机一到,他就直接间接的都会吃起人肉来了。"所以"我们如今应该明白了,吃人的就是讲礼教的,讲礼教的就是吃人的呀!"③而当时胡适之所以推崇吴虞,原因之一就是在他看来后者"先证明这些礼法制度都是根据儒家的基本教条的,然后证明这种礼法制度都是一些吃人的礼教和一些坑陷人的法律制度。"④后来钱玄同调侃道:"孔老二的徒子徒孙们中间,的确出了许多低能儿,会老了脸皮,你扮孝子,我扮新郎,作揖打拱,磕头礼拜的胡闹,美其名曰'习礼'。"而系统论述儒家礼论的《礼记》一书,"其中有的是与《仪礼》同样的琐碎繁缛的无谓的节文,有的是儒家那种昏乱的政治思想与人生观,此外还有许多零零碎碎的妖

---

① 鲁迅:《随感录三十八》,载《鲁迅全集》,人民文学出版社 2005 年第 1 版,第 1 卷,第 329 页。

② 鲁迅:《狂人日记》,载《鲁迅全集》,第 1 卷,第447 页。

③ 吴虞:《吃人与礼教》,载田苗苗整理:《吴虞集》,中华书局 2013 年第 1 版,第 41—42 页。

④ 胡适:《〈吴虞文录〉序》,载《胡适全集》,合肥:安徽教育出版社 2003 年第 1 版,第 1 卷,第 762 页。

妄之谈。”①总之,在当时尘嚣日上的反传统,特别是反礼教思潮下,时人对于南京制礼事件的评论,也就自然颇受其影响。

制礼事件后不久,在当时由一群自由主义知识分子所创办的《现代评论》杂志上,刊登了一篇笔名为“沛”的作者所撰写的《投壶志感》。作者首先声明:“我没有参与投壶的光荣,也没有了解投壶盛礼的渊博。”不过即便如此,也不妨碍他对于此次事件进行一番评论。他说:“现在中国有许多人受了政治的经济的压迫,失了职业,没有事干,这些人为了消磨他们无可奈何的光阴起见,去举行投壶礼,或去练习干戚之舞,或去研究结绳之法,那都可以原谅。”②言下之意,参与投壶礼的,在作者看来,都是一些跟不上时代进步车轮的落魄分子。而他将代表古代礼乐文明的投壶、舞干戚与上古半开化之民的结绳记事相提并论,尤可显示出在作者眼中,古代礼制非但不能显现其文明性,反而是一种落后,甚至野蛮的象征。随后,作者继续说道:“至于自命不凡的军人,手里握着巨大的权力,他五分钟的光阴,可以举办多少福利人民的事业,他五分钟的考虑,可以拯救多少人民的生命财产。”于是他感慨:“不此之务,而投壶焉!”③值得注意的是,作者虽然厌恶投壶礼,视之为复古守旧的无用之物。但是他对于孙传芳这样的军阀,却并非完全否定,而是认为他可以运用手中的权力与财富来为民造福。这一论调,与后来意识形态话语下对军阀的一片贬斥之声,还是有所不同的。

上文谈到,投壶礼举行不久之后,孙传芳就召开修订礼制会。对此,《现代评论》刊登了笔名为“纯”的文章。作者说道:“举行投壶礼的孙传芳更进一步而制作礼乐了。在反动、复古的声中,孙氏想代表、迎合一部分冬烘绅士的心理,做出这些张致来,表示他恭敬先王的诚意罢。我也学着冬烘先生的口气说:礼乐是一代文献典章,何等重大,岂是一隅的督军省长所能问鼎的。”认为孙传芳尚无资格行此举措。此外,作者还指出:“在大碗酒、大块肉的军人生活中,孙氏想摆出儒将风流的架子,又不愿学‘东山丝竹’太落陈套,所以玩玩这新玩意罢。岂

① 钱玄同:《废话——原经》,载《钱玄同文集》,中国人民大学出版社1999年第1版,第2卷,第233页。

② 沛:《投壶志感》,载《现代评论》第4卷第88期。

③ 沛:《投壶志感》,载《现代评论》第4卷第88期。

不是将礼乐视同儿戏。"而放眼当时的国内情势,"在鼙鼓动地声中,孙氏想装出镇静的样子,所以义冠博服,表示他的闲情逸致罢。礼乐岂是给人装幌子的。"所以,作者总结说:"孙氏的举动,可以'莫名其妙的狂妄'一语概之。"①可见,在这位作者眼中,制礼本身固然是"反动"、"复古",是"冬烘绅士"之所尚。但是更为重要的是,孙传芳一介武夫,只占有东南一隅,却要故作斯文,大兴礼乐,这一行为毫无可取之处。这其实也显现出,在近代社会变迁急剧加速之时,传统的礼乐制度已甚难维持其本来意义,多半沦为被武人政客所利用,甚至是玩弄的工具。而军阀制礼,在当时对传统文化的批判声中,反而更让礼乐制度本身名誉扫地,为人们所不屑。

作为当时广州国民政府的喉舌,《民国日报》对此次制礼事件也有所论述。在作者颂民看来,这一事件的关键之处在于"礼乐之修订,为有法律之性质,强人服从乎。抑非法律之性质,认人行否乎。"即这一行为本身是否具有法律效力。对此,作者认为:"若非法律性质,此事只可视为社会上一种行为,固不能禁孙传芳、陈陶遗之发起此事。今孙、陈发起此事,其意必不视为社会上一种行为,至少必含有几分法律之性质,强人以服从。在孙传芳之思想,其自视有无上之威力,且自视有无上之神圣。无人治之实,而慕人治之名,假礼乐之修订,以博一班嗜古者之情。至于修订礼制,是否需根据宪法,而彼不知也,而彼亦不问也。"②在这里,作者认为孙传芳之制礼,全无法律手续,体现出人治政治的陋习。但是置诸当时的中国,政治上四分五裂,在国际上代表中国的北洋政府所能实际控制的地区非常有限,且并不皆为各方势力所认同,像广州的国民政府即不承认当时的北京有所谓"中央"。在这种局面下,强求孙传芳将制礼一事依据宪法来施行,其实是显得非常不现实。《中庸》云:"非天子不议礼,不制度,不考文。"或许作者的潜台词,乃是借合法与否的问题,来强调孙传芳实为"偏霸",绝非"正统"。而作者自己屡屡以法律来责人,也无非是想说明,当时的广州革命政府才是合法与否的最终解释者。在对制礼事件评价的背后,实则是有着

① 纯:《孙传芳制作礼乐》,载《现代评论》第4卷第89期。

② 颂民:《今岂修订礼制之时耶》,《民国日报》,1926年8月15日,第1张第2版。

颇为浓厚的政治立场。

此外,在作者看来,“今日之急务,在于罢全国之兵,以舒人民之残喘,次则勿加入战争之漩涡,此人民所祷祀以求者也。注重人民之生计,表白公正之态度,禁止官吏之贪污,拒绝政客之播弄,简军实以兴教育,散兵士以筑道路,禁鸦片之私售,以振民气,抑奸商之剥削,以裕民财。应办之事,有过于修订礼制万万者,有急于修订礼制万万者。”①在当时,呼吁各方势力注重民众生计者其实绝非单见。如《盛京时报》的社论中有言:“人各有生,人各有欲自保其生,故衣食之安宁,为人生第一要事。”所以“中国统一之根本,在于民生。世界扰乱之源,无不由于人民受经济之压迫,铤而走险。中国十五年来之战争,虽未必全属民生问题,而已渐有此趋向。”因此,“揆诸中国今日之情形,实有不能漠视者。统一中国者谁耶?记者敢断言曰:注重民生问题者能一之也。”②所以在这样的情形下,孙传芳不顾民生凋敝,颇费周章的大兴礼乐,自然会予人口实,遭到批判。

尽管《民国日报》的社论中指出孙传芳此举乃是“博一班嗜古者之情”,但是却并未像《现代评论》中的相关评论那样,从守旧复古方面对之大加抨击。此何缘故?这或许与当时被国民党捧上神坛的孙中山之晚年言论有关。孙中山晚年,非常强调中国传统文化的价值。他视《大学》中的“三纲领”、“八条目”为“最有系统的政治哲学,在外国的大政治家还没有见到,还没有说到那样清楚的。”③并且认为东方的文化堪称“王道”,而西方只是“霸道”,所以“东洋的道德便比西方高得多”。④ 撇开政治立场不谈,孙中山之不顾思想本身演变脉络而无限捧赞《大学》,与孙传芳为保存“固有文化”而煞有介事制礼,其实都是一种向传统文化回归的行为。所以,若要在此处从反对复古的角度来批判孙传芳,那么很可能将置孙中山于一很尴尬的境地。

---

① 颂民:《今岂修订礼制之时耶》,《民国日报》,1926年8月15日第1张第2版。

② 颂氐:《统一者谁耶》,《盛京时报》,1926年8月17日,第3张。

③ 孙中山:《三民主义》,载黄彦编:《孙文选集》,广东人民出版社2006年第1版,上册,第474页。

④ 孙中山:《大亚洲主义》,载黄彦编:《孙文选集》,广东人民出版社2006年第1版,下册,第624页。

在一些政治立场相对不那么强烈的媒体眼中，孙传芳此举，也并不能完全博得同情。北京的《晨报》对此事的报道，孙传芳于“总部举行投壶仪。大宾姚子让，大僎杨文恺。众宾僎二百余人。雄乐迭奏，悉如古礼。”而这则报道的标题则为“闲逸哉孙传芳”。① 虽未直接批评，但嘲讽调侃之意，跃然纸上。1926 年 8 月 9 日的天津《益世报》之论此事，认为“孙传芳自坐镇五省以来，对于内政，锐意修明，颇博得一班人士之好感近又以民国成立以还，礼制未定，复有编订礼制会之设立，若孙氏者，可谓志在不小。”并且“自一代之兴，必有一代之礼制。礼者，因时世人情而为之节文者也。左氏传云：上下之纪，天地之经纬也。可以范人心，可以端正风俗，可以和邦国，可以统百官。礼之为义亦大矣哉。”其论调好似颇认同孙传芳此举。但是作者笔锋一转，“礼之编制，又岂易言。昔汉高以马上得天下，不知礼仪为何物。命叔孙通定朝仪，千载而下，犹为读史者所诟病。今孙氏委任编订人员，其学识资望，以视叔孙通为何。此种重大责任，非迂儒所能胜任，官僚所能滥竽者也。是不可以不慎。”②言下之意，虽然制礼本身原无可厚非，但是孙传芳却将这一重任委之于“迂儒”与“官僚”，所任非人，因此断难有所收获。

几天之后，《益世报》上登出了一则“谐谈”，对于孙传芳此举大加揶揄。其文曰：“投笔孙帅，演礼记投壶之篇。投老将军，抱和平投戈之志。留宾投酒，不同投鞭断流。宴客投机，异乎投闲置散。投琼投子，曲尽投辖之欢。投赋投诗，大畅投缘之乐。抗怀投古，伊谁聆曲投音。复礼投研，有幸陶遗投调。投富而好，可谓投心节文。投智以求，洵称投情二代。投神洙泗，欲投观仲尼庙堂。投抑杏坛，喜投学趋廷伯鲤。岂非投知能立，投身尊经者乎。”③全文对孙传芳、陈陶遗等人大加调侃，语虽诙谐，却反映出时人对于传统事物的排拒与不信任。

当然，也并非所有人对于孙传芳此举皆持批评态度。自认为“年来持论，颇牾时好”的章士钊，认为南京投壶礼之举行，“兹事虽小，谓

① 《闲逸哉孙传芳》，《晨报》，1926 年 8 月 6 日，第 3 版。
② 《编订礼制之我见》，《益世报》，1926 年 8 月 9 日，第 2 张。
③ 杰民：《投》，《益世报》，1926 年 8 月 12 日，第 4 张。

可喻大”。他先从当时的西方学界思潮说起,认为彼处人士“辄言西方文化已衰,起而代之,应为东方文化,其初疑是妄言诞者所云,继见西哲之主是者弥重。吾之老庄哲学,欧人立志研求,意兴突逾于前,而其政情群态,日感不安。”对此他分析此乃由于西方文明过于追求物质享受,“苟其徇工无已,不知更化,则补偏愈切,积业愈多,举足愈多,迷阳愈甚。”基于此,他反观中国,指出“西化以利,吾化以礼”,中国古圣先贤用礼来调节人之欲望,使人们逐利之心有所约束,所以“吾之不适成为工业文化者,非质不能,实不愿焉也。”既然中国文化之特性在于此,因此当下国人“求所以粲然复兴之道,其道惟何?不问而为礼也。”既然如此,那么此次制礼事件在章士钊看来,虽然投壶一端,难以尽礼之博大精深,但是适足以显现中国文化复兴的迹象,也是中国未来寻求立国之本的正确追求,所以值得鼓励。① 章士钊在那一时期强调中国为“农国”,所以不应一味追求西化,而应找到自身的文化特性,因此对于孙传芳此举,自然会有所期待。只是章氏在当时,不仅早已被众多青年视为落伍,且因“女师大风潮”,得罪了一批“先进分子”,以至于“臭名远扬”。因此他的这番言论,实则并未引起太多的共鸣与回响。

三、身处舆论旋涡中的章太炎

1926年的制礼事件虽然本身并未持续多久,但是由于章太炎曾一度参与其间,所以某种意义上说使之具有了思想史上的意义。而章太炎本人也因此而受到了不小的非议。像鲁迅就认为,章氏“参与投壶”,便是他晚年“既离民众,渐入颓唐”的表现之一。② 但是章太炎在这次制礼事件中,到底与之有多少瓜葛,他本人的观点又是如何,这一问题实值得一论。

前文谈到,当孙传芳举行投壶礼时,章太炎并未出席,几天之后孙氏聘他为修订礼制会会长,他才来到现场参与斯事。但也正是由于章

---

① 章士钊:《论南京倡投壶礼事》,载《章士钊全集》,文汇出版社2000年第1版,第6册,第261—268页。

② 鲁迅:《关于太炎先生二三事》,载《鲁迅全集》,第6卷第566页。

太炎的到场,引起了社会上的一些议论。前引《民国日报》的那篇评论,其中说道:“惟太炎社会上所推为明法知礼者,今姑置法于不论。礼制之兴,必在人民休养生息之后。仓禀实而知廉耻,衣食足而知荣辱,人民日夜惴惴于兵戈水火之将至,而乃从容为之制吉、凶、嘉、宾之礼,以粉饰太平,所谓诵《孝经》以退寇盗,涸辙之枯鱼,而救以东海之水也……昔者叔孙通制礼,鲁两生不肯行,盖以其非制礼之时也。今岂制礼之时哉?吾为太炎惜。”[1]同样的,《现代评论》中对于此次制礼事件的评论中也谈到:“章太炎氏在社会上的地位,何以去充当什么总裁,替一个姓孙的制作一家的礼乐,更是‘莫名其妙的糊涂’。”[2]与之相似,民国初年当章太炎被袁世凯软禁北京之时,高一涵投书《甲寅杂志》,认为袁氏此举将使“国华消丧,民质就亡”,称赞章氏为“民国之祢衡”,同时呼吁相关人士,“加以鼓吹,酿成舆论,得救先生,使当道知人心不死,公论终不能屈于威权”。[3] 显示出对章太炎抱以极强的钦佩与同情。然而时过境迁,高一涵在新文化运动中积极响应陈独秀、胡适等人,鼓吹新思潮不遗余力,因此在看到章太炎参与投壶礼活动后,他评论道:“如果雅歌、投壶真正可以保境安民,礼义廉耻真正可以行于禽兽世界。那么,我们似乎也犯不着希望他们退伍,自然淘汰似乎暂时也淘汰不了他们。可是老天爷太恶事做,偏给人类一点良心,受良心的驱使,偏要箪食壶浆的欢迎新年,深恶痛绝的诅咒老人。”在此除旧立新的观念下,他“奉劝一般精神上的老人,早早升天,不要转那临去的秋波,来耽误了青年的大事。”[4]在这里他虽为提章太炎之名,但字里行间仍清晰可见,此番言论主要是针对章氏参与投壶之礼,视之为“老”辈抗拒时代潮流的表现。

就章太炎而言,在那一时期,他之所以和孙传芳那样的军阀发生关系,很大程度上是由于他对于广东革命政府的强烈不满。正如张季鸾

① 颂民:《今岂修订礼制之时耶》,《民国日报》,1926 年 8 月 15 日,第 1 张第 2 版。

② 纯:《孙传芳制作礼乐》,载《现代评论》第 4 卷第 89 期。

③ 高一涵:《民国之祢衡》,载郭双林、高波编:《中国近代思想家文库 · 高一涵卷》,中国人民大学出版社 2015 年版,第 1—2 页。

④ 高一涵:《新年》,载郭双林、高波编:《中国近代思想家文库 · 高一涵卷》,第 550—551 页。

在当时所观察到的,“章太炎氏以革命文豪而作反赤领袖,至今尚主张北冯南蒋必须铲除,至不惜抛弃多年来反对北洋正统之态度,而与军阀相周旋焉。”①特别是在章氏看来,1920年代以来经孙中山所改造后的国民党,已经沦为苏联“侵略”中国的帮凶,所以章太炎在许多场合高呼“反赤”,当然,这与他强烈的民族主义有关。在他看来,“现在广东的党政府——什么‘党’、‘不党’,简直是笑话,直是俄属政府——借着俄人的势力,压迫我们中华民族,这是一件很可耻辱的事。我们应当反对借俄人势力压迫中华民族的共产党。”②所以当孙传芳开始与北伐军关系日渐紧张之时,章太炎自然将希望多少寄托于他身上。③ 加上当时军阀割据,全国形势一片混乱,孙传芳统治的区域,包括了章太炎的家乡浙江,这样一来,出于爱护乡梓的考虑,章太炎自然也希望与当时名望还不算太坏的孙传芳建立一些良好关系。如他曾建议孙氏,“南方自为保固,则有二策:上策在建合法政府,中策在宣告独立而已。”甚至希望孙传芳能把当时手中并无实权却很为章太炎所推崇的黎元洪接来东南,以正其位。④ 可见在当时,出于各方面的考虑,章太炎是与孙传芳走得比较近。

对于章太炎,孙传芳在表面上也是颇为礼重。1926年章氏生日,孙传芳与陈陶遗“送寿诗一轴,寿联一副,并大餐券一百席,白兰地一箱,并嘱驻沪办事处处长宋雪琴代表致视,宾主至为欢洽,其余各界人士前往祝寿者,亦络绎不绝,颇极一时之盛。”⑤显示出孙氏表面上很给章太炎面子。不过,在涉及到具体问题上,孙传芳其实并非全买章太炎的账。1926年3月,章太炎联合其他数人为记者许祖谦被捕入狱事,特请孙传芳予以宽大处理。但是后者却回复说,因为许祖谦

① 张季鸾:《反赤化运动之批判》,载沈云龙主编:《国闻周报社说、社论、时评》(近代中国史料丛刊第三编第五辑),台北文海出版社1985年第1版,第419页。

② 章太炎:《我们最后的责任》,载章念驰编订:《章太炎演讲集》,上海人民出版社2011年第1版,第293页。

③ 关于章太炎在北伐前后的反赤思想及对各方势力的态度,参见罗志田:《中外矛盾与国内政争:北伐前后章太炎的“反赤”活动与言论》,《历史研究》1997年第6期。

④ 章太炎:《与孙传芳》(1925年),载马勇编:《章太炎书信集》,河北人民出版社2003年第1版,第736页。

⑤ 《章太炎昨日寿辰之热闹》,《申报》,1926年1月14日,第4张。

"对于不实之政闻,一再缕载,以至两省人心,摇惑不安,其故意造谣,扰乱两省治安,似难原恕。"所以命令有关部门"秉公办理"①。可见,一旦被认为有可能不利于自己统治的地方,孙传芳其实并不会给章太炎什么面子。所以可以说,孙氏对待章太炎,或许只是一来因为后者颇有名气,且为学界翘楚,搞好关系,可博得一些清望;二来章氏在那一时期反赤之志甚坚,正好可以借此来增加与南方革命政权对抗的资本。这一点,其实与民国初年袁世凯对于章太炎的态度,颇有相似之处。

对此,章太炎其实并不糊涂,他内心也清楚当时的掌权者本质上绝非善类。1926年6月,他写了一封信给自己的弟子,其中说道:"果有匡时之志者,当思刘晔有言,昏世之君不可黩近,就有佳者,能听至言,十不过三四,量而后入,不可甚亲,乃得免于常维。昔人与汉高、句践处,功成便退。若遇中材,一事得就,便可退矣,毋冀功成也。入吾门者,宜视此。"②可以看到,他对于那些肉食者流并不抱太多期望,所以才告诫弟子,若要"下水"从政,点到为止即可,切勿陷入太深,以免最后反受拖累,难以自拔。正是本着这样的态度,章太炎在此次制礼事件中,尽管先被孙传芳方面视作嘉宾,随后又被礼聘为修订礼制会会长,但是他也只是出席了一回相关的正式活动而已。之前的投壶礼,他并未与闻。而在与好友李根源的信中,他对于此次南京之行如是描述:"昨为南京礼制会所嬲,夜往夜归。"③虽然只有聊聊数字,但是所用的这一"嬲"字,却足以说明章太炎的态度。"嬲",其意为打扰、纠缠,或许在章太炎看来,南京方面为此事屡次相扰,实在没有办法,才前去应付一下,自己本身对此并不多么热心。而当他出席完此次会议之后,赋诗一首,更是体现了他对于制礼事件的态度。其诗曰:

郑生儒者能清讴,乐综古今姚且幽。
曾奏满城风雨曲,担夫在道皆回头。
金陵莫府素好事,招我观乐升南楼。

① 《孙传芳复章太炎等电》,《申报》,1926年4月4日,第4张。
② 章太炎:《通告及门弟子》,载马勇编:《章太炎书信集》,第871页。
③ 章太炎:《与李根源》(1926年),载马勇编:《章太炎书信集》,第704页。

钧天云门杂众技,编箫长笛和箜篌。
鸣琴窃窃驻鸾鹤,引竽骎骎开华骝。
清壎瓷斗人酢齿,锦瑟倍弦鱼出湫。
鼙鼓间作亦赴节,好奇不用铜丸投。
忽度清商翻楚调,潜气内转殊凡喉。
飘然便起陵云思,大人轻举风前璈。
曲终吹律中夷则,惜哉鼓簧如对牛。
风生黄葛退举酒,满堂神动惊清秋。
顾视壁间陷神谶,东吴灵气今存不。
郑生郑生歌且休,铜马遍地争王侯。
九韶如可化蛮越,罗闽何事陈戈矛。①

从中可以看到,章太炎对于制礼本身其实是深表质疑。尽管在现场,各种乐器礼具纷然杂陈,但是"鼓簧如对牛",效果并不良好。更为重要的是,在当时的混乱时局之下,举行这种活动,意义究竟有多大。最后四句诗,尤其表明了章太炎的态度,"遍地争王侯"的局面,岂能由于大奏"九韶"之乐遂可平息。所以说,章太炎并未因与孙传芳关系颇近而丧失了基本判断力。

另一方面,就章太炎的思想而言,他少治朴学,且深受《荀子》影响。有论者言,清代学术,存在着"重礼、重学、重行为效应的荀学色彩。"②章太炎很大程度上继承了这一思路。在著于清末的《訄书》当中,就收录了《订礼俗》一文,其中他对于各方面的礼制礼节进行讨论,并提出既能保留传统面貌,又能合乎现代生活的方案。③ 进入民国以后,他目睹青年一代弃传统如敝屣,视西俗若帝天,遂担心长此以往,会让国性沦亡。在撰于1924年的《救学弊论》一文里,他指出"夫国无论文野,要能守其国性,则可以不殆。"而放眼当下,"今之学子慕远西物

① 章太炎:《观郑觐文作乐》,载《章太炎全集》,上海人民出版社1985年第1版,第5卷第368—369页。

② 张寿安:《以礼代理——凌廷堪与清代中叶儒学思想之演变》,河北教育出版社2001年第1版,第184页。

③ 章太炎:《訄书(重订本)·订礼俗》,载《章太炎全集》,第3卷第193—200页。

用之美,太半已不能处田野。计中国之地,则田野多而都会少也。能处都会不能处田野,是学子已离于中国大部。以都会为不足,又必实现远西之俗于中国然后快。此与元魏、金、清失其国性何异?"[①]在他看来,对于中国传统礼俗的忽视,会泯灭人们的爱国之心,一旦外患来临,将无以激扬民气,团结一致抵御外敌。[②] 不过虽说如此,章太炎却并非食古不化之辈。在晚清之时,他业已指出:"自孔子、公孟而后,郊丘宗庙,不过虚文,或文人曼衍其辞,以为神话。其实已无有尊信者,特愚民不学,犹眩惑于是耳。"[③]所以民国初年,袁世凯举行祭天之礼,并设计各种类似于帝制时代的官阶,此举在章太炎看来,非愚即妄。他强调共和时代官民之间已非隔若天壤,许多古代的仪节并不适用于今世,加之当时国力有限,所以"处弱国,抚矜人,其惟施报、尊贤、敬老三者,为足以固。既厚民德,又不塞其智慧,隆礼者诣是止矣。"而那些为袁世凯政权制礼作乐的"经师老生",行为纯属"谄谀"。[④] 而在1922年于上海的国学讲演中,他更是强调治国学的方法之一为"知古今人情底变迁",那种"看做道德是永久不变,把古代底道德,比做日月经天,江河行地,墨守而不敢违背"的观念实属"谬误"。[⑤]

正是本着这样的见解,在参加修订礼制会时,章太炎说道:

> 我国古昔,甚尊视礼制,自君主政体革命后,知识界即屏而不谈。在洪宪时代,颇有议及之者,然其主张,尊卑之分太严,我辈实不敢赞同,以过犹不及,流弊易生,势必成为帝制之糟粕也。今日之学校,既置礼教于不讲,而强权者黩武相竞,又迄未得睹统一之效,在此种潮流中,修订礼制,固为当务之急。然实亦甚非易事,鄙见以为不必过尊古制。古制在今日,多有窒碍难行者,而一般之社会习惯,则必博访周知,尽量容纳。卑之无甚高论,将来议有端绪,

---

① 章太炎:《救学弊论》,载《章太炎全集》,第5卷,第101页。

② 关于章太炎晚年对传统礼俗的思考,参见王锐:《章太炎晚年学术思想研究》,商务印书馆2014年版,第117—119页。

③ 章太炎:《答铁铮》,载《章太炎全集》,第4卷,第374页。

④ 章太炎:《礼隆杀论》,载《章太炎全集》,第3卷,第401—402页。

⑤ 章太炎:《国学十讲》,载章念驰编订:《章太炎演讲集》,上海人民出版社2011年第1版,第225页。

著为典章,务使一般社会览而易知,知而易行,使国民知我国尚有此礼制,为四通八达之大路,则礼制终有观成之日。总而言之:一欲易于遵行,一欲涤尽帝国主义而已。①

在这里,章太炎强调制礼中应注意的两个重点,后一点自然是出于对传统日益衰微,西方影响日渐成强势状态的警觉。前一点,除了体现他一以贯之的关于古代思想礼俗不应照搬于今的看法,更可以看成是他在目睹孙传芳煞有介事的行礼如仪之后,所提出的一点劝告。由此也可显示,章太炎立身处世自有其独立性,不会出于迎合某些人而自丧立场。而前文所引的关于对章太炎在此次制礼事件中所作所为的评论,说实话未免太夸大其词了。

不过这倒也体现出当时思想界的一种特点,就是像章太炎这样的人物,因为在新文化运动以来,已经被不少新文化运动的提倡者与追随者视之为明日黄花,俨然已属时代的落伍者。所以只要他一与当时的军阀政客稍有往来,并发表一些阐扬传统文化的言论,就会被看成反动思想的回潮,因此便难逃遭来阵阵批判的后果。例如在参与完修订礼制会不久,章太炎公开发表了一封致当时主政湖南的赵恒惕的信。其中劝后者与其他与广州国民政府为敌者,师法当年曾国藩之平洪、杨,来全力对付北伐军。此信登出不久,周作人遂著文谴责,认为章太炎"似乎已经将四十余年来所主张的光复大义抛诸脑后了。我相信我的师不当这样,这样也就不是我的师。"所以声明"此后先生有何言论,本已与我不复相关,唯本临别赠言之义,敢进忠告,以尽寸心:先生老矣,来日无多,愿善自爱惜令名。"②表示与章太炎断绝师生关系。同样的,章太炎建议孙传芳不应固守江左,而应出兵抵御北伐军。尽管在章太炎看来,此举乃是"劝其为保障国家主权,非专以保境安民为务"。③ 可是陈独秀却说:"其实这道将近一千字的电报,乃是孙传芳特别拿出一

---

① 章太炎:《在南京修订礼制会上之演说》,载章念驰编订:《章太炎演讲集》,第294页。

② 周作人:《谢本师》,载钟叔河编订:《周作人散文全集》,广西师范大学出版社2009年第1版,第4卷第744页。

③ 章太炎:《与李根源》(1926年),载马勇编:《章太炎书信集》,第705页。

千块大龙洋,叫章炳麟如此这般的。这岂不是他俩在这里唱双簧吗?"①甚至还说:"以一个同盟会会员,首先向张之洞乞怜求援,乞怜不成,又派何震(刘申叔之妻)到端方处运动投降,首先通电说统治中国非项城不可,称孙、黄为小丑,章炳麟的气节安在?王莽比袁世凯总算略识诗书,而且扬雄在王莽朝,也未曾象章炳麟荣任筹边使大摆勋章那样出丑;韩愈固然上书宰相不忘利禄,然而当时的宰相,也还不像现在的什么镇威孚威这样作恶,韩愈更未曾象章炳麟为区区一千元替孙传芳摇旗呐喊,且称孙传芳为神武这样的'丧失廉耻'。"②他不但丑化章太炎的人格,甚至还把清末民初的旧事重提,将其夸张曲解,来进一步把章氏"抹黑"。其实这种思想气氛,与帝制时代的"诛异端"、"辟邪说"又有何二致?并且当时因意识形态与思想新旧之争所造成的对于不同见解的"防微杜渐",其敏感度更是甚为夸张。所以,也无怪乎章太炎会在此次制礼事件当中遭到时人的强烈批评了。而那一时期吴鼎昌撰文论说,强调"吾人以为世运转移之责,不在今日所谓将相,而在今日所谓士大夫。"呼吁"风气所趋,世运如此,世有湘乡其人者乎?士大夫当知所愧奋矣。"③只是在这样的环境下,又有多少条件能保证"士大夫"者流保持独立的见解与充分的议论空间,这一点实在让人感慨。

四、结　语

《庄子》云:"为之仁义以矫之,则并与仁义而窃之。"近代以来,传统礼乐制度日渐丧失其本来的功能与意义,遂沦落成为军阀所利用操纵的工具。孙传芳1926年的制礼事件,打着恢复"固有文化"的旗号,大兴礼乐,举行投壶之礼,并成立"修订礼制会",看似闲适优容,实际

---

① 陈独秀:《孙传芳章炳麟的双簧》,载任建树等编:《陈独秀著作选》,上海人民出版社1993年第1版,第2卷,第1118页。

② 陈独秀:《好一个有节操的章炳麟》,载任建树等编:《陈独秀著作选》,第2卷,第1118—第1119页。

③ 吴鼎昌:《世运转移说》,载沈云龙主编:《国闻周报社说、社论、时评》(近代中国史料丛刊第三编第五辑),台北:文海出版社1985年1版,第437—438页。

上在当时的国内情势下,此举有着很强的现实意义。而彼时的舆论界,由于受到新文化运动中反传统思想的影响,并且因为具体的政治立场,对此也多持批评指责之态度,或视之为复古逆流,或斥之为不顾民生而务虚名,或从法律角度对之予以否定。礼乐与军阀结合,固然加剧了传统文化在人们心中的恶感,而舆论界的口诛笔伐,更使得本属治国重要因素的礼制,显得越发的不适宜于现代。这次南京制礼事件,虽然大张旗鼓,煞有介事,其实某种意义上说,反而是在为传统的礼制敲响丧钟。

而在这样的氛围中,章太炎虽然只是临时出席表示应付一下,未曾对之多么热心,并且在修订礼制会上的发言,也是表达了他一贯的见解,但还是遭来了不少批评之声。这也反映出当时的思想界,对于所谓的落伍人物盯得甚紧,只要后者有发表对于传统的阐扬之语,或者是与时人眼中的"反动势力"有所联系,则鲜不被人们视作思想界逆流的回潮。从这次制礼事件中章太炎的遭遇,可以看到当时思想界有一种胡适所谓的"不容忍"之特征。两年前作此论调的胡适,也因为发表同情溥仪的言论而被攻击,当时他说道:"在一个民国里,我偶然说两句不中听、不时髦的话,并不算是替中华民国丢脸出丑。等到没有人敢说这种话时,你们懊悔就太迟了。"①两年以后,正当人们对孙传芳制礼大肆抨击之时,《民国日报》上登出了一则消息,报道湖南省"实行党化教育"。内容包括"悬挂党国旗帜"、"举行纪念周"、"教授三民主义"。②从国民政府定都南京之后的种种作为来看,胡适当年的预言,似乎真的有变成现实的趋向,而后来长江后浪推前浪的"先进分子"们,对于"落后分子"的批判,也较之当年人们批评晚年章太炎,更有过之而无不及。只是在近代中国,粗鄙不文的军阀附庸风雅修礼制乐诚然无济于事,可国民党官僚在教育领域的如此这般又岂能妙手回春?这也无怪乎陈寅恪要感慨:"吾徒今日身处不夷不惠之间,托命于非驴非马之国"③了。此外今天更需要反思的是,复兴传统是否可以借徒有其表的

---

① 胡适:《致李书华、李宗侗》,载《胡适全集》,安徽教育出版社 2003 年 1 版,第 23 卷第 452 页。

② 《湘省实行党化教育》,《民国日报》,1926 年 8 月 17 日,第 1 张第 3 版。

③ 陈寅恪:《俞曲园先生病中呓语跋》,载《寒柳堂集》,生活·读书·新知三联书店 2009 年 2 版,第164 页。

制度仪文来进行？靠掌握各种大众媒体，假某种“启蒙”借口对异见者大加鞭笞，是否又是一种新的狂妄与偏执？中国传统的再阐释，需要从本国历史与现状出发，展开大量细致精微的研究，果如是，庶几传统思想与制度，能够真正成为我们构建未来生活的重要价值参考。

（作者系复旦大学历史系博士研究生）

民国时期的“霓虹灯”与“年红灯”之析

黄　展

霓虹灯发明于欧洲19世纪末、20世纪初，因其夜晚光线穿透力强，很快成为一种新兴的广告形式“……1910年法化学家Georges Claude（克劳德）与Linde氏以稀有气体通入于放射光管内，陈列于巴黎，通以电流，即放射强烈之辉光，……1920年前，用以为广告之利器者，尚不多见。及战后，其发展甚速，各国遂争相采用氖灯以为广告之用。”①霓虹灯的英文名称是“NEON LAMP”，“‘Neon’的意思，是‘new one’（意即是新气——译者），而我们所知道的由此为名的气体，它的名称，就是它的发明者，成廉·蓝姆塞（Rayleigh）与莫律司·脱拉佛尔（Ramsay）二人所题目。”②

霓虹灯作为民国广告的重要表现形式与组成部分，促成了民国时期上海城市的繁荣与多样，使之与巴黎、伦敦、纽约成为现代广告之都的美誉。但国内的研究对于这一部分的相关研究中，绝大多数统称为“霓虹灯”，但这一说法并不严谨。民国时期的霓虹灯主要还有“氖灯”、“年红灯”等说法。其中“年红灯”作为当时广泛的称谓的缘由为我们今天所忽略。而厘清这些被人忽略的称谓以及背后的原由、时间等内容是对民国广告体系认知深入研究的必要一步。

---

① 朱积煊，高维礽编：《氖灯工业》[M]，上海：商务印书馆，1936（8月）第1版，第3页。

② 哥尔德著，陈嶽生译：《霓虹广告术》[M]，上海：商务印书股份有限公司，1936（10），第8页。

一、霓虹灯进入中国与早期的公司

霓虹灯在世界开始流行以后,很快也来到了中国,在20世纪20年代左右,首先进入上海。根据《上海日用工业品商业志》(1999年12月出版)记载:霓虹灯最早进入中国发端于上海,在"民国15年(1926年),在南京路(河南路口)伊文思图书公司橱窗内,装有从国外传入的'ROYAL'(皇家牌)打字机英文吊灯,是上海第一次出现的霓虹灯。"①

对于霓虹灯进入中国的时间,绝大多数国内的学者引用《上海日用工业品商业志》中所提到的内容与时间,但这一部分内容的编者徐百益②曾在自己专著《实用广告手册》(1986年7月出版)中对于霓虹灯进入中国的时间是这样说的,"1910年巴黎皇宫装了霓虹灯,1923年引入美国,1926年上海南京路伊文思图书公司就有一副皇冠牌打字机的霓虹灯吊灯(根据美国出版的《Let There Be Neon》一书的所刊的年表所说,上海有霓虹灯广告大约在1927年左右,这和霓虹灯业内人的回忆基本相符)。"③这说明霓虹灯进入中国的精确时间并不能说是1926年,而是1926、1927年左右比较恰当。霓虹灯最初进入上海是作为室内的橱窗吊灯使用,后期逐渐演变为户外广告、室内招牌等,其中最早引入霓虹灯的应该是丽安公司。在《上海日用工业品商业志》中写到,"在中国年红灯初次进口的一家是美国人办的,他们的商号叫做丽安广告公司(Clade Neon light co. inc)"④,在该文中还写到"……不久有一家欧洲的商店同他们竞争,但因资本太小,后来就改组了。"而这家改组的小公司则是中国最早的一家外资霓虹灯制造公司,多方资

---

① 参阅上海通志.专业志.上海日用工业品商业志.第十二篇广告商业.第二章户外广告.第二节霓虹灯广告[DB/OL]http://www.shtong.gov.cn/node2/node2245/node66046/node66062/node66243/node66247/userobject1ai61844.html2008-7-21。

② 1999年9月由上海科学院出版社出版《上海日用工业品商业志》。书中未出现各章节编者人名。但广告部分的编者,由上海市户外广告协会会长裘东明先生确认为徐百益作为当时编委会编委所编写。另,徐百益在1986《实用广告手册》中提到的霓虹灯进入上海时间的描述与《上海日用工业品商业志》中内容基本相同,且为已知文献中首次出现。

③ 徐百益.《实用广告手册》[M],上海翻译出版公司1986年版,第47页。

④ 孔赐安.《年红灯》[J].青年界,1935(7)第1期,第187页。

料显示这是由比利时的犹太人贝尔奇创设的,“沪市之有霓虹灯业,始于民国十七年,当时为一犹太人创设……”①、“民国十七年时,即有犹太人贝尔奇(Belege)氏创设公司,首先代客装置霓虹灯,继而有国人创设新光霓虹灯公司,供应市面。”②

对于华人所办的最早的霓虹灯厂,应该是在“民国16年,上海首次出现霓虹灯市招,是由远东厂承制,安装在湖北路上中央大旅社门口的中文“中央大旅社”和英文“CENTRALHOTEL”的横式招牌。”③而这家“远东化学制造厂”则是第一家民族企业性质的霓虹灯制作厂家(称为化学制造厂,是因为霓虹灯内的主要填充的为化学气体“氖气”)。而这家厂最初是由“美国人鲍迪安在1926年,携带全套机器设备到上海与雅利洋行买办董景安合作,准备在虹口密勒路设厂经营,但在即将开始营业前,美国驻上海领事馆因专利权的关系进行干涉,鲍迪安被遣送回国,该厂便由董景安接管,独资经营,定名为‘远东化学制造厂’,该厂是我国最早的霓虹灯制造厂。”④这家公司真正注册成立的时间却是1929年完成的⑤,但不排除该公司在正式注册之前已经承接了“中央大旅社”等业务。后来,“该厂又转让给从美国留学归来的电气工程师张惠康经营,改名为‘东方年红电光公司’”⑥在张惠康改组这家公司的时候,也出现了专有的“年红灯”的说法,“……有一个美国回国的留学生,他看出年红灯在中国有通行的可能,便组织了一个公司,名叫东方年红电光公司。这样‘年红’两个字就通行了。”⑦于是远东化学工业社在改名之后第一次正式出现了“年红”的说法。⑧

---

① 《百业动态——霓虹灯业》[J],文心,1939(01),第211页。

② 蒋乃镛编著:《上海工业概览》,上海:学者书店,1947(11),第69页。

③ 参阅《上海通志·专业志·上海日用工业品商业志》,第十二篇广告商业.第二章户外广告.第二节霓虹灯广告[DB/OL],http://www.shtong.gov.cn/node2/node2245/node66046/node66062/node66243/node66247/userobject1ai61844.html2008-7-21。

④ 王桂德:《商业广告学》[M],浙江人民出版社1990年第1版,第75页。

⑤ 根据题名:《商标公报》,1929年刊号:第26期22页。

⑥ 王桂德:《商业广告学》[M],浙江人民出版社1990年第1版,第75页。

⑦ 孔赐安:《年红灯》[J],《青年界》,1935(07)第1期,第187页。

⑧ 因为“在中国年红灯初次进口的一家是美国人办的,他们的商号叫做丽安广告公司(CLADE Neno light co. inc)。直到现在还存在的,他们不曾用过‘年红’这两个字,他们用‘丽安’。”——孔赐安:《年红灯》[J],《青年界》,1935(07)第1期,第187页。

二、“霓虹灯”与“年红灯”的名称与使用

而年红灯为什么叫“年红”，这是依据英文“Neon light”翻译而来，由于“Neon light”中的主要成分是“Neon”，除了工业上翻译为“氖气”以外，称为“氖气灯”外，“年红”是这种气体的另外一种叫法（另一种中文翻译）。“年红是一种罕有气体，英文叫做Neon，科学译名叫做氖。当初很少的人知道有这种气体——只有研究科学的人们晓得。自从它被采用装制年红灯以来，一般人渐渐都晓得了”①，除此之外，“年红灯是一条空的玻璃管，里面装着一种气体，这种气体叫‘年红’”②。因此可知“年红”二字的真正来历是根据氖气翻译而来，而至于对应汉语“年红”二字，则是因为光线色彩的原因——“所谓霓虹（年红）管，只应是那些充满氖气的管子，这种管子有电流通过时，会发出红的光来”③，“用氖气制成的年红灯，放出的光是红色”④。这种氖气发出的红光类似中国过年时悬挂的红灯的样子，所以“Neon”对应汉字“年红”由此产生。

在张惠康接手远东化学厂之后除了正式确定年红灯的名称外，张惠康接手的时代正处于一个霓虹灯由专业到普及转变的节点。“于民国19年（1930年）开办了东方年红电光公司……促进了广告事业走向电气化，南京路上各大公司及大商号竞相采用光彩绚丽的霓虹灯，美化了大上海。”⑤在某种意义上说，张惠康与他的东方年红电光公司在一定程度上促进了上海霓虹灯的事业。年红灯名称的出现在20世纪30年代的环境中，是一种由工业产品转向使用商品的普及化过渡，这种名

---

① 孔赐安：《年红灯》[J]，《青年界》，1935（07）第1期，第187页。

② 项锡年答铁生问：《用户质疑：市上所见的“年红灯”》[J]电气月刊，1933（38）第6页。

③ 哥尔德著，陈嶽生译：《霓虹广告术》[M]，上海：商务印书馆股份有限公司1936年版第2页。

④ 朱积煊，高维礽：《氖灯工业》（第1版）[M]，上海：商务印书馆，1936年8月版，第2页。

⑤ 《上海电子仪表工业志》编纂委员会编：《上海电子仪表工业志》[M]，上海：上海社会科学院出版社，1999年9月第1版，第500页。

称的出现成为当时专业术语的替代词,也是民国时期上海建立特别市之后逐渐走向繁荣的一个体现,在价格降低与审美认同之后,以南京路上四大公司为代表的商家开始了这种独特户外广告形式的高端竞争。此外,在1930年张未接手之前的几年间,霓虹灯的使用范围非常有限,而且名称多以"氖气灯"、"电射灯"、"氖光电气灯"等专有的科技名词出现,"宜则氖灯之名称,殊不适用于放射各种辉光之管。管中如有氖(neon),通电则则放射呈红色,固可称氖放射光管或氖灯。如管内加以汞汽,则放射为绿色光,应称汞放射光管。故其普通之名辩,似以'放射光管'为适宜。但氖灯二字,已成为国际通用之名称;而我国商业则称为年红灯或霓虹灯。"①

"年红"说法在当时的使用非常广泛,参阅大量民国史料、档案、文献后,发现在1930年,张惠康改名为"东方年红电光公司"后,该厂就一直沿用"年红"二字正式,一直到1935年徐百益编写的《广告与推销》第一册的杂志插页广告中,该公司仍名为"东方年红公司"②。除了商业名称以外,在一些正式场合也有"年红"的使用,1934年沪江大学大学生吴铁三的毕业论文《中国旧式广告之探讨》中也把"年红"一词作为霓虹来使用,"最近年红(neon light)灯发达,上海、广州、天津等处,都在高处装置了红光的广告,俾在晚上可以吸引一般游人的注意。"③1936年孙作民的广告论文《中国日报广告以外之广告事业》中写到"自年红灯,权威更显"④。这一时期在广告业界专业人士所写的广告论文中,"年红"是主要的表述与称谓。此外,一些文学作品中,这个叫法也相当普遍。穆时英的小说中写道:"亚历山大鞋店,朱古力糖果铺,国泰大戏院……回旋着,永远回旋着的年红灯——忽然年红灯固定了:'皇后夜总会'。"⑤这种"年红灯"的叫法一直延续到1954年编

① 朱积煊,高维礽:《氖灯工业》[M]上海:商务印书馆,1936年8月第1版,第1—2页。

② 徐百益:《广告与推销》[J]上海:联华出版社,1935(08)广告页。

③ 上海市档案馆藏档案:Q242-1-828中国旧式广告之探讨1934年。

④ 上海市档案馆编:《上海近代广告业档案史料》[M],上海辞书出版社2012年版,第475页。

⑤ 穆时英:《夜总会里的五个人》,转引张鸿声主编,《上海文学地图》,中国地图出版社,2012年版,第78页。

著的《自然科词书》书中："年红灯，一名霓虹灯，是1911年法国化学家克鲁特氏发明的。"①可见当时很多场合都称为"年红灯"，可见适用与使用范围很广。

而对于"霓虹"的称谓，并不是随着霓虹灯最初出现而出现的。在早期从事霓虹灯制作的公司名称可以看出"民国十八年，美商成立丽安电器有限公司，为外商大量安装"②，而丽安则是最早引进霓虹灯的公司（前文已述）。随后日本人开设的川北、日华等电气社，1929年开设的远东化学工业社等，这里都没有将NEON的中文名称其命名为霓虹灯，而是以丽安、电器厂、电气社、电气公司等命名。20世纪30年代以后，随着中外商人的推广、霓虹灯厂建立的增多导致了建设成本的进一步降低，在霓虹灯的普及与户外、户内广告利用普及后，霓虹灯的企业也逐渐增加，在便于市行商贾的过程中，除了年红灯的名称之外，商人与民众们中逐渐产生一种更适合的名称。而霓虹的名称也作为另一种更恰当的名称，是在实际的应用中自然而然产生的。现在可查最早的霓虹灯的最早说法为："民国十七年以后，有国人严子裕与外人合设一新光霓虹灯公司……"③此中说法是民国十七年以后，虽然并未明确指出年代，但可以明确的是这个新光霓虹灯厂就是30年代初期改组为中日两国商人合办的新光霓虹电气厂，所以霓虹名称的出现不晚于1930年，至此霓虹的正式说法并流行。

关于"霓虹"名称的出现与确立，也是研究过程中值得我们品鉴的环节。在这个名称出现的过程中又可以分为"霓虹"发音的出现和"霓虹"二字的出现。在外来用语一般"字随音走"的使用习惯情况下，我们首先来分析"霓虹"的发音的出现。有一种观点是新光霓虹灯厂为日方投资为主，"'日本'这个词在日语中的假名为にほん。读音为nihon（霓虹），这个音与'霓虹'的发音巧合，正好是日本人开设的霓虹灯厂，所以改称，虽然发音取自日本读音的称呼，但是似乎比'年红'更为

---

① 朱憬编：《自然科词书》[M]，上海文工书店出版社，1954年第1版，第150页。

② 蒋乃镛：《上海工业概览》[M]，上海：学者书店，1947年版，第69页。

③ 《百业动态——霓虹灯业》[J]，文心，1939(01)第211页。

适合,开始进行流传沿用。"[①]而更为可信的是从沪语对英文单词"Neon"进行发音的角度来分析。根据语言学的研究,上海开埠后,外国人逐渐进入,许多英文语言被翻译成"中文",形成上海特有的"词语",俗称"洋泾浜英文"[②]。据研究,中国的洋泾浜英语是一种偏向口头语言的语言形式,有大约700个单词,所以一个词不得不兼有原先几个甚至十几个英文单词的意思,流传至今的"洋泾浜英文"比比皆是,比如:嗲(DEAR),拉三(LASSIE),瘪三(BEGSIR),戆大(GANDER),三明治(sandwich)等等,自上海开埠后产生,到民国中期已经形成且都已经融入了日常生活。而20世纪20年代期出现的"Neon",也被洋泾浜化了。洋泾浜英语的一个特点是根据沪语(主要是沪语,还有少量闽语、粤语、宁波话)发音音译英文单词,而"Neon"的沪语发音就与"霓虹"非常接近,发音上成为"霓虹"形成的重要成因。而从"霓虹"二字的出现来看,根据相关学者提供解释:"中日合办的新光霓虹电气厂把'NEON LIGHT'译成'霓虹'较'年红'两字涵义更为妥帖,从此人们开始沿用'霓虹'二字"[③]。除此之外,关于改称霓虹灯的说法,还有更为可信的是"霓虹灯"可以根据不同的气体填充变幻成天空彩虹的颜色而得名,"按霓虹二字之意义,可包括稀有气体于通电所放射之各种光彩。"[④]

当然对于"霓虹"的文字和发音,在前文中的分述与区分并不是完全绝对的割裂,而是在一定时期音译与意译的一种自然与相互适应性的结合,这一点正如葛本仪的《现代汉语词汇学研究》中体现的:"……此

① 同时根据民国时期老广告人王祖升的采访介绍:关于新光霓虹电器厂将"年红灯"改叫"霓虹灯"的说法参考,2014年10月家中采访。

② 洋泾浜是上海以前的市区的一条河流,位于英美公共租界和法租界之间,后来被填平,即现在的上海延安东路,实实在在的洋泾浜,是一条英法租界上的分界河,也是上海县城到英租界的必经之地。因上海道与租界的协约多以《洋泾浜××章程》而命名。所以,洋泾浜也泛指洋场和租界。上海租界设立后,原来在香港、澳门、广州以及南洋的洋行纷纷在上海开设分支机构,随之一些作为买办和职员的广东人也到了租界。他们用粗通的英语充当贸易中间人,于是在洋泾浜附近出现了一种语法不准,带有中国口音的英语,称为"洋泾浜英语(Yang King Pang English)"。"洋泾浜"在上海话里多泛指学得不伦不类的人或语言。上海人以前把中国化的英语就称为"洋泾浜"英语。又特指用中文音译的英文。

③ 此部分内容根据王桂德编:《商业广告学》,浙江人民出版社,1990年第1版,第75页。上海地方志、上海档案馆档案等方面内容。

④ 朱积煊,高维礽:《氖灯工业》(第1版)[M],上海:商务印书馆,1936年版,第1页。

外,有的词也有音意兼译和音加意译两种方式并用的现象,如‘霓虹灯’英语词 Neon,其中的‘霓虹’是用两个音意兼译的汉字表示的,‘灯’则是用音加意译的方法组合进去的汉语词素。”①综合以上说法,“霓虹”的名称需要这样的理解——它是在特定的历史时期与环境下,由多方原因综合而来,具有逻辑性、适时性和随机性多种原因混合而成的;在这个过程不是单一与封闭的原因,而是霓虹灯在民国初年的应用、设计、发展、推广之后,为更广泛的推广与应用而进行各方面自觉的“发明”,这种“发明”毫无疑问是在霓虹灯应用与设计多样化的背景下多种起因的综合体。

霓虹灯名称出现之后,很快就推广与应用到相关范围与领域,民国时期霓虹灯代表作,陈嶽生译哥尔德著的《霓虹广告术》(1936 年 10 月)中,已经明确地把年红灯称为霓虹灯了,在商务印书馆同期所刊出的一系列的书名和内文中都称为霓虹灯。如另一本专业霓虹灯书籍《氖灯工业》中也成为“故本书凡遇长玻璃管中封有气体,用以为发光体者,均称为霓虹管。”②在后期,很多新成立的公司如中国、开明、明星、金星等霓虹灯厂相继设立。厂名都称为霓虹灯公司。

此后,年红灯与霓虹灯在名称出现以后,长期是一种并存的关系,谁也没有完全取代谁。只是到了抗战胜利以后民国后期,霓虹灯的说法在大众环境下更为普遍。这种情况尤其在“1945 年光明霓虹厂首次进口一批荧光粉喷涂粉管,制成第一幅霓虹灯广告——消治龙(信谊药厂出品),由于光度强烈,色彩鲜艳,各霓虹厂相继仿效。”③七彩效果出现后,其视觉效果与名称的相互映衬,让大多数公司经营者与民众完全倾向于霓虹灯的说法了。在民国后期的上海市霓虹灯制造场一览表中,有七家公司已经明确称为霓虹公司了。

---

① 葛本仪著:《现代汉语词汇学》第 3 版,商务印书馆 2014 年版,第 11 页。

② 朱积煊,高维礽:《氖灯工业》(第 1 版)[M]上海:商务印书馆,1936(08),第 2 页。

③ 参阅《上海通志・专业志・上海日用工业品商业志》,第十二篇广告商业. 第二章户外广告. 第二节霓虹灯广告[DB/OL]http://www.shtong.gov.cn/node2/node2245/node66046/node66062/node66243/node66247/userobject1ai61844.html2008-7-21。

1947 年上海霓虹灯制造厂一览表①

厂名	厂址
光明霓虹灯工厂	新生乡路 14 号
奇异霓虹灯电器厂	南浔路 304 弄 13 号
夜光霓虹灯电器厂	黄河(派克)路 253 弄 55 号
东方年红电光公司	南京西(静安填充)路 411 弄 8 号
金光霓虹公司	马当(马浪)路 49 号
紫光电器广告制造厂	温州路 65 弄 8 号
福来胜霓虹工厂	安庆(爱而近)路 270 号
丽安电器厂	长乐(蒲石)路 534 号
丽美霓虹厂	吴淞路 531 号

三、名称背后的意义与使用语境分析

关于民国时期霓虹灯与年红灯的说法不仅存在于字面上,同时也对研究这一时期的霓虹灯广告的演化有独特的意义。自霓虹灯登陆上海以后,最初的名字既不是年红灯也不是霓虹灯,而是“氖灯”、“电射灯”等名称,但时间短暂,影响范围有限,主要为工业用语,对于研究商业、广告、社会演进意义有限;但当 1930 年张惠康将远东化学厂改组为东方年红电光公司以后,才正式称为“年红灯”的。此后这一名称成为主要称谓之一,而这种形式也开始在历史舞台上成为主角。也说明此种新生事物对于当时时代的影响的开始。霓虹灯的正式说法(文字可考)是略晚于“年红灯”出现的,但考虑到新光霓虹厂成立的时间在民国十七年以后不久,所以霓虹灯的民间说法未必晚于年红灯的说法,即在 1927—1930 年之间。

相对于年红灯,霓虹灯名称出现后,适用的范围和广度很快就超过了年红灯,这也从一个侧面说明了霓虹灯在当时的使用范围扩大,社会与民众开始大面积接受。在查证了 1927 年 1 月—1949 年 5 月《申报》

① 见蒋乃镛:《上海工业概览》1947(11)第 383 页。

中全部“年红”与“霓虹”名称的相关新闻中发现“霓虹灯”的使用为602条,而“年红灯”的记录有297条。① 二者的名称出现的社会语境与使用时空也不平衡;从《申报》的记录中看到名称绝大部分的出现是在1933年以后,这说明在1933年以后这两个名称才大量使用,而且大量并存。其中,霓虹灯使用的频率要多于年红灯,在使用语境上,霓虹灯大多出现在广告刊登与公告中,霓虹灯更偏向为商业化、民用化、普及化。这一点在官方档案也有体现,如上海市档案馆档案“开明霓虹制造厂与景福衫袜制作厂的合同:霓虹灯经双方同意特订定条款如左……”②、“为安置永安公司十三楼霓虹广告灯采用‘航空救国’四字”③等。

而“年红灯”的说法最初作为对“Neon”一词的专有化翻译,实际上是一种专业化的中文解释,后期使用范围与使用语境与霓虹灯有所区分;年红灯的使用则更具有科普效应与专业化成分,成为一种“民用”与“专业化”的科技用语结合体。虽然也在商业中有所使用,但是更偏向于“正式”说法,由前文所提到的吴铁三的学位论文与1940年陆梅僧编的专著《广告》中看出:“现代各大都市,颇有利用年红灯制作广告,竖立在热闹的街市上……”④直至1949年以后,年红灯的说法更多出现在专业用语上。从这个角度分析,年红的使用语境则演绎的更为学术与正式化表述,这一点在理解当时的社会语境上需有细致区分使用。

而在霓虹与年红同期使用的时期,“年红灯”名称的使用频率开始向“霓虹灯”名称的偏移,这种情况并不是一种偶然现象,而是历史所作出的一种选择。霓虹较年红来说更为形象与具体化,更适合当时的语言环境,也适合当时各地来沪的商人的使用,也更为上海这个经济环境中,大多数使用者共同的口语化认知。这也说明了霓虹到年红的转

① 数据来源2016年3月22日上海市图书馆电子阅览室《中国近代报刊·申报》(不含特刊、台版)。

② 上海市档案馆档案:Q199－19－54景福衫袜制作厂关于广告牌合同(1946.02—1948.11)。

③ 上海市档案馆档案:Q50－2－20中国航空建设协会上海分会关于装用广告牌问题与有关单位的往来文书中。

④ 陆梅僧:《广告》(第1版)[M],上海:商务印书馆,1940(09),第159页。

换过程中,一方面是专业化向民用化的转变,也从另一个角度见证了当时霓虹灯设计形式与发展的历程。在20世纪30年代以后,民国霓虹灯广告在设计、应用中,由专业的制作商、施工设计人员的小众认知,转为更为普遍的大众普遍的接受;由单一常用的"红光"设计普遍应用转变为更为丰富多彩的霓虹色彩,由少数昂贵的应用转变为大众化的设计行为。这一切如果没有上海30年代商业的整体发展是无法实现的。正如"三十年代初,上海滩出现了一种新奇的彩灯,可以制成文字或各种图案,黑夜中通电后立即放出彩色的艳光,商业上用它作广告宣传,名叫'霓虹灯'。"①"年红灯在商业上,已经成为了一种和普遍的广告品。凡在各大都会或商埠,一到晚上,举目看得见年红广告灯,放着很明亮的光辉。"②毫无疑问,在设计与应用上的巨大变化推也进了名称的转变。在这个转化过程中,名称根据约定俗成而转变,也是我们研究民国户外广告设计体系中"商业化需求、大众化设计"动因的独特体现与印证。可以这么说,"年红"转为"霓虹"除了语言本身的适应性之外,更是上海广告发展与商业兴盛的一个市场化的重要见证。

结　语

民国时期的"霓虹灯"和"年红灯"作为"一物二名"。在使用语境、范围上并不相同的。"年红灯"的使用在商业或专业人士的口中,相对较为"正式"、"本土"与"书面化",而"霓虹灯"的说法则更为"时兴流行"与"商业实用"。霓虹灯自出现后,广泛地应用在商业语境、市民语境、广告设计中,较为平易与实用。近代上海、乃至全国范围,霓虹灯其使用的范围毫无疑问更广,这在一定程度上代表人们的认同与商家的认同,其自身发出的光线也比较符合国人对"霓虹"二字的联想,尤其是在抗战胜利后,人们对于胜利的欣喜与未来生活的愿景,所产生

---

① 参阅中国评弹网:《书坛上第一盏霓虹灯海报》.(苏毓荫文)[DB/OL]http://www.pingtan.com.cn/000013/X130420CS.htm。

② 蒋轶凡:《年红灯及干电池之制作》,[J]上海:《广播周报》,1935(6),三十九期,第31页。

的心理的变化,也通过霓虹二字的广泛使用而得到体现。

对于这一时期的回顾与历史性研究中,肆意将名称按现代理解进行简单化处理或笼统化处理,不仅不符合当时的使用条件与语境,也为后期研究者造成了障碍与误导。关于这些用语的准确和细节规范的运用,以及在不同场合、不同时期、不同公司的界定,对于此间相关的学术研究与分析,是本文强调的重点,这不仅对于民国广告、民国城市文化、民国工商美术等相关研究是非常基础与必需的,更是学术严谨的重要体现。

(作者黄展系中国传媒大学南广学院讲师)

孤岛时期震旦女子文理学院的困境与发展

刘雪芹

抗日战争爆发后,大多数学校或关闭或内迁,震旦女子文理学院①却于此时在孤岛创办。八年抗战,日军对震旦女大从间接影响,到直接控制:关押教师至集中营,强迫教授日语,最终占领校园为伤兵医院,妨碍了女大的教学秩序,造成了女大的经济损失。为维持正常的教学秩序,校方与日军展开了控制与反控制的博弈。面对奸淫掳掠成性的日军,家长与学生也采取了多种措施自保,转学、辍学、休学现象普遍,学生流动性强,肄业率居高不下。然而,在孤岛之大学或分裂或关闭之时,震旦女大始终未中断授课,师生人身无碍,且声誉日佳。作为一所在抗战炮火中诞生、发展的女子大学,②震旦女大在沦陷区"孤岛"中,完整经历了八年抗战,其面临的困境与应对策略也是孤岛时期上海高校生存环境的一个缩影。

一、日方对震旦女大的控制

日方对震旦女大的控制,可以分为间接影响、控制和占领三个阶段。

1937 年 10 月至 1943 年 1 月,太平洋战争爆发之前,由于震旦女大

---

① 学生称其为震旦女大、女大。

② 刘雪芹:《上海震旦女子文理学院简论》,《史林》,2014 年第 5 期。

处于中立区法租界，虽然日军百般渗透，但对震旦女大仍然只是间接影响。首先表现在打乱了校方原定计划。震旦女大原定1937年9月8日开学，因“八一三”淞沪战争影响，延迟至10月5日才正式开学。教务长唐树德（Margaret Thornton）在校史中这样写道：“由于上海爆发了战争，入学考试在炮声中开始了。所有的学校都关闭了几个星期，学院在10月初才开学。第一年，在与修道院一体的大型演讲室里上课，休息室是赵先生的小办公室，还有一些卧室。来来往往的学生平均年龄在20、30岁之间。第二年，我们搬到了学院的二楼。”①受战争影响，建造教学大楼所需的水泥等材料难以弄到，直至1939年4月27日才举行落成典礼。玛琍·谢尔顿（Mary Sheldon）②在给母院的信中，也记录战争对女大带来的影响：“战争引起了很意外的状态，得到材料很难，甚至不可能找到，支出明显增多，尤其是由于军事占领当局所征收的税。”③其次是给师生造成一种心理上的不安全感。“11月时，远距离发射的炮弹从法租界上空划过去打击南市，军队的冒险逼近造成了连续的忧虑。”④对在战火中上课的教师和学生而言，都有一种油然而生的恐惧。

1943年1月至1945年3月，上海圣心会的所有修女被关进集中营，校方争取活动自由，虽然困难重重，但正常教学秩序得以艰难维持。太平洋战争爆发之后，英美相继对日宣战，日本对在中国的敌对国侨民实施“集团生活”，把他们收容进集中营。1943年1月至1945年8月，日本在上海设立了教会人员集中营等9个盟国侨民集中营。其中，教会人员集中营又分设霞飞路圣心营等6处。霞飞路圣心营即位于上海圣心会修道院，“共收容七十九人，皆为修女，其中英国九人，美国四十

---

① Margaret Thornton, *History of college*,《震旦女子文理学院卅七年度纪念册》，上海市档案馆藏，档案号Y8-1-199。

② 玛琍·谢尔顿（Mary Sheldon），1876年4月11日出生于英国，21岁时申请加入圣心会，曾任澳大利亚修道院院长，1917年任日本修道院院长，亚洲区区会长。

③ *Sheldon to Superior general*, *Feb*, *28. 1938*. C-IV, 1, Closed Houses Shanghai, Box 1, Letters (1925-1949), General Archives, Society of the Sacred Heart, in Rome.

④ *Sheldon to Superior general*, *Feb*, *28. 1938*. C-IV, 1, Closed Houses Shanghai, Box 1, Letters (1925-1949), General Archives, Society of the Sacred Heart, in Rome.

二人,加拿大十四人,澳大利亚三人,荷兰一人,比利时十人。”①上海圣心会的20个修女全部被关进集中营。每天早上,日本士兵铃声一响,所有修女必须全部到场,需要外出就医或办理其他事务的人要有日本士兵的书面认可。② 其间,物资短缺、食物匮乏,生活条件异常艰苦,这种状态一直持续至二战结束。

1945年3月至1945年9月,日军占领震旦女大。1945年3月,日军命令震旦女大两周之内撤出教学楼,日军占领学院,充作伤兵医院,直达半年之久。随着日本宣布无条件投降,“1945年9月2日,日本卫兵敬礼,然后说:‘我们没有赢得战争’,他把钥匙交给修道院现任院长伊丽莎白·达夫(Elizabeth Duff)。”③学院因此而遭受了重大损失。一是学生减少。二是院长能理(Conchita Nourry)④去世。1945年1月28日,能理64岁生日那天,心脏病发作,5月31日离开人世。能理去世后,她的助理达夫任代理院长,“屋漏偏遭连阴雨”,12月达夫骨折,住院6个月。修女玛丽·马德琳·兰金巴琪尔(Marie Madeleine Langenbacher)生病三周后去世。三是校舍遭受损害。玛琍·谢尔顿战后巡访⑤上海时写道:“尽管我们没有受到任何炮弹袭击,但房屋损害得相当厉害,整个暖气设施被破坏了,房间里能用的东西和墙壁都被

---

① 熊月之:《上海盟国侨民集中营论述》,《上海纪念抗日战争胜利60周年研讨会论文集》,上海人民出版社2005年版,第311页。

② Madeleine Chi, rscj, *Shanghai Sacred Heart: risk in faith, 1926 - 1952*, St. Louis, MO : s. n. 2001, pp. 80 - 81.

③ Greg Leck, *Captives of Empire——the Japanese Interment of Allied Civilians in China (1941 - 1945)*, Published by Shandy Press, 2005. p. 476.

④ 能理(Conchita Nourry, 1881 - 1945),出生于西班牙穆尔西亚,父母为法国人,儿时只会说西班牙语。父亲在西班牙有一个丝绸工厂,1885年突然去世,妈妈带着孩子重新回到了法国。能理于圣心会学校就读。1900年,她进入法国的法朗迪耶(La Ferrandière)实习,并申请入会。1904年,澳大利亚修女萨蒙(Amelie Salm on)到欧洲开会时,把她带到悉尼。1912年,她被派往日本,成功地完成了疗养所主管、教堂看守、财务等工作。1917年,成为院长助理,有人说她是玛琍·谢尔顿不可或缺的右手。玛琍·谢尔顿推荐她为上海圣心会修道院首任院长,得到了罗马总会赞同,上海耶稣会也很高兴。能理的法国人身份,使她在二战时能很好地为集中营内的修女寻求各方帮助,度过难关。

⑤ 根据圣心会母院规定,区会长至少每三年巡访一遍所在区的修道院,每次巡访后向母院写信汇报情况。

拆得不像样了。”①据教务长唐树德回忆：“随着战争的胜利，我们重新返回我们的学院。很多地方破损了，许多窗户破了。”②

二、校方与师生的应对策略

太平洋战争爆发前，震旦女大因地处中立区法租界，所以校方对中日战争与租界一样，保持中立态度。

太平洋战争爆发，上海圣心会所有修女被关进集中营后，校方被迫服从日军，同时争取教学秩序正常化。集中营建立后，震旦女大作为教会创办和管理的学校，一时面临巨大困难。后经院长能理斡旋，上海圣心会中日本盟友国的修女如法国人能理、意大利人达夫等 7 人可以自由活动，其他修女授课照常。③ 这样，女大的教师与管理力量得到了保障，正常上课秩序得以维持。

但日军规定学校必须上日语课，圣心会被迫顺从，日语成为学生们的必修课。中共地下党员李正文④被聘为日语教师，李老师在课堂上时常讲抗战前线的战事战况。教务长唐树德对其政治身份虽不甚明了，但对他的政治倾向应该是知道的。据女大学生回忆：“教日文的老师李正文是地下党，上课时，总要讲一些前线的形势，大家很欢迎他，下课时，我们常常到他办公室谈谈。高曼娟让我们看进步的书，她还陪我一起去问李正文，解放区好不好？共产党好不好？他说好，共产党抗战。江泽裕跑来告诉我，你要注意，李老师是个左倾分子，你以后不要和他太接近，江泽裕在教会里，知道嬷嬷对李老师的看法。”⑤

---

① *Sheldon to superior general*, *Sep. 10. 1945*. No 8, General Archives, Society of the Sacred Heart, in Rome.

② Margaret Thornton, *History of college*,《震旦女子文理学院卅七年度纪念册》，上海市档案馆藏，档案号 Y8 - 1 - 199。

③ Greg Leck, *Captives of Empire——the Japanese Interment of Allied Civilians in China (1941 - 1945)*, pp. 613 - 614.

④ 李正文（1908—2002）山东潍县人。东北大学和清华大学肄业。1933 年春加入中国共产党。1934 年受党组织的委派去苏联学习，回国后从事党的地下工作，并以教授身份先后在震旦女子文理学院、大夏大学等学校任教。1949 年 6 月，上海市军管会委派李正文为军代表接管复旦大学，兼任上海暨南大学校务委员会主任。

⑤ 胡文巧口述，刘雪芹整理：《胡文巧访谈录》（2011 年 11 月 7 日）（未刊稿）。

1945年3月,日军占领女大后,学生被迫转移到圣心集中营上课,成为一所集中营里的大学。“才尔孟(Germain s.j. Rector)神父同时帮助我们把东西搬到修道院,学校在修道院开办。”①由于圣心会还创办了小学、中学,集中营一时无法满足如此大量的教室需求,圣心会采取错时上课的方法,维持几所学校的教学秩序。震旦女大和外侨小学上午8:00—12:00上课,震旦女中和圣心小学下午12:30—4:30上课。

震旦女大为在战时获得生存空间,从政治、生源、经济三个方面采取措施。

政治方面,“尽可能远离政治”。女大在妥善处理好与国民政府、法租界、日军的关系的同时,把政治视为高压线,一再告诫师生“尽可能远离政治”。教务会议多次强调“不能涉及政治”“各教授不得与学生讨论关于政治及国际问题”“考卷内如有散见关于政治问题之著作,请各教师随时注明,以便毁灭”“毕业论文……惟勿设政治问题”“请推荐名人演讲,题材须普遍而为众人所乐闻者,惟政治谈论则须除外”。②女大“不触碰政治”的生存策略为其赢得了生存空间。

生源方面,通过“请进来,走出去”等方式,广泛宣传,扩大生源,增加学杂费收入。为招到更多学生,学院每年举办展览会,展出学生成绩单,举办篮球比赛,进行文艺表演,展示学校校风校纪、校园文化,届时邀请一些中学校长、学生家长莅临参观,好让他们回去为学校做推广;印刷宣传册,介绍学校历史、创办背景及其取得成绩,配上学校教室、图书馆、宿舍、花园、实验室等精美图片,寄给一些中学,让那里的学生了解学院,从而报考该校。

经济方面,受战争影响,“孤岛”通货膨胀,货币贬值,学校收不抵支。为应对通货膨胀,校方“被迫改变学费征收方式,由每学期一次改为每月1次,且最好是美元”。③一收到学费,赶紧给教师发工资,避免货币贬值导致支出增加。同时,从开源和节流两个方面作文章。

---

① Margaret Thornton, *History of college*,《震旦女子文理学院卅七年度纪念册》,上海市档案馆藏,档案号Y8-1-199。

② 《关于女震旦教务会议记录(1938年2月至1941年10月)》,上海市档案馆藏,档案号Q244-1-354-12、15、16。

③ Madeleine Chi, rscj. *Shanghai Sacred Heart: risk in faith, 1926-1952*, p.109.

在开源方面,开设各种补习班、夜校,扩大经费来源。学院先后设有社会科学研究所、简易初中班、暑期补习学校等。1942 年,创设社会科学研究所,学院提供上课教室和实践课堂,中国天主教福利执行委员会提供经济支持。1944 年,"社会科学研究所现有学生 14 人,教员 4 人,学费每学分 30 元。"①教育学系为给学生提供实习机会,自办补习学校。1945 年,学院"附设初中简易班现有学生 77 人,学费每学期每人 100 元,课程由震旦女子文理学院教育学系第三、四年级学生担任。"②每年暑假,还开设暑期学校,每门课收费 8 美元,每年开办时间为 7 月 11 日至 8 月 12 日,每天每门课授课 90 分钟,周一至周六上课,周日休息。③

在节流方面,上海圣心会修道院更是绞尽脑汁,多措并举,勤俭治校,以确保有限经费使用合理化、效益最大化。

一是申请减免租金。为节约经费,圣心会每年向法租界公董局申请减免学院的土地税和租赁税。"鉴于圣心会修道院院长 1942 年 12 月 15 日的来信,经研究,同意关于该院各种建筑物的减免事项……震旦女子文理学院(蒲石路 181 号),建议租赁税减半,即 4441.5 美元。震旦女子文理学院占地 41 多亩,总共要支付土地税 33606.84 美元,对此额度,已以宗教信仰的名义减免 14222.2 美元,因而只剩下 19381.64 美元作为此建筑物的税金,再加上未减免的一般租赁费 4441.5 美元,共计 23823.14 美元……圣心修道院院长能理嬷嬷要求其属下的全部机构之税额不超过 10000 美元,因而要增加 16313.76 美元的减免额。从学校的观点来看,考虑到震旦女子文理学院对推动法语学习的实际效用,我建议给予全免租赁税,这就增加减免 4441.5 美元。然而,震旦女子文理学院还是以美国和加拿大的方式进行组织管理,她还没有提供我们给震旦男大的保证,我还不能建议减免土地税。"④所以,在 1943

---

① 《学校调查表(民国三十三年四月一日)》,上海市档案馆藏,档案号 Q244-1-355-22。

② 《学校调查表》,上海市档案馆藏,档案号 Q244-1-355-26。

③ *Aurora College for Women Bulletin of information*,徐家汇藏书楼藏。

④ *Un rapport présenté de la Direction de l'Enseignement au Directeur des Services Administratifs*,(*le* 29 *Decembre 1942*),上海市档案馆藏,档案号 U38-1-2909-2、3。

年,“法租界公董局减免了震旦女子文理学院全部的租赁税达 8883 美元。”①

二是大量聘请兼职教师,降低成本。俸给费是占比最高的经费支出,若能降低教师薪金支出,对于控制经费支出具有重要意义。为此,校方大量聘用薪资偏低的兼职教师。据统计,1947 年度,学校专职教师 25 人,兼职教师 23 人,占比达 48%。② 此外,鉴于女大为上海圣心会修道院自办,修女任教一律不拿工资,仅拿 50 个单位的生活津贴,且津贴标准从未晋升过。

三是尽量降低行政办公与生活成本。为减少行政经费支出,8 年间仅有 2 份年刊,印刷出版费用还是学生自筹。“我们编撰纪念册的经费都是我们拉广告赞助的,我让我父亲帮我找了 4 个四分之一页的广告。同学们也都是找家人帮忙拉广告。不同版面的广告费用不一样,整页的广告一个价格,二分之一页的一个价格,四分之一页的一个价格。”③据统计,1941 年的《天主教震旦女子文理学院纪念册》共有广告 14 个,其中整页广告 6 个,二分之一页的广告 4 个,四分之一页的广告 4 个。④ 同时,想方设法降低生活成本。女大教室设备精良,安装有质量上乘的供暖设施。但是几年下来,费用实在太高,为节省成本,教室和修道院都停止供暖,“夜晚总能听到嬷嬷们在屋顶或宿舍里奔跑取暖的脚步声。”⑤

在危险环境中,震旦女生被迫选择辍学、转学或休学。

受战乱影响,人口流动性大,时而聚拢,时而离散,女大生源也深受牵连,学生流动性极强,肄业率居高不下。据统计,1937—1947 年,学生平均肄业率达 66%。其中,1937—1941 年度学生肄业率最高,达

---

① *Une Lettre du Conseil d'Administration Municipale de la Concession Franaise de changhai répondant à la Congrégation du Sacré-Coeur.* (*le 27 Janvier 1943*),上海市档案馆藏,档案号 U38-1-2909-1。

② 《震旦女子文理学院教职员名册(一)、(二)》,上海市档案馆藏,档案号 Q244-1-842、843。

③ 陶锦瑞口述,刘雪芹整理:《陶锦瑞访谈录》(2011 年 7 月 9 日)(未刊稿)。

④ 《天主教震旦女子文理学院纪念册》,上海市档案馆藏,档案号 U101-0-10。

⑤ *Shanghai's Letter to Rome*, *18. Feb*, *1940*, E-VI (Legal and Financial Affairs), 3-China, Property. Box 1. General Archives, Society of the Sacred Heart, in Rome.

81%;1938—1942 年度学生肄业率最低,也达到了 55%。[1] 这种现象在日本占领女大后达到高峰,因为女大上课所在的集中营有日军看守,与占领作伤兵医院的学校里的日军仅一墙之隔,对奸淫掳掠成性的日军,很多家长都十分担心孩子的安全,纷纷中途辍学或转学、休学。据 1945 级的陶锦瑞同学回忆:"我 1945 年考入震旦女子文理学院,读完上学期后,第二学期,我们学校被日本人占领,作为伤兵医院。给我们两周的时间,把东西搬走。同学们只好到圣心修道院的圣心国际学校去读书。由于上学、放学都要从日本兵前走过,为了安全,家人就不让我去上课了,我就休了半学期。和我一样的同学很多,都是出于安全的考虑,不去读书了。住宿的学生说,在夜间休息时,日本兵就爬到她们的宿舍窗户上,她们非常害怕。后来,嬷嬷们去跟他们交涉,稍微平息一些。"[2]

三、结　语

八年抗战,震旦女大教学秩序基本正常,女性师生人身无碍,且生源、声誉日佳,原因可以归结为两个方面:

一是上海独特的政治环境。抗日战争爆发后,华北、上海、南京相继沦陷,国民政府被迫迁都重庆,中国陷入战乱之中。广大沦陷区的民众纷纷逃难,方向有二:或内地或租界。随着难民的流入,上海出现了近代史上第二次人口大增长,据邹依仁《旧上海人口变迁的研究》统计:"1936 年,公共租界人口为 118 万余,法租界人口为 47 万余;1942 年 2 月,公共租界人口是 158 万余,法租界人口是 85 万余。租界人口激增 78 万余。'华界'人口减少 67 万余,整个上海人口净增 10 万,从 1936 年的 380 万增加到 1942 年的 390 万。解放战争时期,上海人口出现世界城市史上罕见的人口大爆炸,从 1945 年的 330 余万,增长至 1949 年初的 540 余万,短短的三年时间净增了 208 万余。"[3]

---

① 根据《震旦女子文理学院 1941—1951 年毕业生名册》(Q244-1-864)、《震旦大学关于震旦女大 1937—1944 年毕业生、肄业生学历及通讯处册》(Q244-1-930)统计所得。

② 陶锦瑞口述,刘雪芹整理:《陶锦瑞访谈录》(2011 年 7 月 9 日)(未刊稿)。

③ 邹依仁:《旧上海人口变迁的研究》,上海人民出版社 1980 年版,第 4、5 页。

难民为什么会选择同为沦陷区的上海?原因是上海有租界,有战乱中相对安定的地方。随着人流、资金流、物流的相继涌入,在相对安定的政治环境下,上海的经济、社会迅速恢复并快速发展,租界呈现一片畸形繁荣的状态。“旅馆、电影院经常客满,茶楼酒肆川流不息地吐纳着衣冠楚楚的人群,各种商店也无不生意兴隆。”①“沦陷区的难民大量流落租界街头,他们提供了大批廉价劳动力。而这些又吸引着官僚、外国商人和冒险家来到这里冒险淘金。这一切迅速造成市场需求的扩大,随着沿海沿江经济发达地区的相继沦陷,孤岛经济转向繁荣。”②据工部局统计,“截至1938年底,租界内恢复生产的企业与新建的工厂数量达4700多家,已逾战前两倍之多。1939年,外埠迁至租界内的工厂多达1705家,尤以纺织业的复苏最为迅猛。”③据上海布厂同业公会调查,“1939年租界内新设织布、染织及手织厂823家,新增布机2.32万台,日夜运转每月可产棉布142万匹,而工厂的利润是战前的2—3倍。”④

租界作为“中立区”是日战区中的“孤岛”,也是日军在上海的一道不宽不窄的缝隙,是荫庇中国人民的最低生存空间,是满足非常时期人们正常需求的一块飞地。即使在太平洋战争爆发后,上海的公共租界、法租界仍较其他地方稳定,尤其是法租界。震旦女大创设于法租界,所以才拥有了相对安定的生存和发展的政治环境。此外,学院“历来以贵族化与美国化为号召,面向社会上层,故学费昂贵,加以各种名目的杂费(卫生费、运动费、图书馆费、实验费、钢琴费、家政课烹饪实习费等),民国26年,一学期的费用需200元左右,约合30担大米,一般家庭根本无法负担。”⑤富商巨贾、社会名流的云集“孤岛”,也为学院提供了源源不断的生源。

二是圣心会的宗教背景。同为教会大学,13所新教大学中11所内迁,3所天主教大学却集体选择了留守;同为留守上海租界的教会大

①② 张帆、魏惠卿,《孤岛时期的上海租界教育》,《江苏大学学报》(社会科学版),2005年3月。

③④ 葛琦:《“孤岛时期”的上海》,《史林寻踪》,2013年第8期。

⑤ 《上海宗教志》编纂委员会编:《上海宗教志》,上海社会科学院出版社2001年版,第356页。

学,圣约翰大学和震旦女大发展殊途;同为上海租界里的大学,震旦女大与上海女子学院有着截然不同的命运。为什么呢?关键在于宗教背景不同。

上海天主教与法租界是一种利害共通的关系。圣心会与法租界关系则更进一层。圣心会创办于法国,法语是圣心会的官方语言。其母院长期设在法国,所创办的女子学校颇受法国贵族阶级的喜爱。在圣心会关于课程设置的规定中明确要求:"在法国之外的任何地方开设学校即采取该国语言作为中介工具,若学校在法语环境保护下,法语则作为该校的必修课。"①上海圣心会严格按照母院关于法语方面的规定,其所创办的外侨小学,分设英语班和法语班,法语班用法语上课;圣心小学、震旦女中把法语作为学生的必修课;在震旦女大,法语和德语为第二外语,由学生自主选修,但大部分学生选修法语。上海圣心会的院长能理是法国人,法国籍修女的数量仅次于美国。因此,上海圣心会与法租界当局的关系一直较好,也正是有了这层关系,震旦女大才在"孤岛"新生,获得较好地发展。

梵蒂冈政治上倾向于法西斯同盟,上海天主教与日本占领军关系默契。1938 年,罗马教廷使节蔡宁在上海徐家汇耶稣会神学院的一次谈话中表示,教会的困难是暂时的,前景是乐观的,"其理由就是日本对传教士表示尊重。言下之意,天主教在日占区仍可获得自由发展。"②同年 8 月,罗马教皇接见了日本一手扶植的伪满洲国代表团。据《梵蒂冈画报》报道:教皇表示"皇帝如愿教廷与满洲国的关系日益增进,为谋求人民与国家的幸福,使满洲国繁荣的天主教传教事业成为全世界天主教会中极有前途的分枝,则可以而且应该相信宗座的合作。"③梵蒂冈向日本抛出了橄榄枝。1942 年 10 月 21 日,天主教上海教区的惠济良主教在洋泾浜天主堂为侵华战亡日军官兵举行"追思弥撒",表达了与梵蒂冈对日态度的一致。中国公教推进会会长陆伯鸿主动与日军接触,参加上海地区改组委员会,成为上海滩有名的汉奸,

① the Educational of the Society of the Sacred Heart p. 11.
② 葛壮:《宗教和近代上海社会的变迁》,上海书店出版社 1999 年版,第 244 页。
③ 顾长声:《传教士与近代中国》,上海人民出版社 2004 年版,第 395 页。

最终被军统刺杀。日军当然乐意与天主教合作,遇见带有十字架的民众也会收起屠刀,放其通行。此外,珍珠港事件后,不少反法西斯同盟国籍的传教士离沪回国,他们的空缺由法西斯轴心国的德国、意大利籍传教士乘机补缺,他们当然不会忤逆祖国的盟友。所以,抗战期间,天主教在华事业损失不大,只是教堂设施有所致损,教徒数量反而比战前有所增加。天主教的3所教会大学都没有内迁,而是选择了留守沦陷区,这与天主教和日本的关系密切相关。

圣心会与日本的关系还要更进一层。因为上海圣心会是圣心会亚洲教区分会,受命于日本圣心会修道院。在抗日战争全面爆发之际,圣心会敢勇担重任,在沦陷区上海、法租界开设震旦女大,与她可不受战局影响密不可分。

太平洋战争爆发后,上海公共租界、法租界的命运也发生分化。公共租界由日军占领,失去中立地位;由于法国的维希政权是德国占领军的附庸,德国又是日本的盟友国,所以法租界较公共租界稳定。留守两个租界的学校命运也随之发生分化,位于公共租界的圣约翰大学,校长沈嗣良不得不出席日伪政权召开的教育会议,发表反美亲日言论,并在日伪组织中担任职务,虽言不由衷,但仍背上了“汉奸”的骂名,抗战胜利后,被判刑1年。

留守法租界的震旦大学、震旦女大,由于法租界的相对安全,及天主教与日军关系默契,校园虽被日军占领,校舍遭到了损坏,但学院正常教学秩序仍旧得以维持。

(作者系上海市地方志办公室副研究馆员)

爱如姐妹：宋庆龄与秘书黎沛华的旷世情谊

朱玖琳

1972 年 3 月 21 日，73 岁的黎沛华因脑溢血在上海华山医院去世，消息传到北京，宋庆龄闻讯后甚是悲痛。那段时间，她在给各方友人的信中反复提到黎沛华之死带给她的悲伤。她对黎沛华评价很高，说："她是一个考虑周到的秘书，对我很有帮助，所以我爱她如同好姐妹。"还说："她是我 30 多年的秘书兼同伴，总是如此忠诚，她的中文很好。"①

说是三十多年的秘书，但是在民国时期，黎沛华并不像宋庆龄的另一位秘书廖梦醒，她的名字从来没有以宋庆龄秘书的身份见诸报端。作为秘书，她的名字经常伴随着的是何香凝，以至于何香凝女儿廖梦醒听说黎沛华当年也作过宋庆龄秘书时甚是惊讶。1980 年 6 月，廖梦醒写信询问宋庆龄 1930 年代的往事，宋庆龄回复说："经过这么长时间，我回想不起当时的情况。如果黎沛华还活着，她应该能记得一些事情，当时她是我的秘书。"针对廖梦醒的疑问，宋庆龄继续写信回复道："黎沛华的确在 1938 年之前与我一起工作过。她帮助我在交通大学创建了一所医院，后来成为杨杏佛同志的秘书。而我则与鲁迅、蔡元培博士共同创办中国民权保障同盟。"②新中国成立后，黎沛华应宋庆龄之邀，

---

① 宋庆龄 1972 年 3 月 24、29 日致陈翰笙函，《宋庆龄致陈翰笙书信（1971—1981》，东方出版中心 2013 年 1 月版，第 38、40 页。

② 宋庆龄 1980 年 6 月 3、6 日致廖梦醒函，《宋庆龄书信集》（续编），人民出版社 2004 年 4 月版，第 656、657 页。

在中国福利基金会和中国福利会任职,但她多数时间是随宋庆龄来往于京沪寓所做秘书工作,用女儿黄小丽的话说她经常陪同宋庆龄出差北京,在上海时就天天去中福会上班。① 这一点是她与宋庆龄的其他三任专职秘书卢季卿(1950 年 1 月—1957 年 12 月)、刘一庸(1965 年 9 月—1967 年 8 月)和张珏(1963 年 4 月—1964 年、1967 年 5 月—1981 年)截然不同的地方。

因为宋庆龄沿用民国时期习惯尊称黎沛华为"黎先生",所以宋庆龄身边的工作人员也都跟着宋庆龄尊称黎沛华为"黎先生"。② 黎沛华对宋庆龄而言,其实就像宋庆龄所说的,是老朋友,是秘书兼同伴,她们之间的关系不是普通的下级和上级之间的关系,而是"好姐妹"、"好朋友"。③

一、广州篇

第一次国共合作期间,国民党实现改组后,何香凝于 1924 年 8 月担任新成立的国民党中央执行委员会妇女部部长(以下简称中央妇女部),同时兼任广东省妇女部部长,她与中国共产党的妇女领袖邓颖超、蔡畅、刘清扬等通力合作,领导妇女解放运动,发动并组织和训练妇女投入国民革命,使得大革命时期的妇女运动甚为轰轰烈烈。中央妇女部成立的这一年,黎沛华即进入工作,并加入中国国民党。她的出色表现使她迅速从一般书记员升任部秘书,协助何香凝筹办广东女界国民会议促成会,加入广东妇女解放协会,举办妇女运动讲习所,开办女工学校,慰劳东征军,欢送北伐军,组织救护队,主编《妇女之声》,等等。黎沛华可以说是何香凝最为倚重的助手。

黎沛华第一次聆听宋庆龄的教诲当在 1926 年 1 月的广州。1926 年 1 月,国民党二大在广州召开。宋庆龄于 1 月 7 日由上海抵达广州参加会议。1 月 17 日,广州妇女界为宋庆龄举行了隆重的欢迎会。1

---

① 据黄小丽 2015 年 1 月 7 日对宋庆龄陵园文保部主任李纯涛、副主任余菁口述。

② 据宋庆龄身边工作人员周和康 2016 年 1 月 31 日对笔者口述;另见宋庆龄 1954 年 11 月 28 日致罗叔章函,《宋庆龄书信集》(续编),第 332 页。

③ 宋庆龄 1972 年 4 月 8 日致廖梦醒函,《宋庆龄书信集》(续编),第 417 页。

月20日,黎沛华主编的《妇女之声》第六期随即刊登了宋庆龄在欢迎会上所致答词。①

何香凝曾在1925年孙中山去世后,一再请辞中央妇女部部长职务,请宋庆龄赴粤任职,但宋庆龄始终未允。② 在国民党二大上,何香凝依旧当选为妇女部部长。宋庆龄则当选为国民党中央执行委员,是中央执行委员会政治委员会委员和国民政府委员。③ 在这次会议上,1月8日,邓颖超代何香凝报告了全国妇女运动经过,主席团在听取五大运动(工人运动、农民运动、商人运动、青年运动、妇女运动)的报告后,要求五大运动还应该有决议案交大会讨论,遂选定宋庆龄与何香凝和邓颖超组成"妇女运动报告审查委员会"。④ 1月16日,何香凝向大会报告了经三人审查的"妇女运动决议案",获得一致通过。⑤ 作为中央妇女部唯一一名秘书(余者为干事——笔者注),全国妇女运动经过报告及妇女运动决议案的起草、讨论和定稿,黎沛华均应涉足。而妇女运动决议案极有可能就是出自黎沛华之手,其中第十条规定,为谋妇女运动发展,"中央妇女部应将组织扩大",并列扩大计划如下:

1. 设部长、佐理各一人,计划指导全部工作之进行。

2. 在部长下设秘书、宣传、组织、监察四科,各科各设主任一人,其他若干人。

a. 秘书科专司内外往来一切文件。

---

① 见《广东妇女运动史料(1924—1927年)》,广东省档案馆,1983年3月刊印,第1页。全文亦见《宋庆龄选集》上册,人民出版社1992年10月版,第34页。

② 见"何香凝致中央执行委员会函"(1925年),台北"中国国民党党史馆"藏"汉口档案",汉2043.1;"中央秘书处致宋庆龄函稿"(1925年6月21日),台北"中国国民党党史馆"藏"汉口档案",汉2043.2;"宋庆龄致中央秘书处函"(1925年7月25日),台北"中国国民党党史馆"藏"汉口档案",汉2049.1;"中央秘书处致宋庆龄电稿"(1925年8月7日),台北"中国国民党党史馆"藏"汉口档案",汉2049.2;"中央妇女部致中执会函稿"(1925年9月3日),台北"中国国民党党史馆"藏"五部档案",五部2718;"何香凝致中央执行委员会函"(1925年12月16日),台北"中国国民党党史馆"藏"汉口档案",汉2071.1;"中央执行委员会致何香凝函稿"(1925年12月23日),台北"中国国民党党史馆"藏"汉口档案",汉2071.2。

③ 《中国国民党第一、二次全国代表大会会议史料》上册,江苏古籍出版社1986年9月版,第453—455页。

④ 《中国国民党第一、二次全国代表大会会议史料》上册,第228、241页。

⑤ 《中国国民党第一、二次全国代表大会会议史料》上册,第336页。

b. 宣传科分为演讲、编辑、游艺三股。

C. 组织科专司敦促各地妇女部之组织与进行,以及各种妇女团体之组织。

d. 监察科专司监察女党员工作之勤怠,与纪律之遵守与否。①

妇女运动决议案似乎并没有得到国民政府的真正重视,3月8日,广东各界妇女团体在黎沛华领导下,向国民政府请愿三项:(一)修改法律;(二)各行政机关容纳女子;(三)实现第二次全国代表大会妇女运动决议案。② 而中央妇女部组织机构的真正扩大,则是在武汉时期了。

二、武汉篇

随着北伐军的胜利推进,1926年11月,国民政府决定迁都武汉,宋庆龄作为国民政府先遣人员于12月8日抵达武昌。何香凝等国民政府第二批人员则于12月启程,秘书黎沛华和干事黄佩兰、伍夏理、随员马景云等随行。③ 他们在南昌短暂逗留后,于1927年1月12日乘船抵达武汉,同车抵达武汉的还有坚持国民政府应该定都南昌的北伐军总指挥蒋介石。他们受到了宋庆龄等先期抵达武汉者的热烈欢迎。

武汉时期的中央妇女部组织机构比在广州时扩大了,共有二十余人,其中有9名共产党员。部长之下有一等干事六人——邓颖超、蔡畅、刘清扬、黎沛华、刘蘅静、向警予;二等干事三人——黄佩兰、莫国康、李慕贞;三等干事四人——伍夏理、陆娜君(即陆晶清)、刘天素、胡兰畦;还有助理干事六人,以及一男性"录事"和一男性工友。黎沛华同时兼任部秘书。④

---

① 《中国国民党第一、二次全国代表大会会议史料》上册,第343页。

② 梁惠锦:《北伐期间国民党领导下的妇女运动(1926—1928)》,载《北伐统一六十周年学术讨论集》,台北,1988年10月版,第504页。

③ "党政府迁鄂之要讯",《申报》1926年12月10日,第7版。

④ 陆晶清:《第一次国共合作时期的国民党中央妇女部》,《团结报》1984年1月21日,第3版;陆晶清:《在何香凝先生身边》,载《回忆与怀念——纪念革命老人何香凝逝世十周年》,北京出版社1982年9月版,第202页。

1927年1月5日,武汉临时中央党政联席会议决议在武汉设立妇女党务训练班,并即席推举宋庆龄担任班主任。宋庆龄随即投入训练班工作。开班后,她曾以班主任名义亲自致函何香凝,“敦请先生莅校讲演”①。单枪匹马的宋庆龄甚至连会计处理员都要自兼,由于班务过于繁忙,4月,宋庆龄呈请国民党中央执行委员会辞去班主任职务,并建议将妇女党务训练班归中央妇女部直辖。宋函谓:“庆龄自维凉薄,本难胜任艰巨,只缘上年来鄂诸同志亟于提倡妇女运动,发起组织妇女党务训练班,公推庆龄为该班主任,将以提倡心切,谬徇诸同志之请,忝任斯职。现开班已将两月,办理各具雏形,庆龄事赜才铨,身兼数职,时凛覆餗之衅,思维再四,与其敷衍因循,贻误党国,不若及早引退,用让贤能。谨以管见所及提呈二事:一、训练班宜改由中央妇女部直辖;二、训练班当废除主任制改为委员制。以上二事,庆龄就两月来办理该班之经验所得,以为非此则不能收集思广益之效,更不能谋妇女运动进展之功。”②4月8日,国民党中执会第二届常委会第六次扩大会议决议准宋庆龄之请,“并请其提委员名单”③。在宋庆龄的请求下,何香凝同意派出中央妇女部职员刘清杨、刘蘅静、黄佩兰为临时管理委员,维持训练班现状,她致函中执会谓:“香凝现与孙夫人商定,提出邓演达、顾孟余、孙哲生(孙科)、陈公博、孙夫人及香凝为该班委员,特呈钧会核夺。如孙夫人不允担任,香凝亦不敢负责也。”④5月8日,宋庆龄出席国民党中央执行委员会政治委员会第十七次会议,会上通过了经何香凝与宋庆龄商定、由中央妇女部推荐的妇女训练班委员名单。⑤

自妇女党务训练班之事后,何香凝更加重视在妇女工作问题上与宋庆龄的合作。在宋庆龄倡议下,1927年5月26日,《汉口民国日报》刊登了宋庆龄、何香凝,以及陈璧君、孙科夫人陈淑英、徐谦夫人沈仪

---

① “妇女党部训练班主任宋庆龄致何香凝函”(1927年3月22日),台北“中国国民党党史馆”藏“五部档案”,部16294。

② “宋庆龄上中执会呈”(1927年4月),台北“中国国民党党史馆”藏“汉口档案”,汉3050。

③ 《中国国民党第一、二次全国代表大会会议史料》下册,第926页。

④ “中央妇女部致中执会函稿”(1927年4月29日),台北“中国国民党党史馆”藏“五部档案”,部1333。

⑤ 《中国国民党第一、二次全国代表大会会议史料》下册,第1113页。

彬、甘乃光夫人陈杏容、顾孟余夫人韦增英、邓演达夫人郑立真、连声海夫人唐允恭等11人为筹备北伐红十字会的联名发起书,说明为了救护受伤的北伐勇士,她们特发起一个北伐红十字会,“组织前方救护队和后方医院”。[①] 5月27日,她们为筹备北伐红十字会在中央党部召开各界谈话会,会议决定将北伐红十字会改名为北伐伤兵救护会,组织执行委员会执行会务,由宋庆龄担任执行委员会委员长。[②] 这一次,宋庆龄不再是单枪匹马难以为继,何香凝领导的中央妇女部是她坚强的后盾。中央妇女部为此筹办了妇女救护班,培训救护人员,一批随军出发到前线服务,一批留在后方,分配在各医院协助救护伤兵。救护班由宋庆龄主持,何香凝特派黎沛华、刘蘅静、刘天素等去负责实际工作。[③] 黎沛华对宋庆龄的协助工作因此而由之前的间接关系转向现在直接听命于宋庆龄的上下级关系。同时,黎沛华也陪同何香凝,前往北伐伤兵救护会在武汉甲站、丁站、贡园设立的三个后方医院,视察救护工作、慰劳伤病员。[④]

就在她们为救护北伐伤兵而奔忙的时候,汉口当时的情况已很糟糕,就连与外界的电报联系也中断了,人们已开始纷纷离开汉口。7月14日汪精卫武汉分共后,宋庆龄愤而发表《为抗议违反孙中山的革命原则和政策的声明》,遂于7月18日秘密离开汉口回上海。何香凝也托病上庐山养病,黎沛华等人随行。[⑤]

就在何香凝上庐山后不久,武汉国民党“清党”清到了中央妇女部头上。中央妇女部的共产党员早就撤离,而黎沛华等人因“共产嫌疑”被列入黑名单。何香凝本来上山时情绪就不好,听说此事后她火气更

① 中华全国妇女联合会妇女运动历史研究室编:《中国妇女运动历史资料(1921—1927)》,人民出版社1986年8月版,第791页。

② 同上书,第792页。

③ 陆晶清:《第一次国共合作时期的国民党中央妇女部》,《团结报》1984年1月21日,第3版。

④ 刘天素:《良师、慈母——回忆在何香凝先生身边的日子》,载《回忆与怀念——纪念革命老人何香凝逝世十周年》,北京出版社1982年9月版,第177—178页。

⑤ 见黎沛华1968年11月6日自书简历;陆晶清:《第一次国共合作时期的国民党中央妇女部》,《团结报》1984年1月21日,第3版。

大,“天天骂人”,汪精卫之下的人“都挨过骂”。[1] 何香凝随即于8月10日从庐山致函汪精卫和谭延凯,证明黎沛华、莫国康、陆娜君(即陆晶清)、刘天素4人非共产党。[2] 信函邮寄速度慢,何香凝还为此事专门发出了电报。8月15日,在汉口中央党部召开的国民党中政委第四十六次会议上,会议主席谭延凯提出的议事第一案就是何香凝来电的问题,汪精卫随即指示秘书处办理,谭延凯提出还要复电何香凝告知,会议决议“照办”。[3] 8月17日,国民党中央秘书处致函中央妇女部,谓黎沛华等嫌疑“可冰释”。[4] 同时,何香凝还出面营救了中央妇女部的其他涉嫌成员。中央妇女部只有助理干事周秀珍因不及营救,在被捕第二天即遇害,其余人均受何香凝保护而幸免。[5]

三、上海篇

黎沛华再次面对面地聆听宋庆龄教诲已是四年之后。1927年,宋庆龄离开武汉后,从上海秘密出走莫斯科,随后旅居德国;黎沛华在陪同何香凝离开庐山后,又陪她先后到上海、南京,随后于10月一同回到广州。由于国民党中央执行委员会下不再设妇女部,何香凝后来为黎沛华另谋了出路。[6] 1929年,何香凝在南京参加孙中山奉安大典时,曾特地找到跟随丈夫黄祖培定居南京的黎沛华,在她家中住宿一夜。以后,黎沛华陪同何香凝出国,到菲律宾为仲恺农工学校筹募经费等,何香凝去法国后,黎沛华回国。[7]

1931年,宋庆龄为奔母丧回国,于8月13日抵达上海。不久九一

---

① 陆晶清:《在何香凝身边的日子》,载《回忆与怀念——纪念革命老人何香凝逝世十周年》,第207页。

② “何香凝致汪精卫等函”(1927年8月10日),台北“中国国民党党史馆”藏“汉口档案”,汉15509.1。

③ 《中国国民党第一、二次全国代表大会会议史料》下册,第1329页。

④ “中央秘书处致中央妇女部函稿”(1927年8月17日),台北“中国国民党党史馆”藏“汉口档案”,汉15509.2。

⑤ 陆晶清:《第一次国共合作时期的国民党中央妇女部》,《团结报》1984年1月21日,第3版。

⑥ 见黎沛华1968年11月6日自书简历。

⑦ 尚明轩:《何香凝传》,北京出版社1994年9月版,第200、204页。

八事变爆发,宋庆龄决定留在国内从事救国活动。九一八事变爆发时,何香凝正在法国,闻讯后也决定回国做救国工作。11 月 28 日,何香凝乘坐轮船抵沪,在黎沛华陪同下,她径直来到法租界莫利爱路宋庆龄寓所,会晤宋庆龄,两人“畅谈甚久”。①

何香凝抵沪后,即着手将她所绘写的书画开“救济国难书画展览会”,以筹集抗日救护慰劳经费,并以余款开办“国难妇女救护训练班”(一·二八事变后改名为国难战士救护队,并入中国红十字会救护队第七支队——笔者注),以培养战时救护员。黎沛华“奉派在展览会及训练班服务”②。不久,一·二八淞沪抗战爆发,宋庆龄、何香凝均投入慰劳前线战士和救护伤兵的活动,并且相互交流和帮助。黎沛华也同时为二人的救国工作提供协助。1 月 30 日上午,宋庆龄、何香凝等在真如进行慰问,在她们的主持和组织下,上海在一天之内筹设了几十个伤兵医院。③ 何香凝本人先与公时中学校长郭凤鸾(爱国人士蔡公时的遗孀),在巨籁达路(现巨鹿路)公时中学内创办了红十字会第十一伤兵医院,又与爱国将领陈铭枢夫人朱光珍,在金神父路(现瑞金二路)创办了国难战士救护会临时伤兵医院。④ 何香凝一向尊敬宋庆龄,在工作上尊重宋庆龄的意见,主动要求接受宋庆龄的指示。所以她特派黎沛华等经常去莫利爱路宋庆龄寓所,向宋庆龄“汇报工作,请示所作计划,所采措施是否适当可行”,宋庆龄总是很耐心地听她们的汇报,“很慎重很诚恳地给予指示”,还很关心地慰问她们:“你们辛苦了!”⑤

2 月 12 日,宋庆龄在十九路军驻南京办事处主任刘毅夫及其夫人的陪同下,偕正在何香凝筹办的公时伤兵医院服务的黎沛华和正在何香凝组织的妇女救护队中工作的曾献声夫人,来到吴淞前线慰问第十

① “何香凝昨午到沪”,《申报》1931 年 1 月 29 日,第 13 版。

② 黎沛华 1968 年 11 月 6 日自书简历;上海社会科学院历史研究所编:《“九·一八”“一·二八”上海军民抗日运动史料》,上海社会科学院出版社 1986 年 10 月版,第 86 页。

③ 蒋光鼐、蔡廷锴、戴戟:《十九路军淞沪抗战回忆》,载《“九·一八”“一·二八”上海军民抗日运动史料》,第 437 页。

④ 张琼:《回忆何香凝在“一·二八”抗战中的救护活动》,载《“九·一八”“一·二八”上海军民抗日运动史料》,第 454 页。

⑤ 陆晶清:《一颗伟大的心脏停止了跳动》,《文汇报》1981 年 6 月 4 日。

九路军将士。她们与区寿年师长、翁照垣旅长和丁荣光团长一起合影。四位女性还一起在吴淞前线的断壁残垣中留下了身影。当时记者报道,只说跟在宋庆龄身后的女性是宋庆龄的"女友"。① 幸亏黎沛华将两张照片的原照珍藏了下来,并细心地记下了照片中人的身份。

其时沪上伤兵医院已有数十所,因为感觉上海的伤兵医院"数多而散漫,似应有持久集中之组织",宋庆龄遂与何香凝共同在上海交通大学内创办了国民伤兵医院。② 这所医院不像何香凝在上海筹办的其他两所医院实行的是院长负责制,它采用的是理事会集体负责制。宋庆龄和何香凝谁也没有担任院长,而是和陈铭枢夫人朱光珍等其他筹办人一起担任医院理事。医院 3 月 5 日安置妥当,可容五六百人,3 月 6 日便有伤兵迁入。③ 于是,黎沛华同时在公时中学和交通大学,"随宋、何二位先生在伤兵医院服务"④。她还留下了 3 月 8 日同杨杏佛一起,随宋庆龄在国民伤兵医院慰问伤兵,为伤兵播放留声机的照片。这些照片为那一段历史留下了形象的注脚。

一·二八淞沪抗战停战后,因为大部分伤兵已告痊愈,国民伤兵医院的工作遂于 4 月中旬宣告结束,并在报端两次发布敬谢启事,公布经由宋庆龄、张乐怡、黎照寰、吴铁城、宋子安、杨杏佛、梁丽芳(名媛——笔者注)、陈健庵(时为中央银行副总裁——笔者注)向各界筹募的详细清单,并谓:"本院款项支出报告至四月份止,由会计师审核后另印寄送捐款诸君。至所余款项,经五月十一日理事会议决,作为抗日废兵救济基金,并推定杨敦甫(时为上海银行副总经理——笔者注)、黎照寰、杨杏佛三先生为基金保管委员。"⑤

从 4 月份开始,黎沛华不再去何香凝在公时中学的伤兵医院服务,

---

① "吴淞战地视察访问翁旅长纪",《申报》1932 年 2 月 13 日,第 1 版;"妇女救护队往前方工作",《申报》1932 年 1 月 31 日,第 8 版。

② "宋庆龄关于国民伤兵医院谈话",《申报》1932 年 3 月 13 日,第 3 版(《在国民伤兵医院答记者问》,《宋庆龄选集》上册,第 87 页);"宋何组织伤兵医院",《申报》1932 年 3 月 5 日,第 1 版。

③ 见《"九·一八""一·二八"上海军民抗日运动史料》,第 355—356 页。

④ 黎沛华 1968 年 11 月 6 日自书简历。

⑤ "国民伤兵医院近况",《申报》1932 年 4 月 9 日,第 4 版;"国民伤兵医院启事",《申报》1932 年 4 月 17 日,第 2 版;"国民伤兵医院敬谢捐助款项及物品诸君",《申报》1932 年 5 月 13、15 日,第 2 版。

而是专心国民伤兵医院的工作。① 宋庆龄1980年给廖梦醒的信中说黎沛华帮助她创建伤兵医院后成为杨杏佛的秘书,显然是指黎沛华在国民伤兵医院服务时,及医院结束后的抗日废兵基金保管,和1932年底成立的中国民权保障同盟等工作上,她一直在协助杨杏佛的工作。同时,黎沛华从4月份开始为宋庆龄个人服务,也包括帮她处理私人事务。她为宋庆龄办的第一件私事也许就是帮助宋庆龄保姆李燕娥办妥了离婚手续。② 或许因为黎沛华是由何香凝推荐而来,以及她深厚的学养和她在中央妇女部的经历,宋庆龄一直尊称黎沛华为"先生"。1932年6月前后,黎沛华因病回南京修养,住在南京鼓楼医院。6月17日,宋庆龄致函慰问:"黎先生:你的身体近日好点吗?甚念,甚念!我自己亦在病中,候好些再给信你,请你到了上海通知我!祝你健康!"③因黎沛华不识英文,不谙中文的宋庆龄一直是用中文给黎沛华写信的。作为宋庆龄的私人秘书,黎沛华陪同宋庆龄出席了各种公开场合:中国民权保障同盟时期,她参与了同盟的事务;杨杏佛去世后,她陪同宋庆龄参加了杨杏佛的成殓仪式;远东反战会议在上海召开秘密前夕,她陪同宋庆龄赴招商局中栈码头,上船迎接来沪开会的国际代表……。在为宋庆龄服务时,黎沛华也不忘何香凝,曾在南京一路照拂迎接廖仲恺灵榇的何香凝。抗日战争全面爆发后,她为何香凝成立的中国妇女抗敌后援会担任秘书,负责对内外一切文件函札。

1937年11月,日寇占领上海后,宋庆龄准备离开上海去香港。临行前,她特意安排与黎沛华和红色牧师董健吾之女董惠芳(董惠芳常来宋宅为宋庆龄传递消息。——笔者注)合影留念。④ 12月23日,宋庆龄由中共联络员李云陪同秘密离开上海赴港。

---

① 见黎沛华1960年之后自书简历。

② 黎沛华1960年之后自书简历;李云:《往事与情缘——李云回忆录》,中国福利会出版社2008年12月版,第79页。

③ 原件藏宋庆龄陵园管理处。

④ 赵志强,张万春:《我和二阿姨》,少年儿童出版社1983年5月版,第77页。董惠芳不记得黎沛华名字,误称为"李姑"。

四、京沪篇

黎沛华与宋庆龄分别后，次年4月，她跟随丈夫黄祖培去杭州定居，年底因时局变化，转赴兰溪，领导战时儿童保育会浙江分会的工作，并先后任浙江省战时卷烟管理处秘书、浙江省临时参议会参议员等，抗日战争胜利后转回杭州。因内战爆发，黎沛华不再在国民党领导下的浙江政府机关工作。[①] 1948年11月黎沛华为躲避战乱从杭州来沪定居。[②] 此时，宋庆龄正在上海领导中国福利基金会从事战后救济福利工作。二人在上海再次重逢。

黎沛华带着女儿黄小丽到上海后投奔了宋庆龄，并于12月住进了刚刚修缮好的香山路7号。那时江亚轮惨案刚发生不久，小丽在厨房间穿来穿去玩，她听到大人们在讲江亚轮的事情。[③] 宋庆龄在给友人的书信中也记录下了这一段经历，她说："节日期间，我得了重感冒，一直躺在床上。还有几个来避难的朋友占去了我很多时间。有一段时间，我小小的房子里住着四个小家伙，对家中从来没有孩子的我来说实在是太喧闹了。""我现在觉得我像狄更斯的小说《圣诞欢歌》中的老吝啬鬼那样，四个孩子搂着我的脖子，把我的餐厅变成卧室。过几天我将统统把他们撵到我母亲的房子去，那里很快就会腾空的。真是谢天谢地。但眼下我还不得不接待我的老朋友。"[④]1949年4、5月间，宋庆龄移居林森中路1803号（今淮海中路1843号宋庆龄故居）。她将老朋友黎沛华及其女儿安置到了西摩路（今陕西北路）369号她母亲的老房子。[⑤] 在宋氏老宅住了没几天，黎沛华即通过老同学郭慕兰的帮助，搬

---

① 见黎沛华1968年11月6日自书简历。

② 见"中山大学黄祖培履历表"，广东省档案馆藏，314－1－62；黎沛华1960年之后自书简历。

③ 据黄小丽2015年1月7日对宋庆龄陵园文保部主任李纯涛、副主任余菁口述。

④ 宋庆龄1949年1月16日致史蒂文森夫人函，《宋庆龄书信集》下册，第12页；宋庆龄1949年1月致王安娜函，《宋庆龄书信集》续编，第196页。

⑤ 详见朱玖琳：《从书信集中寻觅宋庆龄自渝返沪后的踪迹》，载《孙中山宋庆龄研究动态》2004年第4期；黄小丽2015年1月7日对宋庆龄陵园文保部主任李纯涛、副主任余菁口述。

到位于愚园路的另一位已离开上海的老同学卢家居住,不久上海解放。[①]

上海解放后,宋庆龄随即委托黎沛华为在上海的劳动妇女筹办新上海第一所新型托儿所。那段日子,小丽正在郭慕兰开办的广公二小读小学,因为妈妈忙于筹办托儿所,无暇照顾她,便将她送往郭慕兰家代为照顾。[②] 1949 年 7 月 24 日,中国福利基金会托儿所在西摩路 369 号宋氏老宅隆重开幕,黎沛华是托儿所的第一任所长。开幕典礼上,宋庆龄和邓颖超、许广平等人向这位首任所长表示祝贺和感谢。[③] 在托儿所干了才二个月,黎沛华即因病辞职。12 月,生活没有来源的她重回中国福利基金会工作,担任人事秘书。[④] 1950 年 7 月中国福利基金会改名为中国福利会,并进行机构改组,设主席办公室、宣传委员会、妇女儿童工作处、人事处。[⑤] 黎沛华自 1950 年 8 月始在人事处工作,仍任人事秘书,后转办公室任办公室秘书,直至 1963 年 8 月正式退休。[⑥]

黎沛华在中福会工作期间,多数时间是随宋庆龄来往于京沪寓所做秘书工作。[⑦] 由于她经常陪同宋庆龄去北京,尤其宋庆龄赴京参加国庆庆典后往往要呆到次年春节前夕回沪,女儿黄小丽长期处于无人看管的状态。[⑧] 1954 年 11 月 28 日,宋庆龄曾写信告诉时任中央人民政府办公厅副主任并受中央委托与她保持联系的罗叔章道:“黎沛华先生的身体还未完全恢复,也在继续打针,仍须时日休养,所以还不能立刻来我处。”[⑨]12 月中下旬,宋庆龄便在黎沛华陪同下进京,直至次年 4 月方回沪。宋庆龄此时身边是有私人秘书的,是被她称为“卢小

---

① 据黄小丽 2014 年 12 月 11 日、2015 年 1 月 7 日对宋庆龄陵园文保部主任李纯涛、副主任余菁口述。

② 据黄小丽 2015 年 1 月 7 日对宋庆龄陵园文保部主任李纯涛、副主任余菁口述。

③ 严福富、林铭钢:《让祖国的花朵盛开——宋庆龄与幼儿教育》,载《中国福利会史志资料》1996 年第 3 期,第 10 页。

④ 见黎沛华 1957 年 2 月 27 日自书简历。

⑤ 杜淑贞主编:《中国福利会志》,上海社会科学院出版社 2002 年 4 月版,第 108 页。

⑥ 见黎沛华 1957 年 2 月 27 日自书简历、1963 年填“上海市国家机关工作人员退休审核表”。

⑦ 戴辉:《黎沛华(1899—1972)》,《中国福利会史志资料》1994 年第 1 期,第 18 页。

⑧ 据黄小丽 2015 年 1 月 7 日对宋庆龄陵园文保部主任李纯涛、副主任余菁口述。

⑨ 宋庆龄 1954 年 11 月 28 日致罗叔章函,《宋庆龄书信集》(续编),第 332 页。

姐”的祝世康夫人卢季卿。1957年底,卢季卿调往卢湾区文化馆任馆长。① 于是,之前不定期来宋宅帮忙处理事务的黎沛华正式接替卢季卿担任宋庆龄私人秘书。1957年12月某日,黎沛华来到宋宅,先上楼去见过宋庆龄,之后便由保姆李燕娥引领到楼下,与寓所全体工作人员见面。早在1956年就来到寓所担任生活管理员的周和康是在这一天才第一次见到之前不定期来宋宅的“黎先生”。从此,黎沛华开始了每天半天(上午8时到中午12时)在宋宅的秘书工作,其余时间则通过电话联系。黎沛华当时已偕女儿住进中福会职工宿舍五原路205弄5号,距离宋宅并不是很远,所以她总是步行来宋宅上班。②

黎沛华为宋庆龄处理人民来信,也为她打理家事,并代她关心她们共同的老战友、老朋友的后代,比如杨杏佛之子杨小佛、王安娜之子王黎明。随着年事渐高,长期患有高血压的黎沛华逐渐力不从心了。1963年黎沛华因病要求退休,中福会遂安排行政科长张珏接替黎沛华。③ 1963年4月1日,宋庆龄离沪赴京,入住周恩来总理为她精心安排的北京后海北沿46号,陪同她进京的就是新任秘书张珏。次年春,张珏即因父亲年迈需人照料而调离。④ 张珏走后,黎沛华虽然已退休,但依然帮忙宋庆龄处理各种事务。1965年,中福会安排原国际和平妇幼保健院的办公室主任刘一庸担任宋庆龄的私人秘书。⑤ 9月1日上午,宋庆龄乘专机由上海到北京,黎沛华与接替她工作的刘一庸及保姆钟兴宝随机同往北京。黎、刘二人的行李是周和康张罗着从她们各自的住所搬到宋宅,再从宋宅运到机场。⑥ 此后,宋庆龄便在京长住,而不是像以前那样时常京沪两地跑。

“文革”开始后,在北京,红卫兵扬言要捣毁孙中山铜像和冲击宋

① 祝文光:《父亲祝世康秘密宴请宋庆龄李济深》,《世纪》2009年第6期。

② 据宋庆龄身边工作人员周和康2016年1月31日对笔者口述。

③ 李云:《往事与情缘——李云回忆录》,第86页。

④ 中共中央文献研究室编:《周恩来年谱》(1949—1976)中卷,中央文献出版社1997年5月版,第544页;张珏:《往事不是一片云》,中国福利会出版社2012年1月版,自序、第35、103页。自序中的“1963年春”系“1964年春”之误。

⑤ 据时任中国福利会秘书长的李云于2004年9月23日向笔者口述。

⑥ 据《杜述周回忆材料》(未刊)和宋庆龄身边工作人员周和康2016年1月31日对笔者口述。

庆龄寓所,周恩来总理于 8 月 30 日开列了一份应予保护的干部名单,其中宋庆龄名列第一。9 月 1 日,他在对红卫兵讲话时,特别强调要尊重宋庆龄。国务院秘书长周荣鑫传达了周恩来关于保护宋庆龄的指示后,卫戍区一师、公安部八局、北京市西城公安分局、国务院机关事务管理局服务处各单位派人进驻宋庆龄住地,制止了红卫兵的冲击。1967 年 1 月,国管局被造反派夺权。为了确保宋庆龄住地的安全,周恩来曾派中共中央办公厅警卫局副局长杨德中到宋庆龄住地,向工作人员传达他的指示:不出去参加运动;不参加群众造反派;安心工作,为宋副主席服务好。但事与愿违,北京宋宅仍有部分工作人员参加了国管局的造反派,并在警卫秘书孙某(宋庆龄原警卫秘书隋学芳已于 1963 年 10 月回上海探亲时中风导致半瘫痪而无法工作。——笔者注)的领头下在宋宅造反。他们对宋庆龄的服务不再尽心尽力,而黎沛华和刘一庸也受到他们的斥责,被禁止陪宋庆龄共用午餐,理由是黎沛华历史不清白,刘一庸出身不好。不久,宋庆龄安排黎沛华和刘一庸回上海。在这种情况下,宋庆龄不再从二楼卧室到楼下餐厅用餐。她报经周恩来总理同意后,急电从浙江大学调回张珏来京任她的秘书。①

黎沛华回到上海之后,依然居住在中福会的职工宿舍,而宋庆龄与她之间也依然保持着往来。宋庆龄知道她生活困难,赖以生存的退休金只有 45 元,所以宋庆龄定期资助她。② 宋庆龄曾送给黎沛华很多东西,包括她住到五原路后宋庆龄送给她的一套实木家具、宋庆龄母亲买的貂皮等。③ 宋庆龄还将自己省下来的一笔钱送给黎沛华,“让她过好

---

① 据《杜述周回忆材料》(未刊)。关于黎沛华回沪的具体日期,她的女儿黄小丽也不记得了,她说:“以下二点回忆可给出一个时间段。1. 1967 年年底约 11 月份研究所组织我们去各地串联,我随北上的同事去了北京,住在七机部丰台某设计院沈瑜父亲(黄小丽丈夫——笔者注)宿舍里,与母亲联系后在后海北沿附近见面,母亲带我们共进午餐。2. 沈元(黄小丽之子——笔者注)出生于 1969 年二月母亲在上海,68 年 7 月初做早孕检查時母亲也在上海。所以我感到母亲是 68 年上半年回上海的。”

② 见宋庆龄 1972 年 3 月 24 日致陈翰笙函,《宋庆龄致陈翰笙书信(1971—1981)》,第 38 页。

③ 据黄小丽 2014 年 12 月 2 日对宋庆龄陵园文保部主任李纯涛、副主任余菁口述;宋庆龄 1972 年 3 月 26 日致黄小丽函。

生活”。①

黎沛华生前从来不向宋庆龄或者中福会提出解决个人问题的要求，女儿小丽对此的评价是：妈妈是个有信仰的人，她追随宋庆龄是一种信仰，一种信念，不存在想要回报的念头。② 正因为如此，宋庆龄对这位忠诚的老朋友、好姐妹生前多加关照，身后也始终难以忘怀。

（作者系上海市孙中山宋庆龄文物管理委员研究员）

① 宋庆龄1972年4月4日致沈粹缜函，邹嘉骊编：《别样的家书——宋庆龄、沈粹缜往来书信集》，上海人民出版社2015年1月版，第29页。

② 据黄小丽2014年11月24日对宋庆龄陵园文保部主任李纯涛、副主任余菁口述。

南京国民政府交通银行行员薪俸制度研究*

何家伟

交通银行是1907年由晚清邮传部奏准清廷创设的，该行由官商合办。南京国民政府统治时期，交通银行在当时的金融领域曾经扮演了比较重要的角色，其行员收入情况如何，史学界鲜有专文进行论述，①笔者不揣陋见，希望借此抛砖引玉。在探讨金融机关工资改革的同时，不妨将目光投向历史。因为任何制度变迁和经济发展都是一个路径依赖的演进过程，不追溯历史现象的起源、不尊重客观历史过程而单纯地做思想实验和理论抽象，只能是脱离实际而不可能揭示其中的规律性。②

---

* 本文系笔者所承担国家社科基金一般项目"南京国民政府国营金融、邮电事业人员收入问题研究"的阶段性成果，项目编号：14BZS107。并同时受2013年国家社科基金一般项目"国家与民间互动视野下的近代所得税研究（1928—1949）"（项目编号：13BZS051）资助。另，因篇幅所限，本文基本以制度研究为主，制度外其他收入专文论述，在时间方面以抗战前为主。

① 相关研究成果如：王志芳：《简述民国时期交通银行发行的纸币》，《收藏家》，2013年第7期；徐锋华等：《论国民政府对交通银行的改组缘起和角色定位》，《河北大学学报》，2007年第1期；张启祥：《交通银行研究（1907—1928）》，复旦大学博士学位论文，2006年4月；邹炳光：《历史上的哈尔滨交通银行》，《黑龙江档案》，2006年第3期；苏全有：《清末邮船部研究》，华中师大博士学位论文，2005年4月；杜恂诚《交通系与交通银行》，《银行家》，2003年第4期；李祥瑞：《纪念交通银行成立八十周年》，《上海金融》，1988年第2期；魏振民：《辛亥革命爆发后四个月间的交通银行》，《历史档案》，1981年第3期。

② 朱光华：《产权、制度变迁与经济发展——新制度经济学前沿专题》，南开大学出版社2003年8月第1版，第2页。

一、交通银行行员本俸

1927年3月27日,交通银行行员薪俸规则在以前的基础上进行了重订,其行员本俸标准如下:

交通银行行员薪俸等级表

级别 \ 薪额 \ 等别	一等	二等	三等
第一级	560	240	100
第二级	544	232	96
第三极	528	224	92
第四级	512	216	88
第五级	496	208	84
第六级	480	200	80
第七级	464	192	76
第八级	448	184	72
第九级	432	176	68
第十级	416	168	64
第十一级	400	160	60
第十二级	384	152	56
第十三级	368	144	52
第十四级	352	136	48
第十五级	336	128	44
第十六级	320	120	40
第十七级	304	112	36
第十八级	288	104	32
第十九级	272	96	28
第二十级	256	88	24

续 表

级别 \ 薪额 \ 等别	一等	二等	三等
第二十一级	240	80	20
备考	一等薪俸16元为一级,二等薪俸8元为一级,三等薪俸4元为一级。		

表格来源:《交通银行行员薪俸规则(1929)》,上海市档案馆藏:《交通银行各项章则办法(1920—1941)》,馆藏档号:Q55-2-188,第1—13页。

根据表格可知,交通银行行员薪俸实际上是采用了三等二十一级制的方式,一二三等级差分别为16元、8元和4元。等级越高,级差越大:一等是二等级差的两倍,二等是三等的两倍。为了更加准确定位员工薪俸,交通银行制定了详细的薪俸对应规则:

总管理处:主任:一等十六级至一等一级俸(320至560元);稽查:二等十一级至一等十四级俸(160至352元);秘书:二等二十一级至一等十六级俸(80至320元);领组:二等十八级至一等十九级俸(104至272元);办事员:三等十六级至二等六级俸(40至200元);助员:三等二十一级至三等十七级俸(20至36元)。分行:经理:一等十六级至一等一级俸(320至560元);副理:一等二十一级至一等十一级俸(240至400元);襄理:二等十八级至一等十九级俸(104至272元)。

总库:总发行:一等十六级至一等一级俸(320至560元);副发行:一等二十一级至一等十一级俸(240至400元)。支行:经理:二等十八级至一等十一级俸(104至400元);副理:二等二十一级至二等一级俸(80至240元)。分库:主任:二等十八级至一等十六级俸(104至320元)。办事处:主任:二等二十一级至二等六级俸(80至200元)。各分行:主任:二等二十一级至二等一级俸(80至240元);办事员:三等十六级至二等十一级俸(40至160元);助员:三等二十一级至三等十七级俸(20至36元)。

各总库:主任:二等二十一级至二等一级俸(80至240元);办事

员：三等十六级至二等十级俸(40 至 160 元)；助员：三等二十一级至十七级俸(20 至 36 元)；各支行：主任：三等十一级至二等十一级俸(60 至 160 元)；办事员：三等十八级至三等一级俸(32 至 100 元)；助员：三等二十一级至三等十九级俸(20 至 28 元)。各分库：办事员：三等十八级至三等一级俸(32 至 100 元)；助员：三等二十一级至三等十九级俸(20 至 28 元)。各办事处：办事员：三等十八级至三等一级俸(32 至 100 元)；助员：三等二十一级至三等十九级俸(20 至 28 元)。

总管理处主任、稽察秘书薪俸之等级由总经理核定之。总处各部领组及各员生薪俸之等级由各部主任陈请总经理核定之。分行经副、襄理、总库发行、一二三等支行经副理、分库主任薪俸之等级由总经理核定之。四等支行经理、办事处主任薪俸之等级由管辖行经副理陈请总经理核定之。分行暨直隶总处之支行、各股主任、各员生及总库各员生薪俸之等级分别由各该行经副理、总库、总副发行陈请总经理核定之,其支行主任员生及分库办事处员生之薪俸等级陈由各该管辖行库核转,但分支行会计主任及会计员总库主任薪俸之等级则由总经理核定之。

根据以上规定,交通银行各行员基本可以根据这些规定确定个人薪俸具体数量。但是交通银行的练习生、检券生则另成系统：其薪级分为三级：第一级 16 元；第二级 12 元；第三级 8 元。[①] 相对于行员,练习生与检券生薪俸普遍偏低。其薪俸恰好分别为交通银行行员的三等薪俸级差数量,与行员中最低等级三等二十一级月薪 20 元比较,分别少了 4 元、8 元和 12 元,练习生和检券生的薪俸标准远远低于交通银行行员薪俸收入。

1929 年 3 月 27 日交通银行颁布行员任用规则,在人事方面又将行员划分为四等,规定除练习生、检券生外行员分：甲等职,总管理处主任稽查秘书分行经副理总库总副发行一二等支行经理等属之；乙等职,总管理处领组分行襄理一二等支行副理三四等支行经副理分库主任办事处主任分支行及总库各股主任高级办事员等属之；丙等职,中级

① 《交通银行行员薪俸规则(1929)》,上海市档案馆藏：《交通银行各项章则办法(1920—1941)》,馆藏档号：Q55-2-188,第 1—13 页。

办事员属之;丁等职,初级办事员助员等属之。办事员薪俸自最低级至48元者为初级办事员,自52元至100元者为中级办事员,自104元至200元者为高级办事员。[①] 该任用规则其实就是将以前的一等、二等和三等改称为初级、中级和高级。这种薪俸等级制度是否和南京国民政府时期的公务员俸给的特任、简任、荐任、委任有关,目前暂缺少足够证据证明。

以上为交通银行行员本俸,除此之外,行员还有各种福利。

二、交通银行行员福利待遇

何谓福利?所谓福利就是指生活上的利益,福利有广义和狭义之分,广义的福利是指所有有关改善工作人员物质文化生活的事情,包括各种社会保险待遇、各种补贴、各种休假和请假待遇,以及为工作人员工作和生活提供方便、解决困难、活跃文化生活而建立的设施与制度等;狭义的福利仅指机关单位自己举办的其经费在规定福利费项下开支的各种集体事业和对工作人员的生活困难补助。[②] 本文的福利暂采狭义。

交通银行行员福利大体分为以下几种:

第一,晋级、津贴和奖金制度

晋级:交通银行行员办事有优异成绩者可以增进其薪级,于每年年终考绩后举行之,但每次不得逾二级,其由总经理特准改支薪级者不在此限。第十一条第十三条所列之行员,其晋级由总经理核定之,但第十二条及第十四条所列行员之晋级得由各该管辖部主任及行库经副理总副发行陈请总经理核定之。行员在行服务未满一年者不得晋级。

津贴:行员薪俸照薪俸等级表已叙至最高等级时得支津贴,其数额由总经理核定之。行员兼任他项职务时不得兼薪,但得由总经理酌给津贴或由管辖行库陈请总经理核给之。总管理处各部主任分行经副

---

① 《交通银行行员任用规则(1929)》,上海市档案馆藏:《交通银行各项章则办法(1920—1941)》,馆藏档号:Q55-2-188,第1—2页。

② 陆国泰:《人事行政学》,高等教育出版社,1991年4月第1版,第337页。

襄理总库总副发行及支行经副理分库办事处主任因公酬应得由总经理酌给交际津贴按月支给,其有地当街要事务发达酬酢特繁者,另行酌给特别交际津贴。普通津贴以月支 200 元为最高额,特别津贴以月支 300 元为最高额。遇无奖金年份于年终按各员生该年本薪总额 1/4 数目给予奖励津贴,但记过人员此类津贴应酌减或削除之。遇有奖金年份而奖金之数不及本薪总额 1/10 之时得仍按其差额补足 1/4 之数。①

年终奖薪:该奖薪专为鼓励在事得力之人员起见给予,与盈余奖励不同,凡中途辞职或停职或因事久不到行或尚未派定职务之员生不得支给。其标准为:准给行员本年所支薪水 1/4 以资鼓励,奖薪以本年实支薪水总数内除去不应支给各员生外之薪水数目为标准,交际费等不得算入。奖薪由总协理各行经副理及总副发行分库主任按照各员生平日办事之成绩酌量支配以昭公允。

年终奖薪的计算办法是:各行库应将曾在该行库服务之员生开列名单,先行核算该年份实支薪水之数目再照实支薪水数目扣提 1/4 之奖薪,按照规定表式填报总管理处核复,俟阴历年底再行支给。中途调动人员,其应领奖薪在未调动前由原在行库支给,既调动后由现在服务之行库支给各一实支薪数为准。员生前在业已裁撤之行库服务,现由其他行库调用并为辞退或离职者,其应领现已裁撤行库之奖薪由管辖行库支给,日期算至该行库裁撤之日止自裁撤之第二日起由现在调用之行库支给。调动员生应领原在行库之奖薪由原在行库核明委托该员生现在服务之行库代为支给,取具收据随附报单转原在行库账。②

第二,优息存款

为了优待行员,1933 年 9 月 1 日交通银行制定《行员优息存款办法》,规定所有存款悉按其所支薪级为差等,其利率一律订为定期月息一分,活期月息七厘,并将定期存单改给存折,而免参差。办法规定行员优息存款分定期、活期两种,每人存额按现支薪俸数目为标准,规定如下:

---

① 《交通银行行员薪俸规则(1929)》,上海市档案馆藏:《交通银行各项章则办法(1920—1941)》,馆藏档号:Q55-2-188,第 1—13 页。

② 《支配年终奖薪办法》,上海市档案馆藏:《交通银行月刊(1927,7—12)》,第五卷,第 7—12 号,馆藏档号:Q55-2-330,第 2—3 页。

交通银行行员优息存款表

现支薪俸	定期存款	活期存款
100元以下	5000元	5000元
101元至200元	10000元	10000元
201元至300元	15000元	15000元
301元至400元	20000元	20000元
400元以上	25000元	25000元

表格来源:《交通银行行员优息存款及膳费办法》,上海市档案馆藏:《交通银行管理处稽字通报纪编(1933—1947)》,馆藏档号:Q55-2-368,第20—21页。

该办法规定,行员优息存款只准用真实姓名开户,不得于姓名之外加记。行员优息存款定期用特刊存折一种,每一行员得于折内分次陆续存入,每次金额至少以50元为限,非俟原折用完不得另立新折。开户时,应由本人预留与姓名相符之印鉴,俟期满取款或转期时,即以原印鉴填具凭条,连同存折交入本行以凭验付或转期。行员优息存款活期分甲乙二种,每一行员得任择一种开户。初次存入金额,甲种至少以100元为限,乙种至少以50元为限。一切手续与普通活期存款同,惟折据上应加盖"行员存款"之戳记,以资识别。行员优息存款之期限及利率规定定期至少一年,非俟到期不得提取。利率:定期月息一分,活期月息七厘。

行员优息定期存款超过限额时,应另给普通存单,照普通利率计息。活期存款超过限额时,其超过金额即照普通活期利率计算。行员优息存款之存入以所在行为限,如中途有迁调情事,应由所在行按照实存日数将本息如数结清,移转于迁调之行。行员优息存款之折据,不得在外转让或抵押。行员如因不得已之急,需商经本行同意,得将定期存折向本行抵借款项,其利率照存息酌加,至少增加月息一厘。行员离职时,所有存款自离职之日起,一律改照普通利率计算。行员如有亏欠行款情事,应尽先就所有存款扣抵,倘有不足再向保证人追债。

不仅仅是行员,行役存款也有优待,但行役以定期存款为限,每一行役存款金额不得超过3000元,其折据上应加盖"行役存款"之戳记,以示区别。①

第三,进修

为了进一步提高行员业务水平,交通银行特设行员补习班。补习班依其地理上之适宜与应用上之必要先选择一种外国文字或某种有关银行之科学补习之,俟补习完毕再行逐渐推广。凡非高等专门以上学校毕业之行员均为学员,其高等专门以上学校毕业之行员愿补习者听。补习班教员以行员中具有教授资格者兼充之,如无此项人才则在员生众多之行库延聘一人,在员生较少之行库得与当地同业联合组织。教员系延聘者核给薪水,由行员兼充者酌予津贴,均作正开支,但在各行库须陈由总处核准。授课时间以在夜间不妨碍办公时间为限,由各补习班自行酌定但每星期至多不得逾九小时。补习班试验分为二种:寻常试验于平日授课时行之;卒业试验于修业期满时行之。

试验成绩分为甲乙丙丁等如下:甲、80分以上;乙、70分以上;丙、60分以上;丁、不满60分。前项丙以上为及格丁为不及格,供行员考绩之参考。修业期限由各补习班自行酌定。各补习班学员修业期满经卒业试验及格者均由本行总协理给与证书。学员非因婚丧疾病或不得已之事故不得缺席。凡遇本行放假日期概行休课。总处补习班规则由总处定之,各行库补习班规则由各行库自定陈由总处核准备案。

因为金融机关常有涉外事务,交通银行为此还开设了外文补习班。主要教授英文、日文,课程分为文法翻译、译解会话。授课时间除放假日期外定为每日上午九时至十时。修业期限日文定为二年,英文定为四年。为防止中途有人退学影响学习,交通银行规定,行库人员自行报名入班,在二年期限内不得中途告退。②

为进一步完善补习班规则,1939年3月交通银行制定行员补习班请假规则和奖惩规则,规定学员非因婚丧疾病或其他不得已事故不得请假。学员如因事因病而不能上课或听讲参观者须填具请假单经教务干事核准后方为有效。学员因病请假逾三日者须附医生诊断书,续请

---

① 《交通银行行员优息存款及膳费办法》,上海市档案馆藏:《交通银行管理处稽字通报纪编(1933—1947)》,馆藏档号:Q55-2-368,第20—21页。

② 《通函及通告》,上海市档案馆藏:《交通银行月刊(1925,7—12)》,第三卷,第7—12号,馆藏档号:Q55-2-326,第1—3页。

病假时同。学员请假未经核准而不上课者以旷课一小时作请假两小时计算。学员请假未经核准而不出席听讲或参观者以缺席论,缺席一次作请假两次计算。学员请假时数或次数除有特别原因经总管理处核准有案者外,在每一学期内不得超过上课总时数听讲或参观总次数四分之一。学员请假应由教务室立簿登记,每月及每学期终,应编造学员请假统计表存案备核,呈送总管理处查核备案。

补习班奖惩措施是:奖励分下列三种:记功、优先调用、改叙薪级或升调。惩戒分:记过、减薪、开除。学员在每一学期内未曾请假者奖励之。学员各科成绩平均在70分以上者或记功一次而各科成绩在60分以上者奖励之。学员记功一次而各科成绩在60分以上平均在80分以上者奖励之。

学员有下列情事之一者惩戒之:违背请假规则第七条规定者;违背教师规则者;考试作弊者;有不道德之行为者;各科成绩平均不满60分者;记过一次而各科成绩平均不满65分者;侮辱教职员者;集众滋事或有妨害本补习班授课或办事之行动者;记过三次以上者。①

第四,休息休假

交通银行行员除每周日休息外,还享有其他休假权利,其休假日期如下表:

交通银行放假日期表

假期名称	放假时间	假期时间	备注
植树节	一日	四月五日	
国会开幕纪念	一日	四月八日	
夏节	二日	六月二十五、二十六两日	
马厂起义恢复共和纪念	一日	七月三日	
秋节	二日	十月二日及三日	
双十节	一日	十月十日	

① 《银行人员舞弊行为防止之原则》,上海市档案馆藏:《交通银行月刊4月号(1939)》,馆藏档号:Q55-2-335,第49—57页。

续 表

假期名称	放假时间	假期时间	备注
孔圣诞节	一日	十月十四日	
冬至节	一日	十二月二十二日	
云南倡议拥护共和纪念	一日	十二月二十五日	
合计	十一日		

表格来源：《交通银行放假规则》，上海市档案馆：《交通银行月刊(1925)》，第三卷，第1—6期，馆藏档号：Q55-2-325，第11页。

从表格来看，交通银行行员全年合计有11天假期，但如果放假日逢星期日概不补假，上下期结账对外则停业二日。①

以上属于交通银行自身的规定，后来北京银行公会统一了会员放假制度，②如下：

北京银行公会会员假期表

假期名称	放假时间	假期时间	备注
新年节	三日	一月一日起至三日	
南北统一纪念	一日	二月十二日	
春节	五日	二月十三日起至十七	
灯节	一日	二月二十七日	
植树节	一日	四月五日	
国会开幕纪念	一日	四月八日	
夏节	二日	六月二十五、二十六两日	
马厂起义恢复共和纪念	一日	七月三日	
秋节	二日	十月二日及三日	
双十节	一日	十月十日	

① 《交通银行放假规则》，上海市档案馆：《交通银行月刊(1925,1—6)》，第三卷，第1—6号，馆藏档号：Q55-2-325，第11页。

② 《年终行员奖励金支给办法》，上海市档案馆藏：《交通银行月刊(1926,1—6)》，第四卷，第1—6号，馆藏档号：Q55-2-327，第1—5页。

续　表

假期名称	放假时间	假期时间	备注
孔圣诞节	一日	十月十四日	
冬至节	一日	十二月二十二日	
云南倡议拥护共和纪念	一日	十二月二十五日	
合计	二十一日		

表格来源:《年终行员奖励金支给办法》,上海市档案馆藏:《交通银行月刊(1926,1—6)》,第四卷,第1—6号,馆藏档号:Q55-2-327,第1—5页。

比较可知,北京银行公会规定的假期要比交通银行自身规定的假期多出十天。

其实在放假一事方面,各行分行库部遍布各地,风俗人情,互有异同,故各行放假日期,亦遂因各当地之习惯而不一致。① 这给了各地分行放假的自由裁量权,我们不妨看几个不同分行的放假日期。以上海和济南分行为例,如果将所有放假日期数相加,交通银行上海分行1933年放假天数为18天,较北京银行公会的规定时间还多,多出的假期主要是其他分行没有的8天外滩银行例假。② 济南支行放假日期更多,共22天,其他银行不放的假期如黄花岗纪念、北伐誓师该行皆放假一天。③

第五,旅游及健身

交通银行行业业余生活比较丰富,主要是外地旅游和体育锻炼。

如1925年,交通银行汉行曾于孙中山诞辰纪念日由该行副襄理陈明经带队到长沙旅游。参加者有周世敦、钱同修、钱厚之、汪海珊、李境环、汪月清、翁德麟、高龙友、程文鋆等十余人。一行人先是坐轮渡过江

① 《交通银行各分支行库放假日期表(1932.8—1933.3)》,上海市档案馆藏:《交通银行通信(1932.8—1933.3)》,第二卷,第1—2号,馆藏档号:Q55-2-272,第27—31页、第42—44页。

② 《交通银行各分支行库放假日期表(1932.8—1933.3)》,上海市档案馆藏:《交通银行通信(1932.8—1933.3)》,第二卷,第1—2号,馆藏档号:Q55-2-272,第27—31页、第42—44页。

③ 《交通银行各分支行库放假日期表(1932.8—1933.3)》,上海市档案馆藏:《交通银行通信(1932.8—1933.3)》,第二卷,第1—2号,馆藏档号:Q55-2-272,第27—31页、第42—44页。

后，换乘卧铺火车，过蒲圻，经岳州。经过十多个小时的颠簸，到达长沙。交通银行湘行派出徐健安、许佩石、吴日晖三人至车站接车。到达湘行后，各进少许“稀饭点心”，即上楼休息。后被送至银行别墅。该别墅即银公会所在，亦即银行同人俱乐部。内设京剧组、体育组、乒乓室、书报室、理发室、洗澡间等，并备有厨师；凡银行界同人宴会，均设席于此，靡费较少。楼上设卧室三间，专用于招待各行来宾，并备有高尔夫球等，供客消遣，布置极为清洁。湘行同人还假此招待午餐。湘菜多用椒，味颇可口。下午参观青年会。会址为半新式房屋，占地颇广，内有游泳池、乒乓室、图书室等，设备周全，尤以健身房为最佳，光线极充足。

第二天，汉湘两行还举行了篮球友谊赛，赛完汉行员工观赏了天心阁、天心公园、白沙井等风景名胜。离开长沙时，湘行行员又为之饯行，并每人送一把湘伞、一对玻璃杯作为纪念。“虽属走马观花，获益实属不少”。① 可见，交通银行行员即使在外地旅游，还不忘举行一场篮球赛，确实堪称“烧友”了。

除了在外旅游重视运动、强身健体外，交通银行员工平时在宿舍都配备有比较齐全的体育设施。比如位于鼓浪屿的交通银行厦行员工宿舍即是如此。交通银行厦行员工上班时间由汽艇接送。下班后，即在宿舍区组织各种活动，诸如乒乓球、足球比赛之类的都有。“弃长袍，披短衣，驰骋于足球场中”，“个中健将，熙熙攘攘，相得益彰，大有乐此不疲之概。”“行务向荣，将于此卜之”。②

三、交通银行行员薪俸的横向比较

南京国民政府前期的交通银行行员薪俸究竟处于何种水平，我们不妨和当时国营事业机关及其他私营银行及民国时期的农民、工人收入做一对比。

---

① 《汉行同人之旅行生活(1935)》，上海市档案馆藏：《交通银行通信(1935)》，第六卷，第1号，馆藏档号：Q55－2－276，第105—106页。

② 《厦行同人生活(1935)》，上海市档案馆藏：《交通银行通信(1935)》，第六卷，第1号，馆藏档号：Q55－2－276，第99页。

南京国民政府时期部分群体薪俸比较表:

群体别	最高月薪	最低月薪	备注
邮政职员	800	40①	
中国银行	700	30②	
中央银行	600	15③	
金城银行	600	8④	
交通银行	560	20	
农民银行	500	10⑤	
浙江兴业银行	500	5⑥	
上海地区各业工人	41.705	8.036⑦	
1936年农民平均收入	平均月收入11.5⑧		

从该表格可以看出,以上群体中,邮政部门无论是最高月薪还是最低月薪皆独占鳌头。就四行而言,最高薪俸制度中,中国银行最高,其次为中央银行、交通银行和农民银行。最低薪俸制度中,最高为中国银行,其次为交通银行、中央银行和农民银行。与私营银行比较,浙江兴业银行最高薪俸500元,最低薪俸仅为5元。就最高月薪标准比较而言,交通银行处于中等略偏下的位置,就最低薪俸标准比较而言,交通银行的最低月薪20元则处于中等偏上的位置。

---

① 《邮政职员薪率表》,1928年10月,见《民国法规集成》,第60册,第133、134页。最高为邮务长,第一级800元,第二级750元,第三级700元。最低为乙等邮务员第三十级:40元。

② 《本行主要业务、人事规章摘要》,上海市档案馆藏:《中国银行行员手册(上)(1945)》,馆藏档号:Q54-3-485,第18—39页。

③ 《中央银行行员薪俸规则》,上海市档案馆藏:《有关银行章程、条例、制度、商榷书、银行法案等(1930)》,馆藏档号:Q53-2-4,第15—20页。

④ 《金城银行薪津规则》,上海市档案馆藏:《金城银行章则汇编(1945年)》,馆藏档号:Q264-1-187。

⑤ 《中国农民银行规章汇编》,上海市档案馆藏:《中国农民银行行员薪给规则(1935年)》,馆藏档号:Y10-1-251,第13—18页。

⑥ 《浙江兴业银行改定薪水规程》,上海市档案馆藏:《浙江兴业银行历年各项规程汇编(1916—1920)》,馆藏档号:Q268-1-30。

⑦ 《中华民国统计提要(1940)》,第87页,各业共计平均为国民政府主计处计算所得,最高行业为造船业,最低月薪行业为缫丝业。

⑧ 李金铮:《民国乡村借贷关系研究》,人民出版社,2003年3月第一版,第64页。

与工人平均月薪比较,交通银行行员最高月薪是工人平均的十几倍,最低月薪是工人平均月薪的三倍弱。交通银行行员收入如果与农民相比,后者更是望其项背了。

比如像当时武进农民,其唯一收入为收获品,假设农民一户耕种12 亩田。则每年收入方面:稻每亩4 石,共48 石,约折合洋288 元;麦每亩计收1 石半,共18 石,约折合洋72 元;柴草12 元,其他产品24 元,共计收入396 元。支出方面:田租144 元,牛羊食料36 元,肥料60 元,农具添补费10 元,其他费用10 元,共计约262 元。收支相抵,尚余134 元;除柴草用以自给外,净余不过121 元。每家以四口计算,每日食料约需大洋5 角,计约可支持8 个月。至翌年三四月间,正值青黄不接时期,不得不以麦充饥。此尚就平时情形言之,若遇凶年,地租照旧缴纳,费用照旧消耗,而进益则反见缩减。如此情形,农民当然难以维持。①

再比如像宜兴农民,其具体收入支出如下表:

宜兴农民年收入:单位:元

项目	收入	备注
作物	54 元	每亩产稻谷4 石,麦1 石,稻价每石5 元,麦价每石7 元
畜类	16 元	家畜家禽类
副产	20 元	农产制造及蔬菜丝茧类
其他	10 元	关于其他营业上之收入者
合计	100 元	大约

表格来源:徐方干、汪茂遂:《宜兴之农民状况》,《东方杂志》,1927 年8 月25 日,第24 卷,第16 号,第86 页。

如果除去种子等成本之外,他如医药、人事、公益等费,则每年亦须十数元,如是观之,与上收入表相较,所余亦不过数元而已!② 区区数

① 龚骏:《各地农民状况调查——武进》,《东方杂志》,1927 年8 月25 日,第24 卷,第16 号,第107 页。

② 徐方干、汪茂遂:《宜兴之农民状况》,《东方杂志》,1927 年8 月25 日,第24 卷,第16 号,第87 页。笔者在此仅选择两地作为参考,实际上,其他地方农民都差不多。据周廷栋调查,在江苏太仓,属于自耕农约为40%,佃农15%,雇农10%,地主10%,自作农而兼充佃户的约占25%。太仓农民最普通的是自耕农和自耕农而兼佃户的,通常每家种田 (转下页)

元的收入还不如交通银行行员的平日人情往来数目!而且我们在以上表格比较的仅是交通银行行员的基本薪俸,其他福利还没有计算和考虑在内。如果加上这些名目繁多的福利待遇,交通银行行员和工人、农民差距更大。

四、余 论

民生问题,可以分为三级,第一级是需要,是人类生活不可少的;第二级叫安适,人类在这一级的生活,不是为求生活的需要,是于需要之外,更求安乐,更求舒服。得了充分安适之后,再更进一步,便想奢侈了。第一级是只求粗茶淡饭的饱食,第二级是求有酒有肉的肥甘美味,第三步是求山珍美味。[①] 马斯洛的人本主义也将人的需要划分为五大层次:生理需要、安全需要、爱和归属需要、尊重的需要和自我实现的需要。如果说上述福利使交通银行行员获得了生理、安全、爱和归属的需要的话,那么丰富的业余生活则使交通银行行员获得了尊重的需要。"行务之兴替,故视同人精神之振作与否为衡;而同人之精神,要视同人生活之状况以为断也"。[②] 这说明南京国民政府前期的交通银行行员生活基本还是比较舒适的,可以归入马斯洛的需要的第四层次。

抗战胜利后,《中央周刊》曾收到一国家银行职员的信,大意是说该职员刚刚上班即领到两倍于公教人员的薪俸,不仅如此,人事组长还警告该员工,禁止将其收入告知外界知晓,要求其签字画押,并声称这

(接上页)十余亩至三十亩,他们的经济是非常窘迫的,负债很多。(周廷栋:《各地农民状况调查——太仓》,《东方杂志》,1927年8月25日,第24卷,第16号,第122—123页)又如邱宗义调查,在江苏松江的农家,大约一亩可得糙米二石至二石五斗,在所谓"大有之年"每亩可有三石而余。一石以两海斛计,大约合220磅左右——若每石卖价以12元计,则每亩约可得二十六七元,柴约2元欠(疑为"钱"),总共有30元(毛)的收入。除去人工肥料约4元,租米约5元,每亩可有20元左右净入。所以五六口之家,耕种了十余亩,很足够温饱了。(邱宗义:《各地农民状况调查——叶榭乡(江苏松江)》,《东方杂志》,1927年8月25日,第24卷,第16号,第128页)

① 孙中山:《民生主义第三讲》,1924年8月17日,《中山全书》(第一册),新民书局,1927年1月版,第64—65页。

② 《厦行同人生活(1935)》,上海市档案馆藏:《交通银行通信(1935)》,第六卷,第一号,馆藏档号:Q55-2-276,第99页。

是“行规”,该行员认为受到侮辱,遂将此事投稿于此。① 应该说到了抗战后期,通货膨胀,物价飞涨,而且南京国民政府已经采取限制国营事业机关薪俸的措施了,全国绝大多数工薪阶层皆感到无以为继,收入降低,但金融系统的薪俸在当时物价条件下却仍然显得游刃有余,从侧面反映其收入仍然大大高于其他大多数群体。比如仅就旅游一项而论,民国时期的工人、农民有旅游的实力和奢望吗?不敢想象!

事实上,交通银行行员“社会交际应酬,……日趋奢侈,政界而外金融界为尤甚,其始也征或起于首领挟其豪气,务为浮文其继也,各行员既日与为缘亦各误于虚荣,而不惜竭其棉力,初则越乎轨度犹畏人言,久则视为故常,遂成风”。为了抑制这种奢侈,交通银行特制订《行员崇俭规则》,规劝行员互相崇尚俭德。② 该崇俭规则从侧面反映交通银行行员收入不菲的现实。

(作者系华中师范大学马克思主义学院副教授)

① 《国行职员的良心话》,《中央周刊》,1948 年 10 月,第十卷,第 40 期,第 2 页。

② 《通函及通告》,上海市档案馆藏:《交通银行月刊》,第三卷,第 7—12 号(1925,7—12),馆藏档号:Q55-2-326,第 1—3 页。具体内容为:行员崇俭规则总处领股各行经副理及各库总副发行并须以身作则督率实行。婚丧庆吊之礼,分以行员祖父母父母妻子胞伯叔胞兄弟为限。行员父母生日非年届六十正寿不得对行内同人发柬。甲行行员有庆吊事发柬于乙行须则姻亲世谊或往来有素者,不得借联行名义概行发柬。婚丧庆吊除有姻亲世谊者外,总协帮理董监事秘书稽核领股各行经副理各库总副发行主任不论公送独送概以一元为限,全行办事员以半元为限,但有姻亲世谊者最多亦不得逾二元。全行助员练习生概不致送庆吊分金,其有姻亲世谊者应发柬于其家属。行员间非遇必要不得设筵宴会,其宴会不得用燕窝鱼翅鲍鱼洋酒等贵重食品并须以四簋四碟四碗饭菜为限。行员服装概以朴素浑坚之国货为主,不得踵事争华,练习生应穿布衣布鞋。行员不得为投机交易。行员不得为无益心身之娱乐,其以偶然消遣为目的者不在此限。

从监管到清理：解放初期上海外资企业改造政策述论

宋佩玉　孙占彪

上海解放后，随着社会主义改造的逐步展开，外资企业行作为帝国主义在华经济势力的集中体现，其停闭成为历史的必然。但是由于受到国内外政治经济的影响，外资企业的改造过程比较复杂，从中共的策略来看，有一个从利用到清理的渐进过程。学术界主要关注其如何在华获得经济霸权，对其衰微及退出中国的进程则少有专门论述①，缺乏文献资料的支撑可为这一现象提供部分的解释。本文的目标即在挖掘已刊、未刊档案及海外相关研究的基础上，对这一问题进行一定程度的阐释，并透过上海外资企业命运的多棱镜，藉此折射其实力衰微的状貌，以及背后中国与西方国家政治、商务关系的演变。

一、解放初期上海外资企业经营状况

解放战争后期，随着解放区面积的不断扩大，外国在华特权丧失，外资企业纷纷作出收缩和转移资金的安排。截至1949年初，全国有外

---

① 国内学界对此过程少有专门讨论，大部分在中华人民共和国经济的通史中进行描述，如吴承明、董志凯主编《中华人民共和国经济史》（第一卷）（中国财政经济出版社2001年版），武力主编《中华人民共和国经济史》（中国经济出版社1999年版）等。国外学术界则利用英、法等国档案进行了较为具体的研究，利用英、法等国的档案进行了较为具体的分析，如AronShai, Imperialism Imprisoned, The Fate of British and French Firms in China, 1949－1954, Macmillan Press, 1996（中译本为《被监押的帝国主义：英法在华企业的命运》，中国社会科学出版社2004年版）等。

资企业1192家,职工12.6万人,资产12.1亿元。① 包括煤炭、石油、造船、机器、发电等重工业和卷烟、纺织、制药、食品等轻工业,还有一些公用事业以及银行、进出口贸易、码头、仓库、房地产等,大部分属英、美资本。② 其中英资企业200多家(连分支机构300多个单位),为战前的1/3,职工9.8万人,资产6.9亿元,也约为战前的1/3。美资企业288家③,资产为3.9亿元,约为战前的一半。④

作为近代远东最大的工商业经济中心,上海是外商在华投资最集中的城市。战后申请登记的外资企业最多时有1800家,至1949年5月上海解放时,减少至910家,其中属于英、美、法、瑞四国的外资企业471家,雇佣工人4.88万人(详见下表),行业集中在公用事业、工业(制造业)、进出口贸易等方面。属于苏联的179家,从数量上虽仅仅次于英国,但大都是小工商企业,资产很小,职工数也不多。

表1　1949年5月上海解放初期外资企业概况(按国家分类)

	合计	英国	美国	法国	瑞士	苏联	其他国家
企业数	910	219	166	47	39	179	260
百分比	100	24.6	18.24	5.16	4.28	19.67	28.57
职工人数	51476	30825	13017	4080	917	654	1956
百分比	100	59.93	25.28	7.92	1.78	1.27	3.79
资产百分比	100	46.83	40.67	9.45	1.77	0.17	1.11

资料来源:转引自张侃:《建国初期上海外资企业改造初探(1949—1962):以上海为例》,《中国经济史研究》2004年第1期。

经过一年的调整,1950年6月,按照上海市外侨事务处和工商行政管理局联合进行的调查统计,上海外资企业减至685家,分属34个

① 柳随年、吴群敢主编:《中国社会主义经济简史(1949—1983)》,黑龙江人民出版社1985年版,第47页。

② 范守信:《中华人民共和国国民经济恢复史》(1949—1952),求实出版社1988年版,第23页。

③ 沙健孙主编:《中国共产党和资本主义、资产阶级》(上),山东人民出版社2005年版,第505页。

④ 宋仲福:《建国初期党和国家对外资在华企业的政策》,《中共党史研究》,1990年第4期。

国籍(包括无国籍者)。其中英美两国企业数占比重的45%,职工数占比重的87.5%,资产数占比重的64.5%,地产数占比重的93%。(详见下表)

表2 1950年6月外国在沪企业统计表

国籍	企业户数	百分比	华籍职工	百分比	自报资产	百分比	占有地产	百分比
英国	185	27	29313	61	3700	34.8	7224	65
美国	123	18	12773	26.5	3162	29.7	3102	28
法国	41	6	3836	8	2863	26.9	633	5.4
瑞士	35	5	801	1.7	533	5	45	
苏联	128	18.7	410	0.8	14	0.1	4	
其他	173	25.3	961	2	369	3.5	127	
合计	685	100	48094	100	10641	100	11135	100

备注:
(1) 自报资产以万元人民币为计算单位。
(2) 占有地产以市亩为计算单位。
资料来源:《上海外事志》编辑室编:《上海外事志》,上海社会科学院出版社1999年版,第315页。

就外资企业对解放初期上海经济的影响力来说,并不体现在企业数量以及所雇佣职工数量上,而是体现在行业控制力上。

根据统计,解放初期上海市工厂数量约为1.37万家,手工业和家庭工厂在内,约1.7万余家,分为88业。根据国民政府社会局统计,商店行号约有9.3064家,旧税局统计约有6.4276万家,一般估计在10万家左右,亦分为238个不同的行业。产业工人,店职员和手工业工人,一共约100万人。① 比照表格一,无论是企业数量还是雇员数量,外资企业在上海私营企业中并不占优势。

但就某些行业来看,外资企业经过近百年的"深耕",有着十分明显的优势,有的甚至占据垄断地位。在电力方面,美商电力公司拥有上海70%以上发电设备,从而操控上海的电力供应(占86%)。在自来水方面,英商自来水公司的生产量等于全上海总生产量的57%,法商

① "解放初上海私营工商业情况",上海档案馆馆藏档案,档号:B1-2-361。

自来水生产量等于全上海总生产量的18%,两厂合计即占上海给水的75%。① 在电话方面,美商电话公司交换机最大容量为1.2万多门,几乎垄断了上海市内电话业务,并且控制了电话器材的进出口。在交通方面,英商电车公司、法商电车公司则占据绝对优势。在燃料方面,美孚、亚细亚、德士古等外资企业垄断着石油及其衍生品市场。而瑞士华铝钢精厂则牢牢控制着铝制品市场。在国际贸易和沿海航运中,外国船舶仍占重要地位,上海进出口吨位中,英、美两国船舶占70%以上。仓储容量中,外资占52%,华资占48%,油库全为外人所有。烟草方面,英资颐中烟草公司所产纸烟,约占上海纸烟产量的1/3。② 而据上海外事处估计,解放初期英、美两国在上海的投资,至少有2.3亿美元,这庞大资本直接操纵了上海主要的动力工业(电力、煤气)、交通工具(电车、公共汽车)及公用事业(电话、自来水)等重要企业,间接也控制了全市工商业的原料、燃料及销售市场。③

二、监管体系的初步建立

解放战争后期,随着解放区面积不断扩大,如何迅速恢复和发展城市经济成为中共面临的重要问题。相对于中小城市,大城市地位则更为重要,而在当时的大城市中,都有外资企业存在,如何处理外资企业成为一个亟待解决的难题。而中共对外资企业的认识,则决定了其对于外资企业所采取的政策。

1949年1月19日,中共中央在《关于外交工作的指示》中指出,"我们对于一切资本主义国家政府的和私人的在华经济特权、工商企业和投资,均不给以正式的法律的承认。但在目前,也不要忙于去做有关禁止、收回或没收的表示;只对其于人民经济生活危害最大者,例如金融投机,以及于国家主权侵害最大者,例如内河航行等,发出立即禁

① 《公用事业处关于两个半月的工作报告》(1949年8月),中共上海市委党史研究室,上海市档案馆合编:《接管上海》(上卷),中国广播电视出版社1993年版,第384页。

② 中国社会科学院、中央档案馆编:《中华人民共和国经济档案资料选编·工业卷(1949—1952)》,中国物资出版社1996年版,第6页。

③ "解放初上海私营工商业情况",上海档案馆馆藏档案,档号:B1-2-361。

止的命令。其他如外国银行,不要忙于令其停业,而应先令其报告资本、账目和业务,以凭核办。保险公司,尤其是海运保险公司,更不要忙于去处理"①。3月5日,毛泽东在七届二中全会上进一步指出:在取消帝国主义的政治、经济、文化特权以后,"剩下的帝国主义的经济事业和文化事业,可以让它们暂时存在,由我们加以监督和管制。"②基于这样的认识,在不断解放的大城市中,对于外资企业,则允许其继续营业,但是实行形式多样的监管。

(一) 对六大公用事业的监管

外资企业在公用事业、国际贸易、制造业等行业的影响力较大,如果贸然处置,可能会使外资企业难以正常运转,进而影响上海正常经济秩序,因此如何妥善处理外商控制的"六大公用事业"及相关企业,华东局在丹阳作接管上海的准备工作期间即明确指出:"帝国主义所经营的企业暂时允许其存在,不要去动它,对其只进行监督和管制"。③上海解放后,华东局首先在市军管会财经接管委员会下设公用事业处,接管各外商公用事业。为了尽快将具有垄断地位的外资企业纳入政府掌握的轨道之中,公用事业处先后对美商电力公司和法商电车电灯公司派驻军管会特派员,后又对英商上海自来水公司和英商电车公司派驻军管会联络员。对一般单位,如美商电话公司、英商煤气公司则派驻业务联络员。对于派驻到外资企业的特派员、联络员,其职责主要是监督其生产经营,建立企业与军管会联系,传达军管会的指示。具体到不同企业则略与不同。以美商电话公司为例,军管会联络员"代表军管会和公用局对公司的经营和保证电话畅通方面进行监督","核定公司的电话费率,督促公司大大增加公用电话服务点",而对公司的内部行

---

① 《中央关于外交工作的指示》(1949年1月19日),《中共中央文件选集》第十八册,中共中央党校出版社1992年版,第45页。

② 《在中国共产党第七届中央委员会第二次全体会议上的报告》(1949年3月5日),《毛泽东选集》第4卷,人民出版社1991年版,第1434—1435页。

③ 孙强、裴建国:《对外商"六大公用事业"的监督管理》,中共上海市委党史研究室编:《接管上海》(下卷),第163页。

政工作和劳资关系等方面不加干预。①

对于“六大公用事业”实行行政监管，初衷是保证对这些关系国计民生的外资企业有效控制，维持其正常运转，在亟需稳定社会经济的情况下，是行之有效的做法。但是，作为临时性且极具针对性的管理外资企业的一种方式，并不适合普遍使用。因此，迅速摸清上海外资企业状况，制定和完善相关法律法规，建立起对外资企业的规范和监管体系，是中共实现对外资企业有效管理的首要任务。

（二）监管法规的渐次颁行

为从根本上规范外资企业的经营行为，实现对外资企业的有效监管，上海解放后，市政府外事处、工商局、税务局等部门，即组织实施对私营工商企业的普查，对全市新开、歇业的工商企业办理临时登记。1950年3月，上海市制定并施行《上海市工商业登记的暂行办法》，该办法规定：凡在本市经营工商业，不论国（公）营、私营或公私合营，有固定场所及设备、经营一定业务者，均应依本办法规定，向上海市人民政府工商局申请登记，俟领得登记证后，始得开业。② 为了切实加强对私营工商企业的登记工作，上海市工商局要求私营工商企业在申请办理登记的同时需填写3种调查表，其主要内容包括：人事、设备、产销情况、财务概况、各项制度等5大类28个项目，并对填表的具体要求作出详细的规定。③ 1950年6月，外事处、工商局对全市尚遗留的684家外商企业进行了调查、登记。④ 在这次调查中，对西方国家在中国设立的企业数量、经营范围、职工数量、资产情况、土地占用情况等一一进行

---

① 中共上海市邮电管理局委员会编：《上海电话公司职工运动史》，中共党史出版社1991年版，第281页。

② 《上海市人民政府关于上海市工商业登记的暂行办法》（1950年3月28日），中共上海市委统战部，中共上海市委党史研究室，上海市档案馆编：《中国资本主义工商业的社会主义改造（上海卷）》（上），中共党史出版社1993年版，第63页。

③ 《当代中国》丛书编辑委员会：《当代中国的工商行政管理》，当代中国出版社1991年版，第327—325页。

④ 《上海工商行政管理志》编纂委员会：《上海工商行政管理志》，上海社会科学院出版社1997年版，第86页。

登记,并在此基础上,建立了外商企业统计报表制度。①

对外商的普查和登记,不仅使中共精准掌握上海外资企业情况,同时为制定外资企业的相关法律法规,将外资企业纳入法制管理轨道奠定基础。在普查登记基础上具体的外资企业监管法规得以渐次建立,主要包括以下方面:企业商标申请与审核登记、财政税收、金融外汇、房地产登记等方面。

首先,在企业商标申请和审核登记方面的法规建设,从源头上实现对外资企业的监管。1950年7月28日,中央人民政府政务院颁布《商标注册暂行条例》,该条例对在华外国商人申请商标做出相应规定:“已与中华人民共和国建立外交关系、订立商约之国家商民,如需专用商标,得在订立条约的规定范围之内,依本条例申请注册”②。而在《前国民党反动政府商标局注册商标处理办法》中则规定:“凡未与中华人民共和国建立外交关系的国家,其人民持有前商标局注册登记而申请注册者,不予受理”③。通过以上两个规定,实现了对外资企业国籍的限制。

其次,税收方面的法规建设,不仅将外资企业纳入到征税范围之内,同时也成为了解外资企业经营情况的重要手段。1950年1月30日,政务院公布的《工商业税暂行条例》中规定,“凡在本国境内之工商营利事业,不分公营、私营、公私合营或合作事业,除另行规定者外,均依本条例之规定,于营业行为所在地缴纳工商业税”,“工商业于开业、转业、歇业二十日前,除依规定向工商管理机构申报登记、领取或缴销营业许可证外,应以副本送税务机构备查”、“工商业依规定期限,分别将营业额及所得额,填具报告表,并检附必要表单,送税务机构核查”。④ 在税务管理上,采用企业自报、税务机关严格查账相结合的方式。

---

① 孙百昌:《管制制度理论及工商行政管理制度博弈研究》,中国工商出版社2003年版,第217页。

② 华东区财政经济委员会计划部:《华东区财经政策法令汇编》,华东人民出版社1952年版,第724页。

③ 华东区财政经济委员会计划部:《华东区财经政策法令汇编》,第724页。

④ 华东区财政经济委员会计划部:《华东区财经政策法令汇编》,第126页。

第三，在金融外汇方面的法规建设，成为政府平抑上海物价，增加外汇储备的重要手段。1949年6月3日、9日颁布的《华东区外汇管理暂行办法》、《华东区外汇管理暂行办法施行细则》，分别规定中国银行为“执行管理外汇任务及经营外汇业务之机构”①，“中国银行得随时检查指定银行外汇之账册，并规定各指定银行办理外汇业务之手续费”②。8月，颁布的《华东区管理私营银钱业暂行办法》，规定私营银钱业只准经营各种存放款及票据贴现、解放区境内汇兑、押汇等银行业务，不得从事各种金融投机和商品投机。而私营行庄自有资本额必须达到规定的标准。③ 在颁布这一管理办法的同时，还颁布了《私营银钱业申请登记验资办法》、《经营管理暂行办法》等一系列补充办法和规定，并授权当地中国人民银行对私营行庄的经营业务情况作全面检查。作为私营银钱业一部分的外资银行，也受到以上法令的制约。

第四，1951年8月11日，上海市政府颁布《上海市外人房地产申请登记办法》，规定凡外人在上海市辖区内之公私房地产，自9月1日至11月30日止，应一律向市政府地政局申请登记。④

（三）外资企业工会及劳资协商委员会的建立

1949年4月底，华东局开始筹备对上海企业以及工会组织的接管工作。上海总工会在丹阳进行改编，分为三个大队，并成立专门的市政大队，负责法商水电、英商电车、美商电车等九个单位。5月23日，上海公用事业接管的负责人同市政大队召开会议，要求依靠工人、发挥工会作用。

在企业工会筹建和改造方面，中共充分发挥原有地下党组织的作用，在较短时间内完成了工会组织的建设。以美商上海电话公司为例，

---

① 《华东区外汇管理暂行办法》，《山东政报》，1949年第1期。

② 《华东区外汇管理暂行办法施行细则》，《山东政报》，1949年第1期。

③ 《华东区管理私营银钱业暂行办法》（1949年8月21日），中国人民银行上海市分行编：《上海钱庄史料》，上海人民出版社1960年版，第393—395页。

④ 《上海房地产志》编纂委员会编：《上海房地产志》，上海社会科学院出版社1999年版，第351页。

上海解放后,接管组迅速以“工协”名义接管原有工会,成立工会筹委会,10月,上海电话公司工会正式成立。工会会员主要以基层一线工人为主,并包括部分外籍会员,但“部(科)级以上外籍经理、部长及华籍资方代理人不吸收”。

1950年4月29日,劳动部下发《关于私营企业设立劳资协商会议的指示》①,要求在50人以上的私人工厂、商店成立劳资协商会议。为了更进一步发挥劳资协商会议的作用,上海颁布《上海市私营企业劳资协商委员会组织通则》,在程序方面“劳资协商委员会之协商事项,需根据各该厂具体情况,由劳资任何一方于会前以书面,或口头方式通知对方准备意见,在会上协商之”,“劳资协商委员会在执行协议事项,遇有争议不决时,仍得申诉劳动局调节之”,并且“劳资协商委员会获得之协议,应将协议笔录送到劳动局备案”。②

由于劳资协商会议关于协商内容方面,基本上包含了企业生产经营的各个环节,劳资协商会议发挥作用之后,外资企业的管理权开始分散。在协商中,企业工会由于组织严密,议事较易达成一致,再加上上级工会以及政府更倾向于工会一方,使得工会逐渐在劳资协商会议中占据上风,在企业生产经营方面的决定权逐渐超越资方。同时,政府通过对劳资协商会议结果的报备和审批,以及对企业工会的组织领导,成为主导外资企业经营背后“隐形的手”。在工会逐渐完善之后,不管是在微观经营方面,还是在宏观的经营环境方面,外资企业都处于政府的监管之下,这使政府牢牢掌握了外资企业改造的主动权。

在中共构建起来的对外资企业的监管体系中,对于外资公用事业的行政监管是一种非常规手段,在稳定外资企业经营方面发挥了一定作用,而工商企业登记、税收政策、金融法规及房地产申请登记办法,以及工会、劳资协商委员会的建立及运作等,则演变为一种长效机制,相互配合,逐渐构建起相对有效的外资企业监管体系,为此后对外资企业的强力管控、整顿以及最后的向社会主义转化,都奠定

① 华东区财政经济委员会计划部:《华东区财经政策法令汇编》,第1710页。

② “上海市私营企业劳资协商委员会组织通则”,上海市档案馆馆藏档案,档号:B128-1-8-15。

了很好的基础。

三、朝鲜战争爆发后有关政策的变化

新中国成立初期,中国政府奉行“一边倒”的外交政策,但是对于西方国家在中国的外资企业,并没有直接进行没收或查封,而是在有效监管的前提下继续让其存续。究其原因,一方面是因为外资企业对于中国的国民经济恢复、技术设备引进、对外贸易等方面仍有一定价值,另一方面则是中国同西方国家的关系仍处于相对缓和状态。朝鲜战争爆发后,以美国为首的西方国家和中国相继参战,直接导致了西方国家与中国关系转为敌对状态。参加联合国军的16个国家中,有相当一部分在中国开设有企业(详见下表)。

表3　朝鲜战争参战国在上海开设企业情况(1950年12月)

国籍	英国	美国	法国	希腊	比利时	荷兰	菲律宾	土耳其	合计
企业数量	188	125	41	12	9	8	4	1	388
占外资企业总数的百分比	26.97%	17.93%	5.8%	1.7%	1.2%	1.1%	0.5%	0.1%	55.3%

资料来源:上海市军事管制委员会和上海市人民政府外事处编:《上海市外商企业名录》,上海市档案馆馆藏档案,档号:B1-1-2012。

面对日益紧张的国际局势,1950年11月5日,外交部发出《关于外资企业处理办法的初步意见》,其主要内容为:(一)区别外资企业所属国家。首先应以美国在华企业为主要对象,对英资及其他外资企业亦得加强管制使之适应中国的需要。(二)凡与中国国防有关及对中国社会秩序有重大影响而处理后对中国有利无害或利多害少者,首先予以处理;尚对中国经济有利或利多害少者,可较缓处理,但也应加强管制。(三)对首先处置的外资企业,视情况按军事管制、全面接管及没收程序加以处理。对公用事业首先实行军事管制;对码头、仓库等根据需要实行统一管理制度,必要时可分别征用;对石油业之存油应立即尽量征购,以便疏散保管;根据形势发展和中国之需要,必要时对美资石油业及其他企业设备实行接管。①

1950年12月16日,美国国务院颁布命令,"冻结中国在美国各银行的存款及在第三国银行的美元存款,并禁止一切在美注册的船只开往中国港口"。② 28日,政务院颁行《关于管制美国在华财产冻结美国在华存款命令》,"对在中华人民共和国境内之美国政府及美国企业的一切财产,应即由当地人民政府加以管制,并进行清查,非经大行政区人民政府核准,不得转移和处理。并对中华人民共和国境内所有银行的一切美国公私存款,即行冻结"。③ 根据这一法令,31日,上海市军管会发布《关于管制美国财产冻结美国存款的具体规定》,要求:"(一)凡美国政府及美国企业在本市的一切财产,其所有者或管理者应将其所有或管理之全部财产列明种类、名称、数量、数额、所在地等,造具清册呈报本市各主管部门,并负责保护;非经核准不得以任何方式转移或处理。(二)本市各公私营企业中凡存有美国政府和美国企业之财产者,必须将其种类、名称、数量、所有人或委托人姓名、地址等呈报本会各主管部门,并负责保护;非经批准,不得以任何方式转移或处理。(三)本市各公司银行存有美国公私存款者,须将存户姓名、地址、存款数额等呈报本会主管部门;非经批准,不得动支"。④ 根据上述规定,上海市军管会首先对美商上海电力公司、上海电话公司进行军事管制,并组建临时管理委员会。随后,对包括友邦银行、美国商业银行、德士古汽油公司、美孚火油公司、慎昌洋行沙利文糖果公司等在内的115家企业单位实行了军事管制。⑤

鉴于中美关系持续恶化,1951年5月15日,中共中央进一步颁布《关于处理美国在华财产的指示》,规定对美资企业的四项处理原则:凡有关我国主权或国计民生关系较大者,可予征用;关系较小或性质不

---

① 沙健孙:《中国共产党历史若干重大问题研究》(下),高等教育出版社2012年版,第270页。

② 《政务院关于管制美国在华财产冻结美国在华存款的命令》(1950年12月28日),《新华月报》,1950年1月。

③ 《政务院关于管制美国在华财产冻结美国在华存款的命令》(1950年12月28日),《新华月报》,1950年1月。

④ 华东军政委员会财政经济委员会编:《华东区财政经济法令汇编》上册,第96页。

⑤ 《对美在沪一百十五单位军管会已实行军事管制》,《文汇报》,1951年1月4日。

便征用者,可予代管;政府认为有需要者,可予征购;对一般企业,可加强管制,促其自行清理结束。在上述四种方法中,则要求以征购及加强管制为主。对少数在政治上、经济上无大妨碍的美国企业,在上海、天津、广州等地可以保留一些。[①] 根据以上原则,上海军管会外事处于7月18日宣布征用命令,"决定征用前已实行管制之美商美孚、德士古和中美三油公司除其总公司和分支机构之办公处以外的全部财产,并征购其所存油料"[②]。5—7月,美国商业银行、赞多洋行、华泰洋行、远东洋行等一大批美资企业,在《解放日报》刊登启事,宣布歇业。至1952年底,全国共处理美国企业171家,加上在1950年底前已经歇业的60多家,总计240家,占美国企业总资产的94.5%[③],至此,对美资企业大体完成了清理工作。

相对于美国,中共对在沪英资企业的态度及政策则较为复杂。鉴于英国追随美国实行对华禁运,并于1951年4月7日征用在香港的永灏号油轮,并将其移交英国海军,中国政府立即作出回应。4月30日,政务院发布征用亚细亚火油公司财产及征购其全部存油的命令。[④] 根据上述命令,上海市外事处向亚细亚火油公司经理传达命令,军管会派出军事代表负责执行。[⑤] 在此之前,周恩来曾指出,这一行为"并可不致波及其他英商企业"[⑥]。这表明对征用亚细亚火油,仅仅是对于英国征用中国油轮的回击,并不代表中国将对整个英国企业进行"特殊"对待。

1952年5月20日,英国外交大臣在下议院宣布,在华英商企业中的大部分将从中国撤离。[⑦] 这个决定是由在华20家英商企业,诸如英

---

① 房维中主编:《中华人民共和国经济大事记(1949—1980)》,中国社会科学出版社1984年版,第49页。

② 《市军管会宣布征用美商三油公司财产设备》,《文汇报》,1951年7月19日。

③ 于武真:《建国初期肃清帝国主义在华特权概述》,《中共党史资料》第52集,中共党史出版社2003年版,第57—58页。

④ 《中华人民共和国对外关系文件集(1951—1953)》第二集,世界知识出版社1958年版,第18页。

⑤ 《本市军管会昨发公告征用亚细亚公司财产》,《文汇报》,1951年5月1日。

⑥ 中央文献研究室编:《周恩来年谱(1949—1976)》上卷,中央文献出版社1997年版,第149页。

⑦ C. Mackenzie, *Realms of Silver: One Hundred Years of Banking in the East*, London: Routledge & Keqan Paul, 1954, p. 306.

美烟草公司、麦加利银行、汇丰银行、有利银行以及怡和洋行所作出的。与近一个世纪英国竭尽全力扩展在华商贸活动的传统方式相反,英国资本正在尽可能从中国撤退。① 面对英国政府的决策,以及中英贸易状况,中国外交部副部长章汉夫于7月5日发表《就英国政府有关中英两国贸易问题的照会的声明》,重申中国对外资企业的政策。然而在7月28日,英国枢密院宣布将中国留港的中央航空公司40架飞机及其他资财“判给”美国陈纳德的“民用航空运输公司”。针对以上行为,8月15日,上海市军管会发布命令,征用英商马勒机器造船厂和另一由英商经营的英联船厂以及该厂在浦东的和丰船坞。11月20日,军管会征用上海英国电车公司、自来水公司、煤气公司以及英国隆茂洋行的全部财产。②

以上通过征用等强制性手段只针对少数外资企业,大多数外资企业则是由于自身经营问题自行歇业的。受到朝鲜战争期间经济封锁的影响,外资企业的生产经营环境持续恶化,企业盈余下降,负债扩大。以华铝钢精厂为例,1951年5月12日,华铝钢精厂致函劳动局强调:“由于鄙公司主要原料铝锭之缺乏以及自国外供应商购买是项预料日益困难,鄙公司必须面对事实不得不实行部分的停工,按鄙公司之主要出品,生产各种尺寸标准卷烟铝箔,最近即因此不得不予停止”③。其后,华铝钢精厂要求停产歇业,但是被劳动局驳回。在歇业停工被驳回之后,该厂只能试图通过降低工人工资,来减少企业支出。但是由于消减工资、解雇工人的措施方案需要与工会协商,而工人往往出于自身利益考虑,使协商难以成功。在反复协商中,诸如华铝这样的外资企业的经营状况越来越差,申请停业、歇业的企业数量不断增加。

为了较好的应对外资企业歇业停产所引发的问题,1951年3月,上海市工商局发布关于处理外商歇业案件的公告,在公告中要求:

---

① Aron Shai, Imperialism Imprisoned: The Closure of British Firm in the People's Republic of China, *The English Historical Review*, January 1989, p. 90。

② “中国人民解放军上海市军事管制委员会关于决定征用英国在上海的‘上海电车公司’、‘上海自来水公司’、‘上海煤气公司’及‘隆茂公司’全部财产的命令”,上海档案馆馆藏档案,档号:B1-2-1464-17。

③ “华铝精钢厂关于停工工人工资问题请予裁示的函”,上海档案馆馆藏档案,档号:B128-2-563-131。

(一)歇业前外商应呈交财产目录,资产负债明细表,供本局参查;(二)歇业前外商应即在《解放日报》登报至少三日,宣告清理,债权人等级期限不得少于一个月;(三)生产设备出手需经政府批准,政府机构及公营企业有优先承购权(此点根据中央指示);(四)清理完毕时,应呈报本局。[①] 8月19日,市工商局发布《关于加强外商企业管理暂行规定》,规定凡上海市的外商企业的筹备创设、开业、复业、停工、歇业、合并、改组、转让、变更或增加业务范围,都必须事先呈请市工商局批准后方可开始进行。[②]

对于上海来说,如果坐视外资企业歇业不加以控制,势必会加重失业形势。在这种情况下,上海对申请歇业的外资企业进行了严格的区分,并区别对待。(详见下表)

表4 1952年上海外资企业申请歇业和处理情况

国籍	英国	苏联	美国	瑞士	其他	合计
申请歇业数	41	34	15	9	39	138
职工	2167	160	622	130	207	3286
批准歇业数	17	22	6	3	27	75
职工	105	91	26	26	93	341
不准歇业者			1			1
职工			507			507
待处理数	24	12	8	6	12	62
职工	2095	57	88	104	94	2438

资料来源:《上海市人民政府外事处关于外商申请歇业问题的报告》,上海市档案馆馆藏档案,档号:B128-2-527。

根据上表显示,其中批准歇业的有75家,主要为有能力或已经实行退职金制度的企业。拟批准歇业的34家,共有职工196人,除美商美孚石油公司及慎昌公司职工稍多外,都是小企业。美孚公司的油池

① “上海市人民政府工商局关于外商歇业案件原则及手续问题”,上海档案馆馆藏档案,档号:B182-1-203-12。

② 《上海工商行政管理志》编纂委员会编:《上海工商行政管理志》,上海社会科学院出版社1997年版,第87页。

设备及油料和慎昌公司的机器厂都已处理,留下公司部分毫无业务,职工同意歇业解雇,且这两公司还有足够存款发退职金。暂缓考虑者13家,职工1998人。其中英商银行3家及进出口商5家,工商局认为是可以争取继续营业的对象,暂时不批准。荷兰银行原可批准,因恐影响英商银行的关系,也暂缓考虑。①

1951—1952年是上海外资企业改造的关键阶段,外资企业共减少了500余家,占当时上海外资企业总数的57%,职工数占总数的60%,资产数占总数的57%。② 这一时期上海外资企业的改造中,美资外资企业成为最重要的改造对象。究其原因,主要是朝鲜战争使得中美两国变成战争敌对国。为了从经济上削弱中国,美国对中国进行封锁和禁运,对中国经济产生了一定影响,但同时也使美资企业在华生存环境发生根本变化。这种变化在国家层面是,中国政府强制性冻结美国在华财产,管制美国在华企业;在社会层面则是,公众对美资在华企业及其产品产生抵触,企业内部劳资关系紧张,生产秩序遭到破坏。而英国则是在美国的极力拉拢下,对中国实施禁运,除了亚细亚火油公司、马勒机器造船厂、英联船厂、和丰船坞、上海英国电车公司、自来水公司、煤气公司以及英国隆茂洋行等少量英资企业,中国政府没有对英国的其他企业实行强制性政策,而是当作一般的外资企业对待。而包括英资在内的一般外资企业,则在朝鲜战争封锁禁运的大环境下,经营环境日渐困难,而纷纷申请歇业清理。

四、最后的清理整顿

1953年,社会主义改造开始后,中共将消灭资本主义私有制作为实现社会主义的重要手段,上海外资企业的全面改造成为中国社会主义改造的题中应有之意。6月,中共召开第二次全国外事工作会议,提出并完善关于清理整顿帝国主义在华经济残余势力的基本方针,对外资

① “上海市人民政府外事处关于外商申请歇业问题的报告”,上海市档案馆馆藏档案,档号:B128-2-527。

② 张侃:《建国初期上海外资企业改造初探(1949—1962):以上海为例》,《中国经济史研究》,2004年第1期。

企业确定了“区别对待，稳步前进”和“有理、有利、有节”的清理方针。[1]其具体内容为：（一）有计划、有步骤、有重点地处理帝国主义在中国的产业，而与其开展平等互利的贸易往来。（二）按照国籍、系统、行业等各种不同的具体情况，区别对待，个别处理，稳步前进。（三）密切结合国内外形势与政策、有关国家对中国的态度、国内建设的需要，以及外资产业本身的具体情况与意愿，根据有理、有利、有节的原则，采取多种处理方式。实际使用最多的方式有四种：军事管制、征用、代管和对价转让。

1954 年，国际局势出现新的变化，除了美国以外，中国与英、法、荷等国关系出现不同程度缓和。对于要求歇业清理的外资企业，中国方面逐渐倾向采用对价转让的方式予以解决。对价转让是由外资企业与中国国营企业订立契约，写明前者自愿将资产转让给后者，而后者承担前者的债务和对职工的义务。这一方式是通过经济手段，基于自愿，采用商业协议的形式来进行的。在对价转让的过程中，大致有以下几个步骤。

首先是促成转让，在这个阶段，中共通过扩大外资企业负债和减少其盈余，从而迫使其主动要求进行转让。由于在初级国家资本主义阶段，工业企业的收购、加工、订货、统购包销和商业企业的经销、代销，渐次掌握于政府之手，因此政府可以通过有目的地调整生产计划，以缩小外资企业生产规模。在税收方面，根据外资企业的经营范围，制定有针对性的税务规定；在银行方面，提高外资企业的借贷利率；在雇工方面，执行严格的解雇政策，保持外资企业雇工规模等，都有效地减少了外资企业的利润，并扩大其负债。

以英商上海毛绒厂、蜜丰绒线厂为例。两企业在解放前储存大量原料、成品，因此解放后相当长时间内自产自销，产品绝大部分由中国百货公司收购，逐年有盈余，并累积大量人民币存款。截至 1955 年 10 月，上毛仍拥有存款 175 万元，蜜丰拥有存款 565 万元。上海外事处认为，大量存款使两企业资方自以为有恃无恐，并且幻想将来不得已放弃企业股份、资产时，至少可以保留大量存款，并以之换取外汇。有鉴于

---

① 裴坚章主编：《中华人民共和国外交史（1949—1956）》，世界知识出版社 1998 年版，第 268 页。

此,外事处提出将上毛、蜜丰两企业改由中国百货公司包销,但华东纺织管理局供应原料时,可以预收货款,以动用两企业存款。除此之外,外事处还认为应使两企业经常处于亏损或逐渐加大亏损的状态。通过这些措施,两家企业的盈余资金逐渐被消耗,外商主动与政府接触,并表达其出售所持有股份的意图。①

其次是转让谈判,这不仅是实现企业转让的关键环节,同时也是一个关系复杂、协调多方关系的过程。在完成促使外资企业转让之后,把握好与外资企业谈判时机,掌握好转让谈判节奏,对于实现以最小代价达到转让目的,有着十分重要的作用。

由于转让主要是在企业之间进行的,政府的角色只是"中间人",因此在外商转让申请通过之后,在工商局、外事处等单位安排下,由合适单位与外资企业进行谈判,如果没有合适企业,则根据外资企业的业务范围设立相应企业。② 谈判结束后,企业双方在工商局以及工会的见证下,签订转让协议。

在实际转让谈判中,资产估值和债务问题一般耗时较长。以华铝钢精厂的转让谈判为例,从最终谈判情况看,瑞士方面提交的估价单包括:华铝的不动产(厂房和机器设备)价值人民币62万,而动产(包括铝锭、其他原物料、应收欠款、金条、冻结美金存款)价值人民币556万。而上海外事处方面认为:最后成交的外汇数字可以掌握在300万瑞士法郎(折合人民币171万元,引者注),支付手段可以在结合外汇和出口货物两种办法中斟酌。③

英商三家银行与大华企业公司的谈判协商亦颇有典型意义。1955年4月5日,麦加利行申请将全部财产转让与大华企业公司以清债务与义务、调整机构,继续经营。④ 3月1日,有利银行申请将全部财产转

① "上海外事处关于进一步压缩英商上海毛绒厂,蜜丰绒线厂生产意见和英商毛绒厂的情况报告",上海市档案馆馆藏档案,档号:B206-1-2。

② 如在这一时期设立的大华企业公司,主要与银行签订转让协议;华铝钢精厂转让给虚设的庆华企业公司。

③ 1瑞士法郎≈0.57元人民币,《上海市人民委员会外事处关于华铝钢精长转让谈判情况的简报(一、二)》,上海市档案馆馆藏档案,档号:B183-1-202-54。

④ "上海市工商行政管理局关于英商麦加利银行转让财产并调整机构继续营业准予备案的通知",上海市档案馆馆藏档案,档号:B128-2-1274-33。

让与大华企业公司。3月8日,有利银行转让契约准予备案。① 随后4月26日、5月10日,汇丰银行两次申请撤销1952年的歇业申请,并将全部财产转让与大华企业公司,以清偿债务与义务、调整机构,继续经营。② 根据麦加利银行1955年4月与中国方面签订的《财产转让协议》,其中两个实质性条款值得关注:银行同意向中国公司转交其全部在华资产——建筑、库房、库房中的物品和所有权(合同、证书等等)。而中国方面则同意承兑该银行在职员、税收和其他(本地货币的)承付款项等方面的欠负。但是中国政府的条件是"一切资产抵偿双方协议同意的债务"和"不承担外币债务","只包括经双方提出,由我承让单位同意承担之负债或义务,其他一律不负责任。"③

再次是转让企业的管理问题。对价转让之后,外资企业被接管,之后的管理问题,中共采取了灵活的措施。如果接受转让的企业能够维持被转让企业的正常运转,则将企业的经营领导权交给该企业;如果接受转让的企业难以维持原来的经营,则由相关的主管部门进行接收管理。

接管外资企业之后,主要是"接好、管好"的问题,而主要方针则是"(将)外商企业原封不动的接收过来变成社会主义企业。接管期间应保证一切秩序正常,不致混乱,继续照常生产,运用社会主义企业管理方法,逐步改善经营,提高生产"。在接管可的牛奶公司的计划中,上海市农业局认为:"(可的牛奶公司)从原为帝国主义企业,一变成为社会主义的国营企业,在企业性质上有了根本性的变化。职工以过去被帝国主义奴役的剥削地位,一变成为社会主义企业的主人,这是生产关系方面的一个大改革。"对于接管可的牛奶公司,农业局要求:"首先,大力进行宣传教育,阐明政策,打破群众恐慌,稳定职工情绪;其次,紧紧依靠全部员工搞好接管与生产工作,深入开展联系群众,倾听他们

① "上海市工商行政管理局关于英商有利银行全部财产转让大华企业公司可以同意准予备案的通知",上海市档案馆馆藏档案,档号:B128-2-1274-31。

② "上海市工商行政管理局关于英商汇丰银行撤销歇业并将全部财产转让与大华企业公司准予备案的通知",上海市档案馆馆藏档案,档号:B128-2-1274-37。

③ 转引自[以色列]谢艾伦:《被监押的帝国主义——英法在华企业的命运》,张平等译,中国社会科学出版社2004年版,第167—169页。

的意见,培养和练习全部职工的主人翁意识发挥群众生产的积极性和创造性,保证生产的不断增长。”①

作为间接国有化手段,对价转让是使用经济手段,在实现外企企业所有权变更的同时,避免了由于强制无偿接管所可能产生的产权和外交纠纷。从某种程度上说,对外资企业实施的对价转让政策也可以视作“赎买”政策的一部分,只不过对价转让不是通过定息、分期的方式进行的赎买,而是直接一次性买断。

截至1956年,共计清理676家外资企业,其中申请歇业481家,对价转让65家,征用16家,军管5家,接管14家,收归公营1家,代管17家,收回3家,征购4家,命令取缔22家,改华商28家,收购8家,租用4家,没收2家,法院扣押3家。② 1960年7月底,在沪注册登记的外资企业18家,从业人员228人,资产500万元(含房屋价值213万元);至1962年底,外商企业只剩8家个体小户及4家外资、侨资银行。③

结　语

解放初期,上海实施的外资企业改造政策,大致分为三个阶段,这一系列政策对外资企业本身经营状况产生直接影响,也对上海社会经济发展产生了一定的间接影响。

从外资企业本身而言,上海在第一阶段执行的外资企业改造政策,实际上是相对宽松的,这点可以从原料、生产、市场三个方面理解。从原料方面来说,1949—1950年间,上海并未对主要的原材料进行限制,反而为了保障上海经济,出台一系列措施稳定物价,使得外资企业有较为充足的原料供应,不至于因为原材料价格过高或者原料缺乏而难以进行生产。在生产方面,虽然有部分企业被加以管制监督,但是对于大多数企业来说,其生产过程还是独立自主的,可以根据市场变化对生产进行适当调节。在市场方面,在物资匮乏和国营企业尚未形成绝对垄

① “上海市农业局关于接管可的牛奶公司的计划”,上海市档案馆馆藏档案,档号:B45-1-125-1。

② 《上海工商行政管理志》编纂委员会编:《上海工商行政管理志》,第88页。

③ 《上海工商行政管理志》编纂委员会编:《上海工商行政管理志》,第87页。

断的情况下,外资企业不必为打开销路犯难。因此在这一时期的政策环境下,外资企业不仅可以继续经营,甚至还有扩大生产的情形出现。第二阶段所实施的改造政策在很大程度上是受到朝鲜战争期间禁运封锁的影响。针对美国冻结管制中国财产以及其他敌对行为,中国政府发布命令对美国财产、企业进行管制。对于英国部分企业的报复性征用,则是建立在英国对中国的不友好政策之上。对于一般企业来说,则主要受到封锁和禁运影响,使得申请歇业的企业骤增。而第三阶段所实施的外资政策目的则非常明确,即将外资企业纳入到社会主义轨道,并逐步转变为社会主义企业,这就注定了外资企业完全失去生存空间。

中共对上海外资企业的改造政策,经历了从利用到维持再到清理的过程。在这个过程中,外资企业的继续存在对上海经济社会稳定起到一定作用。对外资企业渐进的处理方式,保证了上海基础设施的正常运转,保障了市民的正常生活。上海解放前,其公共交通、供电、供暖、供水、邮电等行业基本由外资企业所垄断,对这些企业的处理直接关系到上海市民的生活。因此,处理政策必须慎之又慎,一方面如任由外国资本继续持有、经营这些企业,则不可避免地与向社会主义过渡的总目标相背离;另一方面,如果直接进行接收,由于在技术上和人员上的不足,政府实际上很难维持这些企业正常经营和生产。

此外,外资企业的改造政策对解决新中国成立初期的失业问题起到了一定作用。失业问题,是中共在解放上海之后必须面对的一个重要问题。虽然在沪外资企业在企业数量上和职员数量上与华资私营企业有着较大差距,但是作为上海经济链条上的一个齿轮,相关联企业的就业人数呈现乘数效应。因此,上海在对外资企业改造之初,就将外资企业作为减小失业压力的一个方面进行考虑。在失业问题严重的1952年,在处理大量外资企业的歇业申请时,中共则采取多种手段尽量减少外资企业歇业所带来新增失业的问题。

(作者宋佩玉系上海师范大学马克思主义学院教授,孙占彪系上海师范大学法政学院硕士研究生)

译林

法国人在上海：1853—1855年清军围困上海的经过[①]

[法]于雅乐 著 蒋 杰 编译

译者案：本文译自一本名为 *Les français à Changhaï en 1853 - 1855——épisodes du siège de Changhaï par les Impériaux* 的小书。该书于1884年由巴黎E. Leroux出版社出版，作者为法国人于雅乐(Camille Imbault-Huart)。亚瑟·米拉克(Arthur Millac)为其笔名，他曾用这个名字发表过一些作品。

于雅乐1857年出生于巴黎，1897年在香港逝世。他是十九世纪后半期法国重要的汉学家，同时也是外交官、语言学家和博物学家。他于1878年来华，先后在上海、汉口和广州的法国驻华外交机构工作，并担任法国驻广州领事。在华期间，除了完成外交官的本职工作以外，他将大量精力投入对中国和东亚的研究之中，撰写大量学术著作。除本文以外，还包括 *L'île Formose : histoire et description*(《台湾岛之历史与地志》)及 *Le Pays de 'Hami ou Khamil, description, histoire d'après les auteurs chinois* (《中国学者笔下的"哈密国"史志》)。此外，他还将大量中文文献翻译成法文发表，如 *Instructions familières du Dr Tchou Pô-lou*(《朱伯庐家训》)、*La poésie chinoise du XIVe au XIXe siècle*(《十四至十九世纪中国诗歌

① 本文为上海哲学社会科学一般项目"上海法租界法文史料的搜集、整理、研究与编译"(项目编号：2015BLS002)阶段性成果。同时受"上海高校高峰高原学科建设计划"及"教育部重点研究基地上海师范大学都市文化研究中心规划项目"支持，特此致谢！

选》)以及 *Recueil de documents sur l'Asie centrale*(《中亚文献汇编》)等。

本文聚焦于1853年爆发在上海的小刀会事件,通过对该事件的起因和背景、有关恢复关税征收和重建海关问题、法租界防御与外侨社会的分裂、“贞德”号的到来、1855年1月6日法军对小刀会的进攻、清军攻占县城的详细过程以及法军士兵的葬礼等问题的叙述与探讨,详细描述了小刀会事件的发生发展以及法军介入该事件的全过程。

本文的主要价值有以下几点:一、成书年代较早。本书出版于十九世纪末,因此成为后世很多涉及小刀会事件研究的重要参考文献。例如该书成为梅朋、傅立德撰写的《上海法租界史》一书的重要参考资料。二、内容充实,细节丰富。尽管小刀会事件是近代上海的一个重大事件,但由于相关史料的缺乏,很多研究著作在探讨这一事件时,总是语焉不详。作者通过细密的考证,完整地重构了该事件的全过程。三、提出了一些新的看法。如小刀会与法租界关系的恶化,引起了法军的介入等。

需要指出的是,由于时代局限,作者并不能客观、公正地看待与评判小刀会事件。他站在殖民者的立场,对这一时期法帝国主义在上海的侵略扩张,以及法军在沪展开军事干涉进行了美化。此外,作者也充满了对中国人民偏见,作者无论对小刀会还是清军,字里行间都表现出了强烈的蔑视。对于这些内容,相信读者在阅读过程中,能够清楚地判断与鉴别。由于篇幅原因,译者节略了图片及部分内容。

一

1853年9月7日深夜至8日凌晨,上海县城爆发了一场规模巨大的暴动。这一事件已在上海的中国当局眼皮底下酝酿许久。但由于软弱,后者还是未能将其扼杀在萌芽状态当中。这次叛乱是众多秘密社会联合行动的结果,这些秘密社会已经侵蚀了中华帝国。在众多秘密社会当中,上海地区势力强大的“三合会”或“小刀会”,懂得利用横扫华中平原的太平军的即将到来,在江苏和上海引发了巨大恐慌,以颠覆上海的合法政权并竖起他们的军旗。官府在一夜之间便分崩离析。上海道台,广东人吴健彰——他更为人所知的一个名字是吴爽官——在很多外侨的帮助下,艰难地逃出强敌之手,躲入美国驻沪领事馆寻求庇护。

在控制了这座城市之后,小刀会的两个首领,广东人刘丽川和福建人陈阿林,急急忙忙地建立了起义政府,并很快把道台和知县的金库掌握在手中。这是每每叛乱爆发之时都会发生的。相比道台,知县更为不幸。对朝廷的忠诚,使他付出了生命的代价。此外,叛乱者还对城内的富人进行勒索,并洗劫了所有商店。考虑到大量外侨对太平军的同情(正如我们所知,它的一位首领接受了新教教会的教育),并打算从太平军那里寻求支持,刘丽川和陈阿林向外侨社会做出担保,让他们既不要担心人身安全,也不用害怕财产受到侵犯。但正如在所有的民众运动中,大众总是不能遵守那些祸福随时都有可能降临到头上的人们[①]的命令。外侨从未停止考虑自卫问题,并随时预防着不测的事件发生。

外侨的地位并不十分危急,聚集着大量财富和重大利益的租界的存在,才是使他们担忧的主要问题。根据英法两国与中国在 1842 年和 1844 年签订的条约,法国和英国在开放通商的五个港口获得了租界。英租界始建于 1844 年:它南至洋泾浜,北达吴淞江(这条河又被外侨称作“苏州河”,因为它通向那里),黄浦江坐落在东面。在西边,是一块很大的荒地,其中的一部分已经被整理为跑马场之用。这块荒地以一条连接洋泾浜与苏州河,但常年干涸的小沟为界。1853 年,为保证租界不受太平军的侵犯,一道围墙沿着这条小河沟被修建起来。此时,太平军即将兵临上海县城。至于法租界,在我们的副领事[②]敏体尼(M. de Montigny)先生的努力下于 1849 年建立。法租界距离上海县城

① 此处即指叛军首领。——译者注
② 原文如此。——译者注

最近,它就坐落在县城的北墙之外。1853 年时,法租界北以洋泾浜为界,这条小河把法租界与它的邻居——英租界——分隔开来;东面则是充满泥沙的黄浦江;南面以县城的城墙为界。在西面,法租界只延伸到了县城北门附近的地方。与英租界的人烟稠密和高楼林立相差很远,此时的法租界只有两栋建筑,一栋是法国公民雷米(M. Rémide Montigny)的房屋和商店;另一栋是江南教会赵方济主教的产业,它已被法国领事馆和一座小教堂所占据。而英租界已拥有富丽堂皇的房屋和华丽的商店。事实上,雷米(德·敏体尼)是唯一一位利用了法国租地权的人。因为赵方济主教的产业,是中国政府赔偿给天主教会的。之前,该会在上海城内曾拥有一座教堂。至于租界的其他土地,只是一片被坟墓、田地、沼泽和几间中国人的破房子所占据的荒野。

正如我们刚刚看到的,法租界的形势最为危险。它与上海县城比邻而居,令人无时无刻不在担心它会受到叛乱者的入侵。自从敏体尼先生离沪返欧以后(1853 年 6 月),开始负责法国领事馆的爱棠主事,并非毫无戒惧地忽视狂热的福建匪帮正在逼近法国领事馆的事实。这些人束着醒目的黑头巾和红腰带。然而,由于没有法国海军驻扎,唯一一艘可资调动的、驻守在中国洋面的"贾西义"号(Cassini),还送走了敏体尼。他找到英国驻沪领事阿礼国先生寻求帮助,请求后者将可调动的防御力量延伸至法租界。这只是一种回报,因为就在几个月前,应各国领事和外侨社会的要求,爱棠先生曾将"贾西义号"离开的时间,推迟到了英国战舰抵达之后。他的要求得到了重视,为保障法租界的安宁,上岸的英国水兵巡逻到了法租界的各个角落。

叛乱爆发的第二天晚上,就拉响了警讯。这证明我们有理由保持一支警卫力量。一群由福建人和广东人组成的匪徒,已藏匿在领事馆和雷米先生房屋附近的中国房子当中。一旦得到信号,他们便会冲向雷米先生的房屋,展开洗劫、纵火。得到中国人的提醒之后,爱棠先生预先将这一事件告知英国领事和英军指挥官。"赫耳墨斯"号(Hermes)的费世班(Fishborne)船长①,当即带领一连水兵和两门大炮,

---

① 在《上海法租界史》中,费世班的名字被写作"Fishbourne",见[法]梅朋、傅立德著,倪静兰译:《上海法租界史》,上海译文出版社 1983 年版,第 586 页。——译者注

占据了连接英法租界的洋泾浜桥附近地区。由于兵力不足,费世班船长无法保卫法国领事馆,在他的强烈要求下,爱棠不得不被迫撤离,转移到英国军营内。整个夜间,在“沙勒曼德”号(Salamander)军舰埃尔曼(Ellman)船长的陪同下,爱棠先生几次回到法租界查看。这种防御力量的布置,以及不断的巡逻,使埋伏起来的中国人不敢轻举妄动。当天夜间,他们不敢发起任何进攻。然而,到了第二天晚上,由于附近地区再也没有部队驻扎。一声锣响之后,这帮匪徒便手持武器,大喊大叫着一涌而出。另一帮人则从附近地区赶到雷米先生的房屋前面与他们会合。费世班船长得到警报后,带着人马再次赶来,与前夜一样阻止了所有的进攻。

人们后来宣称,这些手持武器集结在法租界的广东人与福建人,并非要攻击这里的居民和抢劫财物,而是为了训练一支部队的核心力量。这支队伍将跨过洋泾浜,进入美租界把道台抓回来。毫无疑问的是,他们在那里也可能袭击聚集着英商房屋的富裕街区。无论如何,为了预防再次收到类似的警报,费世班船长在雷米先生的房屋内留下了一支十二人组成的侦查部队。这里也成了一切受法国保护的人的大本营和集结地。

也许是天意,教会建筑——即董家渡大教堂和张家楼修道院,以及徐家汇地区的重要房屋,都没有遭到来自叛乱者的攻击。前两幢建筑坐落在人口稠密和繁忙的城市中心①,而徐家汇与上海则有一段距离。一百多名武装起来的中国人,当中有基督徒也有附近地区受过教会恩泽的居民,在大教堂旁边设了一个关卡,以使教堂免遭劫掠。徐家汇原本处在更危险的形势当中,一些分散在附近地区的匪徒什么都抢。针对传教士住所的攻击、劫掠和纵火也不在话下。了解这一状况后,爱棠先生授权居住在董家渡的赵方济神父和徐家汇修道院的郎怀仁(P. Languillat)院长,可以在他们的建筑物上覆盖法国国旗。法国国旗的色彩,在中国人当中十分知名。人们将它称为“法国彩虹”(l’arc-en-ciel de la France)。从那天开始,对待外国人十分谨慎的叛乱者,不敢再做任何尝试。看到了这种备受尊重的保护,大量村民纷纷迁往法国国旗

① 张家楼坐落在浦东地区,此处有误。——译者注

飘扬的地区附近。

见识了法国保护的有效,一些仍居住在城内的士绅和居民私下找到主教,请求他让法国领事或他的同事担保县城不会遭到叛军或官军的劫掠。此时,爱棠先生的手中并没有本国军舰。他选择与阿礼国先生合作,两人都对叛乱者发出声明,如果他们放弃了自己的政治角色,而实施抢夺和劫掠等行为,他们将受到文明人①对待盗匪那样的惩罚。得到美国公使强力支持的金能亨(Cunningham)先生此刻正在上海,美国海军的"萨拉多加"号(Saratoga)巡洋舰也在上海的港口内。金能亨先生清楚地表明,如果叛乱者在县城劫掠或纵火,美国军舰将禁止广东沙船出港。

广东人刘(丽川),是叛乱者的主要首脑。他是一个不乏天分而且聪明的人。此外,他还明白,为了生存叛乱活动必须被约束在一定范围之内。控制了道台的银库之后,他便开始抓捕劫匪,并砍掉一些人的脑袋,以便在城内建立某种秩序。必须承认,这些叛乱者不是真正的太平军。太平军首脑是皈依了新教教会的教徒,而核心由广西人组成。而小刀会当中的很大部分是这样一群人:毫无信仰,无家可归,随时准备通过任何可能的方式捞钱,无恶不作。这些人出生于福建和广东等沿海省份,他们都是秘密社会分子,在不同的居住区域扬名立万,通过特定的暗语和符号相互识别,服从于他们自己选出的各自省份或地区的领袖。

二

就在这时,人们突然得知道台吴爽官从收留他的美国领事馆溜走了。作为一个谨慎的人,几天前他就想到利用英国邮船"玛丽·伍德小姐"号(Lady Mary Wood)把家人送回广州。此后,他自己也溜之大吉了,而且没有说明去向。但正如我们所知,一万清军通过急行军来到上海,而由于火灾和屠杀,他们曾在行军途中迷路。人们猜想吴爽官与这支部队会合了。有人曾短暂地见到他,但他并不是在逃亡,而是作为军

---

① 即欧洲人。——译者注

队的首领前来复仇。此后发生的事,证明了这种猜测的真实性。

在九月的最后几天,由满族将领吉尔杭阿率领的一支清军来到上海城下。与他一同到来的还有一支舰队,这支舰队沿吴淞江顺流而下,并停泊在县城外的黄浦江附近,道台吴爽官就在船上。从返回上海之日起,吴道台便正式向各国领事宣布,重新恢复与列强的关系。但他的目标并不仅限于此,道台还表达了试图像过去那样征收关税的意愿。事实上,根据各国领事间的一个协议,关税的支付已经暂停了。由于叛乱一开始便捣毁和破坏了中国海关,打击走私的合法机制也丧失了。为了结束这种无序状态,英美领事决定由他们代为征缴海关关税,关税或以现银,或以期票(Promissory note)进行支付。吴爽官不仅要求人们把关税缴付给他,而且打算在外国租界重设海关。但面对以下反对之声,他不得不放弃这一打算:“鉴于租界的军事力量不足以在与叛乱者的对抗中保护自己,海关的出现,必然使殖民地[①]沦为流血冲突的主战场,而居住其中的外侨的生命和财产必将遭到危害”。当道台提出要在“羚羊号”(Antilope)——一艘他买来充实清军舰队的欧洲船只——建立一个浮动海关时,他也没有获得成功。人们用同样的反对意见和论点对他进行了反驳。

关于这个问题,以道台为一方,以英、美、法及其他国家领事为另一方,进行了持续的通信交涉。道台与英国领事的通信,一开始就差点把事情搞砸了。对于道台的要求,阿礼国先生答称,在清军收复上海县城并重建海关之前,我们将不会考虑关税问题。道台宣称,如果积欠的税款不被补齐,如果我们[②]不遵守之前的常例,他不得不被迫将税款总额转嫁给中国商人,直到收齐最后一个铜板。“您的这种措施,领事回答道,在我看来与敌对和侵略行为无异。它的结果对于皇帝的利益而言,只能是灾难性的。”

与美国代表的通信显得更为和气。美国领事表示只要上海县城重新回到朝廷的手中,同时海关恢复正常,关税的积欠问题将会得到解决。但领事也声称,他已经准备好按照老办法来处理这些问题,因此要

---

① 即租界。——译者注
② 指外国人。——译者注

求道台确定一个合适的海关人员的办公地点。经过多次谈判,道台告知美国领事,海关人员将在两艘中国炮舰上办公。这两艘船就停泊在租界的边上。美商得到领事正式通知,临时体制①将在 10 月 28 日终止。

10 月 26 日,吴爽官才告知英国领事建立了浮动海关一事。阿礼国先生称会给身在香港的英国驻华公使文翰爵士(Sir Georges Bonham)汇报。后者很快回复称,他将向政府请求进一步指示,但在正式的海关重新建立之前,他不会将道台视为征收海关关税的代理人。

爱棠先生则采取了一种完全不同的姿态。他说"上海在没有由一个值得尊重的、有力的当局建立起一个正式海关,并且在这一当局可以为贸易提供条约所规定的保护之前,我将视法国船只为可以豁免关税的。"

因此,道台的手下只能对美国船只行使征税权。但这种奇怪的局面没有持续多久。美国公使马沙利(H. Marshall)宣布,从 1854 年 1 月 20 日起,对于美国人而言,上海港将成为自由港,这一状态将持续到其他国家的船只都服从中国政府的规定为止。

为结束这种状态,英国领事要求各国领事在英国领事馆进行会晤,以协商建立一个"临时中国海关"。所有人都赞同这一建议,道台告知外国人新的海关将在 1854 年 2 月 13 日开始工作。

清军对上海县城的围困,始于 1853 年 9 月 29 日。但由于指挥官无能和士兵怯弱,清军未能取得像样的进展。围城部队的行动,以一种真正的中国式的拖沓在进行。叛军时不时地发起一些突围作战,清军则尝试进行一些突击,但这些作战顶多只能算作一些小的武装冲突。在这些交战中,冲突双方一般各有十多人被击毙,两三人被俘获后遭到斩首。死者的头颅会被悬挂在县城的城墙或清军军营的辕门之上。在对垒的过程中,两军大喊大叫,大声喧哗,军旗呼啸。大炮和火枪不断射击,双方的武器都如此糟糕(必须指出,这些武器和子弹都是用高价从外国洋行购得),以至于在每次行动中,一两门大炮和一些火枪发生爆炸的事件并不罕见。武器低劣所造成的麻烦,可能与敌人的炮弹和

① 即英美领事代收海关关税的体制。——译者注

子弹造成的麻烦一样多,如果不是更多的话。叛乱者占有地理上的优势,这可以解释为什么清军在主动发起的进攻中,会遭到更严重的人员损失。很多伤员由赵方济神父和在董家渡大教堂的传教士收治。这座教堂已变成了一座巨大的医院。法国军舰"贾西义"号上的医生,给予了伤员最精心的治疗。这艘军舰在1853年10月3日才抵达上海。

对上海的围困似乎将会拖得更久,因为清军的军舰(几艘效忠皇帝的海盗船)放行了为叛乱者运送补给和军火的船只,清军的军官和士兵甚至自己也将火药和子弹转卖给叛乱者。附近的农民纷纷来到城北的各个城门贩卖各种食物,在那里甚至形成了一个固定集市。吉尔杭阿将军得知这些事情后,微笑着回答说"我比你们更清楚,但这是习俗,对此我无能为力!"。

人们可以轻易想像,外侨的处境是多么危险,他们处于正在造反的县城、清军营地和海盗的舰船之间,因为官军并不比叛乱者好多少,他们都是一丘之貉。1854年2月23日,一些清军士兵或宣称是清军的人,试图抢夺赵方济神父停泊在董家渡大教堂门外的船只。循着船夫的呼救声,教堂的仆役迅速赶到,经过短暂打斗,一名匪徒被制服,并被绑在船尾悬挂着法国国旗的旗杆上,等待移交给中国官宪。这个俘虏的同伙搬来了援军——二十多名士兵或者说是匪徒——他们大喊大叫着冲到教堂,砸坏大门,打伤两名仆役,并直接冲到主教跟前,要求他立即释放这名俘虏。在询问了领头人的姓名后,赵方济主教将被俘的匪徒交给了他,但他必须保证这名俘虏将会受到惩处。被释放的这个兵痞十分狂妄,他昂首走出教堂,并宣称晚上还会回来洗劫并破坏这座教堂。爱棠先生很快得到消息,他急忙将事件告知中国当局,并要求后者做出满意的处理。按照惯例,当局答称"它会以最令人满意的方式来处理此事件",然后便尽量避免再次谈及此事。屋顶飘扬着法国国旗的大教堂,就暴露在双方的交火之中:子弹和炮弹常常击中它。清军的战舰甚至胆敢躲藏在大教堂的后面炮击叛乱者。"贾西义"号的卜拉(De Plas)舰长命令该船离开,否则将对其开火。这些道台雇佣来的海盗,不得不前往上游地区停泊。

由于临近战场,外国租界自然处于极大的危险当中。流弹和已达射程末端的炮弹,纷纷坠落在租界的土地上,并对居民的住所造成破坏。法国领事馆距离县城北门仅四百步之遥,两者之间是一块开阔地,因此前者完全暴露在了两军交火之下。一些流弹无时无刻不坠落在园子里、击中领事馆或敲打着雷米先生的房屋。后者自从“贾西义”号抵达上海之后,就被一队法国水兵所占据,英军之前曾在这里建了岗哨。为保护领事馆,一个六人的岗哨也在那里建立起来。“贾西义”号从抛锚开始,就停泊在法租界的一旁,正对着今天我们称作公馆马路的这条街道。这使它没有少受到来自叛乱者与清军交火的威胁。我们向叛乱者首领刘(丽川)和清军统帅进行了抗议,要求他们校正射击并注意法租界的安全。吉尔杭阿答称,他已命令部队,让士兵在射击过程中格外注意和小心。至于刘(丽川),他表示了歉意,并承诺将在未来处罚此类过失行为。事实上,他十分希望与租界内的外侨保持良好关系,因为他可能考虑到,万一造反失败,可以到租界寻求庇护。尽管如此,流弹还是继续如下雨一般坠落在法租界。当时的状况就是,与这场战争毫无关系的人①处于持续的威胁当中。

三

没有人比道台更清楚控制上海的价值。为了重新成为上海的主人,他做了很多努力与牺牲。② 为了扩张他那支小小的、并不足以在封锁黄浦江的同时,从县城的东面发起进攻的舰队,他从南方招募了很多为害一方的海盗,并使这些令人恐惧的海盗船来到了黄浦江中。这多达六十多艘的海盗船,就黑压压地停泊在上海县城附近。

得益于这些海盗的增援,吴爽官可以尝试分别通过水路从东面和通过陆路从南面,向县城发起猛烈进攻。鉴于从城墙延伸至洋泾浜的城厢地区已成为叛乱者的庇护所,道台下令放火焚烧这一地区。看到清军纵火,“科尔贝尔”号军舰指挥官鲍德安,从舰上派遣一连士兵登陆,以保护法国领事馆。在“贾西义”号离开上海前往南京期间(法国驻华公使德·布尔布隆先生(M. de Baerboulon)和他的使团就在舰

---

① 外侨。——译者注

② 此处的牺牲并非道台自己的牺牲,而是上海县城的牺牲。——译者注

上)，“科尔贝尔”号成为唯一驻留上海的法国军舰。与此同时，“斯巴达克斯”号(Spartax)军舰的指挥官赫斯特爵士，也派遣了一些英国水兵来增援已设在雷米先生房屋处的观察哨。没有什么可以预防和阻止火势蔓延，大火幸运地只驻留在了城厢地区的房屋之间，这里被完全吞噬了，所有木质房屋全都成了牺牲品。法国领事馆和雷米先生的房屋逃过了这场火灾。在一艘由三桅帆船改造而成的军舰上，吴爽官建立了自己的指挥所。道台注视着火灾并且对纵火者进行指挥。爱棠告知道台，鉴于火势已经蔓延至一条不能逾越的界限，否则将会成为一种对外侨财产的真正威胁。清军若再有任何类似行动，将会成为法军立即严厉镇压的目标。吴(爽官)答称他考虑了外侨的利益，抚台大人下令烧毁的地方已经被烧毁了。他没有(收到)下一步的命令。他还展示了上海县城的地图。地图上用红笔勾出了命令破坏的地方。

然而，不久之后一些靠近董家渡大教堂，并逃过了那场火灾的房屋又遭到纵火焚烧。由于担忧火灾波及大教堂，爱棠先生乘船赶往现场。此时叛乱者和清军的火炮正隔河对峙，为了能够安全通过，这艘船挂上了法国国旗。但清军的大炮还是向爱棠先生的船只发射了三枚炮弹。很显然，他们对法国国旗的颜色不是毫无所知的。爱棠先生向道台提出强烈的谴责，后者急忙进行道歉。(1854 年 3 月 23 日)

几天之前(3 月 17 日)，根据抚台的命令，为了便于执行一个新的攻城计划，吴爽官要求爱棠先生将法国领事馆迁移到英租界内。此外，雷米先生的商店将会被放弃，连接英租界与法租界的洋泾浜桥也将被拆除。为了证明这一要求的合理性，道台声称县城通过在小东门外河道上形成的一个集市获取食物，四乡农民则是通过洋泾浜桥来到这个集市，而且叛乱者也通过这座桥得以进入英租界。最后，他担忧一旦清军控制了县城，那些被打败的叛乱者会通过这座桥逃到外国租界去。作为补偿，他将支付搬迁和租用一所房屋的费用。中立的爱棠先生，不能违背法国政府所采取的中立立场的义务，为支持冲突的一方对抗另一方而迁移法国领事馆。此外，国家荣誉也使他必须驻留在法国国旗飘扬了整整十年之久的法租界，保护这里的国民利益。因此，他向前来充当说客的英国驻上海副领事威妥玛(M. Wade)和“恩康脱”(Encounter)号船长奥加拉汉(O’Callaghan)，表达了即使在危急时刻，也不会撤离的坚决态度。他以这样坚强有力的话语来回答道台,“我绝对拒绝降下飘扬在洋泾浜上空的法国国旗。如果您有胆量,您自己来降下它。但您要知道,哪怕是对法国国民个人和财产的一点点最轻微的侮辱与冒犯,都将被视为对法国国旗最严重的侵犯,都将无法逃脱惩罚!”

面对如此清晰而坚决的声明,道台只好屈服。他既不能强迫领事馆迁移,也无法迫使法侨从法租界撤离。他不得不放弃所有关于这一计划的讨论。

4月17日,护送法国公使和使团前往澳门的“科尔贝尔”号返回上海。军舰刚一抛锚,指挥官鲍德安立即下令三十名士兵上岸接替英国水兵。在法国军舰离开上海期间,法租界的防卫和警戒任务被委托给了这些英国水兵。三个哨所先后被建立起来。第一个也是最重要的一个,设在一所坐落在黄浦江边、法租界码头旁的中国房屋处。哨所的一旁停着“科尔贝尔”号,另一边则是领事馆。第二个哨所就设在领事馆内,通过流动哨与第一个哨所联络;第三个哨所,设在雷米先生的房屋内,也通过流动哨与领事馆内哨所联络。白天,三个岗哨禁止一切武装人员通过法租界,晚间8点之后则禁止一切通行。

这些军事布置获得了全面成功,并终结了福建人和广东人的劫掠行为。这些人早已习惯于携带武器在租界内四处游荡,并随意在四处放枪取乐。看到平时劫掠的场所被关闭了,陈阿林——福建人的首领——对这些武装岗哨的建立表示抗议。但与此相反的是,无论刘(丽川)——爱棠先生曾告知他自己的和平与中立意愿——还是林(?)①,他最有影响力的一个下属,均未表现出不快。刘(丽川)似乎认为法租界被如此严密地保护起来,是为了给他提供帮助,是为了阻止清军从法租界一侧对县城发起进攻。他总是自以为外国人对叛乱者抱有同情,以至于在四月初英国和美国领事命令各自水兵,拔除清军设在跑马场一带的营地时,刘丽川竟厚颜无耻地致信各国领事表示祝贺。事实上,发起这一军事行动,是因为清军的侮辱与冒犯已忍无可忍。对此,爱棠先生未予作答。但阿礼国先生辩称,“鉴于将清军从所占据的

① 此处原文即是一个问号。——译者注。

位置上赶走,并非为了帮助叛乱者,(所以)他无法接受这一谢意。”

为了清楚告知叛乱者,外侨社会完全无意于与之联合。美、英、法三国领事于1854年5月1日给叛乱者首领送去一份声明。这份声明被由当时的报纸刊布出来。

六月初,英国公使包令爵士(sir John Bowring)、美国公使麦莲先生(Maclane)以及英国海军将领赐德龄爵士(sir James Sterling)齐集上海。后者有意将在岸上保护外国租界的水兵撤回,但面对外侨社会的抗议,他不得不放弃这一打算。在一次英美公使及赐德龄将军参加的会议上,他决定各国所有在沪海军指挥官一同进入县城对刘(丽川)和陈阿林展开联合劝降,以换取他们接受可能的最佳投降条件。这个使团必须由“科尔贝尔”号指挥官鲍德安、“恩康脱”号船长奥加拉汉和“凡达利亚”号(Vandalia)船长卜扑(Pope)组成。法国领事馆翻译斯密斯也加入了他们的行列。

事实上,这看起来是个讨论投降的不错时机。围困和城内的混乱已经持续了九个月。在叛军首领之间,已经爆发了流血冲突,他们似乎有点气馁了。有几次,他们认为太平天国的叛乱者会来解救他们,并解除清军对上海的围困,但这种希望没有持续很久。正如我们之前使大家所看到的,上海的叛乱完全是地方性的,它与太平天国毫无关系,完全是由秘密社会的行动引发的。即使太平军有这个意愿,它也没有办法在这个糟糕的时刻,赶来救援这些自称是他们的兄弟的人。此时,太平军已在南京城附近与清军胶着在一起,他们前进的步伐也终止了。借助基督教传教士的居中联络,关于投降条件的协商已多次进行。五名清军高级官员也曾亲自进入城内,试图接近叛乱者首领。但他们被一群狂热分子捕获,并被砍了头。中间人进行了抗议,但除了两具替死鬼的尸体之外,他们无法获得更多赔罪。这背信弃义的诡计,中间人事先无疑毫无所知。

在这种情况下,福建人的一个首领——林阿福——考虑到造反已经丧失了原本的目的,便秘密离开了县城。此外,叛乱者也已不再懂得自我约束。他们洗劫了寺庙中的财物,铸造钱币并在钱币上打上自己信奉的神像,荒淫无度并且虐待那些不幸的居民,让他们交代钱财和值钱器物的藏匿之处。总而言之,亚洲版的1871年巴黎公社走向了衰落。

这似乎是一个精心挑选的让叛乱者放下武器的时机。不幸的是，一些新的会议改变了此前已经决定的一些事情。不是给叛乱者头子提出强而有力的通牒，三位司令官只交给他们一份中立宣言，并通过威妥玛要求他们发布一份布告，以最严厉的处罚来禁止他们的手下携带武器进入外国租界。事情竟如此奇怪！叛军首领原本对这些决定他们命运的会议十分担忧，现在他们非常确定只是收到了一份让他们撤离的通牒，以至于他们一开始就拒绝与三位指挥官见面。他们认为这不过是由奥加拉汉司令以他的同事的名义起草的一份恐吓信，或是为了促成他们在三天后会见三位指挥官，而对会议目的进行的秘密解释。

几天之后，叛乱者首领送来了一份布告草稿。这份草稿以最严厉的刑罚禁止叛乱者携带武器来到洋泾浜以北一侧，但并未提及坐落着法国领事馆和大量法国产业以及岗哨的洋泾浜以南地区。尽管遭到了爱棠先生和“科尔贝尔”号舰长的反对，但这份草稿还是被接受了。法国领事为此与英军将领进行会晤，并要求由“科尔贝尔”号上的水兵费力守卫的法租界的边界，也应该被划入由英国人和美国人共同守卫的范围，中国人同样不能携带武器进入法租界以内。因为根据奥加拉汉司令四月份的部署，阻止和监视法租界一旁的这个危险而令人讨厌的邻居的重任，就落在了“科尔贝尔”号的水兵身上。[①] 赐德龄爵士曾允诺要求刘（丽川）和陈阿林根据法国的要求进行修改。但两人始终坚持原来的决定，他们宣称并不禁止叛军士兵携带武器进入法国哨所防御的界限。这是一个极端严重的事件，它使法国在华代表对叛乱者首领的不满达到了顶点。（1854 年 8 月）

四

商业问题那时与政治问题密不可分地纠缠在一起。介绍一件正好

---

① 这段晦涩文字的大意是，4 月的时候，作为共同防御的一个部分，法国水兵执行了奥加拉罕的命令，承担了阻止和监视县城内的叛军的重任。基于这一原因，当叛军首领声明禁止他们的手下携带武器进入洋泾浜以北的英美租界时，洋泾浜以南的法租界没有理由不被划入公共防御的范围。——译者注

发生在此时的重要事件很有必要,因为它可以展现出法国得益于她的影响和外交人员的力量,此时在上海所扮演的光辉角色。五月末,美国公使麦莲先生与“孔夫子”号(Confucius)和“色奎哈那”号(Susquehanna)一同前往南京,试图会见太平军首领。但他的这次冒险只与身在南京城内的领袖,进行了书信往来。太平军首领警告他,如果不想吃炮子儿就赶快离开。在返回上海途中,麦莲先生要求与两江总督进行会晤,会面就在从苏州前往上海途中的昆山进行。众多争议的核心,就是关税积欠的偿付问题和重建中国海关,以消除一切浮动海关无法解决的问题。有关浮动海关,我们已经在前面进行了说明。一回到上海,麦莲先生随即与包令爵士就此问题举行会议(6 月 26 日)。他原则上同意偿付积欠的关税,同时海关将恢复它的全部功能,但必须增加一名洋员以保证海关公正合法地运转。有关洋员的举荐,有必要说明一下:道台常常表达希望看到一名洋员来监控和管理海关运转的意愿。然而,事实上直到此时这一意愿既未得到英国人也未得到美国人的赞同。被建议用以重组海关的基础,以一种明确的方式表明了帝国政府的回归。这也可能是确信在小刀会和太平天国之间缺乏协调——这部分地剥夺了前者故意表现出来的政治属性——对于正在发生的变化并非毫无作用。

道台与英、美、法三国领事阿礼国、马辉(Murphy)和爱棠参加的第一次会议,在英国领事馆进行。海关引入洋员的想法,尽管原则上获得了同意,但还是引起了一些反对。事实上,根据 1844 年 10 月 24 日签订的条约,海关税与航运税属于中国当局的利益,需在天朝各港口缴纳。而它的偿付,只能在这一当局处于能够确保正常征缴的状态下进行。此外,由外国政府任命在各港口保护本国国民商业利益的人员,在面对这些交易的时候,是否需要取代本地的中国当局?当时出现在三国领事面前的一个难题是,要么外国人帮助中国人重组海关,要么上海港的贸易完全停滞。不知变通地坚持严格行使条约赋予的权力,甚至已经使各国领事所保护的利益受到了损害。

因此,三国领事最终同意了经过深思熟虑后得出的三原则,这构成了重建海关的基础:即有必要通过合法的步骤,在条约的规定下重建中国海关;有必要在公正、有力和警觉的外国管理之下,寻求一种海关出色运转的保障;最后,必须尊重中国当局的独立性。

阿礼国先生首先提议海关只需要一名洋员,而且中国当局应根据海关收入的多寡,给予该员丰厚报酬。为了保证公正性,我们也考虑在法国招募这样一个人,正如英美二国都在各自国家寻找这样一个人。阿礼国先生提名法国领事馆翻译亚瑟·斯密斯(Arthur Smith)。作为候选人,他获得了大多数支持,而且道台本人也能接受。但经过反复思考,人们放弃了三国领事各提名三位候选人的办法。这一值得信赖的职务的候选人名单,最终被确定为英国副领事威妥玛、美国公使馆随员卡特(Cart)和法国领事馆翻译斯密斯先生三人。

这一创建的重要性,自然而然地被这些洋员的性质和他们高昂的报酬体现出来。他们每人可获得6000墨西哥银元(超过3万法郎)的报酬,这其中还不包含提供各种服务的费用。

既十分重要又难以处理的一个问题,是海关遵循什么规则进行运转。人们决定重新使用1851年8月的旧海关规则,但这一规则已经形同具文。抑或说,由于中华帝国的失序、解体以及中国行政当局的软弱,这一规则已经无法执行。我们只删除了一个条款,即强迫外侨将关税交付到中国钱庄。这一条款是中国政府对外国人不信任的证据,因为这个条款可以有效防止外国人的欺诈行为。这也表明虽然中国当局对外国商人的按时付税不信任,但它对中国本地商人的诚实的信任就更少。洋员由此开始居于海关的领导位置,这种情况也就不再存在了。

重组后的新海关在7月12日开始服务,但此时已不再是吴爽官道台来批准三名洋员的任命了。事实上,由于遭到政敌指责勾结叛乱分子,而且屡次未能履行职责,吴爽官失势了,并被总督叫到苏州去问话。蓝(蔚雯),之前的松江海防同知,代理上海道台一职,这使得他的官印盖在了几名洋员的聘书上。

八月的最初几天,传来了"贞德"号护卫舰即将抵达上海的消息。与这艘舰艇一同前来的,除军舰司令若雷斯(Jaurés)以外,还有法国驻留尼汪和交趾支那分舰队司令辣厄尔上将(L'amiral Laguerre)。辣厄尔将军的到来将改变事态的面貌,而事态本身也将引导我们的海军在进攻县城方面,与清军进行心照不宣,但行之有效的合作。

人们都在等待着这艘新战舰的到来。8月13日凌晨3点左右,一名来自“贞德”号的海军军官突然登上“科尔贝尔”号，他带来了“贞德”号在扬子江北岸一处危险浅滩触礁的消息。一名先行登上“贞德”号，并充当领航员的美国人，利用美国领事馆的航行注册证书骗取了辣厄尔将军的信任。或是由于缺乏经验，或是由于计算错误，总之他把“贞德”号开进了这片浅滩。

得知“贞德”号发生意外后，鲍德安船长立即召集所有上岸水兵，驾驶“科尔贝尔”号全速前进，沿黄浦江顺流而下救援“贞德”号。与之随行的，还有美国牵引船“孔夫子”号。“科尔贝尔”号的离开，又使法租界陷入了危急之中。在该舰离去时所散发的浓烟还未散尽之时，携带武器的叛乱者已经进入了法国的地界。① 他们肆无忌惮地报复法国人长期以来的约束。他们是如此的放肆，没有秩序，也没有任何首领约束他们。14 日早晨，爱棠先生要求“希腊人”号的凯恩(Keane)舰长，派遣几名水兵来结束法租界的这种态势。五名士兵被派来接管雷米先生的房屋。但法租界遭到叛乱者入侵的状况，没有发生太大改观。这些人手持刀枪游荡在法租界的各个角落，肆无忌惮地破坏着“科尔贝尔”号停泊时，他们必须服从的种种规矩。爱棠先生不得不带上秘书和两名苦力亲自进行巡逻，并把自己已被抓进县城的厨师抢夺回来。

六个倒霉的中国商人的商店遭到了抢劫，自己也被抓进县城去。他们曾被鼓励继续居住在受保护的法租界内。领事馆旁边的一位药商，在这个地区居住多年，是一个非常值得称道的人。他被一群狂热分子从家中抓走。但这一次，这些匪徒的图谋没有得逞。因为及时得到报告，爱棠先生召集了岗哨中的五个士兵去追赶这些绑架者。他们在县城的城墙下赶上了绑匪，并从他们手中救下了不幸的药商。尽管发出惨叫，但他此时正在石子路上被匪徒拖行。最先赶到的是领事馆的一名送信人。他阻止了绑匪，为此还与他们发生了危险的打斗。

叛乱者的胆大妄为愈演愈烈。爱棠先生要求英国领事馆派人驻守河边的岗哨，这里扼守着法租界通往县城的主要通道。英国领事馆答应了这一要求，15 日早晨五个士兵进驻了这里。还有一个哨所无人值守，所以经过领事馆的那条连接法租界与县城的道路始终无人警戒。

---

① 即法租界。——译者注

事实上,此时无法找到哪怕是一个可以守卫在这里的人。由于租界防御和疾病的影响,两艘驻守上海的英国军舰——"希腊人"号和"斯提克斯"号(Styx)——的船员已经减半。

在救援"贞德"号护卫舰使之摆脱困境的同时,人们卸载了船上的军火和补给。因此,当爱棠先生在17日登上该舰的时候,它几乎已经卸下了全部物资。看到"贞德"号在辣厄尔将军的力量与精神的推动下得到了拯救,爱棠先生急忙回到了自己危险的岗位上,他也带回了25名参加救援的水兵。领事离开几小时后,"贞德"号终于摆脱了困境。但不幸的是,"孔夫子"号从北面暗礁救出"贞德"号之后,自己却在回程中在南面的暗礁搁浅。它在那里又耽误了几个小时。

直到8月21日,"贞德"号才在"科尔贝尔"号的伴航下抵达上海。它所停泊的码头,正好对着几天后它将在那里修复海损的船坞。所有的船用物资:大炮、炮弹、船帆和饼干等,都被放在葡萄牙领事比尔先生(Beale)巨大的仓库里。此外,他也非常乐意让我们使用他坐落在法租界的巨大的仓库,这个仓库非常适合容纳护卫舰上的四百个人。

甫一抵达上海,辣厄尔将军就收到了县城内的士绅的请愿书。后者请求前者把他们从将近一年之久的压迫中解救出来。法军武力驱逐叛乱者这个敏感问题,在某种程度上对辣厄尔将军而言,既是一个必要,又是一个无法避免的问题。法租界所处的特殊地理位置,法国外交人员对叛乱者的种种不满,最终都将不可避免地将他引向这个问题。①但不幸地是,"贞德"号的触礁事件和该舰此后所处的修理状态,耽搁了一些时间。这使辣厄尔将军制定的行动计划停顿了一段时间。

所以,九月份没有发生任何值得大书特书的事件。叛乱者与清军之间滑稽的前哨战,继续使上海居民处于好奇和不安的状态中。这些可能值得荷马来咏唱的骑士般的战斗,似乎预示着一次新的特洛伊围城。《京报》(Gazatte de Peking)庄重地刊登了相关报道,以及有关吉尔杭阿将军的胜利公报。他不断发布叛乱者被打败的消息,并为那些在虚构的战争中表现杰出的军官要求大量奖赏,或为那些战死沙场的士兵争取荣耀的葬礼。

---

① 即武力控制上海县城。——译者注。

十月末,一堵防御墙开始在县城与法租界之间建造起来。建造这堵围墙的目的,在于使后者免受叛乱者的入侵。这堵墙必须牢固地建造,它始于黄浦江,沿洋泾浜由东向西延伸,在福建会馆处北折,然后再向西延伸,最后与洋泾浜南岸相接。除了一个坐落在黄浦江边,有士兵把守的大门以外,法租界与县城的联系就此被切断了。食物无法再通过法租界被输送给叛乱者。防御墙的修筑,招致大量外侨的批评。"他们说,法国人凭什么阻止食物被送进县城?所以,他们转向支持清军了?"由此我们可以看清,大多数外侨秉持着怎样的思想倾向。他们既支持叛乱者,又支持清军,让他们相互争斗。这个问题显然难以解决。难道法国人没有权利保护自己的租界吗?一年之前,尽管爱棠先生进行了抗议,但外侨①还是不愿将这个租界划入他们的防御计划之中。

叛乱者自然对防御墙的修筑提出抗议。他们很清楚,这是针对他们的政策的开端。为了阻碍这个工程,他们声称法国人为了修筑城墙,破坏了法租界内的大量坟墓,并将墓中的骸骨随意丢弃。中国人是如此尊重死者,以至于这一指控获得了一些居住在租界内的中国人的响应。一些谣言开始流传,为了辟谣,爱棠先生邀请了三位福建人的代表去参观了建筑工程,以便他们可以通过亲眼所见,来确认我们没有触碰他们祖先的坟墓。福建会馆的管理者通过"泰记"(Taki)钱庄老板——他是欧洲人的朋友——宣称他们对法国领事做出的担保感到满意,此后再做检查就是一种不信任的表现。他们向辣厄尔将军和其他法国人员表示,法国人已经证明了对死者坟墓的关切。所以,叛乱者掀起的这个争端也就不了了之了。

于是,叛乱者打算通过武力来阻止防御墙的修筑,他们尝试阻止承担这项工程的中国工人继续施工。但这完全是徒劳的,因为法国水兵进行了很好的警戒,并击退了所有此类进攻。11 月 4 日,他们从一群狂热分子手中,抢回了四名倒霉的泥瓦工。这群狂热分子的首领被一名法国士兵杀死,因为他两次用手枪瞄准后者。

11 月 8 日,爱棠先生给上海诚实正直的市民发布了一份审慎的声

① 此处指英国人和美国人。——译者注。

明。他说“洋泾浜地区将清除那些入侵的破坏分子,防御墙的修筑只是为了阻止叛乱者继续将这里作为他们的市场,并从这个受到法国国旗保护的地区,获得各种战争所需资源。”

在这个月的最后几天,清军统帅吉尔杭阿宣布他同意赦免那些上海城内愿意投降的叛乱者。但明确指出叛军首领刘(丽川)、陈阿林、范(?)、谢(?)不在大赦范围之内,他们必须等待法律最严厉的处罚。此外,如果他们登上外国军舰或商船寻求庇护,吉尔杭阿还要求人们把这几人送交给他。面对这一问题,爱棠先生处于一个两难境地。一方面,他不能屈从于吉尔杭阿的这种苛求;另一方面,存在于中法关系当中的相互忠实,使他无法同意以法国的名义来保护被排除在大赦之外这四个人。法国领事最终向他承诺,法国不会接收这些叛乱者,他们不可能在任何在沪的法国船只上获得庇护。法国侨民也不会接纳他们。

五

在十二月的最初几天,形势变得更加明朗并开始快速发展。这似乎预示着县城即将投降。这如果不是因为法军的打击,至少也是由于它的压力。

事实上,叛乱者已经开始挖掘壕沟和修筑炮台,这些工事距离靠近福建会馆的一处防御墙,大概只有一百米左右。这是一个对外国租界,尤其是法租界十分危险的地方。辣厄尔将军宣称他将要阻止这些防御工事的建成。12 月 7 日,他通过爱棠先生告知叛乱者,如有必要,他将武力保护法租界,并使上海外侨与人民免于战祸。他还宣称将要摧毁这些使法国领事馆暴露在参战双方射程范围之内的炮台。辣厄尔将军言出必行,但叛乱者并未对这一通牒做出任何回应。12 月 9 日,一队法国士兵和一百多名本地工人来到叛乱者修筑壕沟和炮台的地方,开始掘土回填。叛乱者先是对他们进行大吼,紧随其后的是一波猛烈的枪炮射击。这一小队法国士兵利用杀伤力巨大的卡宾枪和带来的山炮来掩护工人撤退。人们必须为“科尔贝尔”号的一名水手的逝世而哀悼。他在北门外的战斗中身负重伤,并在几天之后不治身亡。

法国人的血不会白流。辣厄尔将军下令炮击县城,这波轰炸的一个主要战果是使红庙在大火中被摧毁。红庙俯视着法国领事馆，并使后者因来自这里的频繁炮击而不得不始终处于警戒之中。“科尔贝尔”号也对城墙发射了一百四十枚炮弹。与此同时，我们埋伏在防御墙附近的水兵，也对从城墙墙头探出头来的叛乱者进行了射击。

此番攻击之后，法国领事与清军统帅展开了积极联络。前者提醒吉尔杭阿将军，他曾承诺会人道地对待（投降的）叛乱者。同时使他明白，为了实现相同的目标（使县城投降），法国人将保持行动的独立性，并单独展开行动。吉尔杭阿还是满口陈词滥调，尽力证明法国人与清军的同仇敌忾。他说，他等候辣厄尔将军在发起总攻前的通知，以便他的部队配合行动。至于提到的人道措施，这位统帅答称，“关于这个问题，他已经下达了清晰而严厉的命令”。这一回答根本算不上一种保证。事实上，我们十分清楚命令从下达到执行之间的巨大差距。

另一方面，叛乱者对法国人的进攻进行了抗议。但爱棠先生澄清了事实，如果没有对我方[①]的挑衅，就不会遭到进攻，这是12月9日冲突的根源。他同意辣厄尔将军的意见，给叛乱者送去了迫使他们撤离县城的最后通牒，否则将遭到法军的攻击。（12月11日）在留给造反者首领刘（丽川）和陈阿林考虑的期限到期之后，他们并没有进行任何答复。乱军首领被告知，辣厄尔将军将重新对他们发起进攻。（12月12日）

13日清晨五点半，来自“科尔贝尔”号与“贞德”号的士兵在法国领事馆附近集合，并沿黄浦江行进。得益于昏暗的天色，他们没有受到敌军的骚扰。在神不知鬼不觉的情况下，他们已经来到东门附近一个建在河边的坚固的炮台处。指挥官一声令下，他们装上刺刀展开冲锋，在经历了短暂的战斗之后就占领了战壕。这个小小的行动，以叛乱者的逃离告终。六十多名叛军死亡或脱离战斗。

这一事件之后，辣厄尔将军公开而庄严地宣布法国人与叛乱者已经进入战争状态。法国领事也将这一消息告知了他的英国和美国同事。但法国人将独自对叛乱的县城展开行动，而英国士兵只能充当看客。由于4月3、4日在针对清军的战斗中过度积极，英国士兵遭到赐

① 即法国人。——译者注

德龄爵士的严厉批评,他们不想在针对叛乱者的行动中再冒同样的风险。而就在此时,他们的战友却与法国人一起在克里米亚平原上浴血奋战。

1854 年的最后几天,法军没有再对县城发起强力攻势。只有“贞德”号还继续向一些叛军的防御工事和被指为叛军首领住宅的地方进行炮击。陈阿林总部所在的房屋几乎被摧毁。法国海军的行动开始在叛乱者中造成恐慌。而在看到将被解救的希望之后,城内居民的士气顿时振作起来。城内传来的可靠消息显示,两名叛军首领已因撤离问题发生分裂。那些不幸的、仍被囚禁在县城的人们的来信,将炮轰视作善行。他们呼吁用炮火来解救他们。与其在悲惨与囚禁中苟活,他们更愿意在钢与火中死去。人们很清楚,现状不会维持太久。大家都在等待针对叛乱者的一波新的、更有效的攻势。人们在这几天享受的相对安宁,只是一种预兆,预示着致命的风暴正在靠近。

1855 年1 月6 日清晨6 点半,上海的外侨社会被隆隆的炮声惊醒。通过辨别炮声,人们知道这既不是来自清军的大炮,也不是来自叛乱者的大炮,而是来自欧洲火炮。法国人开始攻城了!

早上 5 点半的时候,辣厄尔将军与“贞德”号和“科尔贝尔”号上的陆战队一起上岸,此时士兵总数达到 250 人。他很快集合了分布在领事馆、雷米先生的房屋以及防御墙等处哨所内的水兵。6 点的时候,他下令两门几乎正对着领事馆架设在防御墙炮台上的 30 厘米口径火炮向县城开火。两艘战舰上的火炮,瞄准了一段城墙进行猛烈轰击。炮击点是县城北门的一段城墙,这段城墙上原本有一座寺庙,但这座寺庙在 12 月 9 日的炮击中被摧毁。

7 点的时候,城墙顶部的护墙被摧毁。用砖块砌成的城墙被打得粉碎,支撑城墙的土台也坍塌了,城墙的缺口处已经可以通行。

直到此时,我们由两个特遣队组成的部队,还在等待出发的命令,防御墙为他们提供了掩护。这两个先遣队各由四个小队组成。号角声就在此时响起了,两个特遣队冒着枪林弹雨发起了冲锋。在城墙之上,叛乱者向他们射来如雨一般的子弹。第一个特遣队由以下人员率领:Guys, Massot, Petit 和 Forestier。第二特遣队由 Broutin, Gambard, Pausnier 和 Macaire 带领。

为了在围绕县城并与叛军的防御工事平行的护城河上架设一座便于其他战友通过的桥梁,工兵连的 Durun 中尉英勇地冲到了最前面。就在这座桥梁刚刚完成架设的时候,他被一颗叛军射来的子弹击中而牺牲。在 Massot 中尉的带领下,水兵们跨过这座桥梁,爬上坍塌的土台。打算堵住缺口,并在此处抵抗法军的叛军退出了战斗,他们丢下同伴的尸体逃跑了。三色旗很快插上了城墙并控制了射击点。

在爬上城墙缺口处的时候,我们的部队在一定程度上遭受了人员损失。事实上,叛军想出了一个办法,他们把一门霰弹大炮架设在我们攻城部队的正前方,并在那里向第一批登上坍塌处最高点的突击队员射击。正是在这里 Petit 和他的三名士兵被杀。很多军官和水兵也在这里负伤而退出战斗。

控制了一部分城墙之后,我们的水兵打退了一波叛乱者发起的无望的反击。与此同时,由于附近的一些房屋开始喷射出恐怖的火舌,他们不得不在城墙的下面也架设一些火炮,这些火炮原本是用于警戒领事馆一带城墙的。但他们无法驱逐这些房屋当中的那些看不见的敌人,后者向他们射来了如雨一般的子弹。他们试图焚烧这些房屋,但也是徒劳的。这些房屋被巧妙地封闭起来,并用沙袋进行加固。房屋的墙壁被凿出很多小洞,一些纸覆盖在小洞上面。一旦开火,人们的视线就被完全遮挡住了。为了在不同的房屋间建立联系,同时也为了在必要的时候的掩护撤退和给一些受到威胁的点提供救援,房屋的内墙和隔断被打通了。这些房屋构成了如此之多的不可攻克的堡垒。

在四个多小时的时间内,法军军官、水兵和战士们创造了很多奇迹。然而,尽管竭尽所能,他们仍无法继续之前的胜利,将造反者赶出战壕。

就在此时,在 Macaire 中尉的率领下,第二特遣队占领了北门,并打退了手持大刀的叛乱者的反扑。他们用叛军自己的大炮对准了叛军,并成功地把叛军从正在射击的那些房屋中赶走。看到北门已经打开,同时见识到法军的战斗力,一支由几百人组成,但只拿着大刀长矛的清军队伍加入了战斗,另一些人则在毫无掩护的情况下攀爬城墙。这些毫无纪律的士兵,并不去追击已经逃跑的叛军,而是去屠杀毫无威胁的老弱妇孺,并割下那些已经在战斗中死亡的叛乱者的头颅。从北门逃出从而逃脱了清军屠杀的妇孺,最终在法国领事馆获得了庇护。

因此,第二特遣队已经控制了这一侧的局势。不幸地是,他们是一支孤军。他们插在城墙上的法国国旗,被数不清的迎风招展的清军军旗所遮蔽。以至于第一特遣队无法看到。尽管遭到减员,但他们仍取得了战斗的胜利,打退了手持大刀的敌人的进攻。与此同时,鉴于另一侧的进攻收效甚微,部队的子弹也快要耗尽,辣厄尔将军不愿增加部队已经很惨重的伤亡,决定在11点半左右将部队撤回。在叛乱者的射击下,这一行动如同演习一般有序进行。叛军急急忙忙占领了几个小时前丢失的阵地,这一致命反扑震惊了清军。后者当中的大部分人惨遭屠杀和凌迟。五百名清军在这场屠杀中丢掉了性命。尤其是在北门地区,"小金子"领着两三百人大喊大叫着杀了回来。清军原本以为已经控制了县城,但由于惊吓过度,很多士兵失去了理智。他们没想到抓紧时间从仍然打开的大门逃跑,而是直接从城墙上跳下。剩下的溃军退回了清军大营,叛乱者重新关闭了北门。

在此次进攻中,法国海军失去了"贞德"号上的Durun中尉,"科尔贝尔"号的Petit少尉和七名水兵。另有三十四人负伤。"科尔贝尔"号上的Discry少尉身负重伤,在几天之后逝世。其他受伤军官有:Guys,Barbarin,Foresiter,Massot,Macaire和军医Senel。法国领事馆在第一时间救治了这些军官。雷米先生也慷慨地把新开业的商店变成了医院。叛乱者则遭到了更惨重的损失。叛乱者的一名主要的领导人——福建人陈阿林——几天后承认,有数百名叛乱者在这一行动中丧生。

战斗期间,英国领事阿礼国先生曾来到城墙缺口处,出现在我国水兵当中。本地出版的报纸批评他想参战,或说他是在道义上陪伴着法国人。事实上,他也曾抗议英军的不作为,而让法军独自与叛乱者作战。而就在此时,雄鹰旗①与圣·乔治十字旗②正在克里米亚上空迎风招展。

---

① 法兰西王国国旗。——译者注

② 英格兰王国国旗。——译者注

六

县城占领者出乎意料的抵抗,以及法国海军所遭遇的、中国人并不了解的战略性和精巧的防御,都是来自叛乱者当中那一百多个外国军舰和商船上的逃兵。他们是德国人、美国人、英国人、法国人和丹麦人。正是他们,为了叛乱政权的赏金,在这个月的某些时候,告知了县城的防御者,他们所知的精巧的防御措施。在这些逃兵之中,还有一伙由叛乱者用高额赏金请来的、无家可归的马来人、马尼拉人、阿拉伯人和澳门出生的葡萄牙人(Macaoïste)。

由于人们很晚才了解这一情况,这些人已经形成了一个固定的组织。一些负责守卫的人,从不离开自己的"巢穴"——县城,另一些人则时而躲避在县城的城墙里面,时而在躲避在自己祖国的国旗飘扬的范围之内。他们自由地在租界地区往来,或绑架那些不幸的中国人,或在上岸的水手中招募新的同伙。他们在租界有几个真正的招募点,招募点中最活跃的代理人,在县城的防守者中非常有名。事实上,这些流浪者都是朝秦暮楚的,今天为清军服务,明天可能就会给叛乱者做事。每天他们都会往返于县城与租界之间。12 月 30 日晚,就在"科尔贝尔"号炮击县城后的几小时,两名美国人乘坐一支中国小船,顺流而上直接驶向叛乱者炮台的一侧。他们遭到"贞德"号上的哨兵喝阻。由于坚持要驶向县城一侧,而且解释很可疑,他们被临时扣押在"贞德"号上,第二天由爱棠先生送交美国领事馆。

除了先进入县城的人以外,新招募者每人每天可以获得 25 个西班牙银元(多于 120 法郎)。通过他们,造反者得知了法国人要在哪天发起进攻的意图,并且了解到哪里将会成为突破口。因此,他们获得了充足的时间来准备反击,同时加固这个已经很有优势的突破口。所以,我们的海军进攻受阻,被迫撤回,完全是因为这些逃兵加入了叛乱者的行列。他们与自己的同盟、爱国者和战友对抗。他们指挥了这一聪明而顽强的抵抗。这一点,我们认为必须要告知中国人。我们是在与装备精良,训练有素的欧洲人作战。如果没有他们,第一个点的战事,如同第二个点一样都将是肯定的。叛乱者将被击退、打败、驱逐,县城将落入已经给清军打开大门的法国水兵之手。包括外国军官、领事和侨民在内的所有人都承认,如果没有这些逃兵出现在那些看不见的防御工事,法军将占领大部分县城,我们的两百多名水兵将成为县城的主人。不幸的是,他们在城墙突破口处所遭遇的抵抗阻碍了另一侧进攻计划的成功。

1 月 6 日下午,清军统帅吉尔杭阿与蓝道台前来法国领事馆进行吊唁。我们向他们提出的第一个要求,是告知中国皇帝法军牺牲者的姓名与官阶。同时给予死伤者的父母一些经济补偿。在向他们致谢的时候,爱棠先生也告知他们,不能一切要求都拒绝。法国皇帝已经为这些受伤者做了自己该做的。法国不会忘记那些将自己的鲜血,洒在中国土地上的子弟。事实上,这一慷慨的要求并没有被接受。法国人不像中国商人那样会讨价还价,而且他们当中的一些人把鲜血洒在战场上并不是为了钱。

第二天(1 月 7 日,礼拜天),为了纪念死难者,一场葬礼弥撒在领事馆的小教堂内举行。出席这一仪式的大量外侨,被“贞德”号牧师简短的祷告和辣厄尔将军简短而庄重的讲话所感动。这一天,阿礼国先生与威妥玛先生,以及英国海军指挥官奥加拉汉舰长与卜扑舰长也来到领事馆表示哀悼。外侨社会自身也被这一事件所震动。他们似乎被这一代价沉重的胜利所惊呆。这一胜利最终使他们明白,由于他们的漠不关心或助纣为虐的串通所培养起来的危机正在扩大。

来自“贞德”号和“科尔贝尔”号的军官、水兵和战士刚刚以自己的勇气捍卫了国家的荣誉。而法国的殖民地也无时无刻不在他们的保卫之下。因此,法国和法国的殖民地,需要给 1 月 6 日的牺牲者一个永久的纪念物,以表示敬仰与承认。爱棠先生在法国人当中发起了一场募捐活动,所获资金将被用于修建一座缅怀死难者的纪念碑。所有军官、战士和侨民都参与了这次公祭活动中。几天时间内,募捐就获得了足够多的资金。牺牲者的墓园应该建在领事馆附近的地方,我们打算一旦事件结束,上海的正常秩序得以恢复,就把其他的牺牲者的遗体迁往这个墓园,使他们可以安息在他们为了它的权利与荣誉而战的法国的国旗下。在这一天到来之前,牺牲者的棺木被停放在董家渡大教堂内。

七

1月6日的进攻,尽管没有获得我们所期待的胜利,但也并非毫无成果。对于叛乱者而言,长期的围困使他们筋疲力尽,饥饿和内讧也造成了很大的损耗,此外他们还十分害怕来自法国人和清军的征伐。因此,叛乱者似乎已经准备撤退,并多次表示愿意投降。受到来自各方的错误意见的影响,同时也为了迫使他们尽快投降,辣厄尔将军对造反者发出了严厉的战争警告,并将县城内市民所遭受的一切不幸都归咎于叛乱者。县城内的投降派和以陈阿林为首的福建派,每天都在发生的流血冲突,给这些措施带来了成功的机遇。如果没有陈阿林在美国水手中进行招募,以及他对城内其他对手的胁迫,辣厄尔将军的措施也许就真的获得成功了。

然而,人们感到事态已经发展到了悲剧的最后一幕,事件的大结局已经临近了。叛乱者最后的挣扎,就如同风烛一般即将熄灭。

县城处于一种更加危急的形势之中。城外的人与被围困者之间的联系变得越来越困难。北门附近的地区或是被破坏,或是被烧毁,已经无法再掩护那些躲避在这一地区的房屋的背后,带着食物和武器偷偷溜进县城的人。法国水兵也沿着防御墙分散开来,狙击那些进入这一毫无掩护的区域内的人。城内的居民陷入严重的饥荒,人们不得不以猫、老鼠和狗作为食物充饥。这些动物很快也会变得不足。妇女们每天成群结队的聚集到叛乱者首领的总部,哭喊着乞求大米。大多数城内的居民无力逃出县城,即使是叛乱者,当中的很多人已经接受这一现实,并说"这是天意,我们无法逃脱。"

得知县城内的情况之后,清军强化了对叛乱者的压力,并加速了他们的进攻。爆发在2月16日的最后一次战斗,差点就使叛乱者放弃了县城。这天早上的五点半左右,一枚地雷爆炸之后,把城墙东南角的一段炸开了。在一阵猛烈的排射和炮击之中,大概八百人的一队清军打算发起进攻。这一行动得到了法国方面的炮火支援。炮弹从防御墙一带的炮台射出。控制了突破口和一段城墙之后,清军占领了一些房屋,并肃清了附近的街道。饥饿的叛乱者以为失败了,便开始逃跑。就在这时,陈阿林带领着很多福建人和三十几名外国逃兵赶来。这一救援阻止了清军的前进。清军坚持了一段时间,他们认为西大营和北大营的援军正在赶来,这样可以使他们在战斗中处于优势。人们不知道是由于什么原因,或者是嫉妒,或者是力所不逮,这两支部队并没有出动。部队遭到的损失,使东大营的清军不得不撤退。在法军炮火的掩护下,他们从自己打开的突破口撤出,免于遭到叛军的屠杀。

这次进攻使叛乱者明白,他们的阵地已经无法守卫,这场战争已经失败。趁着月色,大量叛乱者逃出县城。为了逃避清军占领县城后不可避免的屠杀,很多家族全体逃往租界。在同一个夜晚,一帮英国人和美国人,可能沿着黄浦江顺流而下,一部分人逃往舟山群岛,那里被最活跃的海盗所占据,另一部分则逃往宁波,在那里他们敢居住在专门留给外国人的街区内。即使感到末日即将来临,继续逗留在城内的叛乱者仍未就 2 月 17 日向辣厄尔将军无条件投降达成共识。

2 月 17 日礼拜六是中国的新年。在晚上 10 点至 12 点半之间,外国租界中的侨民看到众多在大风之中摇摆的火焰从县城东面升起,并很快蔓延到县城的大部分地区。事实上,人们的整个视野范围都被映红了。人们认为这场大火是清军为占领县城而发动的夜战引起的,此外人们还听到了来自南门附近密集的交火声。

第二天清晨(2 月 18 日,礼拜天)突然传来清军攻占了县城的消息,这个消息很快传遍了外国租界。城内的叛乱者不是逃跑,就是被发现死于紧随清军入城之后发生的屠杀当中。这个消息是真实的,清军的军旗已经飘扬在县城的城墙之上。这天早上,爱棠先生带领着一连打着法国国旗的水兵,从 1 月 6 日被法国大炮轰开的那个缺口进入了县城。他试图制止县城内的无政府状态,如果有可能的话,还希望把这座不幸的城市,从巨大的灾难中拯救出来。

事情的经过是这样的。这天(2 月 17 日)晚上十点左右,还沉浸在新年庆典与狂欢之中的叛军首领,收到了出乎意料的消息:清军已经进入县城而且城内很多地方都发生了火灾。事实上,是一队松江人马突然袭击了叛军设在南门的守卫部队,后者甚至都没有来得及发出警报。此后。他们又解决掉了城墙附近的卫兵。这些卫兵早已经喝得酩酊大醉或昏昏欲睡。接着,他们还向附近的房屋纵火。与此同时,其他部队也从清军大营赶来,并冲入了附近街道。一些叛军刚开始还准备抵抗,但看到自己的兵力太少,而且已经几乎被攻击部队包围,他们便打定主意使火势变得更大,希望这样能够将清军的攻势延缓片刻。放火对于叛军而言易如反掌。长久以来,考虑到要逃离县城,叛乱者不愿给清军留下除废墟之外的其他东西,就如同巴黎公社此后所做的那样,他们为此在很多房屋内囤积了火药和大量各种易燃物。由于猝不及防,在黑暗的夜色中,叛军无法相互联络以组织起有力的反击和展开巷战。他们迅速加大火势,然后在最难以描述的混乱中向西门逃窜。趁着浓浓的夜色,他们穿过了清军的封锁线。刘(丽川)和陈阿林也在这群人当中,他们见证了叛乱失败。和他们在一起的,还有一百五十几名忠诚可靠的福建人和广东人。在他们穿过封锁线不久,清军就得知了这一消息。来自西大营和跑马场营地的清军随即展开追击,并首先在距离上海 6 公里左右的徐家汇地区追上了他们。此后,又在虹桥地区追上叛军。在这最后一战中,刘(丽川)和五百多名叛军被杀。清军统帅吉尔杭阿把大营设在那里。当刘丽川的头颅被送到这座大营时,一名被赦免的叛乱者进行了确认。至于陈阿林,他成功逃脱了清军的追击,并在逃亡中获救。

作为一座被征服的城市,上海陷入了深深的恐怖之中。征服者进行了比 18 个月的围困更残酷的报复,犯下了最闻所未闻的暴行。所有被俘时仍手持武器的叛乱者均被立即处死,所有的房屋都被清军翻了个遍。尽管砍了几个偷了一些东西的人的脑袋来重建秩序,但没有受损的庙宇和衙门还是遭到了疯狂的洗劫。那些指认叛乱者藏身之所或者协助拘捕叛乱者的人,可以得到 10 到 20 西班牙银元(50 至 100 法郎)的奖励。领导县城防御的谢安邦和在上海十分出名的福建人领袖都被抓住并被碎尸万段。在征服者眼中,就叛乱者犯下的罪行而言,斩首还不是一种足够的处罚。必须要将他们碎尸万段。很多被指为叛乱者配偶或者完全无辜的女人也被处以残忍的酷刑。对叛乱者而言,毫无宽大可言。清军的刀剑无时无刻不在砍下那些新发现的叛乱者的脑袋。

人们很容易想象,县城被清军占领后给外侨所带来的轰动。每当人们看到城墙上飘动的清军军旗的时候,都会从胸中叹出一口气。在礼拜日这天,很多外侨为了满足好奇心,前去参观屠杀的现场。他们得到一位官员礼貌的接待,并依照他们的意愿参观了县城。县城完全是一副毁灭与荒凉的场景,以至于人们回想起来总是感到恐惧。四肢不全的尸体被遗弃在大街上,有一些尸体则被大火烧毁了一半。人们每迈出一步,都是在血泊或者散落的器官中穿行。那些在凡尔赛的部队进入巴黎之后的街道行走过的人,能够轻易的想象出类似的画面。

县城就剩下了一堆冒着烟的废墟,很少有保存完好的房屋。由于叛乱者为他们政权最后的日子储备了粮食,火灾很快开始蔓延,并在很短的时间内摧毁了从爆发火灾的东门直到新教教堂所在的市中心的广大区域。在那里,大火停歇了片刻,正如喘了一口气,然后绕开教堂,继续向北蔓延。火势最终在那里减弱,并由于缺乏燃料而熄灭。文庙也被称作孔庙——刘(丽川)的总部就设在这里——几乎被彻底摧毁。它的“红墙”被变成了一堆瓦砾。城隍庙和那些著名的茶园则全被大火吞灭。

好奇的人们纷纷涌向1月6日被法军炮火轰开的城墙缺口处。这个缺口还不能被修复,无论谁靠近这里,都会遭到法租界防御墙上哨兵的射击。考虑到可能遭到新的攻击,叛乱者在城墙后面设置了很多陷阱,并在陷阱内安装了类似捕鼠器的东西。目的在于夹住那些偶然踩到这些机器的不幸的人的大腿。附近房屋也用柱子进行了加固,周围的小巷子也被各种栅栏封锁起来。人们仍然可以看到用纸糊起来的枪眼,叛乱者就是通过这里给法国水兵造成了极大的伤害。在北门附近,城墙里面的地方也挖掘了很深的壕沟。叛乱者用竹织物盖在这些壕沟上面,并精心地把泥土撒在上面进行伪装。一旦突击士兵踩在上面,则势必会发生坍塌。

在县城东南一侧的大门,叛乱者修建了栅栏和内墙,这使得这里成为了一个强固的阵地。清军的地雷摧毁了这里的城墙,并炸开了一个大约150步宽的空间。县城的这个部分遭到了清军架设在董家渡大教堂与县城之间的火炮的猛烈炮击。总之,除南面和北面,城墙似乎没有遭到轰炸的太大破坏。但城墙周围的地区被完全摧毁了,县城内四分之三的街区被大火吞噬了。

礼拜天的白天,清军开始从大营将大炮和弹药搬进县城。县城的各大城门和城墙上也设置了很多岗哨。不同的部队负责城墙不同的地段。与此同时,秩序与信心开始建立起来。那些在清军围困县城期间逃往租界的市民纷纷赶回县城,尽力寻找他们房屋的断壁残垣和他们的财物。从(清军占领县城)最初的日子开始,还在城内的人和刚刚赶回的市民,便勇敢地投入到(重建)工作当中,他们疏通被堵塞的街道,清理他们的房屋的原址,以便进行重建。

2月19日礼拜一,知县开始给饥饿的市民免费发放大米。这一有组织的安排使几千人得到了帮助。他们说,在围城期间大约有两百人死于饥饿。为了降低粮食的价格,官员和富商给上海主要的慈善机构"辅元堂"送去了捐款。后者则以亏损的价格将粮食销售给穷人。

八

2月28日,因为新近取得的大胜而十分骄傲的吉尔杭阿将军,为庆祝克复上海县城,宴请了外国官员以及法国和美国的海军军官。但最庄严和感人的仪式,发生在1855年3月15日。在这一天,1月6日牺牲的法国军人的遗体,被运往修建在领事馆旁的墓园当中,以示敬仰。在这个墓园完工之前,他们的棺木被停放在董家渡大教堂内。

(上海)最重要的官员,如法国领事、辣厄尔将军、所有法国海军军官以及法侨和一些外国侨民,都参加了这场上午8点半在董家渡大教堂举行的规模宏大的弥撒。弥撒结束以后,牺牲者的遗体从陆路沿黄浦江的方向,在威严的军队和宗教送葬队伍的簇拥下,被运往他们最后的安息之所。他们穿过道路两旁不断扩大的人群,当中大部分是生活在被收复的县城内的市民。自然是出于对死者的敬仰,所有的人带着明显的哀悼的表情,加入到这些健在的、献身于拯救他们的战争中的英勇的法国人的行列当中。十二点一刻的时候,送葬队伍进入了墓园。对死者进行祭祀之后,"科尔贝尔"号护卫舰鸣放了礼炮。"贞德"号军舰上的神父念了悼词,并赞扬了他们在1月6日的战斗中,在面对数量远多于自己的敌人时所表现出来的勇气。辣厄尔将军和法国领事发表了庄严而有力的讲话,在场的人都受到了感染。此后所有人鱼贯而入来到墓前,每个士兵都(对逝者)鸣枪致意。

四天之后,即3月19日,又进行了一场庄严的游行。四面上面写有府台的印信和很多对法国人的忠诚与勇敢表示同情与感激的文字的巨大旗帜被送到了领事馆、"贞德"号、"科尔贝尔"号军舰和海军陆战队。

此后，一个由十名要人组成的县城市政管理委员会，造访了“贞德”号护卫舰，向辣厄尔将军表示致意与感谢。并前往领事馆向爱棠先生表示了县城百姓和这些代表对于法国人的感谢。他们补充说道，他们的感激并不仅仅是为了县城的百姓和他们的财产。他们之所以要与官员分开来表示感谢，完全是处于要向他们的救星致以一种纯民间的敬意。

对于法国的敬意并未就此终止，它深深的根植于人民和官员的心目当中以及天朝的记忆之中。

人们在1855年4月19日，就可以看到这样的证据。这一天上海海防厅分别给辣厄尔和爱棠送去了吉尔杭阿将军的信件，后者在信中声称，得知法国人的高尚行为，咸丰皇帝委派吉尔杭阿将军送来八匹绸缎和一万两白银。吴同知说，皇帝的赏赐首先是为了向法国当局表示敬意，第二是为在与叛乱者作战中受伤的水兵和海员给予一些帮助。爱棠先生接受了八匹绸缎，但在没有获得他的上级——法国驻华公使——的指令之前，他不能接受一万两白银。在此期间，他把这笔钱存放在一个叫做“泰记”的钱庄老板那里。布尔布隆先生命令爱棠拒绝接受这笔一万两白银的赏赐，与此同时还致信吉尔杭阿将军对清朝的礼物表示谢意。

1月6日阵亡将士的纪念碑在直到近些年，还矗立在领事馆旁边。然而，由于一些新的建筑遮蔽了它，我们决定把这一纪念碑迁往上海市政公墓法国区的核心位置，它现在就矗立在那里。它由一块灰色的，几乎没有任何装饰的花岗岩雕刻而成，上面雕刻这些铭文：

纪念这些法国人
他们为正义和人道
攻打侵占上海县城之盗贼
于1855年1月6日为祖国争光而阵亡
他们的同胞与朋友谨立此碑①

“科尔贝尔”号　　“贞德”号
1855年　　1855年

① 碑文由拉丁文写成，译文摘自[法]梅朋、傅立德著，倪静兰译：《上海法租界史》，第168页。——译者注

不幸的是,这个墓园已经从中国人的视野中消失了。由于算计和对现代历史的忽视而健忘的上海的居民和官员,似乎都不记得法国此前给他们提供的有效救援,也不记得死于1855年与叛乱者作战的英勇的法国人。① 我们希望这个已经逝去的小故事,能揭示出我们的国家这一时期在中国所扮演的角色和它所具有的影响力。并向子孙后代传递,我们的海军官兵在上海的城墙下阵亡的记忆。我们能够成功做到这一点!

(译者系上海师范大学人文与传播学院博士后)

① 原文此处用"上海公社"(la Commune de Shanghai)指代叛乱者。——译者注

读档礼记

漫谈《上海新报》的档案价值

盛巽昌

近代上海传媒行业兴起,报刊林立

1850 年 8 月 3 日,英国人奚安门创办了第一份英文周刊《北华捷报》(又译《华北先驱报》,十年后,开埠后的第一份中文报纸也就诞生了。它就是《上海新报》。① 先后担任该报主笔的是英国传教士华美德(M. F. Wood)、林乐知(Y. J. Allen)和美国牧师傅兰雅(J. Fryer)。他们都是十里洋场著名的"中国通"。

前期发行的《上海新报》,每期约五六千字,用小四宋体铅字,进口瑞典新闻纸对开两面印刷。纸质良好,至今历时一百五十年,仍未见有变质发黄,仍可翻阅如旧。

《上海新报》在创办前期,正是 19 世纪 60 年代初,西方殖民主义凭借《天津条约》、《北京条约》,把上海作为继续倾销商品、开展洋行商业,在中国长江中下游镇江、芜湖、汉口等处开拓市场、掠夺原料、倾销商品,因而见它所刊载的,主要内容是商业广告、船舶航行的日期班次,一如它的英文名称《The Chinese Shipping List & Advertiser》(直译应为《中文船期广告纸》)。但是它对中国政治军事活动并非漠不关心,相反极为重视。

---

① 上海图书馆馆藏《上海新报》系第 49 期至休刊号,现存最早一份的《上海新报》日期为 1862 年 6 月 24 日,考虑到《上海新报》初系周刊,后改为日刊,因此大致确定该报于 1861 年 11 月份创刊。

作为商报,《上海新报》的内容十分丰富。

一是商业广告,如为土地房屋产业的买卖和租赁、商品运输、推销和拍卖、洋行的设置和经营。

它的广告繁杂,光怪陆离。出奇的是,它虽由教会传教士、牧师主笔,但刊载的从未见有布道、传播上帝基督等宗教色彩文字。诸如它曾多次刊载有出售英文课本和由华籍人士教授英文的广告,却未见有介绍阅读圣经和解读圣经的启蒙读物。

它的广告大小不一。有"外国车玻璃器皿、火轮机图说",也有为洋场淑女走散宠物代为寻找,以及拍卖小白鼠等微型广告。

同治七年(1868 年)2 月 1 日起,《上海新报》扩大至四版,有一万余字,广告内容也大篇幅地增加了,并出现了样品图绘,如为介绍西方火轮车、种麦轮器以及若干家用器具的"机器图说"。图文并茂,非常醒目。

19 世纪 60 年代初,上海十里洋场兴起。它乃得名于密集于黄浦江西岸的众多洋行。《上海新报》刊载的洋行广告,仅据该报 1862 年 7、8 月所刊的洋行名称,即有 68 家。此后历年有所增加。如《新开洋行》栏目:

启者:本月本日在江西路内新开洋行,行名华泰,其行坐落在元方栈房隔壁、同孚行对门,专作经纪绸司事务.本行主任曾在旗昌、祥泰办过事务。同治二年十一月廿二日(《上海新报》同治二年十二月初四日)①。

启者:本行今系两人合本开设,行名"新宝顺",其行东一名,杭生杭士别德,一名阿飞德登德。其行在黄埔滩广东路角第四号便是,特此布闻。同治九年四月十七日(《上海新报》同治九年七月)。

当时的洋行多热衷于做无本生意,空手套白狼,卖空买空,就是房地产买卖、抵押。在《地基出租出卖》栏,见有:

① 所引《上海新报》均系上海图书馆所藏该报。下同。

> 启者，本行有地两处出租买卖。坐落老马路北面，其一量有五亩，已造有房三十六间；其二量有一亩五分。又另有吉地一方坐落新马路南面，量有六亩，已选有洋屋，并有下房，向系高福利开洋行。细底至本行查勘便知。裕泰洋行启。(《上海新报》同治癸亥五月)

现存最早一份《上海新报》(1862 年 6 月 24 日)，共列有二十余家洋行的广告，其中专从事地产业拍卖的就有 5 家。

这是上海开埠后走上殖民地化的一个标志。

二是内河外海船舶航行时间表。

洋行为了扩大市场、掠夺原料和推销商品，它努力于航路开辟、信息交流，在《北京条约》后，更是努力经营开辟长江内陆河流以及海外航行，并与此相关的船舶租卖等事宜。《上海新报》头版即以最为显著的头条通栏定位刊登“船舶开驶的时间表”。

据该报 1862 年 6 月刊登统计，上海就有三十六家洋行，拥有专业的商船和货轮，其中还多有配备新型枪炮的兵船护航，定期往来于长江上中游的汉口、九江、安庆、芜湖、沿南北海岸的天津、牛庄、宁波、厦门、汕头和香港，并远航英、美、日本、印度和俄罗斯。来华的欧美船只亦多以上海为远东跳板，炫耀于中国内河外海。

围绕长江所开辟航运，中国内地的资源和特产，如朱漆、茶、蜡、矿砂、桐油等源源外输，伦敦、巴黎等地的舶来品花布、洋绒以及香水、珠宝饰物等奢侈品，充斥黄浦滩上。西式糕点也进入上海，并由上海扩散进入江浙内地。开始是舶来品，过后就开办各种类型的食品制造业。如风行不绝的各式面包，它开始成为民众的日常食品；若干洋行还贩卖风琴、乐管等西洋乐器。

长江中下游航运的开辟，使由上海西溯的欧美船舶进入中国内地，“来申放汉，往返一次，所收水脚，足敷成本。”(《徐润年谱》)由此获得很大的利润。

三是鸦片(洋药)和银钱的比价。

洋行和航运有一项必不可缺的贸易业务，就是据《北京条约》，在中国合法地贩卖鸦片(洋药)。《上海新报》每期头版必有专栏，刊登本

日洋药(鸦片)和银钱的比价值:

洋银铜钱洋药价:英1862年6月23日即中华五月二十七日,洋价每元价银七钱八分七厘,本板洋钱每百两九十四铜钱,每两价一千五百七十五文。小洋药每箱价银五百六十两至五百六十五量,大新洋药每箱价银五百零五两,旧大洋药每箱五百十五两至五百二十两。(《上海新报》第45号同治元年五月二十八日)

洋银铜钱洋药价:英1862年11月12日,即中华九月二十一日,洋价每元价银八钱,本板洋钱每百两一百十三元,铜钱每两价一千四百三十文,小新洋药每箱价银五百八十两至五百八十五两,大洋药每箱价银五百六十两至六十五两。(《上海新报》第106号,同治元年九月十七日)

洋银铜钱洋药价:中华正月十八日即英(1865)2月13日,是日鹰洋价每元价银七钱二分一厘,本洋每元七钱,每两兑钱一千二百八十五文,与新洋药每箱价银四百六十五两至四百七十两,大新洋药每箱价银三百二十五两。(《上海新报》第450号)

洋药(鸦片)按箱计,价银高昂。而据1862年12月,汉口进口货价:棉花每担十五两,白糖每担六两至六两四钱,米每担二两;出口货价:洋油每担十三两,煤炭每担三钱九分,油每担五两八钱至七两一钱。此外进至汉口的洋药高达六百三十两至六百四十两。鸦片进口的一本万利,致使西方殖民者绝不放弃鸦片贸易,作为一把利刀使用,不断宰割中国的民生财富。

免费刊登得之传闻、目击太平天国时事

《上海新报》创办后,就在头版连续刊登相同的本报启事。

谨启者:华人如有切要时事或得之传闻或得之目击,无论何事但取其有益于华人,有益于同好者,均可携至本馆刻刷,分文不取,特此布闻。字林洋行华文纸馆特白。

西方殖民者为既得利益,谋求在上海和长江三角洲掠夺原料扩大内外贸易,可是在上海开埠后二十年间,却遭到建立在南京的太平天国干扰。1860 年 5 月,太平天国进入太湖流域和长江三角洲,烽火蔓延至上海周边。1860 年 8 月,太平军李秀成部主力进攻上海,包围县城,威胁租界。1862 年 1 月,李秀成部又五路东进与北上进攻上海、松江,黄浦江东西两岸黄旗飘飘,站在吴淞江口英国领事馆大楼顶上,对来自高桥和吴淞的太平军人马看得是一清二楚。上海城乡秩序受到从未见有的干扰。“叛军继续不断地骚扰上海四周的乡村,严重的干涉了我们的商业”(《上海怡和洋行致香港总行》)。洋行雇佣的中国买办们也相继发出怨言,说上海的各国商行“初颇发达,后因发逆扰乱四乡各镇,账不能收,亏蚀而停”。(《徐润年谱》)

中外贸易,贵在信息。《上海新报》就是在此背景下诞生的。它为搜集有关太平天国的各方信息,向方方面面征求。当时发表文字,乃是要向报社缴纳版面发表费,但属此类信息,多多益善,就此免费,以资鼓励。

它主要采撷、刊载来自上海周边城镇及南京、苏州和宁波等太平天国占领区的军事活动。

现存的《上海新报》前期多是此类文字。

1862 年 5 月,太平天国大军自苏州东进,占领上海徐家汇、真如、七宝和松江等地,以后主力又囤集吴淞江南北两岸,其余各路人马还游弋于西部南翔、黄渡,北部罗店、宝山以及南部金山卫、拓林,随手摘录几条,可见一斑:

> 法华探得:南翔踞贼已退,惟黄渡现扎贼营十余座。泗泾贼经华副将督带洋枪小队奋力追剿,现已肃清等语。(同治元年五月廿八日)
>
> 六月初四(7 月 1 日)探得:贼匪现据罗店,约有数百人,广福已设贼馆,宝山城安静,姜营兵勇数千扎于西门外里许都庙一带。吴淞营兵千余扎于北门外三里许小沙浜,该处系浏河要道。梁胜勇扎于泰兴庵,离镇西市梢三里。艇船、八桨船共有五六十号,舶于口上及蕴草浜。西兵屯于天后宫、关王庙等处。惟姜营兵勇在乡骚扰。昨晨有西兵头到乡,至各营关照禁约等语。(同治元年

六月初五)

吴淞探得,罗店据贼,今晨又东窜至盛家桥掳掠。刘家行、塘桥所设贼馆,本系土匪居多,现闻大兵攻嘉、太,有星散之意。自老浏河之后,水师各船俱放回吴淞,刻闻太仓贼众大队复近浏河,焚掠特甚等语。(同治元年七月七日)

探马探至离真如半里许,回称:该逆约有四五百人,在真如附近村中焚掠,回至镇上造反。现在望见火,似有退北之势,镇上团局已散等语。(同治元年七月二十五日)

二十六日南翔探得:黄渡及嘉定之贼,今晨大股由南翔窜至真如,势甚猖獗,一股窜至野鸡墩,意欲窥向新泾营盘之势。真如镇离法华不过七里,而此次窜出之贼,共有万余等语。

二十七日辰刻,南翔探得:大场镇西难民拥下无数。广福、陈家行、郁公庙等处俱有贼众。据逃出难民云:此股贼自苏州来,内有三大头目,自嘉定、马陆等处,直接至南翔。王家角,杨家桥、厂头等处,尽是贼匪,人数甚多,大有东窜之势等语。

近日长毛距申甚近,今日有英国马队前往察看。(同治元年七月二十八日)

二十九日辰刻到,南翔探称:昨申刻大队亲兵往西追剿,至新泾之西屈家桥地方接仗。该逆大股抗拒,两有所伤。至晚,亲兵俱已收队回城,该逆仍屯屈家桥、徐泾老宅及江北野鸡墩、蔡家桥、张官渡等处,势甚猖獗,倘一东窜,一时难御。(同治元年八月二日)

八月初一日辰刻到,法华探回称:昨日贼匪盘踞法华镇后之南、北曹家宅,直接静安寺,左近曹家渡北。另股沿江搭浮桥以通来往,彻夜火光,此股并未回北,俱在江南过夜,但其路已绕过法华东北,恐由静安寺横扑西门,直至冲洋泾浜。兼探得新泾之贼,拟沿肇家浜东窜,牵制徐家汇,十分猖獗等语。刻又据探丁回称:西门已开,贼在北窑地方,离新闸三里,十分危急。(同治元年八月二日)

1862年夏秋之际,在上海周边,尤其是西面的南翔、嘉定一线,北面的大场、罗店、吴淞一线,更是风起云涌,剑拔弩张。它引起驻扎上海的各路清军和租界当局重视,也成为《上海新报》采访和报道的关注焦点。而此后接踵而来的昆山、青浦和嘉定三县交界处的三江口、四江口连日激战，更使《上海新报》关注备至，它自本年 11 月初至 12 月中旬，有四五十天连续报道：

> 嘉定路探称：四江口贼已扎卡，现与官军隔河对垒，连日攻剿尚未得手。娄塘、塔庙一带贼众大集，势甚猖獗。白鹤港亦骤到苏、昆大股贼匪，昨冲至杜村、章堰等处，居民并遭蹂躏。外冈、青阳江、陆家浜贼亦蠢动等语。（同治元年九月二十日）
>
> 二十二日申初到，嘉定路探称：现在贼目有伪慕王、挺王、纳王三股扬言十有余万，自杭州、湖州来，扬言先攻南翔大营，分攻嘉、青之谣。现屯蓬莱镇、安亭等处，四处打粮。六度桥亦已扎卡。昨因江桥大兵进剿，该逆俱在黄渡一带，计图抗拒。昨法兵带领洋枪队千余人赴黄渡会剿，四江口尚未退，青龙庵亦有贼卡，白鹤港、旧青浦、章堰等处俱是贼薮，南翔、方泰、陆家行尚静等语。（同治元年九月二十二日）
>
> 二十五日未刻到：嘉定探称：二十三日该贼至所搭浮桥，互相拥挤，遂至堤坍，下水死者，填满河道，追兵乘之而渡，现安亭、四江口、白鹤港、杜村、西墩等处贼，遁至彭隆镇、陆家浜、青阳江一带存顿。抚宪现已回辕，法兵、洋枪队亦有收队者。江栅桥营盘，闻将移至四江口。外岗、方泰已无贼踪，葛隆镇、虹桥湾尚有贼踞。（同治元年九月二十九日）

所谓四江口之战乃是一次战略性决战，自此多次东进的太平军再也无力进攻上海，主力部队只能徘徊于苏州太湖三角洲，而李鸿章淮军从困守上海一隅，杀出重围西犯。它在清人公私档案记录是简略的。《上海新报》据时人目睹耳闻，弥补了它在流程中的若干细节。

又据《上海新报》称：1862 年 12 月，淮军水师炮船由四江口攻进平望，陆师主力据青阳江、白塔、彭隆镇，拉开了西犯苏州的进攻战。虽然此后太平军离上海及其周边地区渐行渐远，但《上海新报》仍注意它的动态，包括悬赏征集太平军在苏州的情报。1864 年 7 月太平天国天京失守前后，又以较大兴趣跟踪报道，其中包括有由苏浙进入福建、广东的余部。

这时《上海新报》为扩大信息来源,自三处采集发布新闻:

一来自上海的中外商人提供:

昨有汉口火轮船来沪云,路过燕子矶时,曾在船桅上,用千里镜打看金陵,见妇女老弱被贼驱赶出城,络绎不绝,各人面色均有菜色,行走稍慢者即有悍逆从后鞭打云。(同治三年六月二十日)

昨江南有人来,言及金陵城中,兵勇甚为强硬。如闻居家百姓稍有余资,往往被其动掠。且白日入人家,硬取用物,或有拦阻者,多受其鞭笞。即欲诉诸兵官,而兵官置若罔闻,并将诉冤之人逐出,是以金陵生意愈觉不好。凡回籍谋生者,依然复来上海,其往返之苦,较之流离时仍无异也。(同治四年四月十六日)

昨有福建人来云,见曾道宪拿获广西贼妇一名,以酷死示众。(同治四年三月七日)

二是闽粤地区的来信:

厦门来信云:福建漳州府有发逆一万五千人,系贼目所带之贼,俱照洋枪队阵法习练,在内买得民心,甚未喜悦,置买卖街,生意颇称热闹。其城中因食鸦片烟起火,将城内房屋烧毁。伪侍王自云:不愿与外国人打仗,且欲与外国人和好,先是伪侍王本不欲窜至厦门,兹因海口官兵防守松懈,因而长驱直进,除漳州一万五千贼外,尚有三万多人在福建界内。此系英国人自漳州返厦门来信云云。(同治三年十二月八日)

接得潮州来信云:福建之诏安县城中米粮足敷五六月之用。于三月初六日,突被发贼攻破,贼众在内高修城垣,深掘濠河,城外又围筑土墙,以期固守。(同治四年四月十九日)

三是转载自香港报纸报道:

选录香港新闻云:去年南京发匪大败之后,各贼四散,纷纷逃窜,有逆魁伪森王姓侯名玉田逃至香港,隐匿数月,人皆不知,适有商人陈镇杰,系前被侯贼魁毒害者,偶到香港。翌日,与侯贼魁遇诸途,遂踵其尾,访其住址,侦知确实,即行回省禀报督抚,带同武员到港拿获,即解英官审讯。(同治四年五月一日)

选录香港新闻云:本月十九日李藩宪兵勇,从惠州生擒流窜逆首伪来王、伪列王,囚解至省。于二十一日午刻,大宪即请军令,将此逆首二名押出法场,治以凌迟之罪,城内之人,无不称快。闻此二逆首俱长发,年方三十余岁,当死期将至,犹且面无惧容,其二十一早囚于番禺县监狱之时,自知不免,乞禁卒为之解衣典值,尽买酒炙面饱,二逆对饮,依然谈笑自若,及解至将军衙内捆绑押杀,一路尚敢出恶语伤人,此真胆大莫匹,死有余辜者矣。(同治四年九月十九日)

《上海新报》从创办到1866年太平天国余部覆灭,每期都有专栏,以数百字或近千字报道上海周边城乡、长江三角洲以及后来又从香港等地报刊转载有关信息,共约一千余条,因出自当时的记述,对于我们认识、研究此时期太平天国政治和军事活动,提供了不少可贵的历史资料,如英国殖民当局从香港引渡太平天国森王侯玉田,乃是自香港开埠后,英国首次应清政府请求执行的,由此可证此时双方对待太平天国的认同。

刊载上海地方当局布告

《上海新报》还刊载了曾国藩、李鸿章和上海地方当局等的布告。这些布告乃是公开张贴于城厢、昭示于民众。它不见于地方志和野史笔记。当时遍处皆见,随意可揭,不足为稀。但在今天却因失录,颇为珍贵。

现见的1862年—1865年有关布告十七件,大致可分为五方面内容,即整顿军纪,组织民团、捐输钱粮、管理城市和对外措施。

见于整顿军纪有三篇,即曾国藩告示和郭松林告示二篇。

两江总督曾国藩告示为严禁本部兵勇犯纪事,内称:近闻外防兵勇,半系招募外来闲杂人等充补,营中饷缺,又无保证,一切营利、营规、技艺,丝毫不谙。惟有昼夜吸食洋烟,常时出营掳取民财,奸淫妇女,尽成恶贯,何以御敌,及至该带兵通同舞弊,好不觉察。为此,出示严禁,嗣后营中毋许招募无保、无征外来闲杂人等,倘有一名滥食饷缺者,或经查出,或被告发,即将该营官严行参革。军法无情,决不宽贷,其各凛之,毋违。特谕。(同治元年七月二十八日)

湘军福建提督郭松林乃是在福建漳州等地围剿太平军李世贤部后,中途奉命返回江北,路经上海,暂且扎驻野鸡墩,为防止本部人马扰民,特出告示:

谕仰该地方百姓人等知悉,倘遇本部兵勇滋扰地方者,准即捆送来辕,讯明正法。该地方人等,务必公平买卖,亦不得高抬市价,致起争端,有干究办,凛之凛之,毋违。特示(同治四年六月十二日)

两天后,《上海新报》又刊载郭松林颁布的军令:

松字营军令:临阵退缩者斩,紊乱营规者斩。折毁民房者斩。掳掠百姓者斩。强买食物者斩。吸食洋烟者斩。奸淫妇女者斩。擅入民房者斩。需索地方者斩。酗酒行凶者斩。夜不归营者斩。不遵号令者斩。

曾国藩和郭松林等所颁发的布告,均不见于有关文献记载,幸赖《上海新报》记录。

组织民团参加对付太平军事,见有苏松太兵备道吴煦晓谕的一篇告示。

内称:现经本道会商英法两国公使及各统兵镇将,调集中外援兵,尅期大举进剿。现在两江督宪已有兵抵境,抚宪亦亲统大兵援剿,谅此丑类,不难歼灭。惟被扰地方较广,必须民团助剿,以期一股荡平,恐乡愚无知,误会办团有荒农事。须知未经剿灭,即种亦未必能收。趁此助官杀贼,两事尽可并行,合亟出示晓谕。为此,仰苏松太各属绅耆士庶人等知悉,尔等务各齐心协力,赶集民团,随同大兵进剿,仍须兼顾田畴,乘时插种。(同治元年七月七日)

当此之际,正是太平军在浦江东西两线与敌对峙,因地势不熟悉,常为地方民团牵制,难以舒展,此处或可见上海地方当局布置乡镇民团事。

捐输钱粮有三篇布告:一篇是江苏巡抚李鸿章为劝商捐输,以充军饷的布告,它系淮军在赶走在上海百里圈里的太平军,为扩大战绩所张贴的布告:

抚宪李出示云,为剀切晓谕事:照得本部院统领皖师来沪,迭经攻剿,浦东各州县一律肃清,沪城安堵如常,保地方即以保商贾,筹兵力必先筹饷糈。当此中外大兵云集,支用浩繁,全赖上海输捐,以资接济。凡有可捐之款,无不陆续议捐,而一月军需数十万,实属万难为继,目击时艰,何忍坐视。兹于万不得已之中,勉筹众力易擎之策,拟仿照江西、湖北、安徽现办章程,颁给牙帖,劝商捐输,以充军饷。酌分四等:上等捐银五百两,二等捐银三百两,三等捐银一百五十两,四等捐银五十两,按则征收。

查苏、常被陷以来,江南全省商贾,无不聚集上海一隅,人烟日密,贸易日繁,自应遵照赋税全书例载苏、松、太、常各府州原定牙行一万四千三百八十三户,尽数募充。仍分上、中、下四则,照章捐缴,尽除规费,专裕饷糈。除扎捐厘总局严饬各牙行遵照请领外,合将规定章程,并列示谕。

为此,示仰该牙行、军民人等知悉,尔等开设牙行,务各查照定章,踊跃输将,请领部帖。其已领司照者,则须缴捐一半;其未领司照者,须全数缴捐。从前托名号栈铺户,和取用钱者,亦予从宽免究,一体缴捐。统限两月之内,赴局请领新帖,并给示开行,方准代客买卖,收取用钱。倘有逾限不来请帖,擅取客用,及私雇洋人冒充洋商,一经查出,定即严行封禁,并将房屋充公。其部帖未到以前,先由本部院颁给印照,以待更换。

此系各省奏全章程,遵行办理,以济兵饷,断不能稍事因循,希图幸免。自示以后,尔等各牙行务须激发天良,急公报效,以冀兵精充裕,士马欢腾,军威大振,江南江北扫净贼氛,懋迁日繁,尔商民共安乐土,本部院实有厚望焉。切切特示。(同治元年十二月二十六日)

此篇布告不见于有关李鸿章和淮军文献档案,为诸家研究者疏漏。此时李鸿章正因四江口获胜,准备出上海境西犯苏州,从布告所见,淮军所以能兵强马壮,军需充足,全赖自上海地区商贾的财经支撑,源源不断地做好后勤,全数缴捐银两,致使淮军迅速壮大,为当时中国第一支劲旅。

另两篇乃是地方当局的晓谕。

一篇是署理上海道兼管海关黄某示谕上海洋泾浜外国租界居民捐助银两:

洋泾浜房租每百两抽银二十两,以十两充中国会防军饷,以十两作外国巡捕经费……此因中国军饷支缺,万不得已之举,仍俟军务平静,即行停捐。(同治二年五月十七日)

一篇是江苏布政使刘郇膏等示谕上海绅民商贾,为围攻金陵,“但令兵勇不致饥溃,在劝捐之五十万两案内,加捐三十万两。”(同治三年五月十八日)

有关上海城市管理有五篇:

一是上海道吴煦告示铺户居民,为驻城英国兵恐有扰害居民情事,“刊刻华英合璧门牌,以便西兵一见可知。“(同治元年八月十八日)

一是上海知县王某告示官绅士庶设立难民局事。(同治元年八月二十三日)

一是上海道吴煦告示来沪各船户,“现因军务浩繁,筹饷维艰,所以城乡内外诸色货物,一并设有捐局,裨益饷需,”“仍在吴淞地方,设立捐局,与局委周公正行联票抽收,以昭核实,而杜浮冒、偷漏各弊。”(同治元年八月初七)

一是上海道吴煦与洗衣业及各行人等告示,因英国领事提出“以从前洗衣每百件工洋二元五角,此后每百件须给银三两。”“合行出示谕禁,”“毋得创议把持,任意加价。如敢故违,许即指名禀究,毋违。”(同治元年八月初四)

一是上海知县王某告示城厢段董、铺甲人等,若有不法之徒招摇撞骗,并于茶坊、酒肆妄论军情,致乱民心,许即细解来县”。(同治元年十月二十五日)

对外措施多篇是针对在上海的外国兵丁和中国流氓。

一是上海道吴煦与学宫、也是园等处居民保甲人等告示,“如有不法流氓、通事,勾串西兵闯入民房,欺扰生事,即许集众拿获,捆送前来。”(同治元年八月四日)

一是上海知县王某与绅耆士庶人等告示,今后“再有苟串宁波人、外国人从中确保说情等弊,定当从严惩办。”(同治元年八月二十五日)

一是上海道台照会英领事,为外人惠立等三名在陆家浜、巴城等处,行凶抢劫交与处治。“如领事视为泛常,稍有宽纵凶,不治以应得死罪,致令中国民人不服,嗣后再有此等犯罪洋人,一经拿获,本部院唯有按照中国法度,就近正法,以免中国民人含冤莫伸,决不宽贷等因。”(同治二年六月六日)

一是上海知县王某奉命告示所有华民知悉,不得“每遇外国人民,皆呼为夷人、鬼子,不用平常名字及礼貌之称”,“凡遇各国兵民,只准称为外国人,不得再以亵名乱呼。”(同治元年十一月二十六日)

《上海新报》共发行了836期。

据目前所悉,《上海新报》在中国大陆及上海图书馆收藏有自第49期(1862年6月24日)至休刊号。

早年英国太平天国史专家柯文南博士曾在中国近代史研究所王庆成研究员陪同下,来上海查阅该报所载关于“常胜军”领队戈登在江苏溧阳侍王府获取忠王李秀成宝刀事。在谈话中称,《上海新报》在英国和欧洲大陆还未发现有收藏。上海图书馆顾廷龙馆长曾为此报空缺前四十四期惋惜不已。他说,在香港或还可能找到一些。

(作者系上海市社会科学院研究员)

华安合群与中国精算职业的兴起

张姚俊

在当今国内保险密度和保险深度日趋增加的情况下,人们对这精算师这一职业也不算陌生。但是,谈及精算职业的源起,尤其是精算职业在近代中国的出现,恐怕知者寥寥。

精算职业起源于英国,形成至今已有近两个半世纪的历史。1756年,英国数学家詹姆斯·道森(James Dodson)首度提出应按投保人的年龄和保额收取保费,并将哈雷生命表(1693年由英国数学家、天文学家哈雷创制)改进为寿险公司公平收费的依据。其后,英国公平人寿保险社(Society for Equitable Assurances on Lives and Survivorships)将道森计算保费的理论与具体方法运用于展业过程中,成为世界上第一家采用期缴保费、与投保人年龄挂钩、出售长期合同的人寿保险企业。1771年,英国数学家理查德·普莱斯(Richard Price)发表的《可继承性支付》,被公认为精算学领域的开山之作。他设计的北安普顿生命表成为公平人寿以及英国寿险和年金管理业的主要依据与标准。1775年,普莱斯的外甥威廉·摩根(William Morgan)被公平人寿正式任命为精算师,他由此成为世界上第一个被称作精算师的人。此后,精算职业开始在欧美地区广泛发展起来,还出现了以英国精算学会(The Institute of Actuaries)、英国精算师公会(The Faculty of Actuaries)为代表的精算职业组织。

20世纪初叶,精算职业出现在中国。但由于民国时期国内精算职业发展很不充分;1949年后,因国内保险业务的大幅度调整乃至停顿,精算职业一度消失在公众视线中,直至上世纪80年代方才复苏,新中国精算职业蓬勃发展的历史迄今不过二三十年。因此,长期以来,无论是史学界还是保险学界关于中国精算职业历史的研究基本处于空白阶段,尤其是对于中国精算职业如何兴起的问题更是混沌一片。近期,笔者因从事一本与精算师有关的图册的编辑工作,查阅了上海市档案馆馆藏相关档案文献,藉此对中国精算职业的缘起问题有了大概了解,在此略作叙述,与各位读者分享。

华安合群里的"老外"精算师

众所周知,民国年间的中国保险市场主要有两大阵营,一方是以英美资本为代表的外商保险公司,另一方则是民族保险企业。在林林总总的华商保险公司中,无论从组建时间还是经营实力来论,华安合群保寿股份有限公司(以下简称"华安合群")无疑是业界翘楚。华安合群的创办者吕岳泉乃上海川沙(今属浦东新区)人,少年时曾于英商永年人寿业务经理穆勒家中帮佣。因得穆勒赏识,遂为其助手,后正式加盟永年,成为营业员,累迁永年人寿南京分公司经理。1911年冬,为了实现开办一家国人自营的寿险公司的夙愿,吕岳泉毅然辞职。在征得徐绍桢、王人文、朱葆三等政商界名流的支持下,集资20万两,创办起华安合群,还兼并了华安人寿保险公司(1907年由朱葆三、沈仲礼等发起组建)。1912年7月1日,华安合群正式对外营业,其虽不是中国第一家华商寿险公司,却是首家纯粹华资的寿险企业。

不过,寿险公司的发展壮大绝非汇集资本、兼并重组那么简单,若无懂管理、精业务的专才,华安合群将何以为计? 吕岳泉在永年人寿打拼多年,深谙经营之道。因而,他从永年人寿聘请了两位重量级的外籍专业人士参与公司管理。

永年人寿的全称是"中国永年人寿保险公司"(China Mutual Life Insurance Co.' Ltd.),虽然名称中冠以"中国"二字,却是一家地地道道的英资企业。永年人寿成立于1898年,总部设在上海广东路10号(今广东路93号),主要经营定期寿险、终身寿险等业务,在国内外设有近80个分支机构。后与中英合资的华洋人寿保险公司(Shinghai Life

Insurance Co. , Ltd.)合并,1924 年被加拿大永明人寿保险公司(Sun Life Assurance Co. of Canada)兼并。永年人寿是最早承揽华人寿险业务的外商保险企业之一。事实上,外商寿险公司在上海开埠后不久即进入中国市场。1853 年起,英商永福人寿保险公司(Standard Life Assurance Co.,亦译为“标准人寿保险公司”,1825 年成立于爱丁堡,总部后迁伦敦)在沪展业,其业务由公裕洋行等代理。但因缺乏中国人的生命统计资料,外商寿险公司最初的业务拓展只得依赖于旅华外侨的保险需求,营业范围局限于通商各埠。19 世纪末,沪上的英国侨民人数也不过约 2 000 人,永年人寿等外商寿险公司的业务量可想而知。

到 1900 年,这种窘境有了彻底改观。是年,永福人寿依据 1888 年至 1900 年的统计资料制成华人生命表,开始承保华人寿险业务。永年人寿的精算师尼尔则进一步建议将是否吸食鸦片作为区分华人客户群的标准,对完善中国人生命表作出了贡献。此后,外商寿险公司在上海寿险市场的角逐日趋激烈。华商寿险业也在此前后应运而生了。

1910 年左右的永年人寿主要负责人为郁赐(A. J. Hughes,今译“休斯”)。郁赐即为前文所述的那两个“老外”精算师之一。他是加拿大精算界的元老,来华之前相继在加拿大永明和宏利两家寿险公司担任精算师;后创办克朗人寿保险公司,任总经理兼总精算师。郁赐还是加拿大精算师俱乐部(成立于 1907 年,今加拿大精算师协会前身)的发起人之一,为俱乐部永久高级会员。约在 1909 年前后他受邀来华,任永年人寿保险公司书记(该职位名列总经理之前,类似如今的 CEO)主持该公司改组整顿事宜。正因为吕岳泉与郁赐同在永年共事,彼此熟识,郁赐遂接受吕岳泉的延聘,出任华安合群的总司理。

郁赐虽长于精算,但身为总司理,诸务繁杂,分身乏术。于是,在他的推荐下,曾为永年人寿保险精算师的第巘礼(F. Defries,今译“德弗里斯”)加盟华安合群,出任总稽核兼秘书长,并任计算员(即精算师,1930 年代中期之前国内保险界对精算师的称呼多为计算员或计核员,下同)。第巘礼即是那第二个“老外”精算师。第巘礼于 1906 年获得英国准精算师资格(AIA)。在同一时期的华商保险公司中,华安合群是唯一拥有正式精算师的一家。“然以保寿计核为业者,取俸向优。”华安合群的发展离不开学识丰富的精算师,但支付高薪对于处在草创时期的华安合群而言,其经济压力是显而易见的。于是,郁赐解囊帮助公司代付第黻礼的薪金缺额部分,总计 1 800 两。

1914 年 8 月,因“一战”爆发,第黻礼奉召返回欧洲参战。为此,他向公司方面申请长假,华安合群还资助 60 英镑,供其添置军装。

最早从事寿险精算工作的中国人

第黻礼回国了,但华安合群不能没有精算师。这令吕岳泉和郁赐着实犯难。一下子找不到合适的人选,郁赐只得亲自上阵,兼顾精算事务。不久,一位名叫经乾堃的青年才俊引起了他的注意。经乾堃,浙江上虞人,在华安合群创立之初入职,曾自学保险数学,还通过了英国剑桥大学的相关考试。在郁赐眼中,经乾堃“品行端正、学术甚优”。他十分欣赏经乾堃,让其协助处理精算事务及公司日常管理业务。郁赐还曾提议保举经乾堃留洋学习精算,后因种种原因,未能成行。从这个意义上讲,经乾堃应该算是最早从事寿险精算工作的中国人。他很快就凭借出众的才干,逐步从普通职员成长为华安合群的高管,先后担任秘书长、董事兼副经理,被吕岳泉视为左膀右臂。日后,经乾堃还参股创办了光华火油公司、华明烟草股份有限公司等企业,并担任光华火油公司常务董事兼总经理、华明烟草股份有限公司常务董事,成为上海工商界的翘楚。

经乾堃的工作重心毕竟在企业管理,而非精算,华安合群还是需要一位专注于本业的精算师。1914 年 3 月,华安合群聘请了一位英国剑桥大学数学专业毕业的高材生周大纶,周是浙江人,入职后先是被安排在保单科负责缮写、核对保单,但他很快通过了英国剑桥大学精算科目的相关考试,成为继经乾堃之后郁赐的第二助手。1917 年初,周大纶被提任副计算员,暂摄华安合群精算事务。后因第黻礼死于战场,周大纶遂继任计算员。他是目前已知的第一位专业从事寿险精算工作的中国人。

华安合群与“海归”精算师的不解之缘

经乾堃和周大纶虽从事精算工作,但他们并非科班出身,也未取得国际公认的精算师资格,若按照现代标准,称之为“精算工作者”或更恰如其分。1926年,华安合群迎来了第一位真正意义上的精算师。是年5月1日,华安合群在《申报》首版刊登广告,宣布聘用张德舆为寿险计核员,这在当时的上海保险界首开先例,引发业内轰动。张德舆毕业于圣约翰大学,1922年赴宾夕法尼亚大学专攻人寿保险学,获商科硕士,曾在美国大都会人寿保险公司从事精算工作。归国后,担任过武昌中华大学经济系(今中南财经政法大学前身)教授、武昌商科大学(今武汉大学经济学科前身)人寿保险学名誉讲师。张德舆入职以后,与周大纶共事,华安合群由此同时拥有两位精算师,在当时的华商保险业内实属罕见。

以今日的标准来衡量,张德舆算是保险业界的“多面手”,他不仅擅长精算,也长于寿险营销,他是中国第一位拥有美国特许人寿理财师(CLU)资格的保险从业者。1927年下半年后,张德舆的职业重心逐渐由精算转向营销管理,历任经理部督查员、上海营业部主任等职。

1928年3月12日,周大纶因盲肠炎不治身故。上海报界纷纷刊发消息,将周大纶称作“寿险计算家”,这从一个侧面表明他在精算事业上所取得的成就,也说明社会舆论对精算从业人员的认可与尊敬。

华安合群精算师的职位再度出现空缺。1928年底,吕岳泉又一次聘用“海归”精算师。他就是广东新会人陈思度。陈思度毕业于北京清华学校高等科(今清华大学),1920年赴美留学,先于康奈尔大学学习数学专业,后转至密歇根大学攻读精算,1925年获精算硕士学位,同年获得北美非寿险精算学会准会员资格(ACAS)。大学毕业后,他曾在纽约州立大学、美国大都会人寿保险公司等机构任职。来到华安合群任职时,陈思度正当而立之年,意气风发,精力充沛。他凭借丰富的工作经验,在精算师工作上得心应手、游刃有余。1932年,陈思度获得美国精算学会准会员资格(AASA)。同时拥有两种精算师资格,在民国时期的中国保险界也是“唯陈君一人耳”。

值得一提的是,陈思度不仅在华安合群执业,还深入参与了太平人寿的筹办事宜。1933年8月,陈思度加盟太平保险公司人寿部,兼任计算股(后更名精算股)主任。1938年12月30日,太平保险公司人寿部改组为独立法人的“太平人寿保险公司”,总经理由太平保险公司董事长、总经理周作民兼任，陈思度继续负责精算业务。

在沪工作期间，陈思度利用因公出差菲律宾、印尼和新加坡等地的机会，进行民情调查，用于制作温带和亚热带人群保险费率表的基础数据。1940 年至 1942 年，太平人寿先后出版了陈思度的 4 部英文精算著作：《人寿保险计算书（温带经验表·周息三厘半平衡保费法）》《人寿保险计算书（温带经验表·周息三厘半依利奈法）》《人寿保险计算书（热带经验表·周息三厘半平衡保费法）》《人寿保险计算书（热带经验表·周息三厘半依利奈法）》。1945 年，陈思度在上海出版了他的第五本英文专著《人寿保险单纯保费表》。1949 年末，陈思度赴香港定居，曾担任永安人寿和太平香港分公司精算师。以从业时间和成就而言，陈思度在民国时期的中国精算师群体中当属第一。因此有人把他誉为“中国精算师之父”。

毋庸置疑，精算职业发展史在历史研究领域中虽名不见经传，但正所谓见微知著，中国精算职业源起的过程正是民族保险业由初生走向发展繁荣的一个缩影，也是近现代中国金融人才成长之路的一个缩影。就此而论，对于中国精算职业兴起的研究并非多余，而是有着重要意义。然而，有关中国精算职业兴起的论题并不是如此简单就能够厘清。除华安合群外，中国保险公司、宁绍人寿保险公司等民族保险企业也与中国精算职业兴起有着密切联系；陈思度的校友陶声汉和李守坤亦是老上海知名的精算师。陶声汉还参与了中国人民保险公司的筹建，改革开放后，撰写了多部人寿保险精算方面的专著和论文，填补了新中国精算教育与科研的空白。关于上述这些企业和人物与中国精算职业缘起的史实，有些已基本摸清，有些还尚待进一步挖掘。

（作者系上海市档案馆利用部研究人员）

档案指南

关于陈独秀研究的档案资料问题

徐光寿

陈独秀(1879—1942年)被誉为五四新文化运动的旗手、五四运动的总司令、中国共产党的主要创始人和早期的主要领导人,近代中国著名的思想家、革命家和学者。在其跌宕起伏的一生中,无论其个人的遗文档案,还是作为革命家和政治人物的档案馆所藏档案,均极为丰富。这两种档案资料,都是陈独秀研究不可或缺的第一手资料,弥足珍贵。

一、1949年以前陈独秀遗文资料的整理与出版

先看陈独秀的遗文档案资料。陈独秀一生著述甚丰,无论政论文章、学术著作还是往来信件,至今仍难穷尽。其编辑、出版、印行大致分为1949年以前和1978年以后这两大历史时期,其中第二时期可分为20世纪80年代、90年代和21世纪初的三个阶段。

1949年以前陈独秀遗文档案的收集、整理、印行,大致分为两个阶段。

第一阶段是《独秀文存》的印行。最早结集出版印行的,是经陈独秀自行选编、1922年11月由他的同乡兼老友汪孟邹创办的上海亚东图书馆初版印刷发行的《独秀文存》共三卷四册,至1934年3月竟印行了10版。陈独秀在《自序》中称:这几十篇文章"都是我的直觉,把我自己心里要说的话痛痛快快的说将出来,不曾抄袭人家的说话,也没有无病呻吟的说话,在这一点,或者有出版的价值。在这几十篇文章

中,有许多不同的论旨,就此可以看出文学是社会变迁底产物,在这一点,也或者有出版的价值。既有出版的价值,便应该出版”①。1933年出第九版时,蔡元培为之作序:“大抵取推翻旧习惯,创造新生活的态度;而文笔廉悍,足药拖沓含糊等病,即到今日,仍没有失掉青年模范文的资格”②,给予高度评价。该书汇录了陈自1915年9月至1921年8月所撰写的论文、随感录及通信,是研究五四和建党时期陈独秀的重要档案资料。这个阶段也是陈独秀一生事业的巅峰时期。亚东版的《独秀文存》今已极为罕见。

安徽是陈独秀的故乡,也是新时期陈独秀研究的中心之一。1987年12月,“为适应中国近代史、中共党史和陈独秀问题研究的需要”,安徽人民出版社重版《独秀文存》合订本,连续编码。所做的调整在于,卷三通信中的次序做了调整,把陈独秀的信置前,别人的信作为附录置后,别人的信仍全录于文存,“这有利于了解陈独秀某些思想产生的来龙去脉,有利于研究工作者查找和探求”③。

第二阶段是陈独秀逝世后的收集、整理。1942年5月陈独秀病重期间,原北京大学学生、陈独秀至友、抗战期间江津县城一中学教员何之瑜,受北大校友会之托,参与照顾陈独秀的生活。陈独秀逝世后,他“恪遵遗嘱,收管遗著”④,担任葬仪、收支和遗著整理等事宜。6月6日他在《独秀先生病逝始末记》中记录了陈独秀病逝的整个过程,并在1943年2月20日记录了陈独秀逝世后“关于遗稿之整理,家属之安置,经费之收支及墓道之修筑等事,已先后就绪”。他在“遗稿之整理”事项中写道:

> “关于文字学及声韵学,已请魏建功教授负责整理;客署约台静农、方孝博两教授来津,参加初步工作。将遗稿中之关于文字学及声韵学者,如小学识字教本、连语汇编、古音阴阳八百用例表等

① 任建树主编:《陈独秀著作选编》第二卷,上海人民出版社2009年版,第472页。

② 何之瑜:《后记》,王树棣等编:《陈独秀评论选编》下册,河南人民出版社1982年版,第419页。

③ 陈独秀:《独秀文存》,安徽人民出版社1987年版,重版说明。

④ 王树棣等编:《陈独秀评论选编》下册,第415页。

> 十余种，及尚未成编之零星遗稿，均分类登记；并抄录付本，以待出版。至于先生之散文及诗词，散失甚多，蒐集不易，拟请陈钟凡、台静农两教授从事蒐辑工作。其他关于政治思想之论文，早已披露于各种刊物，兹征得家属之同意，不加整理"①。

何之瑜还遵照时任武汉大学校长、原北京大学教授、陈独秀同乡老友王星拱来函的嘱咐，拟定了陈独秀遗文收集办法四点（此件现藏北京大学图书馆）。随后何又邀请魏建功、台静农、方孝博三教授于1942年8月16—18日来到江津，将陈独秀的文稿和书籍"都分类编号登记，做了初步的整理工作"②。后续整理与出版工作由何之瑜继续办理。次年4月29日，何编成《独秀丛书目录》，分寄陈的生前友好征求意见。

虽然抗战期间出版条件极为有限，但在王星拱、沈尹默、傅斯年、段锡朋等陈独秀老友、学生和亲属们的大力推动下，同为陈独秀老友的商务印书馆总编辑王云五欣然应诺在抗战结束后尽快安排出版。战后伊始，双方即签署了出版协议。根据收集情况，1947年秋，陈独秀遗文付梓商务印书馆。至1948年5月陈独秀逝世6周年之际，由商务印书馆先行出版了《古音阴阳入互用例表及其他》、《实庵自说及其他》、《小学识字教本》、《中国拼音文字草案》、《独秀文存》第一集、《独秀文存》第四集、《甲戌随笔》等7册，其余5册则有待"汇齐遗稿"③，主要是陈独秀创建中国共产党、领导国民革命、组织中国共产党左派反对派（简称"托派"）期间所发表在《向导》、《无产者》等政党机关报刊的论文、寸铁、杂碎、通信等遗文资料。显然，商务版的陈独秀遗文具有鲜明的政治色彩。

遗著出版之际，根据陈独秀遗文收集情况，1948年5月30日，何之瑜公布了《陈独秀丛著总目》，其中仅陈独秀语言文字学、音韵学等遗著即有14部之多。另有论文、随感录和通信等编成《独秀文存》1—

① 王树棣等编：《陈独秀评论选编》下册，第413页。
② 王树棣等编：《陈独秀评论选编》下册，第421页。
③ 王树棣等编：《陈独秀评论选编》下册，第422页。

4集,还有《独秀书信》、《独秀丛著拾遗》等遗文。遗憾的是,由于政权易手,沧海桑田,商务印书馆不可能完成陈独秀遗文的出版承诺了。

二、改革开放新时期陈独秀遗文资料的出版与发行

第二个时期,即改革开放以来,陈独秀遗文档案的编辑、出版,大致分为三个阶段。

1951年12月初,公安部在全国范围组织了一次对托派的大逮捕行动,陈独秀遗文和托派资料被集中存放于上海市公安局档案馆。因此,在改革开放前30年中,除各种编印的"陈独秀批判资料"和少量经过严格筛选、供大批判使用的散见于《中共党史教学参考资料》等陈独秀遗文选辑,并无其他任何正式出版的专门的陈独秀遗文集。

改革开放后,随着实事求是思想路线的逐步恢复和重新确立,对陈独秀的研究也不断深入,陈独秀遗文档案资料的整理和出版工作被提上日程。三十多年来,仅大陆出版的《陈独秀文章选编》、《陈独秀著作选》、《陈独秀著作选编》和《陈独秀文集》等综合性资料,目前至少已有四种。而此间正式出版的单一性的陈独秀遗文资料和年谱等,更在十种以上。

第一阶段,即1980年代,北京生活·读书·新知三联书店出版的《陈独秀文章选编》(以下简称《文选》)。《文选》分上、中、下三册,共147万字,是中共建政以来最早正式出版的陈独秀个人著述,首次发行1.9万册。关于该书的出版和发行需要说明两点:一是其"出版说明"显示,早在1981年4月即完成了编辑工作,直到三年后的1984年6月才得以出版。二是虽注明由新华书店发行,但特别说明仅为"内部发行"①,连编者的姓名都未出现在封面。显然,该书不仅经受了严格的审查,且发行范围也受到了明确的限制。

严格说来,《文选》其实是全国范围内多家学术单位团结协作的集体成果。早在拨乱反正时期,人民出版社即组织北京、上海、安徽、四川

① 林茂生、杨淑娟、王树棣:《陈独秀文章选编》,生活·读书·新知三联书店1984年版,出版说明。

等4个省市的6家单位,分别负责收集陈独秀遗文资料。根据分工,安徽省哲学社会科学研究所、北京大学、上海社会科学院历史研究所、中国社会科学院近代史研究所、中国人民大学、四川省社会科学院分别收集陈在1897—1915、1915—1920、1920—1927、1927—1932、1932—1937、1937—1942年间的遗文档案。据上海社科院历史所负责资料工作的任建树回忆,人民出版社当时还寄来100元钱作为工作经费。6家单位收集的陈独秀遗文档案汇总后,经中国人民大学林茂生和北京大学杨淑娟、王树棣编辑,辗转反侧,最终由北京生活·读书·新知三联书店1984年出版。

1980年代出版的单一性的陈独秀研究资料也有数种,主要有:王树棣、强重华、杨淑娟、李学文编辑的《陈独秀评论选编》上、下册,共73.6万字,"收入了著名人物、史学工作者和知情人自1919年至1980年间写的论文、编辑的资料和回忆录共五十余编","其中有毛泽东、李达、许德珩、蔡元培、包惠僧等对陈独秀的重要评论和回忆,并附有《陈独秀著作、译文、书信、诗词目录》"①。与此同时,强重华、杨淑娟、王树棣、李学文又编辑了《陈独秀被捕资料汇编》,收入了自1913年至1937年陈独秀五次被捕期间各种报刊对陈独秀被捕之报导、评论、营救函电,当局的审讯、判决,以及陈独秀本人的答辩和知情人的回忆录共107篇,共20.9万字,也由河南人民出版社1982年出版。

1980年代还出版了两部《陈独秀年谱》,一部是唐宝林、林茂生的《陈独秀年谱》,1988年上海人民出版社出版;另一部是王光远的《陈独秀年谱(1879—1942)》,重庆出版社1987年出版。年谱作为遗文集的重要补充,历来都是陈独秀研究的重要资料。尤其是唐、林的《陈独秀年谱》,虽然出版时间稍晚于王光远的《陈独秀年谱》,但该书从1982年11月初稿,经三次修改,于1987年4月定稿,"力求真实地反映陈独秀一生的主要经历"②,终于1988年12月出版,编写时间较长,具有很高的史料价值。

---

① 王树棣等编:《陈独秀评论选编》上册,河南人民出版社1982年版,编者说明,内容摘要。

② 唐宝林、林茂生:《陈独秀年谱》,上海人民出版社1988年版,前言。

此外,水如编的《陈独秀书信集》1987 年由新华出版社出版,共38.2 万字,收集了陈独秀从1910 年至1942 年间来往书信353 篇,其中初次刊出44 篇。这也是陈独秀遗文资料的重要组成部分。但限于时代条件,一些重要的书信,如1927 年八七会议后陈独秀致中共中央和共产国际的6 封信,以及陈1929 年 12 月 10 日《告全党同志书》和 12月 15 日《我们的政治意见书》等党内公开信,均未能收入,是个很大的缺陷。

然而,正如《文选》"出版说明"所言:"凡代表中共中央在党内所作的报告,起草的指示等,均未收入。文字学等学术性著作、诗词及译文等亦未收入。来往书信,限于篇幅,一律不附来信"①。因此,《文选》在选文上有着很深的时代烙印和历史局限,难以反映陈独秀的活动和思想全貌,尤其是陈独秀晚年的思想。必须有新版的陈独秀遗文集。

第二阶段,即1990 年代,上海人民出版社出版了《陈独秀著作选》(以下简称《著作选》)。

与《文选》相比,《著作选》的最大成就,在于对陈独秀1927 年以后的遗文、书信的大量选编。包括前述陈独秀1927 年八七会议后给中共中央的三封来信、1929 年给中共中央的一封来信和两封公开信、1930年给共产国际的一封来信,及"九一八"前后发表的抗日文章,为陈独秀研究提供了良好的条件,大大便利了陈独秀研究。这些重要信件内容多数属于首次公开,让读者得以全面了解到陈独秀与中共中央的政治分歧,以及陈独秀被开除党籍的真正原因,读来令人茅塞顿开。因此,《著作选》第二、三两卷的篇幅明显增加,全部三卷共165 万字,超出《文选》的篇幅 18 万字,主要就是陈独秀晚年致中共中央和共产国际的信件以及有关托派的档案资料。这可能也是拖延出版产生的唯一积极意义吧!这个成就首先得归功于两位重要当事人——主要编辑人任建树和责任编辑郝盛潮两位上海人。②

---

① 林茂生、杨淑娟、王树棣:《陈独秀文章选编》,出版说明。

② 直到二十多年后的今天,笔者多次拜访任建树先生,他仍对郝盛潮当年的胆识和魄力称赞不已。

记得1992年5月,笔者有幸与任建树先生同在陈独秀的故乡安庆参加陈独秀逝世50周年学术研讨会,更有幸的是,由于笔者迟到、会务组没有别的空房而只好将我安顿到任先生的房间,竟然能与任先生同住一个房间三天。这三天,我们白天参会和考察,晚间席床畅谈,我荣幸地接受了任先生三天的教诲。在我承诺"一定保密"的前提下,他告诉我,《著作选》二、三卷即将出版,不仅选编了1927年下半年至1930年上半年陈独秀致中共中央和共产国际的信,而且收入了不少陈独秀作为托派的遗文资料,这些在全国都是第一次。我深知这些档案资料的价值,当然守口如瓶。我的待遇是:任先生保证送我一套签名的《著作选》。对于一个青年学者而言,这种礼遇当然极为珍贵。我们都恪守了诺言。

《著作选》的第二个进步,是编辑、出版体例的逐步正规化。与《文选》相比,《著作选》不仅正式署出了三位编者任建树、张统模、吴信忠的大名,而且冠以给以积极评价的"著作"之名。一般而言,著作虽然只是汉语词汇,是体例的一种,但毕竟不同于"编述"和"抄纂"这些词汇。按照古代汉语的标准,著作专指创造性文章,是指前人没有阐发过或没有记载过的,或第一次出现的文章或书籍,才算"著作"。将"著作"一词运用于陈独秀的文章,显然认可了陈独秀遗文本身的创造性价值。对比极"左"思潮横行时期的贬义词"批判资料"和《文选》的中性词"文章"而言,无疑是一次重要的进步。

然而,正如《文选》那样,主要编辑工作完成于1980年代的《著作选》仍然存在明显的时代烙印和历史局限。主要表现于三个方面。其一,出版周期格外漫长。众所周知,《著作选》的编辑、出版和发行是一个漫长而艰巨的过程。《著作选》也分第一、二、三卷,第一卷早在1982年4月即已完成编辑工作,却延迟到两年多后的1984年9月才出版。更令人惊讶的是,同样是在1982年4月完成编辑工作的第二、三卷,却拖延到1993年才出版,前后相差十多年,令人唏嘘!其二,内容选编仍有欠缺。"陈独秀任职中共中央书记时,在党内会议上的报告,以及起草的函电、文件等,凡当时未公开发表,解放以后也不见于内部书刊的,本著作概不列入选编范围"①。这不仅排除了陈独秀担任中共中央主

① 任建树等编:《陈独秀著作选》第一卷,上海人民出版社1984年版,编辑说明。

要领导期间在历次会议上的报告和发言,而且排除了陈独秀为中共中央起草的各种通知、决定等重要文件,局限了《著作选》的内容,因而在篇幅上比《文选》并未增加太多。其三,发行范围依然受限。虽说是正式出版,但《著作选》与《文选》一样,第一卷仍明确规定为“限国内发行”。看来,1980年代初国内的陈独秀研究,仍处于“乍暖还寒”的初春时节。

所以,直到《著作选》出版后的1990年代后期,国内仍有学者感叹“陈独秀在中国名人中,资料奇缺,可谓独有”。他们大声疾呼“必须花大功夫多方发掘”①。研究资料缺乏全面性、权威性,必然降低研究成果的学术质量。这不能不说是一大缺憾。令人高兴的是,世纪交替以来,有关陈独秀研究的档案资料和遗文资料都有了突破性进展。

第三阶段,即21世纪初,相继出版了两种重要的陈独秀遗文集。

首先是六卷本精装本《陈独秀著作选编》(上海人民出版社2009年版,以下简称《著作选编》)的出版,仍由著名学者任建树主编,李银德、邵华副主编。主要价值在于:

一是遗文资料的全面性、权威性。这是目前涵盖面最广、收入文章最全的陈独秀遗文汇编,具有较高的文献保存和学术研究价值,也是目前国内陈独秀研究的最重要、最直接的遗文资料。令学术界难忘且感动的是,时年85岁高龄的任建树研究员长期致力于陈独秀著作的搜罗发掘、整理出版和生平研究工作,做出了独树一帜的贡献。不顾年岁渐高,长期潜心搜集辨别资料,放弃个人应得报酬,在1990年代出版三卷本《著作选》的基础上,又带领“四老四新”的学术团队②,竭十数年苦功,终成此集,令学界感动,学人感激!全书六卷280万字,按发表时间收入了陈独秀1897年至1942年发表和未发表的各类论著近900篇。所选文章均依据权威资料和《新青年》、《向导》、《安徽俗话报》等重要报刊的影印件严格校对,尤其是选用了俄罗斯国家社会政治历史档案资料,最大限度地保证了内容的准确性。

---

① 《建国后陈独秀研究综述》,沈寂主编:《陈独秀研究》第一辑,东方出版社1997年版,第14页。

② “四老”指任建树、李银德、邵华、黄河,“四新”指方庆寨、陈梅青、高寒、陈维民四位中青年。

二是学术态度的严肃性和严谨性。《著作选编》超过原三卷本《著作选》二百多篇,115 万字,校正旧编中错、别、漏字句上千处。但是,编入书中的档案文件,目前仅限于中共中央和共产国际以及联共(布)中央已经公布的、并有陈独秀本人签署或与他人合署的文件。某些宣言和决议虽确知由陈独秀草拟,但未见署其名,不能确认,故均未选入①,显示了严谨的学术态度。大量增加的是陈在上海工人第三次武装起义前后主持特别委员会的发言,五卅运动中在《热血日报》上发表的文章,在南京狱中写给汪原放的 54 封书信,入川后写给台静农等人的近百封书信等等。

三是重要资料的学术性、珍贵性。《著作选编》之第六卷收入了陈独秀文字学音韵学著作,尤其是收入新中国成立后从未在大陆正式出版的陈独秀语言学代表作《小学识字教本》,这在 1949 年以来的大陆尚属首次。书稿从梁实秋珍藏的专家手描版整理而来。《小学识字教本》书稿由国立编译馆油印 50 册分赠专家,梁实秋分得一册,日后带往我国台湾,请专人描清字迹不清处,影印 500 册,仍感不佳,再请人费时十月,将全稿重描无误,书名改作《文字新诠》,隐去作者姓名与《自叙》,代之以梁序,于 1971 年由我国台湾语文研究中心影印出版。梁实秋私下告诉友人,此为陈独秀遗作。《小学识字教本》得以传世,此次收入《陈独秀著作选编》为第六卷,足可使之藏之名山、传之后世,永为后人所征用。

无疑,《著作选编》是 1949 年以来甚至是有史以来陈独秀遗文资料中最全面的版本。

其次,《陈独秀文集》(以下简称《文集》)1—4 卷精装本的出版。因人民出版社 2013 年出版中国共产党先驱领袖文库而被纳入其中。《文集》虽仅 186 万字,比《著作选编》减少很多,但《文集》的出版仍有其特定的含义和价值,值得关注。

《文集》是人民出版社在新中国成立 60 周年启动的编辑出版工程"中国共产党先驱领袖文库"丛书的一种,被列为国家出版基金项目和"十二五"国家重点图书规划项目。它的出版,具有两大显著特点:一

---

① 任建树主编:《陈独秀著作选编》第一卷,上海人民出版社 2009 年版,编辑说明。

是丛书规格高。不仅出版社权威,而且是"中国共产党先驱领袖文库"丛书,地位当然不同凡响。二是书名大气,直称"文集"。这是学者们多年来想取而不敢取的书名。至于其史料价值,还不如《著作选编》高。说来话长,人民出版社正是在陈独秀主持中共中央工作期间于1921年9月创办的第一个出版机构,已存在近百年。1949年后成为中国共产党和中国政府政治、意识形态书籍的官方出版社。

再次,陈独秀的诗集的整理和出版。陈独秀是革命家,也是诗人。他作诗甚多,丢失的也不少,后人都很珍惜。搜集、整理、注释、考证陈独秀的诗,是很有价值的学术行动。

关于陈独秀诗歌的收集和发表(出版),最早应追溯到著名史学家、华东师范大学陈旭麓先生对《金粉泪五十六首》的注释和发表。经过从1980年1月到1982年3月的多次修改,《中共党史资料》1982年第4期全文刊载《金粉泪五十六首》全文及陈旭麓的注解①,引起不小反响。1986年,曾经发现陈独秀最早文章《扬子江形势论略》的安庆市文化局张君搜集、编印了第一部《陈独秀诗选》,因故未能正式出版,只能作为内部交流资料。② 1993年,任建树、靳树鹏、李岳山在此基础上编成《陈独秀诗选》,由时代文艺出版社出版。2003年,安庆市陈独秀研究会李银德、黄河等,在《陈独秀诗选》基础上,又收集了一批陈独秀遗存的诗歌,编辑出版了《陈独秀诗存》,正式出版,是目前最全面的一部陈独秀诗集。

关于陈独秀诗歌的争论也很热烈。《安徽史学》1985年第1期刊载《陈独秀早期的两组"佚"诗考析》还引发了一场学术争鸣——该刊同年第5期刊载商榷文章《亦谈陈独秀的"佚"诗与隐居》,后有1998年第1期刊载《关于〈陈独秀的两首诗〉新证》,讨论得颇为热烈。2005年,安徽省炳烛诗书画联谊会汇集众多专家、学者和诗人的研究成果编成《陈独秀诗歌研究》一书。③ 该书是目前国内研究陈独秀诗歌思想和艺术成就的第一本专集。

① 任建树主编:《陈独秀著作选编》第五卷,上海人民出版社2009年版,第119—137页。

② 安庆市陈独秀研究会编注:《陈独秀诗存》,安徽教育出版社2003年版,第200页。

③ 安徽省诗书画联谊会编:《陈独秀诗歌研究》,国际炎黄文化出版社2005年版。

此外,近年来陈独秀的遗文仍在陆续被发掘。信件方面,北京大学欧阳哲生发表了《新发现的一组关于〈新青年〉的同人来往书信》①。这是作者2002年4月在美国华盛顿参加亚洲学年会时从胡适长子胡祖望家意外得到的。包括陈独秀1920年5月7日致胡适、李大钊,5月11日致胡适,5月19日致胡适,5月25日致胡适,7月2日致高一涵,9月5日致胡适,12月21日致胡适、高一涵,1921年1月9日致胡适,1925年2月5日致胡适,2月23日致胡适等15封信件,是研究《新青年》从一个同人刊物转变为一个宣传马克思主义和俄罗斯革命的中国共产党机关刊物这一历史过程的最重要的文献材料,也是研究陈独秀从激进民主主义者转变为马克思主义者这一历史进程的重要材料之一部分。

关于论文、讲演,上海市中共一大会址纪念馆、上海革命历史博物馆筹备处所编的《上海革命史资料与研究》,以书代刊,一年一部,重视挖掘和发布陈独秀遗文。如第14期就刊载了陈晓明的《新发现的陈独秀一篇讲演录》以及讲演录全文《我们怎样改造思想》,是陈独秀1921年11月19日应邀赴上海浦东中学青年自觉会发表演讲的内容,属于首次发表。② 该文对于研究建党前后陈独秀的政治思想,具有一定的价值。另有上海市档案馆2014年编辑出版了精装两厚册的《上海市档案馆藏中国近现代名人墨迹》中就有一封1917年8月9日陈独秀致蔡元培的信札,主要是举荐胡适到北大任职一事。该函具有史料和艺术双重价值。该馆主办的《档案春秋》月刊2016年第1期就刊出了这封从未面世的亲笔函全文,认为"此信对填补和充实那一段时期的史料,其重大意义不言而喻"③。如此等等,不一而足。

陈独秀遗文散佚不少,必将继续有所发现,自当珍视并及时发表,以助对陈独秀的全面研究,以便早日编成《陈独秀全集》。

三、中外档案机构收藏的陈独秀档案

尽管已有四种陈独秀遗文汇编,但平心而论,陈独秀遗文资料仍然

① 《北京大学学报(哲学社会科学版)》,2009年第4期。

② 《上海革命史资料与研究》(14),上海古籍出版社2014年版,第496—508页。

③ 管继平:《一封未经刊载的佚函——陈独秀致蔡元培》,《档案春秋》2016年第1期。

很不全面,一是作为政党领袖的陈独秀尤其是其晚年遗文的大量缺失;二是与陈独秀相关的国内档案和前苏联国家档案资料都严重缺乏。给研究工作带来了很大困难。整理出版有关陈独秀的国家历史档案资料势在必行,且迫在眉睫。

改革开放以来,有关陈独秀的国家历史档案资料,其整理和出版分为两个阶段。

首先,中国共产党历史档案的部分解密。一是1990年前后《中共中央文件选编》的1—4卷出版。1989至1999年代,中国中央档案馆编、中共中央党校出版社出版的《中共中央文件选编》1—18卷,首次大量公布民主革命时期中国共产党的历史档案。其中第1—4卷部分收录了有关陈独秀及党的早期其他领导人的档案资料,虽然其中大多已经收入此前出版的《文选》和稍后出版的《著作选》,本身的史料价值并不高,但陈独秀的遗文能够出现在这样高规格的中共中央文件中,本身就是地位和重要性的体现。然而,由于种种因素,中国共产党自身历史档案资料整理和发布的速度历来不快。

二是《建党以来重要文献选编》的出版。在中国共产党成立90周年之际,由中央文献研究室、中央档案馆共同编辑,于2011年6月出版了一套民主革命时期党的重要历史文献《建党以来重要文献选编》。该书收入了中共成立至新中国成立各个历史时期形成的重要文献,包括党的全国代表大会、中央全会等重要会议的文件,中共中央的重要决议、决定、宣言、通知、通告、指示,中央领导人的重要报告、讲话、文章、电报、书信等。全书26册,约1350万字,收入各类文献3600多篇,其中300余篇为第一次公开发表。时任中共中央政治局常委、国家副主席、中央军委副主席的习近平莅临出版座谈会并发表重要讲话表示祝贺。① 该书也收录了陈独秀有关中共成立和中国革命的主要著作,虽然并无多少史料价值,但出现于这样高规格的大型综合性文献,本身就是重要性的体现。

其次,20世纪末21世纪初俄罗斯国家社会政治历史档案馆有关

---

① 习近平:《在〈建党以来重要文献选编(1921—1949)〉出版座谈会上的讲话》,《党的文献》2011年第5期。

资料的翻译与出版。俄罗斯国家社会政治历史档案馆的前身就是共产国际档案馆、苏共中央社会主义理论与历史研究院、中央党务档案馆、俄罗斯现代历史文献保管与研究中心。① 1991 年 12 月苏联解体后，俄罗斯国家档案机构和管理办法随之发生重要调整，其标志是 1993 年《关于俄罗斯联邦档案馆馆藏及档案馆管理的基本法》的颁布与实施，规定：俄罗斯档案馆收藏数十年之久的大量罕见档案资料首次开放并陆续出版。其中最使中共党史学界感兴趣的，是俄罗斯国家社会政治历史档案馆的开放。联共(布)、共产国际与中国革命关系的大量档案即存于俄罗斯国家社会政治历史档案馆。

从 1994 年起，俄罗斯科学院远东研究所、俄罗斯国家社会政治历史档案馆与德国柏林自由大学东亚研究会及洪堡大学，利用俄罗斯国家社会政治历史档案馆的馆藏文献，联合编辑了有关联共(布)、共产国际对华政策的大量档案文件集《联共(布)、共产国际与中国(1920—1945)》。中共中央党史研究室与俄方签订协议，被授权在中国内地独家翻译出版。1997 年起，中共中央党史研究室第一研究部编译《共产国际、联共(布)与中国革命档案资料丛书》(1—17 卷)。丛书前 12 卷由北京图书馆出版社和中央文献出版社于 1997—2002 年间陆续出版，13—17 卷由中共党史出版社 2007 年出版。丛书收录了一批由陈独秀署名的报告、信件和共产国际、联共(布)关于中共中央和陈独秀的文献，多数均为首次发布。

这些档案文献资料弥足珍贵！有人惊叹：丛书的面世使“历史的天空豁然开朗”②！丛书(1—7 卷)收录了大量从未公布过的珍贵文件，其中包括联共(布)中央政治局和共产国际执行委员会会议记录及发往中国的各种指示，共产国际代表发自中国的报告，关于中国政治经济形势的报告，联共(布)中央及共产国际领导人同国民党和中国共产党领导人的书信来往，以及共产国际执行委员会代表、苏俄外交官、苏俄政治军事顾问和驻华机关工作人员的文件，等等。这些材料，既反映

---

① 李颖：《陈独秀与共产国际》，湖南人民出版社 2005 年版，第 3 页。

② 丁泓：《历史的天空豁然开朗——读 1927 年共产国际、联共(布)解密档案有感》，《同舟共济》2005 年第 11 期。

了联共(布)、共产国际的对华政策及其演变、实施情况,又体现了中共中央对它们政策的接受情况以及在中国实施所取得的实际效果。所有这些,都为共产国际与中国革命、陈独秀与共产国际关系这些课题的研究提供了大量的第一手的档案资料,为一些传统的疑点难点问题的突破和解决创造了良好的条件。

正如这套档案资料俄文版编者在前言所说:这套资料具有很高价值的"真实历史的文献资料","揭示了内部的'工作'关系,揭示了联共(布)和共产国际驻华代表的立场和行为,向读者介绍了莫斯科同中国共产党和国民党的相互关系,以及莫斯科对中国两党内部发展进程的影响。"①也如国内学者所指出,"可以说,这套档案文献的出版是我们党史界的一大幸事,尤其对我们这些长期跟踪研究共产国际与中国革命关系的人员来说更是如此。"②可以说,丛书的翻译和出版,拓展了陈独秀研究的新视野,提升了研究的新境界。

俄罗斯国家社会政治历史档案馆档案的面世,使陈独秀遗文资料的发掘有了重大突破,大大推进和深化了对陈独秀的研究。据统计,1920—1931年的7卷中,陈独秀的名字共出现382次,包括陈独秀所写信件6封,收到信件6封和电报6封,参加会议9次。在陈独秀筹建中国共产党以及处于党的最高决策层的1920—1927年间,陈独秀的名字共出现178次,包括陈独秀写给共产国际东方部、共产国际代表的信件6封,收到信件1封和电报5封,参加会议9次。而在1920—1927年的同时期中。李大钊的名字出现14次,毛泽东的名字出现9次。可见,陈独秀与共产国际和联共(布)中央的联系和何等密切,俄罗斯国家社会政治历史档案有关陈独秀的资料是何等丰富,这批档案资料对于陈独秀研究又有多么的重要!

正是因为俄罗斯国家社会政治历史档案揭示了许多鲜为人知的事实,中国官方和学界在许多问题上改变了对陈独秀的看法和评价,出现了对陈独秀研究的新一轮热潮。特别值得注意的是,2004年胡锦涛在

---

① 中共中央党史研究室第一研究部编译:《共产国际、联共(布)与中国革命档案资料丛书》第1卷,北京图书馆出版社1997年版,第2页。

② 李颖:《陈独秀与共产国际》,湖南人民出版社2005年版,第4—5页。

纪念任弼时诞辰100周年大会的讲话中，首次提出“共产国际和陈独秀的右倾错误”①的提法，显然，共产国际在前，陈独秀在后，前后之分即为主次之别，意即大革命失败的主要责任者是共产国际，陈独秀承担次要责任。从而使从大革命失败以来持续七十多年的关于大革命失败责任问题的争执，终于尘埃落定。

此外，进入21世纪，美国、英国等其他一些国家的历史档案陆续出版和刊行，其中不乏与陈独秀有关的档案资料，同样值得收集和珍惜。限于篇幅，兹不一一。

（作者系上海立信会计金融学院马列学院教授）

① 胡锦涛：《在纪念任弼时同志诞辰一百周年座谈会上的讲话》，《人民日报》2004-5-1。

馆藏上海公共租界工部局档案简介

邱志仁

上海公共租界工部局（Shanghai Municipal Council）是公共租界最高行政机构。1854 年 7 月 14 日成立，1943 年 8 月 1 日结束。从学界的研究来看，上海市档案馆的工部局档案（全宗号 U1）一直以来都是研究租界史乃至上海史的第一手资料。

一、工部局档案的历史形成与特点

工部局档案的形成，与近代中国的历史发展进程息息相关。

中英第一次鸦片战争后，1842 年 8 月 29 日，英国强迫清政府在南京签订了中国近代历史上第一个不平等条约——《南京条约》。该条约规定，英人在“广州、厦门、福州、宁波、上海等五处港口贸易通商无碍”。1843 年 10 月 8 日，中英又签订《虎门附加条约》，允许英人携带家眷在五个通商口岸居住，“不加拘期”。1843 年 11 月 8 日，英国首任驻沪领事巴富尔抵沪，11 月 17 日上海正式对外开埠。

根据这两个不平等条约，1845 年 11 月，巴富尔与上海道台宫慕久订立了《上海土地章程》，规定洋泾浜以北约 830 亩土地供洋人永久租地居住使用，此即“租界”。为了在居留地内进行道路清理、桥梁修造、消防机构设置等市政性事务，1846 年 12 月，英国驻沪领事阿礼国指使居留地的外侨，建立了“道路码头委员会”，此即工部局前身，由此开始形成工部局档案。而今保存在上海市档案馆的第一份上海租界档案，便是1849年3月道路码头委员会的会议记录。1848年苏州河北面的虹口被划为美租界,1849年划定法租界。

1854年7月14日,英、美、法三国驻沪领事联合召集居留地租地人开会,擅自对《上海土地章程》进行修改,正式建立工部局,取代道路码头委员会,从而导致洋人居留地完全脱离中国地方政府的行政管辖范围,成为名副其实的"国中之国"。这标志着原先纯粹监督和实施居留地内市政建设的管理机构,开始向西人社会自治机构转化,逐步成为租界社会行政管理的主体。1862年4月,法国独自成立公董局,管理法租界。1863年9月21日,英美租界宣布合并,后通称公共租界,其自治机关工部局主要由英方管辖。

工部局于1854年成立后,多次修改《上海土地章程》并制订其附则,对公共租界内立法和行政机构组织办法作了全面规定,赋予了工部局更大的权力。与此同时,工部局内部机构不断发展,主要分为决策机关和行政机关两部分。决策机关是董事会,由纳税人会议选出5—9名董事组成,下设警备、工务、财务、卫生、铨叙、公用、交通、学务等若干顾问性质的委员会,每个委员会有董事1—3人参加。行政总机关为总办处,设有火政处、警务处、法律处、卫生处、工务处、学务处、情报处、华文处、财务处、管理工厂事务股、乐队、图书馆、万国商团、监狱等机构。总办处对外代表工部局,对内即为所属各部门的枢纽。

工部局存在的八十多年中,其董事会和所属职能部门在行使职能和处理日常事务中,形成了大量档案,其中,比较集中的有总办处、警务处、卫生处、工务处等部门的档案。基于以上历史背景的回顾,我们可对公共租界工部局档案的特点进行概括。

其一,档案专门管理。

1931年以前,工部局的档案室附属于文书处理部门总收发室,其职能主要是将处理完毕的公文存档保管。1931年,工部局成立了总办处档案室,将总收发室保存的工部局1919年以前形成的档案交由档案室管理,并任命俄籍职员郭泰纳夫为专职档案管理员,主持档案室工作,受日常行政最高负责人总办的直接领导。该机构的成立,使工部局档案管理工作得到加强和提高,即不仅具备一般的档案保管职能,同时还具备为学术研究利用档案提高服务的职能。正是由于工部局对于档案进行了专门化、专业化、有效化的管理,才使得工部局档案得以形成一定规模,并留存至今。

其二,档案结构完整。

1849 年至 1919 年的工部局档案,由工部局各职能部门分散保管,每个部门将其一年的文件,装入一个大纸袋,便自然形成了组织机构与年代的档案结构。1931 年工部局总办处组建了档案室,改变了以往文书处理部门与档案工作的分散管理体制,实施由档案室提出的按问题与年代归档的档案分类法,将 1920 年至 1932 年的档案,分成 21 类:政务、领袖领事、土地章程、税务、华人税收、中国当局、警务、河道管理、公用事业、卫生、工务、领事法庭、会审公廨、工部局选举、工部局华人、租地纳税人大会、董事会议、人事、劳工、出版、杂务。每类档案再按问题与时间顺序组卷。1933 年 1 月 25 日工部局总办发布档案工作改革的第 88 号命令,规定:从 1933 年开始,统一按类、目、卷三级分类法实施归档和立卷。分类代号以英文字母为序,共分为 14 类:A 教育、B 财务、C 卫生、D 图书、E 乐队、F 政务、G 公用、H 人事、I 执照、J 交通、K 警务、L 工务、M 总务、N 路政。每类档案再分若干目,一组档案为一目,每一目的档案按问题立卷,卷内文件按时间顺序排列,并装订成册。工部局档案室编制了 4 种永久性档案检索工具,即:收发文登记索引、案卷目录索引、卷内文件目录索引、专题文件卡片索引,并将具有历史研究价值和公务价值的热门档案信息进行专题文件汇编。

其三,档案富有特色。

工部局专职档案员郭泰纳夫在 10 年时间里,共汇编成 42 种有关研究上海公共租界历史的档案目录、备忘录和专题史料,正是这些工作,使得工部局档案富有了自身特色。比如房地产文契。这是洋人与华人向业主永租或购买租界内房地产的原始凭证。契文用中英文或中法文两种文字书写,由上海地方政府盖上印记和各有关外国驻沪领馆签名盖章后生效,一式三份,除买卖双方各执一份外,另一份送土地注册所在地的外国驻沪领事馆备案,每份文契还附有土地图样。光绪年间,上海租界文契,须经上海道台核发,故称道契。如今留存大量的英册道契、美册道契、华商道契。再比如警务记录。有上海租界警察机构和万国商团在历次政治事件和武装冲突中的活动记录,还有各类刑事民事案件被捕人员的指纹卡、狱吏日记簿、犯人口供记录簿等。此外，还有1851年至1941年的《北华捷报》、1864年至1941年的《字林西报》、1861年至1942年的《工部局年报》、1908年至1943年的《工部局公报》等，具有独特的价值和特点。

馆藏工部局档案主要为英文，时间跨度从1849年3月到1943年12月止，共有45000余卷，占租界档案总数的74%。这些档案保存比较完整，都经过系统整理和编目著录，值得研究者从不同学科和不同角度，展开深入挖掘利用，现就主要内容略作介绍。

二、工部局档案的内容构成

上海公共租界工部局档案按照内容，可分为以下几类：

1. 行政类档案

工部局作为西人掌管的市政机关，将西方国家政权组建模式和管理体制引进租界，与中国旧封建政权有着明显的不同，具体表现在实行召集市政会议、进行集体讨论及制订工作报告、总结、计划制度、选聘专业人才和规定部门职责等方面。在其形成的行政类档案中主要有董事会、各委员会、西人纳税人年会、各处处长行政会议等的会议记录，与各有关方面的来往文书存本及对外发布公告的存本，部门规章制度、工作计划、总结、报告及一些专题报告，以及在人员招聘、职员人事管理中形成的文件材料等。

工部局董事会作为工部局最高权力机构，主要通过定期召开董事会议对工部局重大事务进行讨论和决策，这些事项包括年度报告、专题报告、设立机构和制度、聘用高级人员、加薪和提高福利待遇、采购原材料设备、发行债券、进行市政建设等等，再将所决定的事项交工部局具体办事机构执行。馆藏工部局董事会会议录完整记录了上海公共租界(包括其前身英租界)管理机构工部局董事会历次会议的召开情况，从1854年7月17日到1943年12月17日，历时九十余年。无论从档案形态本身还是从其所含的丰富内容来看，工部局董事会会议录堪称档案资料中价值极高的珍品，上海市档案馆历经十余年努力，于2001年编译出版《工部局董事会会议录》一书，一直以来为海内外专家学者研究公共租界之必备史料。

工部局自成立起就设立了若干委员会,初衷在于:第一,分工办理事务。各委员会成员通过互相商讨及与工部局有关处室负责人接洽,熟悉其主管事务,一方面可以减少董事会对具体事务的处理,一方面使董事会可以通过各委员会对工部局各行政机关实行监督与控制。第二,一切重要事项的预审。如有关工部局大宗开支等事项,经委员会初步讨论后,再向董事会提出,使其能有更充分、完备的考虑。第三,办事迅速。凡是各委员会能够决定的一般事项,可以立即执行,而无需通过董事会。在实际操作过程中,工部局更注重委员会的咨询性质,使得各委员会的职责多集中于重要事项的预审。早期各委员会成员全部是工部局董事,随着工部局行政事务的增加,委员会数目也逐渐增加,而董事人数在相当长的一段时间内一直是9人,不敷分配,工部局约从20世纪初开始聘请董事会成员以外的专业人士加入委员会,一方面补充董事成员之不足,另一方面使工部局在决策时能有更充分的参考意见。

馆藏工部局董事会下设各委员会档案,主要见于档案U1—1,约一千余条目录,整理如下:

委员会名称	档案内容	起讫时间
上海公共租界工部局财务委员会	会议录	1897.6—1943.3
上海公共租界工部局园地委员会	会议录	1909—1927
上海公共租界工部局工务委员会	会议录	1903—1943
上海公共租界工部局火政委员会	会议录	1871—1908
上海公共租界工部局警备委员会	会议录	1897.1—1942.10
上海公共租界工部局电力委员会	会议录	1908.12—1929.6
上海公共租界工部局公用事业委员会	会议录	1926—1943
上海公共租界工部局卫生委员会	会议录	1893.1—1943
上海公共租界工部局乐队委员会	会议录	1881.3—1942.2
上海公共租界工部局华人教育委员会	会议录	1901.10—1930.1
上海公共租界工部局西人教育委员会	会议录	1915.4—1930.1
上海公共租界工部局西童公学委员会	会议录	1892.6—1914

续 表

委员会名称	档案内容	起讫时间
上海公共租界工部局教育委员会	会议录	1930—1943.6
上海公共租界工部局图书委员会	会议录	1852.9—1942.2
上海公共租界工部局铨叙委员会	会议录	1924.3—1942.3

另外，在档案U1—1中，还集中有以下内容：1. 工部局公布的通告，从1863年7月到1907年12月；2. 工部局发文存本，包括工部局给领事馆的发文存本，工部局总办处给警务处、卫生处、财务处、工务处等的发文存本以及各类事件的函件存本；3. 工部局地契转让通知存本；4. 上海公共租界工部局法令，1868年到1931年；5. 工部局重要来往文书，从1854年到1943年，包括工部局与领袖领事的来往文书；6. 上海公共租界西人纳税人年会与选举工部局董事的材料。

早期工部局董事会仅设有秘书，1860年任命了第一任总办，此后扩充成总办处。总办和总办处是工部局整个机构运行的中枢。工部局所有部门经办的事务，一般均要向总办报告；需由董事会作重大决策的事项，都必须通过总办转交董事会讨论；对外事务通常由总办进行联络，其中一般事务由总办决定解决。由于总办处的工作内容和工作性质，决定了其档案特点是内容庞杂、头绪繁多，但是，正是这部分约一万余卷的行政类开放档案，为我们解读工部局及公共租界的市政建设、城市管理，乃至人事管理，打开了一扇绝佳的窗口。

总办处在市政建设、城市管理方面的档案主要集中于U1—(2—6)目录中，基本开放，如上海公共租界工部局总办处关于要求改善环境卫生、消除环境噪声以及整顿马路秩序等事的文件；关于跑马厅附近筑路问题的文件；关于收取码头税、土地房屋估价以及英领馆出售土地等事宜的文件；关于安装电话、修理浮码头、煤气公司敷设管线、书信馆工作、申请旅馆等执照文件；关于开始铺设有轨电车轨道、新建外白渡桥图纸、成都路延伸、租界妓女管理、电厂增添备用电机诸问题与总巡、工务、卫生处长等的来往书信等。正是以总办处为行政中枢，由此形成的行政类档案囊括了工部局所有行政机构，内容丰富，不一而足。

2. 市政工程类档案

上海城市的近现代步伐最先从租界市政开始。公共租界所在区域,原先都是阡陌田野、芦苇沼泽,外国殖民者为便利其在租界内的居住与贸易,进行了大量的市政建设。英租界开辟初期,道路码头委员会首先辟筑了界路、花园弄等,工部局建立后,在1854—1865年近10年的时间内铺筑了九江路、汉口路、福州路、广东路等26条道路。工务处,作为工部局最主要的部门之一,其职责主要是承担租界内道路码头、下水道、桥梁建设,为延长拓宽道路进行购买土地的谈判,建造工部局所属各机构建筑物并进行管理等等。20世纪30年代,工务处机构进一步齐全,下设行政、土地测量、构造工程、建筑测量、沟渠、道路工程、工场、公园空地等8个部,分别负责道路桥梁沟渠设计、城市垃圾清运、工部局车辆机器设备维修、工部局公园空地及行道树管理等。馆藏档案中关于市政工程的内容十分丰富,比如,通过每条道路的规划书、规划图及文件材料,我们可对租界内及越界筑路区各条马路的开拓、放宽、延长及道路养护情况有所了解,码头、桥梁的市政建设也有相关修建图纸及文函,马路地下污水管铺设联接、污水处理、河道疏浚、防汛记录及报告等材料,还有租界内消防检查、消防措施及火政处、救火会活动情况等的文件材料。

3. 公用事业类档案

公用事业是城市发展的重要组成部分,不仅涉及城市市政建设的问题,而且关系城市环境和市民生活质量等。近代上海的公用事业随着租界的辟设而产生。上海开埠后,租界当局和外侨为在生活上享受欧美工业化国家已有的各种先进设施,引进了母国先进的科学技术,在租界内办起了煤气、电力和自来水厂,由此开创了近代上海的公用事业。工部局受财力限制,基本上不直接经营公用事业,而以招标方式出让经营的特许权,自己则保持最后的控制权并从中享有各种经济利益。

公共租界内公用事业的经营权主要由英商和美商企业获得。这一点在档案中得到了体现,馆藏公用事业类档案有相当一部分是关于工部局与获得公用事业经营权的外商企业之间的来往文函,其中包括了:1.工部局唯一的公用事业自营部门——电气处的经营情况及出售给美商企业的文件材料;2.工部局与公用事业经营企业间订立的合同以及有关基础设施的材料,如地下电缆线管、水管、煤气管铺设、建立水厂等;3.企业自身经营情况的材料,如调整电价、电厂发电单位价格比较表、自来水公司经营概况报告、煤气质量情况及供应管理、电话公司关于用户电话的安装和使用合同、租界和华界接线合同等。

公用事业类档案也为我们从经济视角研究工部局提供了方向,即作为一个公共部门,工部局如何具体通过供水、供电方面表现和完成自身的分配、稳定、配置等经济职能。城市公用事业通常具有自然垄断性质,其产品和服务涉及到公众的生存条件和生活质量,消费者的议价能力较弱,这就为工部局强行进行持续的管理提供了理由,工部局的管理方法包括发放许可证、制定标准、最高限价制度、基准收益率管制和独立公用事业委员会的监管等相关档案有:上海公共租界工部局总办处有关上海电力公司调整电费给工部局的函件,上海公共租界工部局总办关于改善租界内外自来水供应状况、价格等问题与工务处长、自来水公司代表的来往书信、会议纪录等的文件,上海公共租界工部局总办处关于工部局与自来水公司为1905年协议水费标准寻求法律仲裁的文书等。

4. 警务类档案

维持租界治安及秩序,是市政管理的重要内容。工部局以中国官府不能保护租界社会安全为借口,从雇用更夫开始,逐渐形成了一支庞大的警务力量。租界的警务力量一方面是加强了地方的治安,另一方面也充当了镇压中国人民的革命斗争、维持和巩固殖民统治、保护租界当局在上海的殖民利益的工具。同时,租界还组织了由侨民义勇队发展而成的武装力量万国商团,配合警察维护租界治安。

馆藏警务类档案主要有:1.日常治安管理类档案主要反映工部局警务处对租界实行警务管理的活动、工部局准军事武装的活动,以及其他部门与警务处之间的联系;上海公共租界工部局总办处关于警务处食物、衣服、夏季制服和徽章等日常事务的文件等档案;2.战争时期治安管理类档案主要反映了上海1932年淞沪抗战和1937年八一三战役对租界带来的重大影响,以及在两次战争期间,租界当局戒严、管制、各种事件的调查等活动;3.人事档案主要反映对警务人员的任免和管理,比如上海公共租界工部局总办处关于警务处职员任职期满与辞职的文件等档案。另外,还有上海公共租界工部局警务日报(1907年1月到1938年6月),以及上海公共租界工部局警务情报(1932年1月到1935年12月)。

5. 卫生类档案

卫生处是工部局另一个主要部门,主要职责是对局立医院、租界内公共卫生以及牛乳棚、宰牲场和菜场的管理和监督。1861年9月,工部局任命詹姆斯·卡莱尔为专职卫生稽查员。1871年任命开业医生爱德华·亨德森为首任兼职卫生官,1897年由泰勒·格兰特继任,并成为专职卫生官。1898年由斯坦利接任,工部局正式成立卫生处,其任处长。1912年,卫生处在公共租界范围内设立了16个卫生分处,由卫生视察员对各分区内的公共卫生状况进行检查监督,并宣传公共卫生知识。至20世纪30年代,卫生处除管辖17个卫生分处外,内设机构齐全,除管理内部事务的秘书股、会计股、人事股、庶务股,还设有卫生、执照、兽医、医院、食品及卫生监督等股,分别对学校、医院、卫生执照的发放及食品卫生、环境卫生、防疫等实行管理和监督。馆藏卫生类档案主要集中于U1—16,约五千余条目录,为开放案卷。

工部局对食品卫生管理比较重视。档案向我们揭示,早在1868年,巡捕房就任命第一任肉类稽查员,对菜场进行食品卫生检查,在"上海公共租界工部局卫生处关于菜场章程及私摊执照等文件"中规定,一旦发现病肉、死肉等,稽查员即将情况报告巡捕房总巡,同时予以没收销毁,给以处罚。其后,工部局对烟酒店、水果店、蛋糕店等实行领取执照制度,以保证食品的卫生管理,档案有:上海公共租界工部局卫生处关于烟酒店、水果店等执照事宜文件,关于华人饭店培训厨师及夏令饮食卫生措施的文件等。宰牲场和牛奶棚也是卫生处重点关注的对象。1876年工部局建立了第一所宰牲场。1891年又在虹口兴建另一所耗资12 207两的宰牲场,每天可以屠宰72头牛,102只羊。1931年在虹口港买地18亩余,建造新宰牲场,1933年冬竣工,花费393万余元。新的宰牲场现代化程度较高,有一条2.25英里长悬挂式屠宰作业传送带。1882年,工部局开始对牛奶棚进行检查,1898年起对按规定合格管理的牛奶棚免费发给执照,对患口蹄疫症传染病的牲畜进行隔离及消毒等,相关档案均有记载。

环境卫生是卫生处工作的重中之重。在开埠初期,租界当局就建立了垃圾和粪便的清扫、收集和清运制度。19世纪70年代,工部局规定每天对道路清扫一次,卫生稽查员负责管理约100个苦力进行清扫。1871年每天清运垃圾平均达41吨。1872年外滩、福州路、汉口路、九江路等每天清扫两次,80年代有些道路每天清扫三次。环境卫生管理的相关档案较多。

在卫生防疫方面,工部局主要针对性病、天花、霍乱、鼠疫、痨病、猩红热、白喉等传染病进行防治,并制订了注射、检查、治疗等规则。从以下档案可详细了解:1. 上海公共租界工部局卫生处关于华人传染病死亡报告、卫生处有关上海市传染病医院名单及工作情况的文件;2. 上海公共租界工部局卫生处关于天花盛行及防治措施的文件、关于婴儿出生及种痘规则、防疫人员奖罚规则等文件;3. 上海公共租界工部局卫生处关于免费供应洁水以防霍乱文件、关于开展注射霍乱预防针运动的文件、关于霍乱检查与控制的会议及报告;4. 上海公共租界工部局卫生处关于灭鼠措施等文件、关于供应疯犬咬伤防疫注射液等文件、关于麻疯病研究与控制的会议及报告、关于花柳病控制及医治的报告、关于“斑疹伤寒症”研究及治疗等文件等。

6. 经济类档案

工部局档案中涉及经济方面的内容有很多,但较为分散,本文概括介绍四个方面。第一,财政收入。工部局为市政建设及维护地方治安需要征集大量的市政经费,其收入可分为经常收入和临时收入两大部分。经常收入主要为捐税收入,临时收入则包括出租多余的土地及发行公债等。随着租界的兴盛和发展,不断递增的地捐和房捐成为捐税收入中最重要的税种。此外,还开征了其他一些税种,较重要的有码头捐、执照捐、广告捐等。财政收入类档案主要包括:作为抽捐基准的租界估定地价册,关于房地捐征收、减免及纠纷处理的文件材料,在征收小车捐、码头捐、执照捐、烟草捐、娱乐捐、交易捐、物价零售捐、旅馆及餐馆账单捐等各类税种时形成的文件材料,有关发行公债的文件及公债户名索引、过户册、还本清册、中签号码登记簿等。

第二,房地产。公共租界设立后,外商以“承租”的形式取得了事实上的土地所有权,租界内随着人口剧增而大兴土木,地价上涨速度极快。习惯于资本主义经营方式的外商将原租与他们建造房屋自住、经商的土地或作为商品买卖,或建造房屋租与、售予华人,从中获取厚利,促成了上海近代房地产业的产生和发展。房地产类档案主要有:1. 地契档案,包括道契、华商道契、工部局出售产业的卖契;2. 租界当局为建造、拓宽马路,建造捕房、监狱、救火会、市政所、医院、学校、公园、宰牲场、菜场等场所征地形成的地产文件,道路的让路、筑路的文件和图纸等。

第三,经济调查。工部局下属的工业社会处成立于 1940 年,其职责之一就是对租界内物价、居民生活费、工资收入、家庭收支等进行调查和统计。相关档案有:上海工业现状的细则,上海工人生活费指数计算表,上海公共租界工部局工业社会处关于零售物价报告,关于工人实际收入的各项统计数字,以及上海公共租界工部局工业社会处关于中国职工生活费支出的调查表和上海华籍职员家庭生活状况研究的收支账册等。

第四,财务处。工部局早期财务工作由总办处负责,在总办之下设有会计、出纳、收税员等职。1909 年工部局开始筹设财务处,组建工作直到次年才完成。财务处主要掌管工部局经常、临时收支预算的执行,并负责工部局的财政运作。所以,这类档案包括了工部局各部门的经常预算、特别预算,以及上海公共租界工部局财务处关于各种储蓄金过清簿、外人储蓄金账簿、各部门工薪清单、工部局公债记名分户册、工部局会计报告等内容。

7. 法律类档案

上海租界发展的历史已经证明,它建立了一套自己的自治机构和制度,实际上是上海的“国中之国”,而这一地位确立的法律基础是 1845 年签订的《上海土地章程》及相关协议。上海公共租界不光有着自身的行政主权,还拥有独立的司法权。在租界设立之初,即依照条约对外国人实行领事裁判,由领事法庭审理有约国外人纠纷。随着华洋纠纷的增多,上海地方官和租界当局共同设立了会审公廨,为在中国境内的其他租界树立了租界司法解决机制的样本,此后租界内的司法权基本都由会审公廨行使。

馆藏工部局法律类档案主要有:1. 作为上海公共租界“基本法”的

三次“土地章程”,以及依据“基本法”订立的数以百计的行政法规,内容涉及交通工具、道路、营业场所、建筑、卫生等诸多方面,这些法规都具有现代的法规结构,比如上海公共租界工部局市政法规及附则、上海公共租界工部局治安章程、上海公共租界工部局法令等;2. 会审公廨审理的一些案件材料,以及收回会审公廨时形成的章程、办法、文函、谈判会议记录等,比如会审公廨关于“五卅事件”的审讯记录,上海公共租界工部局总办处关于公共租界及法租界会审公廨诉讼程序规则:有关孙铁舟案件事;3. 工部局监狱在犯人管理中形成的各种记录、报表、登记及犯人生活、劳动、检查和感化等档案材料。

8. 资料

工部局档案中还保存了一些具有较高史料价值的资料。这些资料有的是工部局购置的期刊、报纸,有的是原始文件的汇集或在对原始文件研究整理后编撰而成,均具有十分重要的参考研究价值,在一定程度上弥补了一些原始档案的不足。其中以《工部局年报》和《工部局公报》较为重要,当时公开发行。《工部局年报》实为工部局各部门和机构在该年中各项工作和成绩的汇报,结构完整,内容全面,并有大量的数据汇总,具有非常大的史料价值。年报于 1861 年开始发行,从 1930 年以后增发中文版,1943 年结束,1941、1942 年有日文版。此外,还有收集来的有关上海的各类专著、报刊、小册子以及参考书籍,其中包括研究上海租界的专著和上海通志馆期刊、《费唐法官研究上海公共租界情形报告书》、《北华捷报》、《字林西报》以及由《字林西报》馆编辑出版的《行名录》等。

三、工部局档案的史料价值

其一,档案学层面。随着工部局的成立,上海公共租界逐渐繁荣,其近代城市建设与管理模式成为一种典范,为中国城市管理的近代化提供了一个范本,而工部局以总收发室为中心的档案工作也成为了当时中国档案近代化的一种参考。总收发室的严密的文件登记制度是之后工部局档案管理工作乃至改革的重要前提条件。虽然仅靠收文登记簿难以实现高效率的档案管理,但毋庸置疑的是这种登记制度既是档案编目与检索的基础,也是档案修复和装订的依据,同时也记录了工部局档案工作的原生态。而这种以登记为中心的收发室文件管理方式在辛亥革命后也普遍为中国各级政府机关所采用。虽然就此推断当时中国政府收发室制度直接模仿了工部局的收发室制度尚缺乏足够的证据,但是无疑,工部局的模式至少起到了一种示范作用。

其二,历史学层面。工部局的档案管理活动整理和保存了大量租界档案,为今天的历史、文化及其他相关研究提供了宝贵的第一手资料,促进了学术研究活动的开展。通过对租界档案的研究,不仅可以帮助解决一些重要历史课题,在城市建设、市政管理、法制建设、文化传播等领域都可以从租界档案中找到一些前人的经验与教训,为我们今天的社会管理与文化建设提供一定的借鉴。通过对租界档案的研究,国内外学术界亦产生了大量的相关学术专著与论文,丰富了人类的历史记忆宝库,促进了国际学术交流。这一切成果都起源于当年工部局行之有效的档案管理活动,而1931年工部局档案管理改革之后的大量清理、编目与编纂工作正是这些宝贵档案可以留存至今的基础。

(作者系上海市档案馆整理编目部研究人员)

上海市档案馆第28批开放档案简介

何　品

2016年6月,上海市档案馆向社会开放了第28批馆藏档案,这批新开放档案总数为6825卷,分属21个全宗,其中有4个全宗的档案系首次向社会开放。根据上海市档案馆的馆藏分类方法,这批新开放档案所涉及的21个全宗可以分为:中共上海市委系统档案(A类)1个,上海市政府系统档案(B类)1个,党派团体档案(C类)1个,革命历史档案(D类)3个,上海市政协系统档案(L类)1个,民国时期档案(Q类)14个。

上海市档案馆第28批开放档案从内容上看,可以大致分成三个板块:(一)中华人民共和国成立初期中共上海市委所做的市政建设工作以及改革开放初期上海市政府所做的工业普查工作;(二)民国时期上海在司法检察、盐务管理、公用事业、社会救助、高等教育、金融业、纺织工业、日用化工、进出口贸易等方面的发展情况(部分档案的形成时间,有的上溯至晚清,有的下延至中华人民共和国成立初期);(三)中国共产党及其领导的军队和团体组织在夺取政权之前所进行的革命活动记录。上述革命历史档案的公布开放,也是上海市档案馆为配合中国共产党成立九十五周年纪念活动,在档案史料开发利用方面所做的重要工作。

以下按照全宗号顺序,对各个全宗本次开放的档案内容分别做一简单介绍。

中共上海市委市政建设工作委员会(全宗号A56):中共上海市委

市政建设工作委员会成立于1953年12月16日,其任务是在市委统一领导下,负责掌管上海城市规划、城市公用事业、水陆交通运输、邮电事业的方针政策,领导各单位党务工作。该委员会于1955年5月14日撤销。此次开放的档案内容主要有;该委员会成立的决定、报告、通知;1953—1955年月份、季度工作计划,1953—1954年上半年工作总结;各类会议记录等。

上海市工业普查办公室(全宗号B72):这是第28批开放档案中开放档案数量最多的全宗。上海市工业普查办公室成立于1984年3月20日,主要职责是搞好本市工业普查试点工作、准备工作和第二次全国工业普查工作。该办公室于1991年12月31日结束。此次开放的档案内容主要有:本市成立和进一步加强健全工业普查机构的请示、通知、意见等,本市工业普查工作简报,本市工业普查资料分析选编,本市工业企业普查名录,本市各区县、各局工业普查总结,本市各区县、各局工业普查企业代码名册,本市各区县、各局工业企业基本情况卡片、工业普查表,本市21个试点行业资料汇总表,本市各局各行业试点资料汇总表等。

中国红十字会上海市分会(全宗号C63):本次开放的档案大部分是关于该分会自抗战结束后于1946年恢复办公至1949年上海解放前后的会务工作与救助活动的文件材料,还有一小部分是关于中国红十字会自晚清至抗战时期工作活动的零散文件材料。

革命历史文件(D1):本次开放的主要是中共及其领导的军队和团体组织在土地革命时期(1927—1937年)和解放战争时期(1945—1949年)形成的一些文件材料。

革命历史刊物(D2):本次开放的是抗战进步杂志《展望》(画报,月刊)1939年1月创刊号。

革命历史报纸(D3):本次开放的有:(1)中共建党前夕的《星期评论》、《钱江评论》、《新社会》、《平民教育》、《星期日》、《潮声》、《童报》等;(2)中共建党初期和大革命时期的《热血日报》、《先驱》、《上大五卅特刊》、《社会主义研究》、《劳动周刊》、《妇女声》、《劳工周刊》、《公理日报》、《工商学会日报》、《妇女日报》、《妇女评论》、《民生》、《工人周刊》等;(3)土地革命时期的《罢工小报》、《战火》、《红旗日报》、

《上海报》、《劳动青年》、《红军捷报》、《图画时报上海战刊》、《前线》、《少年真理报》、《青工小报》、《真话报》、《大中报》、《齐心青工》、《工人报》、《海上青年》、《妇女之光》、《上海工人》、《生存线》、《上海战报》、《民众日报》、《胜利报》等；(4)抗日战争时期的《新华快报》、《丝业之友》等；(5)解放战争时期的《上海人民》、《宣传通讯》、《学生报》、《捷讯》、《新教育》、《学语》、《衣联》、《助学快报》、《中学时代》、《进修》、《新学风》、《解放》、《学生新报》、《新生周报》等；(6)上海解放初期的《革新快报》、《纠察快报》等。此次开放的各种报纸，虽然大多数都是期号残缺不全，但是也有相当一部分都是创刊号。

中国人民政治协商会议上海市委员会（全宗号 L1）：本次开放的档案主要是上海市政协五届一次会议至五届五次会议期间形成的文件材料。

上海市公用局（全宗号 Q5）：这是第 28 批开放档案中开放档案数量第二多的全宗。本次开放的档案内容，主要涉及民国时期在上海市公用局管辖地区（原先是上海华界地区，抗战结束后扩大至全市范围）的供电用电、路灯照明等问题，其中有不少是与沪西电灯公司、闸北水电公司、浦东电气公司、华商电气公司、翔华电气公司、真如电气公司、宝明电气公司、汇北电气公司、大明电气公司、南汇电气公司、大耀电气公司、沪西电力公司、上海电力公司、法商电车电灯公司等本市中外电力企业有关的业务档案。

国民党重要机构、人物等档案汇集（全宗号 Q173）：本次开放的档案主要是民国时期一些政府机构、企事业单位、团体组织的零散档案，如中国飞机厂有限公司、康元制罐厂、绮美织造厂、上海特别市信托业同业公会、中国国货公司、中国农工银行、洪门金龙山中正堂、上海市银楼业职业工会、广东旅沪同乡会、资源委员会、农林部中华水产公司、交通部公路总局、正中书局、上海市工业会、上海市工业协会、上海市商会、上海市社会局、财政部上海直接税局、经济部上海工商辅导处、经济部电业司、国民党上海特别市党部、军政部军粮总局第一粮秣实验厂等档案。

上海公共租界临时法院兼上诉院（全宗号 Q179）：本次开放的是关于发生在 1927—1928 年间五起凶杀案件的司法审理档案。

上海高等法院检察处(全宗号 Q188):本次开放的档案是抗战结束后的上海高等法院判决书、上诉副本及上海高等法院检察处不起诉处分书、起诉书、申请复判书等。

永安纺织总管理处(全宗号 Q197):本次开放的是永安第五棉纺厂及纬通纱厂的相关档案。

上海纺织系统各厂全宗汇集(全宗号 Q199):本次开放的是章华毛绒纺织股份有限公司的相关档案。

大同大学(全宗号 Q241)、圣约翰大学(全宗号 Q243)、东吴大学法学院(Q245):本次开放的上述三个高校档案,基本上都是这三所高校自行编辑出版或委托出版的书刊,如大同大学的《大同大学电机工程系毕业刊》、《大同大学文商学院民卅八级毕业纪念刊》、《大同大学年刊》,圣约翰大学的《圣约翰大学五十年史略》、《约翰年刊》、《圣约翰大学民国三十年级年刊》、《圣约翰大学一九四八级年刊》、《圣约翰大学一九四九级冬季年刊》、《圣约翰大学一九五一年夏季级毕业年刊》,东吴大学的《东吴年刊》、《东吴会计年鉴》等。

上海市 1952 年停办高等学校联合办事处(全宗号 Q251):本次开放的是一些停办高校自行编辑出版或委托出版的书刊,如之江大学的《之江大学廿八级年刊》、《之江大学廿九级年刊》、之江大学三十年级年刊》、《之江大学民国三十七年级毕业刊》,持志大学的《持志年刊》、《上海持志大学同学录》,东南大学的《国立东南大学一览目录》,群治大学的《上海群治大学戊辰级毕业纪念刊》,西北大学的《国立西北大学第八届毕业同学纪念册》,江南学院的《江南学院中华民国二十三年毕业纪念刊》,协和女子医学院的《协医年刊》、《协医校刊》等。

中孚银行(全宗号 Q289):本次开放的主要是中孚银行与国内外同业代理行及客户业务往来的中英文信函电报。

财政部上海盐务办事处(全宗号 Q397):本次开放的是财政部上海盐务办事处盐务人员登记表剩余部分。

新华薄荷厂(全宗号 Q441):新华薄荷厂股份有限公司,是李祖泰、李祖华、李祖恒兄弟和曹莘耕、张宝年、林祥生等人于 1937 年创办的,主要从事薄荷脑油、香料油等的生产制造并经营化工原料进出口业务。该厂在 1956 年公私合营时被划分为两部分:制造部分划归化工行业，并入上海日用化学工业公司，改名为上海新华香料厂；出口部分划归国际贸易业，并入上海市土产进出口公私合营公司。本次开放的档案主要是新华薄荷厂从抗战后至公私合营前的生产经营管理活动记录。

仁孚行（全宗号 Q443）：仁孚行系由归国侨商于 1946 年 7 月在上海集资创设，经营进出口业务，进口以五金器材、化工原料、颜料染料、木材、西药等为大宗，出口以废棉破籽等为主。本次开放的档案主要是仁孚行自开业起至 1956 年左右的经营管理活动记录。

上海市档案馆正在抓紧对第 28 批开放档案进行全文数字化，争取早日为公众提供更便捷的查阅利用服务。

附：　　　　上海市档案馆第 28 批开放档案一览表

全宗号	全宗名称	开放卷数	起止时间
A56	中共上海市委市政建设工作委员会	55	1953—1955
B72	上海市工业普查办公室*	2770	1984—1989
C63	中国红十字会上海市分会	126	1864—1950
D1	革命历史文件	44	1927—1949
D2	革命历史刊物	1	1929—1949
D3	革命历史报纸	105	1919—1949
L1	中国人民政治协商会议上海市委员会	384	1977—1983
Q5	上海市公用局	1847	1914—1949
Q173	国民党重要机构、人物等档案汇集*	706	1904—1953
Q179	上海公共租界临时法院兼上诉院	6	1927—1943
Q188	上海高等法院检察处	16	1946—1948
Q197	永安纺织总管理处	27	1933—1950
Q199	上海纺织系统各厂全宗汇集	88	1920—1949
Q241	大同大学	27	1946—1951
Q243	圣约翰大学	263	1924—1951
Q245	东吴大学法学院	14	1929—1947
Q251	上海市 1952 年停办高等学校联合办事处	26	1922—1948

续 表

全宗号	全宗名称	开放卷数	起止时间
Q289	中孚银行	13	1926—1952
Q397	财政部上海盐务办事处	17	不详
Q441	新华薄荷厂*	177	1946—1956
Q443	仁孚行*	113	1946—1959
合计		6825	

注:(1)有*标记者系首次向社会开放的档案全宗。(2)上海市工业普查办公室全宗(B72)有一部分案卷形成于1987—1989年,因为尚未到法定满三十年开放时限,所以将在今后逐年到期开放。

〔作者系上海市档案馆整理编目部副主任〕

档案架

蒋抑卮致叶景葵徐新六手札(三)

柳和城

第三部分 1930 年 3 月 14 日至 1930 年 4 月 5 日

第一号 1930 年 3 月 14 日

揆公、新兄同鉴:弟八号启程,十三号到汉。船内水汀太热,左眼复起白翳,今日渐平,写字尚费力也。

汉阳本栈同人津贴,年初开单呈请时,汤贤豪一栏下注明"该员原有津贴四元,拟加一元",而朱佩苍、韩寿卿各栏下,各注"又"字。杨辅臣栏下,注"拟加二元"。总处来函,汤贤豪加一元,杨辅臣加二元,而朱佩苍、韩寿卿未蒙批加,或以为单内所注"又"字指原有津贴言。其实所注"又"字,连拟加一元一起在内。请通兄[1]检查原单,仍请公函批加为荷。

中交汉钞每日有成交者,已涨至六折。闻向中行变卖,可得六五折。寄兄闻此将毋愤愤不平。

投资信托公司事,前日因客至纷沓,忘与寄兄接洽,请新兄径告之。

福兴洗染公司约定星期日(即十六日)参观。一厂仓库押款,其余额之数现为三十余万两。[2] 明如眼肿较好,当与马克一谈。此布。即候

---

① 指陈叔通。

② 一厂仓库押款 150 万两,经过半年多清理,尚欠三十余万两。放在浙兴领导层面前仍然是一大难题。

起居
通兄、寄兄同候

弟林叩　十九年三月十四日

第二号　1930 年 3 月 15 日①

揆公、新兄同鉴：昨寄一号函，亮到。弟眼肿较昨又稍平，勿念。

今日约马克会谈，马克无暇，已约定星期一下午(十七日)往谈。

一厂复工合同之副约，其英文原本、华文译本，均经该董会认为无异议，可以照签(其实仍由李鼎安一人播弄其间)。惟与我行有关联者二事，应先为商妥。一、停工以后账目，彼方仍须审查。彼方来函要求及我方复函承认，事前彼此先将艸藁看过，认为措词适当，彼此正式换函为凭。一、彼方要求将前由毛树棠订立花行之仓库押款合同及物料透支契约，取销作废。弟意押款余欠，虽载在复工合同，而押款余欠之来历，由该董会来函声明，此项余欠系根据仓库押款合同，及物料透支契约之结数。现在此项结数已载入复工合同，从前所定仓库押款合同，及物料透支契约，应行取销云云。然后由我行复函承认照办，似乎较有依据，请新兄酌核后，即行示复为妥。此项办法系弟一人意见，并未与前途谈过，究属可行与否，或另有妥法，或拒绝取消，请详示。因前途一二日内要有回话也。此布。并候
起居
通兄、寄兄同候

弟林叩　三月十五日

第三号　1930 年 3 月 17 日

揆公、新兄同鉴：十五日寄上第二号函，亮到。

福兴洗染公司，昨日下午偕同友生、策安同去参观。厂中秩序尚好，出品不错(完全赚染工，原料均系外国货)。现与李梦初详细谈过，现将资产负债表、营业计算书、开支预算表、股东名册，及机器名目并其制造之厂家名称，均详细开单，以便估价。大约做固定借款十万两不生

① 此函录自上海档案馆浙兴档案，编号 Q268—1—399。

问题,惟透支往来,梦初要求五万两,为购买布匹原料之用,不便如数以现银或庄票出货时,得凭所派会计员报告。布匹的系厂中提用洗染时,得以陆续提取,此层尚未商好(购买布匹原料系由上海押汇到汉,因厂中资本不足,要用若干疋,以现银出货若干疋,故厂中机器往往不能做齐,或四川销路甚好时,而以出货不多,销场往往容易错过)。

下午与马克会面。一厂仓库押款一百五十万以外之临时借款,准由我行附在安利名下合做,其成分由两家各做一半,每日结账一次,俟账法商量妥当后即实行。马克谓,豫昌蛋厂照去年底与元顺契约言,租金当然要付,然一月间因时局关系,未曾开工。现在四月将到,尚无开工之希望。如果租金照付,则豫昌吃亏太大,问弟如何意见,能两得其平最好。弟谓以余个人意见,如豫昌决计不开工,当早日通知元顺,取消契约,而未通知以前之租金,当然按日照付;其通知以后之租金,情商免算。如豫昌仍有开工意见,则租金似不能不照付也。马克谓当再函商安诺与新兄接洽云。

湖北本行钞票①叠与友生商量,仍以照发为是。现在请总司库赶印五十万元。一元钞十万,计十万张;五元钞三十万,计六万张;十元钞十万,计一万张。请寄兄先事筹备为荷。号信即可呈请也。

眼红尚未全好,择要先行报告,余容后述。此布。并候

起居

叔通、寄庼两兄同候

弟林叩　三月十七日

---

① 赶印"湖北本行钞票"事,简单补充一段浙兴发行史。浙兴前后三次发行过自己的钞票。第一次,1908 年至 1910 年期间,经清政府度支部批准,由商务印书馆印行,分一元、五元两种票面。第二次,1913 年经民国政府财政部核准,由法国钞票公司印制,1914 年开始流通,分一元、五元、十元三种票面。不久因中国银行、交通银行发行的纸币流通渐广,浙兴须在市场上用规元买进银元作为钞票现金准备,盈亏不易预算,加上市场上伪钞频现,于是浙兴董事会决定自行取消发行权,分别于 1915 年 9 月与 1917 年 8 月跟中国银行、交通银行订立领钞合同。然而,中交两行常常以时局不靖、运钞困难为借口,上下推诿,不愿意完全履约。因而 1920 年 12 月董事长叶景葵亲赴北京商请恢复浙兴发行权。经过艰难交涉,当局终于同意浙兴继续发行钞票。这一次也由商务印书馆印制。那时浙兴钞票各地分行都需加印分行暗记,所以有"赶印"的问题。至于浙兴第三次自行印钞,那是 1935 年以后的事了,不在本组蒋抑卮信札范围之内,从略。此番蒋抑卮自沪赴汉,带去浙兴湖北券 20 万元试销。

第四号 1930年3月18日

揆公、新兄同鉴:昨寄第三号函,亮到。

汉行今年存款,截至本月十日止,约增五十万元。内定存、特定、特往增二十四五万元,往存银数虽减,而洋数大增。增减相抵,尚增二十五六万元。惟所增户头,机关为多,不能尽量运用耳。现在汉行多单,除总司库存储五十万外,尚有八九十万元。长此浮搁,耗息不少。而此间春季,又系淡月,兼且外县土匪四起,存货不易运汉。是以生意绝少,银行、钱庄相率减轻利息,以事招徕,近有低至月息七厘半者。我行处此环境,更觉为难。昨与马克会谈后,一厂仓库临时押款,我行得分做一半,约计本月底为止,我行可分做二十五万两(约合洋三十五万元),年息一分,不无小补。所有手续有安利在我行立一安利一厂特户,已与益能接洽妥当矣。

近日江西有大宗米粮来汉,我行拟抖做若干万,惟月息至多不过八厘而已。

棉花押款尚有九十万元(去冬所做洪油押款已如数赎清),本月下月尚有乡货来汉,一至五月即要陆续赎清。为销纳款项起见,不得不预先计画。现拟从茶叶、黄丝、皮油、小麦四种,酌量市场情形抖揽押款。茶叶因去年俄销断绝,存货尚有二万余箱,今年茶客入山采办者未必踊跃,山价或可较小。如果年成还好,茶客即有利可图。惟因资本不多(去年茶客除山西帮尚有盈余,其余均亏),办茶到汉,即须做押,将来当相机与朱寅生接洽。

黄丝、皮油已入手调查历年销场及市价情形,能否尽量抖做,将来再定。小麦本为湖北出产,惟今春雨水太多,天气阴寒,将来收成如何,尚未能知。苧麻亦系两湖大宗出产,惟市价上落太大,不敢问询。夏季产品只有此数种,但能做到五六十万,使款项不致多搁,即为幸事。

稻村已于十六日到汉,精神尚差。申帮花客因汉口花价高于上海,亦束手不动,故弟劝稻村下午不妨在家休养也。

隆茂打包厂去年只做十三万包,较十七年少做四万包。平和、丽华亦均少做,且丽华所做之沙市及郑州、陕州三处之打包厂,或沙市生意太少,或郑州停工未做,或陕州厂工未完,吃亏亦不少。今年又有顺丰之新打包公司,如果棉花收成平平,或收成虽好,而花价大于上海,打包生意必更受打击也。

汉行人事问题,因近来告假回里者多,更觉困难。先将汉阳本栈栈员董勉安,调充星记栈管栈员,其星记栈原派之管栈员陈耿民,调回本行服务。沈良哉近日亦可回沪,请就近催促早日来汉。又曹思渊君(系陈理卿兄所推荐)如能就职,亦催其速来。此间福兴洗染公司合同成立,会计员即须派去,不得不早预备。练习生事前与寄庼兄谈及,汉行至少需用二人:一为俞姓(俊五接洽),一为谢子良之子。总处如可通融单独先行考试,但能文理清通,品貌端正,英文程度均不佳亦无法求全,即请录取,专备汉行之用。如果可行,即请示知,以便属谢子赴沪考试也。

时局又有变故,此间人心颇露恐慌。如果襄樊吃紧,外县土匪又乘机四起,则武汉治安亦颇可虑。阮文衷连日来行缠绕,弟均坚行拒绝。此人可恨亦可怜也。现在彼已说至由渠来租,先付租金而后开工。弟答以须向史晋翁接洽。此布。并候

起居

叔通、寄庼兄同候

弟林叩　三月十八日

福兴洗染公司其“五福”商标曾经注册,其完纳税款系按仿造洋货例核准,只完一道捐,所有厘金及入口税,概行免除。此项权利将来订立合同时,拟用赅括名词,如专用权,或享有权,或专有权,或其他更有妥当赅括之名词。请新六兄代为选择,或代为拟定。元嵩兄熟悉此类名词,请一商之。

第五号　1930 年 3 月 19 日

揆公、新兄同鉴:昨寄四号函,亮到。

湖北财政厅近又向银行界商借五十万元,以汉口征收局税款作担保。银行界以该征收局税收逐年减少,近因外县土匪四起,税收更短,认为不能作担保,要求以湖北省银行所存关税公债,即以乙丙两项换得者作第二担保。该行以此项公债为发行辅币券之准备金,不便交出,是以商无结果。财厅对此五十万元非借不可,银行界也不敢坚拒。不知

将来如何应付也。

汉口当商[1]有以押入金饰,向本行来商转押者。弟以汉行银根尚多,亦思借此销纳一部分,惟手续稍繁,现姑拟办法如下:一、每次来押以五十件为起码,编列号码,自一号至五十号止,以后陆续取赎,可不拘号数多寡,至赎清为止。其第二次来押者,仍须有五十件,另编号吗,不能零星来押。一、每次来押之件,以金镯、金签、金戒指、金条、金叶、金货币,无焊药、无镶嵌者为标准。一、每次受押时,请银楼中人估看成色,其估看之费由当商承认。一、每次来押五十件,外须装以小皮箱,面同装入,由当商自加锁匙,锁口封好,钥匙由当商收执。一、每次所押五十件,期限至长一年。一、押款折扣,按市价对折至六折(按纯金算)。一、利息至少月息一分二厘,不足一月者,以一月计算(此地当商取息为月息二分五厘,期为十八个月)。一、每次来押五十件,每件均注明分量,来赎时即以该分量若干,按所押折扣数目赎取,利息随时结清收回。以上各条系大概情形。此项生意如一开做,可有二三十万,因来说之当商有三四家也。总处如以为可做,当着手进行。[2] 查我行余款甚多,此项生意虽系琐屑,为销纳款项计亦是一大宗。而金质妥实可靠,市价既少变动,保管又属容易,取息亦可稍优,较之沪上以条金作押取息只三四厘者,其利益相去太远,希即通盘筹画,即日由航快示复为荷(汉口当商因资本不多,金饰吃本重,近日金价高,吃本更重,钱庄无力供给,故有向银行转押之动机)。

一厂董会又有函致委员会(抄录附上),函内所言与去年(阴年)底所解决者大不相符。[3] 徐文耀愤极,近日召集委员会临时开会,拟将原函退还。如何情形,再报告。此布。并候

起居

叔通、寄庼兄同候

弟林叩　三月十九晚

---

① 当商,指典当业商人。

② 徐新六此处有批注:“六意可做”。

③ 一厂董事会又出花招,详见第六号、第八号函。

第六号　1930 年 3 月 20 日①

揆公、新兄同鉴：昨寄第五号函，亮到。

一厂昨开临时委员会，已决定推出徐文耀、杨贞生、杨显卿、胡瑞芝四人，与该董事范[万]泽生、吕超伯面商，约定明日下午去谈（即二十一日）。昨日该董会又有函致汉行，另纸抄奉，亦由文耀等四人一并与该董会交涉。弟意非俟副约签字，或签字时同时涂销不可。物料透支契约，已预备照相影出一分。

揆公十八日来函昨晚收到，曹思渊既不肯来，如余光莹愿意就汉，请催其早来。现在告假回里人员已有六人，而急待告假者，尚有陈道宏之婚假（去期四月三号）、王筱庭之省亲假（前日有电来），日内非起程不可。是以人手益感缺乏，良哉如已回南，亦请代为催促。

汉行多单，除一厂仓库临时押款，已销纳二十万元，现有米及油两项大数押款，约有洋二十万元，正在放低利息抖揽，日内或可定局。大约月息八厘，惟货物请其堆在汉阳本栈，将栈租扯算在内，约可得月息一分也。（汉阳本栈较去年同时间，堆额可多一半，现在已有三万件以上矣。）

今年申钞行市大于现洋，平均约高二厘半至三厘。其原因固由外县多匪，客商不敢办货，现洋不为需要，而进口货多，汇出之款汇水即大（上下于九百八十一两之间），故多放价收买申钞，即以申钞汇往上海，抵付规元，故申钞行市高于现洋。中行及中南行亦因上海洋厘较汉为高，往往收买他行之申钞，直接搬运上海，而以自已行之申钞尽量售出，以便驱逐他行申钞之流通在汉市者。正是五花八门，各显神通。我行之湖北券系在汉兑现，其价适用于汉口之现洋，故能在汉流通，将来土货畅销，现洋仍必高于申钞也。京汉南段车价系有财部通令，表面上收中央钞，而沿路人民对于中央钞不甚信用，故流通之券仍以中、交两行申钞为多。惟人民以中、交申钞购买车票，各站非要贴水不可，小站地点甚有压至九折者，各该站即以中、交申钞运汉，照市价售与中央银行，而售得之二三厘高价，即为各该站好处。一方低价收进，一方高价售出，利益极大，而中、交两行申钞之向在沿路流通者，至此颇受影响矣。

---

① 原件存上海档案馆浙江兴业银行档案，编号 Q268—1—399。

此布。即候

起居

叔通、寄庼两兄同候

弟林叩　三月二十日

第七号　1930年3月21日

揆公、新兄同鉴：昨寄第六号函，亮到。

本行湖北券弟所带来之廿万，已用去十万。照现在汉市情形，此项湖北地名券可以流通，前函请酌加印之五十万，务乞转知总司库，即日赶印，以便趁机使用也。

汉协盛营造厂加用透支三万两，另做报告书附上，请总处核准为要。

财政厅借款五十万，现在可以暂不举行。闻已向上海银行以税收抵借十五万元，今日交款外，尚拟发行金库券一百廿万元，年息七厘，其发行方法尚未公布，闻系于发还逆产时，按成硬派①云。

沈良哉闻已回杭，据称其兄有病。请总处专函催促来汉为妥。

沈葆甫所开杂货号，其子过后已经盘卖，惟精神颓唐，每日到行时间甚少，有事接洽，须到公馆去请。多年同事亦不便相劝，此亦一难问题也。

此间报纸盛传汪、蒋合作之说，此事果确，政局或有变化也。此布。

并候

起居

叔通、寄庼两兄同候

弟林叩　三月二十一日

第八号　1930年3月22日

揆公、新兄同鉴：昨寄七号函，亮到。

徐文耀等四人昨日下午与范[万]泽生面商，结果如下：一、我行物料款由该董会函知委员会查明估价情形，作为依据。现拟明日由委员会推举若干人赴厂查估，大约须照安利所估之数，应增多若干两(不拘

---

① 湖北财政厅发行金库券“按成硬派”事，详见第八号函。

多少),以为下场地步。此节我行当然无异议,惟安利一方如何,由文耀与马克洽商。一、急债五万,于签副约之日同时交付,安利或可承认。一、彭少田所出与安利及我行信四封,由董会来函询问,再由安利与我行将来函承受,即复以既由该董事长彭少田出给,其有效与复工合同一样。一、审查账目事,彼方来函要求审查,我方及安利复函承认(我行账目以对账后之日起,不牵涉旧账)。一、我行之多结一厘,由委员会来函声明,如法庭判决无效,我行仍当付还,即由我行复以如果法庭判决无效,当不致使委员会为难。以上各种往来函件,均由文耀兄起稿,于下星期二日(即廿五日)邀同董会及安利与我行,当面将词句斟酌妥当后,即正式誊正,与廿七日(星期四)将副约签订,并将各函互相交换。文耀兄奔走斡旋,极为可感,不知该董事再有翻覆否。①

本行湖北券明日一厂发给工钱,即可用完。请寄兄催用和赶紧添印。

汉行款项,除总司库所存五十万元及湖北券准备金三十万元,均存现不动外,尚有营业运用金七十万元(连日花款又卸十余万元,净放棉花款不过八十余万元)。现正竭力抖做生意,洋款可做八厘,银款可做八厘二毫半,米押款可做十五万元(米已到本栈码头,共有一万五千包,须三日约可到齐),洪油可做十万元(利息尚未商定),当典金饰押款可做十五万元(现正接洽条件),福兴洗染公司可做十万两(现正预备各样手续)。以上四项大宗生意如均做到,则七十万元之款大致可以销纳,以后营业准备,当以一厂期票抵用钞券准备金(一厂期票每半个月约有二十万两)。钞券准备八十万元,至多抵用三十万元。一面即向上海规元特户调用,总使款不呆搁,而准备确定,请告棉庭兄接洽为荷。

查汉行负债实在科目约有七百万元,以通平八厘计算,须担负支付利息五十六万元。又开销八万元,每年须做到六十四万元之利息收入,方可不亏本。故对于放款生意,不得不尽量抖做也。

湖北旧债整理,乙、丙两项如于本年六月以前解决,尚有一部分利息可收。现在财部已派员来汉,逐项审查。计泉币司宗伯宣、公债司戴

① 与一厂董事会交涉之难,几乎已闹到法庭,信件来往打笔墨官司更成了家常便饭,详见下面几通信函。

亮吉,闻须要酬劳云。

乙项旧债如以三三折了结,我行须亏十万元;丙项旧债如按周息七厘付旧欠之息,可多得关税公债二万元。又湖北金融公债押款,如以关税公债廿五万元了结(原欠二十万元八折作押),可多得五万元。计共多得票面七万元,以之弥补十万元,尚不足三万元。① 然关税公债须照票面十足记账矣!只可俟下届盈余,再行折实。此布。并候
起居

弟林叩　三月二十二日

第九号　1930年3月24日

揆公、新兄同鉴:廿二日寄上第八号函,亮到。今接揆公、寄兄十九日来函各一,均悉。昨日接到新兄改定致安利洋文稿(为合做仓库临时押款事),亦照缮发。

昨日一厂委员会徐文耀等赴厂查估物料,将从前未估之物料,折衷多估四千四百余两,仍以八折请安利照付我行,为该董会得一面子(谷立兴②亦在场)。安利为息事宁人起见,大约可照办也。马克对彭少田所来四函,内二函:一为物料估价付还现款,一为谷立兴顾问薪水,因事实均已履行,主张可以退回,弟亦同意。恐董会得步进步,再生枝节,四函之中如有二函可以退回,其余二函何以不可退回?虽一则已发生效力,一则尚未发生效力,究以不退回,为日后万一有翻悔时之可以作为证据也。

湖北券截至昨日止,仅剩四万。今读券字号信,知总司库积存之湖北券,尚有五元票十五万元,十元票二十万元,请即派人专送为荷。(如一元券日内即可印齐,请一同运来)查此间四库广告,已有汉口地名券由本库兑现之声明。以后趋势,恐发行各行将陆续发行湖北券也。(广告附上)③此间中、交汉钞市价,大时到过六折零,今日暗盘仍为每

① 政府旧债清理,算来算去银行还是吃亏。

② 前译郭立兴,安利洋行派驻一厂委员会洋顾问。

③ 该函末附有广告剪报一份:“盐业、中南、金城、大陆四家银行汉口准备库通告中南银行钞票无论一元五元十元等,凡汉口地名者由本库兑现。凡上海地名者,由本库收汇。恐未周知,特此通告。本库地址四民街四十五号(即前俄租界巡捕房对面)。”

现洋一元,购汉钞一元七角五分。统计今年两个多月,由沪帮来收买者,已有二百万票面光景。此必沪上屯户有可出卖六折以上之把握,故放以六折行市在汉收买。现在汉市所存之中、交汉钞,已不多见,故每日成交之数极微,不过数百元,有时亦有行市无交易。弟意中行对于外面流通之汉钞,必能洞悉其实在之数。如果均在大户手中,中行必迁就了结。汉钞结束后,中行又可在汉大发其湖北券矣。寄兄宅心忠厚,为中行当事人所蒙蔽,所谓及子可欺以其方也。

考试学生如定期在六月底,凡有关系之子弟,自可先将履历存记。谢子良之子的履历,已属其预备矣。

阮文衷又来说租用蛋厂一年,已说到先缴租金一万元,每阅三个月再缴五千。弟已函商史晋翁矣。

昨日星期,弟往各堆栈巡视一周。源源堆栈建筑完全新式,所堆棉花以黄帮为多,且堆额已满,惟黄帮花客居奇者多,故销货不畅,我行所做押款约十一万元。此栈地位极好,建筑又新,营业必发达,去年盈余闻有一万元。仁记、盈丰两栈为我行产业,仁记堆货尚多,押款约十六万元;盈丰堆货不多,押款约一万七千余元。此两栈保险费较源源栈要大二倍,故生意万不能与源源栈竞争者也(汉口第二栈系上海银行所做,在源源栈间壁,建筑一半新式一半旧式)。汉阳本栈正在起米,极忙碌。昨日米款已先做洋二万四千元,息八厘;银一万七千两,息八厘二毫半(现在汉行为便于堆栈起见,凡遇星期日做押款、赎押款,均可照办)。盛星栈堆货亦多,押款约做廿六万五千元。星记栈新屋尚未完工,现在先将一号、二号新栈临时堆货,押款约做二十六万元。查该栈建筑虽非完全新式(保险费较旧式栈可便宜一半),而规模宏大。如今年棉花年成丰收,此栈营业(可做足四万大包)可居汉口堆栈之第一位。我行关系尤密,不得不馨香祷祝今庚之大有年也。永孚堆栈已开工,即在星记栈间壁,惟其建筑完全新式,保险费较星记栈又可便宜三分之一(旧式栈保险费为为三十二两,半新式栈为十六两零,全新式栈为十两零),堆额亦可有二万大包(永孚栈系由汉中行与中央信托公司承做者),将来竞争生意,亦为星记栈之劲敌也。通孚栈因该经理陈曼卿赴甬,故未去。

行员陈道宏、王筱庭已回里,屠兆莲适来,已暂留行内帮忙。沈青燃因乃妹出嫁,下月初必须回里(有两年未请假)。汉行人手实不敷用。孔宝康积劳太甚,旧病易发(前两日卧养二日),发则代理人更为难。良哉之父闻已病愈,请再去催促为荷。

此间邮政局外国人来问,如以该局储金向我行活存,可有息若干?现已告以长年五厘。该外国人云,当向上海总局报告后,再来接洽。此项存款上海银行必争,新兄与沪总局专管人员相熟否?[①] 此布。并候
起居
叔通、寄庼两兄同候

弟林叩　三月廿四日

第十号　1930 年 3 月 25 日

揆公、新兄同鉴:昨寄第九号函,亮到。

昨日接揆公廿日函、新兄廿三日函,及今日下午五时来电,文曰:“八号函第三项,复董会函后似应使董会再来一函承认,方有结束。请酌行。”均悉。

今日下午二时,由徐文耀兄约同委员杨贞生、杨显卿、胡瑞芝、刘策安,董事方面万泽生、吕超伯,债权方面谷立兴及弟,在一厂事务所将各种交换函件草稿互相承认(草稿均由文耀主笔)。关于安利者二函:一、停工以后安利所垫维持之费十四万余两,该会有保留核对之权,安利复函表示同意(其华文草稿与致我行者相同,可参觀致我行函)。一、申汉欠款四十五万两,内有急债七万两,除由安利已垫付一万余两,其余五万余两仍请照付,且声明此七万两,即在申汉欠款四十五万两内扣除,结欠申汉欠款只三十八万两,安利复函表示同意,且于签订副约之日,照数付以安利支票。关于我行者两函:一、核对账目,一、退还一厘,由我行复函同意,其草稿另纸誊录附上。关于核对一函,仅说“设有更正之处,一经双方同意应行修正”,较从前多除少补之言含意和缓,且有双方同意一言,如将来要求免除复息,我方尽可不同意也。关于退还一厘一函,系去年底商定办法,无可再争。好在我行复函仅云决不使贵会为难,并未说实可以放弃。如果判决无效,我行尚可经诉讼程

① 此句旁有徐新六批注:“此间已接洽。年息五厘,已存十万。”

序控告董会也。此外,对于委员会审查物料作价情形,由文耀兄负责与马克交涉,加估若干(原拟加估三千余两,董会以所加之数太少,要求再加估三千余两,今晚尚须与马克交涉),如马克承认,则物料问题即可解决。至于彭少田所来四函,其一函为洋顾问薪水事,已由第一次委员会通过照支,成为事实,无所谓取消。其一函为物料作价事,已由委员会审查移交情形及估价标准,要求安利加估若干,可以解决,亦不成问题。其一函为加给一厘事,已由委员会致函向兴业声明,兴业复函对于声明各点自当查照,亦不成问题。其一函为安利酬报五万两事,此事须待五年以后发生效力,现在亦可不提。故对于董会三月十七日致委员会一函内所称,"以及本公司前董事长或经理,与各该行或其主政人关于磋商押借款项,或许与权利之各种文件当然无效"等语,自可无庸再议。至于物料作价后物料已收一厂之账,作价之款已由安利在仓库押款内支出,当然在安利所管之抵押物品范围以内,董会未能处理也。此布。并候

起居

叔通、寄顾两兄同候。

弟林叩　三月廿五日

叔通兄廿一[日]函内附金仲荪函,均收悉。

附:浙江兴业银行覆委员会函稿

径覆者。　月　日接准贵会来函,内称"关于董事会彭前董事长任内所加一厘息金一事,经贵会开会讨论,对于此事处于中立地位,未便偏袒任何一方。但该项加给一厘息金,曾于上年九月及十二月先后付过两次,且因敝行与公司关系至切,亦未便遽行停止。惟董事会既经来函声请应候依法解决,贵会不得不郑重声明,如将来诉讼结果应由敝行放弃此项一厘息金之利益时,应请敝行将此项加给一厘之息金,如数退还"等因。敝行对于声明各点,自当查照,决不使贵会为难也。此复。

汉口第一纺织公司委员会

浙江兴业银行启　月　日

附:浙江兴业银行复汉口第一纺织公司董事会函稿

谨复者。顷接本日来函,内称"对于第二债权契据所载,贵公司结欠敝行洋例约六拾五万九千六百六拾七两零八分之数。除民国十六年十月十七日以前,所有敝行与贵公司往来账目曾经核对无讹外,对于民国十六年十月十七日以后之账,贵公司须保留核对之权,当于最短期内从事核对。设有更正之处,一经双方同意,应行修正,其修正效力仍按民国十八年四月十七日复工合同签订之日追算"等语。敝行对此要求表示同意。但请贵公司须于一星期内,约同敝行代表从事核对,以便早日对清,免致再有迟延也。此复。

汉口第一纺织公司委员会

浙江兴业银行谨启　　月　日

第十一号　1930 年 3 月 26 日

揆公、新兄同鉴:昨寄第十号函,亮到。

物料加估价值,昨晚文耀兄与马克商妥,共再加估六千五百余两,仍由安利于仓库押款内开支出,付给我行,照收第二债权押款余欠之账。今日下午三时,开一临时委员会提出通过,并将查估情形及加估交涉,即日报告董会。现已拟定星期五(廿八日)签订副约。闻董会于明日开会决定,不知能否免生枝节也。

第二债权内关于我行之押款余欠,先后共还八万二千余万[两],申汉欠款先后共还七万两(即急债)。是则复工合同所载明之总债额四百三十四万余两(连整理借款在内),不待盈余之结出,已提前还付十五万二千余两。此项债务即移转于安利仓库押款内(急债安利不便空垫,想必在此款内支出)。照此办法,即发生红利多少问题。盖红利所得之总数,根据总债额四百三十四万两估计,应得二百零四万余两。如果总债额减为四百十九万两,则红利少得之数约有七万两。以三十二分摊算,同事约少得四万三千余两,安利及我行(整理借款之红利)约少得二万六千余两。尤有关系者,如总数减为四百十九万两,假如到第五年所结盈余数目适可如数还清,则第六年起应交厂方自行经理。

如总债额仍为四百三十四万两，至第五年之盈余，不足再付清此先行挖除之十五万两，则因剩欠此十五万两之关系，第六年起仍必由安利经营。假如第六年结账盈余为五十万两，则花红即可多得十六万两之数，挖除应得之七万两，尚多得九万两。如盈余更多，则花红亦随之而多。此虽未可料之事实，为多得花红计，不得不虑及此，谷立兴已有言及。弟与益能兄一再讨论后，弟主张今年六月底结盈时，假定为四十万两，先提花红十二万八千两，其净盈廿七万二千两，以十五万两付还安利仓库押款（安利可先收回此项垫款），作为先行付还第二债权之一部分；以十二万二千两，再按结剩总债额四百十九万两平均分摊，未知可行否？请与鸥客兄商之。如果可行，再与安利爱诺接洽可也。①

昨接廿四[日]总行来函，福兴洗染公司保人，孙君仲立已允担承，甚妥。至于一厂出品之布，前与刘稻秋、李梦初谈及，因质分不佳，洗染以后不及东西洋货之漂亮，恐于销路有碍，难成事实也。

汉行练习生由汉行自行考试。谢子良之子在汉尚为便当，俞生则在杭州，须约其来汉考试。如不徇情，万一考试成绩不佳，则弟实亦有为难之处，容再考虑后决定。此布。并候

起居

叔通、寄庼两兄同候

弟林叩　三月廿六日。

第十二号　1930年3月27日

揆公、新兄同鉴：昨寄第十一号函，亮到。

前寄汉协盛木厂加用款项报告书，内有武汉大学工程二十六万两云云，现查明系洋二十六万元，请更正。武汉大学院长为石瑛，校长为王世杰，其建筑基金每月由政府拨付六万元。截至现在为止，共存基金六十万元，尚未动用。其往来银行，广东银行存入最多，闻有二十万元；次为上海银行，次为我行（计有十二万余元，分两户），次为省银行，次

① 一厂所欠安利、浙兴债务总数达434万余两，前面有关信函注释已有说明，该厂欠浙江兴业银行借款、代垫费用等超过100万两之多。上年签订复工合同以来一年，总共仅归还浙兴15.2万两，加上利息，厂方又常常出尔反尔，不履行合同，可想而知给浙兴带来多大负担。作者又考虑到花红分配问题，由此企业与职工都会受到很大损失。

为中央银行。故汉协盛对于此项工程可以放心承做，且石院长、王校长人品极好，曾向汉协盛声明，如政局有变动，所欠造价当一起付齐，决不使木厂为难也。武汉大学存在上海银行之款，其息四厘，故我行对于该校活存一户，亦改为四厘云（汉协盛加用三万两，请早核复，本月底该厂即请求支用）。

近三日来现洋洋厘渐高，今日为七钱〇五二五，申钞为七钱〇五七五，相差只半厘。其原因由于河南境内军需各款，要用现洋也。

一厂本月盈余，约可有六万两。本月底该厂可收纱款期票约有五十余万两。我行附做仓库款，今日为止已有廿万两，到月底即可收回矣。

此间各银行因无生意可做，颇有向当商下手之势。闻中南、大陆两行拟租用刘子敬住屋（在法界领事公馆间壁）专堆存当商转向该行做押之物品。浙江实业银行亦有揽做日租界当商之转押款生意。上海银行且运动市政府，藉口于汉口当商重利盘剥（前函报告此间当典满货期限为十八个月，系指大当典而言。现在汉口当商均为代当性质，期限只六个月，月息二分五厘），有碍小民生计，请市政府通告各当商，利息减小。如当商资本不足周转，由市政府指定上海银行为各当商之通融机关，利息较当商取于当客者小若干厘。此事若果做成，上海银行对于汉口当商为“新狄卡”①之主人翁矣！闻光甫②此次归来，对于该行同事所下训条为：“奋斗前进，于无路中求出一新路。”其进取精神，真可佩服。以弟之意，当商转押款生意除金饰外，手续太繁，恐各行亦能说不能行，惟上海银行横厉无前之气概，或不惮烦，尚径下手于此，亦为意计中是也。我行转做当商金饰押款，已谈有大纲，总处能否核准？请早示知为荷。

委员会已将物料估价情形函复董会。函稿附上。至于物料抵押透支契据，亦由委员会将物料解决始末函告我行，并请求将该抵押契据，送交委员会涂销，再由委员会转交董会，一面即由委员会函复我行。该抵押契据已经收到，转送董会，以完手续。如照此办理，有委员会从中

---

① 现通译“辛迪加”，指大企业形成的垄断组织。

② 指陈光甫，上海银行总经理。

负责，将来董会即无可翻覆。如要求董会直接函复我行，能彀办到尤妥。一俟明日签订副约后，容再向文耀兄商酌也。

顷接揆公廿五［日］函，云将出行，或系往北平，便请示知。

时局紧张，而公债仍有涨无已。或为补空，或为做多，亦请示知为荷。此布。并候

起居

叔通、寄庼两兄同候

弟林叩　三月二十七日

第十三号　1930年3月28日

新六吾兄大鉴：昨寄第十二号函，亮到。

一厂副约今日下午已签字，我行由弟签字，见议人为徐文耀、杨贞生，即译寄一电，亮洽。该约中英文底稿，容抄就寄上。一年以来屡费唇舌之副约，总算告一段落。马克尤为色喜，惟急债五万余亦当面如数恭奉矣。关于我行之保留核账及一厘利息事，业彼此换函为证矣。此次文耀兄奔走斡旋，非常出力，实可佩服，吾兄与之通函时可致意道谢。

顷接廿六［日］来函云，马克有函来沪关于蛋厂者译奉，译稿并未附来，想系忘却封寄，仍请寄汉为荷。

文衷租用蛋厂，揆公虽意不为然，但安利既不愿租，别人又无从抖租，出售更为困难。弟主张如全年二万元租金先行收到，不妨出租一年，再看后效如何，否则利息又搁耗一年矣。

黄余太太存款（即远庸[①]遗产）汉行可以照收，请叔通兄照拨沪行收汉行……（下阕）[②]

---

① 远庸，即黄远庸（1884—1915），江西九江人，笔名远生，著名报人。辛亥革命后，在北京任《时报》、《申报》特约通讯员。1915年被刺身亡。

② 蒋抑卮在汉口完成与一厂签订还款副约后不久回沪，然而浙兴所背包袱并未卸下，与一厂的交涉又持续了十余年。据史料记载，1931年湖北大水，汉口第一纺织厂被淹，停工二十余天，损失惨重，所欠债务根本无法偿还。1933年董事会改组，推定银行业资本家周星棠为董事长，经营仍无起色，至1935年亏损400万元，1935年底该厂第三次停工。资料显示，该厂自1921年至1935年，累计亏损达2000万元之钜！接着抗战爆发，工厂被日本人占领，那位汉口安利英洋行经理马克当了“英奸”，打着太阳旗领头“欢迎”皇军入厂。直到抗战胜利，该厂才被国人收回。对于战前所欠安利洋行与浙江兴业银行巨额债务，一厂当然无法偿还，又拖了几年。现存1947年1月下旬，叶景葵致时任浙兴汉行经理徐维荣复函，（转下页）

阙编号 1930年3月30日①

慎昌油坊坐落汉阳本栈东首,与本栈毗连,面临襄河,阔十丈,深二十三丈,共有基地二百卅八九方。内有房屋,均已破旧,略加修理,可堆洪油或秀油八千桶,产价连修理,须用一万五千五百两。堆油八千桶,每月可收费二百四十两,以六个月计,可得一千四百四十两。其余六个月,招堆皮油或麻油等货,亦可收五六百两,共计每年可收堆费二千两。而本栈四、五两号栈房,本为堆油之所,如改堆杂粮,较堆油栈租可每月多收一百二十两。而油栈每年开支,因毗连本栈可以兼管,无容多费。而各油押款生意,每年可统扯做十五万元。将来时局平定,两栈合并,建一新式之大栈,更可多吸收客货。总处如以为然,请速示,以便进行。

十九年三月三十日

阙编号 1930年4月5日致陈叔通函②

叔通吾兄大鉴:接奉四日航快函,均悉。余君不来,此间人手决不敷用。现由张承模(汉口浙江实业副经理)介绍陈灿臣,年十八岁,萧

(接上页)告以汉口第一纱厂人员来访情况,建议"我方只有抓住复工委员会紧紧不放",以求早日取回现款为上策。函云:"李、程来舍见访,弟未与之谈及一厂事,以后邀饭,亦辞而未赴。其与沙逊面谈情形,据叔翔(时任浙兴总经理)转述,沃君措辞极有分寸,惟程子菊则借此夸耀,以见好于董会。现在沙逊有函电致兄与董事会,当可恍然矣!沃君因急思了结,故内心不免有妥协之意。其实弟何尝不然?如果七十七万镑有支票送来,何尝不见钱眼开?因为彼方决办不到,故以高唱入云为手段。据弟揣测,李与程均不愿复工委员会结束,趁此机会开股东会,董事到手依然可做委员长,可做总经理,宋立峰依然可做经理。所以股东会一过,彼方未必着急,依然是个拖局。然则我方只有抓住复工委员会紧紧不放,与之扭结到底,结果总是捞进。欲求迅速彻底解决,难乎其难!兄谓如何?李与程显然不和,我方以联李为要著。沙逊则时时与之接洽,贡献意见。沃君必不致单独武断,可请放心。"此信证明那时一厂董事会急于了结债务,浙兴有意"以退为进",利用其内部矛盾"扭结到底"。然而事情也不顺利。1947年2月,一厂股东会讨论红利分配,安利与浙兴也要求享受40%红利被拒绝,浙兴汉行经理徐维荣在股东会遭围攻,最后闹到汉口地方法院。经过法院调解,1948年7月双方达成妥协,一厂用1400包20支红狮球牌棉纱了清二十余年所欠安利与浙兴债务(包括1946、1947年红利)。根据当时纱价,这1400包棉纱约值银币30多万元,剔除几十年来物价变化因素,浙兴仅仅收回当年债款的十分之一!蒋抑卮于1940年已去世,可惜也没有等到这一天。

① 原件未见,似非全文。录自《蒋抑卮先生遗书》(四续),《及之录》(七),《兴业邮乘》复第9号。

② 当时叶景葵已离沪赴北平,陈叔通也将去北平。作者除通报汉行人手不够、亟待补充外,对时局表示担忧,"我行存款太多,如不相机销纳,亦有膨胀不通之患",希望陈叔通去北平之后,向叶提出他的忧虑。从此函保存在《蒋抑卮先生手札》内来看,叶景葵看到了老朋友的建议。

山人,为陈朵如之族兄弟,在上海宝大裕钱庄学业,现充该庄司账。请吉如兄先为调查,如人品尚好,拟即留用。虽程度不高,而钱庄出身,收支事或可做得也,亦请调查能做否。良哉来信,其父病又增剧,一时仍不能来,为之焦急。时局纠纷更甚,而湖北各县匪共充斥,且有组织完备者,志不在小。武汉两镇以外县避难者纷至沓来,人口骤增,柴米日用之品以及破坏不堪之住宅,均见腾贵。游民愈多,治安可虑。我行放款额数,一厂而外,各堆栈之押款数目几乎相等。弟早夜思及,亦栗栗危惧。然我行存款太多,如不相机销纳,亦有膨胀不通之患,为之奈何!弟出月亦思归沪。兄到北平后,可与揆公谈及之。此复。并颂

日祉

弟林叩　四月五日

阙编号　1930 年 4 月 6 日①

揆公大鉴:顷奉前月廿六[日]青岛所寄手书,均悉。近日想已安抵北平。春光大好,百花盛开,兴致当不浅也。汉行承受平杭两地之款,幸皆销纳。前月底止,棉花堆栈约做一百二十余万,汉阳本栈约做四十余万(米为大宗,占三十余万)。其余多单,与安利合做一厂仓库押款,半个月后即已收归(一厂售纱期票,每皆月半月底,少则四五十万,多则六七十万,故周转极灵),周而复始,实为运用多单之好户头,惜数目不大耳!(我行约占二十万两)各栈押款,两月以来陆续告卸,可以接做者品类不多。弟虽调查皮油、黄丝,然数量无几,用款有限,彼时库存恐致呆搁。此间金融机关,上海银行竞争固烈,而四明、盐业、省银行、浙江实业亦急起直追,减低利息(有至七厘者),以事招徕。源裕钱庄凭藉四明资助之力,遇有申帮花客,揽做押款押汇(源裕以栈单提单向四明转做,净得约二厘好处。例如放客家八厘,四明得六厘,源裕得二厘),尤与我行冲突。平和之慎大、隆茂之存德,今年以来几与我行无所进出。弟屡思与之竞争,而汉行成本既重,款项又不充裕,未敢下手。顷接吉如兄函,总行银底极宽(津行前有电来,属"代放申洋三

① 此函为蒋抑卮在汉口任汉行代经理期间,收于《蒋抑卮先生手札》最后一封信。此后不久,蒋即返沪。

四十万,月息九厘”。其息固大,而申洋调汇多一换算,尤有洋厘风险,已去电婉复。请公告津行,不如放与总行或地产部为宜),拟调用沪款,以周息八厘计算,或可放出三五拾万两也。

许州蛋厂,安利以时局纠纷不愿续租。文衷去年彰德之厂与人合做,颇有盈余,闻彰德旧欠偿还一部分,现在日日来行,请求租用许厂。前得公函,不以租与文衷为然。弟以为许厂久空,耗息可虑,文衷如能先付租金一年(二万元),在我行究属入手为财。史晋老明日可到,当妥为商议,再行报告。

湖北各县土匪今更猖獗,且有组织完备,志不在小者(外县知事未能到位者,闻有四十三县之多)。避难之民纷至武汉,凡房屋米煤以及日用之品,无不腾贵,加以战云弥漫,人心浮动,治安如何维持已成问题。弟之积极政策,思之亦栗栗危惧。

汉口方面公债空头,自去年十二月起,迄至现今为数约有五百万,亏耗不下三十万,大约军人政客居其多数,次则聚兴诚以及倒闭各庄之经手,均哑口吃黄连,有苦无处说也。湖北本地公债,如湖北金融、市公债等,稍有资本之人亦收买转押,闻大陆、金城受押不少。此布。并候起居

卜桑、尧生①两兄同候

弟林叩　四月六日晚

河海公债闻未抽签,此例一开,津海关二五库券将起恐慌矣!

(全文完)

(整理者系上海浦东新区文史学会会员)

① 卜桑,汪姓;尧生,竹姓,均为浙江兴业银行北平分行经理。

上海少年村史料（1946—1955）

王慧青

整理者按：在上海闸北、宝山一带有一条少年村路，其缘起于上海慈善机构——少年村。1946 年 4 月 19 日由赵朴初、陆梅僧、王应游、毕范宇、田信耕、陈已生、梅达君等发起成立了专门收容街道上 10 至 17 足岁的流浪少年儿童的少年村。村址设在大场宝华寺。1951 年上海少年村由中国人民救济总会上海分会接管，迁址南市国货路。1952 年上海市工务局将自大场镇南口至少年村一段马路老沪太路改名为少年村路。本组史料选编了该组织机构成立、组织宗旨及解放后在流浪儿童教育、组织生产生活、安排出路等方面的档案史料，供研究者参考。档号：B2－2－15、B168－1－430、432、Q6－9－169。

1. 陆梅僧等为组织上海少年村事给上海市社会局的呈（1946年4月19日）

呈请人　陆梅僧

年龄　　　　　　　　　　　籍贯　宜兴

职业　联合广告公司总经理　　住所　山东路二五五号

呈为呈请发起组织上海少年村请予许可事。窃梅僧等鉴于上海少年村事业亟需举办，现经梅僧等依法发起并暂借赫德路四一八号地方为会址，遵照规定办法检具各项表册备文，呈请钧局鉴赐，准予许可。

实为公便。

谨呈

上海市社会局

计附呈

发起组织理由书

事业计划书

收支预算表

发起人略历各一份

呈请人　陆梅僧(章)

连署人　赵朴初(章)

中华民国三十五年四月十九日

2. 上海少年村发起组织理由书(1946年4月)

(一)上海少年村发起组织理由书

同人鉴于本市街头流浪儿童失教失养,多被歹徒诱惑入伙经营偷窃抢骗之行为,既戕贼其自身复贻害于社会,流毒所及不可胜言,亟宜迅为筹谋救济,俾得脱离恶劣环境使之觉悟自新,期为良好之公民。爰发起仿效美国少年村之组织,在本市近郊设办一上海少年村,专收有犯罪倾向之流浪儿童,予以适当之饮食教诲工作,娱乐助其身心健康,兼为筹其出路,冀能减少社会犯罪之行为,裨益社会秩序之安定,增加国家有用之人力,此本村发起组织之理由也。

(二)上海少年村事工计划大纲

一、宗旨:本村本博爱之精神,服务街头流浪儿童,予以优良之环境,施以适宜之教育,藉以启发彼等之向上精神,养成良好之公民。

二、对象:本村以服务上海街头流浪男性儿童,其年龄约在足十岁至十七岁之间,并经有正当职业人士或政府及社会团体之介绍登记审查合格者为限。

三、事工:本村之主要事工类别如下:

甲、养育的工作

(1)供应膳食衣着及住宿使获得生活上之保障。

(2)身患疾病者给予适当之治疗。

(3) 培养卫生习惯,充分给予锻炼体格之机会使其健康。

乙、教育的工作

(1) 原则: 1. 少强制灌输多启发鼓励;

2. 培养集团生活同时着重个人之改造与发展;

3. 以信任爱护代替严格的督导;

4. 多予实地经验中求得知识的机会。

(2) 目的: 1. 革除已有不良言行培育良好习惯;

2. 革除仇视敌对心理培育和善互助合作精神;

3. 灌输基本知识生活技能。

(3) 工作: 1. 开设基本知识的课程,如: 国文、算术、英文、公民史地等;

2. 开设生产技术班,俾使获得一技之长藉以自力更生;

3. 组织各种小组团契藉以发展品格;

4. 介绍宗教(基督教、佛教等)藉以培养崇高之精神和人格;

5. 举行参观旅行以广彼等之见闻。

丙、研究的工作

1. 将本村儿童之生活史逐一加以有系统之记录,用为参考及研究之材料;

2. 试行各种实验以达到研究儿童问题之理论与经验上可有具体之供(贡)献。

丁、安插的工作

1. 每一儿童以本村六个月为一期,期满后经本村审查其言行思想与技能,足以自立者本村即设法安插介绍适当之工作,如不合格则再继续一期至合格时为止。

2. 安插去处:

a 工厂或商业机关;

b 社会事业团体;

c 学校或其他文化团体;

d 本人事业之创立。

上海少年村开办经费预算表(略)

公益慈善团体发起人略历表

姓名	年龄	籍贯	党籍	职业	略历	住址	备考
陆梅僧	四九	宜兴		商业	联合广告公司总经理	山东路二五五号	
王应游	五四	大场		商业	大耀电气公司经理	大场宝华寺	
毕范宇		美国		教育	军事委员会外事局顾问 长老会牧师	圆明园路一六九号	
田信耕	三八	江苏		教育	青年会中学校长	四川路青年会	
陈已生	五四	海宁		商业	安通运输公司总经理	广东路一五三号	
梅达君	三九	安徽		商业	东方联合营业公司副总经理	博物院路一二六号	
赵朴初	四十	安徽		商业	友益行经理	赫德路四一八号	

上海市社会局制

中华民国三十五年四月十九日

3. 上海少年村章程

第一章　名称

一、本村定名为“上海少年村”英文名称为“SHANGHAI BOYSTOWN”。

第二章　宗旨

一、本村本博爱之精神,以服务流浪儿童予以优良之环境,施以适宜之教育,藉以启发其向上精神养成良好之公民为宗旨。

第三章　工作对象

一、本村服务上海流浪儿童,其年龄约在足十岁至十七岁之间,以有正当职业人士或政府及社会团体之介绍登记审查合格者为限。

第四章　工作纲要

一、本村供应所收容儿童以适当饮食衣着及住宿使其体格健康。

二、本村实施家庭化与集体生活之教育,养成自治能力,培养良好习惯,使其品格完善。

三、本村教育儿童基本知识与谋生技能,使其自力更生,成为有用之公民。

第五章　组织

甲　设立人

一、本村由上海惠生慈善社与净业教养院为设立人。

乙　董事会

一、本村由设立人推派代表各一人,并选聘社会中西热心人士组织董事会,为本村之最高行政机构。

二、本村设董事二十一至五十一人,第一次由设立及发起人推举函聘,以后由董事会提选之。

三、董事会任期以三年为一任,于第一次推举,以后分作三期,每年改选三分之一,连选得连任。

四、董事在任期内遇有缺额时,由董事会另行推选递补之。

五、董事会设董事长一人,副董事长二人,会计、中英文书记各一人,由董事中互选之,其任期当与其董事任期同。

六、董事会每三月开常会一次,每次开会以全体董事三分之一以上之出席为法定人数。但遇必要时得由董事长或董事三人以上之提议随时召开特别会议。

七、董事会董事互推五人至七人组织常务董事会,每月召开常务会议一次,如有必要时得由常务董事会主席随时召开。

八、董事会有代表本村及处理一切村务之权。

九、董事会有管理、支配及措置本村所有产业、经济、文约之权。

十、董事会有任免本村所有职员之权。

丙　名誉董事

一、本村得由董事会聘请国内德高望重、热心儿童事业之中西人士为本村名誉董事。

丁　委员会

一、本村一切事工由董事会随时另组专门委员会协助推进村务及研究指导等工作。

戊　职员

一、本村设村长一人由董事会聘任之,村长为本村行政领袖,秉承董事会议决方针推进一切村务。

二、本村村长因事务之繁简,得随时呈请董事会聘委其他职员。

第六章　经济

一、本村经费由董事会负责筹划之。

二、本村会计年度以每年一月一日至十二月三十一日为一年度。

三、本村每年收支账目须经董事会交由会计师查核以昭信实。

第七章　修改

一、本村章程呈请上海市社会局核准后施行。如有未尽善处须加修改时,得由董事会到会三分之二公决,呈请社会局核准随时修改之。

本村村址:大场宝华寺

市区办事处:常德路四一八号

4. 中国人民救济总会上海市分会关于上海少年村情况调查(1954年)

中国人民救济总会上海市分会关于少年村编制情况调查(节选)

一、历史沿革和接管前后概况:

少年村创办于抗日战争时期,前称净业孤儿院,由赵朴初发起。一九四六年院址迁至大场宝华寺,即改称为少年村,仍由赵朴初担任董事,村内设有村主席(系我地下党员担任)及社会服务、教导、总务三个处,约有二〇名工作人员,专事收容因战争流离失所无家可归,年满十二周岁以上男儿童,收容约八〇人,解放后增加到三〇〇余人,教养内容主要是文化学习,其次是农业生产。经费除接受外资津贴并向国内募捐,解放后全部由临救会(救分会前身)供给。

一九五一年一月救分会接办后,于一九五三年九月迁至南市国货路二八三号(原一心教养院,已接管)。四年多来,对内部组织进行了几次整顿,建立了教导、总务二个处,教导处下教务、生产、生活、个案四个组,收容范围扩大为凡七周岁以上的男女儿童均收,数量逐渐增加至七五〇余名。根据救济福利方针对收养儿童实行半工半读制,该村先后对儿童进行了速成教育与小学教育,设立了小学部和三个初中补习班共十五个班级,除初小班级儿童下午继续上课外,凡十二周岁以上的儿童每天组织参加二个半小时的手工业生产,生产内容有木工、漆工、缝纫、纸盒。产品有木箱、小櫈、衣架、缝衣、裤带、纸盒等,基本上贯彻了半天读书半天工作,丰富了教养内容。

接办时该村有儿童四二四名,几年来由其他儿童救济单位转来一九二一名;其中通过教养而参军、参干和加入机关工作的十一名,就业三九五名,升学一七名,动员回家三〇四名,领养一九四名,转出六四五名,另逃跑五七名,死亡三名,现留村五八九名(男三八八名、女二〇一名,年龄十七周岁以上八四名,十六至十一周岁三五七名,十周岁以下一四八名),编有三二个小队,一个大组,并建有青年团支部与少先队组织,团员五名(先后共二六名),少先队员一三几名。儿童来历亦很复杂,内反革命、劳改犯及收容对象的子女共二五一名,占百分之四二点六,孤儿一五二名占百分之二五点八,有家贫儿(外埠农民子女较多)一四三名,占百分之二四点二,其他四三名。另天主教徒三五名、基督教徒五名,童犯一二名。大多数儿童通过管理教育与劳动生产初步的改造了流浪习惯和恶劣行为。开展了正当的文娱活动,使儿童身心健康获得良好的发展。

经费支出情况:一九五四年全年共支出一七〇九七一元。其中工作人员工资与包干费四五七九二元,办公与房屋修建费五二四四七元,儿童伙食、衣袜用品六一七八四元,教育费三一二八元,杂费三三八七元,医药费二九四六元。每天每人伙食标准:十二岁以下儿童零点八工资分,十二岁以上零点九工资分,加上教育、水电、衣被、日用品等每人全年前者未超出一二五元五角,后者未超出一三四元。

二、组织编制与人员情况:

根据救总关于生产教养工作暂行办法(草案)规定,儿童教养单位的编制按收容额八〇〇名计算,最多可设行政人员八人、管教人员二一人、勤杂三人、炊事员十一人、缝洗五人、生产管理与技术人员七八(酌情估计)、医务二人(现有数)共计不超出五七人;而该村历来收容最多七五〇名(目前五八九名),工作人员则达七六人,超出最高编制百分之三三,其中最突出的如勤杂十一人超出百分之二六六点六,行政十八人超出百分之八七点五,生产十二人,超出百分之七一。现有编制的干部来源复杂(教养单位合并而调来四四人、救分会下调一九人,私人介绍三人、村原有一〇人)并有因人设事的现象,因而,人浮于事严重。如专设一人管理图书馆,但具体工作全部由儿童搞(过去由班主任兼管),整天没有工作。总务处专设干部一人领导四个半工友,兼管发放清洁工具,无事可做。又如日用品发放设有二人,其中一人专做转发日用品工作,群众反映可有可无,其本人思想亦很苦闷,曾要求调动工作;教导处的两个保育员每天只看管一二三个儿童(七至十周岁)吃三餐饭和起身,睡觉,引起群众意见纷纷,勤杂人员俞惜本每天只打扫一间办公室、一间膳堂,除每星期二次大扫除外,一天工作一小时即可完成。本来儿童可以作的,如打扫工场、厕所等清洁工作,也设三个半勤杂人员来做;生产组除五个技术人员,其余名义是管理,实际做事务工作的则不少,如缝纫两个干部中,有一个干部专代替儿童捆扎成品。

工作人员中有我党员四人,团员七人。……老弱残疾八人(六十——七十五岁四人)一般都不能工作。(略)

一九五四年少年村干部情况统计表

1954.12.15

参加工作时间		干部人数		党员	团员	现有文化程度				备注
1947 年	1949 年	村主席	干部			大学	高中	初中	小学	
2 人	45 人	3 人	44 人	4 人	7 人	14 人	22 人	7 人	4 人	

5. 上海少年村的情况介绍

上海少年村情况介绍(对苏新国家的介绍词)

亲爱的同志们:

本村成立于 1946 年,先后教养儿童 2496 名,现有儿童 715 名,女性 265 名,男生 450 名。儿童的年龄从 7 足岁到 18 足岁,流浪儿童占 30%,孤儿占 35%,其他占 35%。

一、教育情况:

我们的教育方针和内容是培养儿童国际主义和爱国主义精神,使儿童成为爱祖国、爱人民、爱科学、爱劳动、爱护公共财物新的道德品质,教育方式是采取集体教育和个别教育相结合。

1. 速成识字和速成教育：

去年超龄儿童进行速成识字和速成教育来迅速提高他们的文化水平，使他们能早日脱离救济走向社会建设岗位，在512名儿童中有320名是文盲的，经过四个月的学习时间，语文程度提高到小学四年级，192名儿童识字到一千以上，通过一年的时间提高到小学六年级的文化程度，从去年暑期开始编级测验进行一般教育。

在教学上我们是采取集体备课，发挥教师的集体智慧，编制教案。

在进行速成教育时，儿童都能自觉的学习，高度的集中，同时通过速成教育，使儿童加强了学习信心，如儿童王生楼在进行速成教育前，他总觉得自己没有前途，他想等到小学毕业年龄已很大，所以失掉了信心，经过速成教育后，看到自己的成绩，他学习信心加强了，现在他也能写出很生动的文章，常常写稿投少年报。

2. 半工半读：

根据中央指示的“半工半读”教养方针，通过实际劳动来培养儿童的劳动观点和简易的生产技艺，同时保证提高教学质量。

1. 教学方面：

教学内容除每周减少二小时的上课时间外，课程内容完全与普通小学一样，初中程度的学生，采取补习性的教学并着重补习语文、数理，使他们能适应投考技工训练班达到出所就业的目的。

2. 劳动生产教育方面：

根据儿童的年龄、体力特点和设备条件，组织劳动生产，在组织生产之前先进行劳动生产教育，启发劳动热情，树立正确的劳动观点，在有系统的劳动教育中，使儿童认识到劳动是光荣的、伟大的、人类的文明就是劳动的创造，并使儿童们个个都认识了祖国的前途，不劳而获的依赖思想是错误的，可耻的，因此在开始时，他们都能很热情地、主动地要求参加劳动。

① 参加木工生产的有189名，年龄在15足岁以上，从五月开始已做出小櫈1716只，长方櫈278只，小靠背椅526只，衣架225只，木箱1225只，并得到市合作社的协助推销并接受课桌椅订货两百套，他们在劳动中热情很高，自觉的订立公约，做到不浪费国家的财产，发挥集体力量。

② 参加缝纫生产的有113人，年龄在15足岁以上的女同学，从四月开始共做单衣960套，在七月开始做棉衣，她们的生产热情也很高，往往在休息的时间仍不肯停止，在劳动过程中肯动脑筋，想办法，如裁剪组的朱榴生为了要节约国家财产，就专心钻研，在符合规格的原则下节约结果做了968套衣服，共节省七匹半布。生产过程我们是采取流水作业的先进工作法，使他们加速熟练技术，并培养儿童的集体观念，通过劳动生产教育儿童不仅在品德上有了显著的进步，而且在学习上也有了提高，如有许多儿童原来调皮捣蛋偷窃赌博好吃懒做，有不少劳而不获的依赖思想，但通过劳动生产使他们认识到劳动是伟大的，光荣的，一切幸福的生活是通过亿万人的劳动创造，也就体会到不劳而获是最可耻的，如颜世杰未参加生产前逃课赌博行为很不好，现在在生产中表现的很积极，学习上也有很大的进步，从此也不再赌博了。

在劳动生产中培养了儿童的集体观念，如儿童讨论劳动生产利润的使用问题，他们都纷纷发言要添购唱片，有的要全体同学看一场电影，添购图书"改善生活"等从这些意见中看出他们没有一个人为个人打算或自私自利的思想，充分表现了集体主义的精神。

3. 文体活动和课外活动：

甲. 经常性活动，有舞蹈（包括集体舞、表演舞）歌咏、合唱铜管乐的演奏、国乐演奏、话剧、美术、科学研究和各种球类活动。

乙. 定期活动，如看电影、旅行、参观工厂和解放军，工人普通学校的同学联欢结合节日举行联欢晚会，放映幻灯片，到少年宫和工人文化宫去参观等等。通过这样许多活动，使他们身心愉快扩大眼界，改变了以往的性格，他们觉得只有生长在新中国和毛泽东时代才是真正幸福的，他们受到了形象化的教育，同时看到祖国在短短几年中各项伟大的成就他们觉得生长在新中国是值得骄傲的，再不孤僻，自卑和悲观了，他们常常说有了毛主席，我们才真正地站了起来。如有些儿童在国际儿童节说"今天我们能过这样幸福的生活，看到这样精彩的节目演出，是和毛主席的关怀分不开的，回想解放前，我们站在庆祝大会的门口偷看一下，还要被看门的骂'瘪三'用脚踢我们，今天毛主席的阳光照耀着我们，谁也不能来欺侮我们了。"

4. 儿童的组织:

我们对流浪儿童经过了前途教育,启发阶级觉悟以及给儿童的关心和爱护,使他们感到温暖,因而信任了老师,他们的进步就会很快,在这样的基础上我村有了新民主主义青年团和少年先锋队的组织,通过组织的教育和培养,在学习上、劳动上、纪律上都能起模范作用,帮助其他同学进步。

三、生活情况

1. 医药卫生——这些长期流浪的孩子遭受贫穷和苦难的摧残过着饥寒交迫的生活差不多每人都带了不同程度的疾病,如寄生虫、肺病、皮肤病、沙眼等,为了保护他们的健康本村特设养病室和医务室,有一位医师和两位护士为儿童治疗疾病,如遇特殊疾病送人民医院治疗,我们不但注意治疗而且注意预防,每年检查体格,按时预防接种,并经常向儿童进行卫生教育和卫生检查。

2. 生活组织——为了培养儿童独立生活的能力,实行民主管理,全村分成卅二小队,每队有正副队长各一人,队辅导师一人,从旁指导,主要的是培养儿童互相帮助,在日常生活中,养成优良的劳动习惯和自觉纪律,他们又定期开小队会,讨论自己的生活问题,幼年儿童有保育员和保姆照顾。

四、儿童的出路

1. 动员回家

解放前由于贫穷和灾难,迫使许多父母无力抚养子女因而流浪街头,收进教养机关,在土地改革后,农民分得了土地,工人也找到了工作,经济生活逐渐好转,很多父母来寻找自己的孩子,许多孩子也想念自己的家庭和父母,我们就动员一部分教师为孩子们找寻家庭和父母,如十四岁俞惠英,在解放前因为害伤寒病,她的父亲把她送进广慈医院,因没有钱付医药费就忍痛把孩子丢在医院里,后来转到我村,这孩子要求老师帮助她去寻找,有一天带她到闸北走了一天,果然找到了她的家,她的父亲是个建筑工人,见了亲生女儿紧紧地搂在怀里流下了感动的眼泪,他感激得向送去的老师磕头道谢,他说"毛主席来了,才还给了我的孩子"。

到目前为止已经有621名儿童得到骨肉团圆家庭欢聚。

2. 领养——解放后,劳动人民的生活好转了,许多没有孩子的人都想领养孩子来充实家庭的乐趣。孤儿们也都希望获得父母的爱护,被领养的孩子有240人,我们为了对儿童负责,在领养前必须派干部深入调查研究,领养后还要定期家庭访问,一般家庭对待孩子像亲生父母一样,所以孩子也长得健壮活泼,领养的父母得到了孩子也大大提高了生产的积极性。

3. 参厂和继续升学——根据儿童的年龄,文化程度和国家建设的需要,我村有527名参加了锅炉厂、造船厂、仪器厂、纺织厂等等工作,升中学的有32名。

我们还有很多的缺点:

① 自觉纪律的培养做得不够,虽然我们也曾进行了一系列的阶级教育和前途教育,但由于许多学生过去流浪时期较长,流浪习气较深就是经过一段时期的教育,还未完全改变他们的不良习气,不但还存在着自由散漫的作风,而且还有部分学生打架,甚至偷窃这说明了我们缺乏经验,也未能很好地进一步钻研,及时克服缺点,培养他们自觉的遵守纪律。

② 在半工半读方面,因为这是新的教养方针,我们还在摸索中,还没有研究出开展那些生产内容是适合儿童的劳动生产能够通过劳动生产培养儿童正确的劳动观点和粗浅的技艺为今后出路打下基础,所以劳动生产开始到现在为止,还只有三分之一的儿童能够参加劳动生产,其他的儿童只能做些村里的零碎工作。

③ 清洁卫生教育进行得不够深入,虽然我们进行了卫生教育,由于这些儿童在流浪时期中已养成了很深的不良习惯所以进村以后还有部分同学不爱清洁卫生,破坏公共财物,到处吐痰,不换衣服,在墙上乱涂乱写。

④ 有部分儿童学习情绪不高,上课时注意力不集中,不安心,作业潦草,甚至有个别学生逃课,这是由于他们流浪时散漫惯了,也说明了我们的工作改进不够,努力不够。

我们要求同志给我们多多提出宝贵的意见。

(整理者系上海市档案馆利用服务部副研究馆员)

1953年上海市贯彻《婚姻法》试点工作概况

董婷婷

整理者按：1950年5月1日公布施行的《中华人民共和国婚姻法》是新中国颁布实施的第一部法律，核心内容是废除强迫包办、男尊女卑的封建传统婚姻制度，实行婚姻自由、一夫一妻、保护妇女和儿童权益的新民主主义婚姻家庭制度。新的婚姻变革是对旧婚姻秩序的冲击，除旧布新、移风易俗是一个长期的过程，为保障《婚姻法》的顺利实施，中共中央发布了一系列指示，并于1953年开展贯彻《婚姻法》运动月活动。1953年，上海市在贯彻《婚姻法》运动期间，先后在国棉七厂、卢湾区新新里及江湾镇南乡三处进行了试点。本组史料反映了1953年上海贯彻《婚姻法》情况和解放初期上海市民的婚姻状况，供研究者参考。档号：A22-2-157。

1. 国棉七厂贯彻《婚姻法》试点工作总结（1953年3月17日）

国棉七厂宣传贯彻《婚姻法》运动重点试验总结

一、七厂工人苏北籍居多，在婚姻问题上封建习气浓厚，一般情况如下：

1. 全厂职工已婚未婚情况

类别 \ 性别	全厂职工人数	实际调查过人数		已婚人数		未婚人数	
		人数	占职工数百分比	人数	占实际调查数百分比	人数	占实际调查数百分比
男工	669	533	79.8%	352	66%	181	34%
女工	2293	2257	98.4%	1870	82.9%	387	17.1%
合计	2962	2790	94.2%	2222	79.6%	568	20.4%

2. 干部及重点车间(粗纱间甲班)的婚姻情况

类别 \ 时期		干部情况(共664人,已婚423人)					重点车间情况(共96人,已婚82人)				
		已婚		订婚		离婚	已婚		订婚		离婚
		包办	自由	包办	自由		包办	自由	包办	自由	
解放前	人数	240	80	13	7	3	65	9		1	
	百分比	75%	25%	65%	35%		88%	12%			
解放后	人数	37	66	6	13	11	5	3	1		1
	百分比	35.9%	64.1%	32%	68%		62.5%	37.5%			

3. 干部及重点车间家庭关系的情况

类别 \ 项目		模范家庭	一般家庭	争吵不和睦家庭	严重虐待家庭	总数
干部	人数	33	318	39	3	393
	占总数的%	8.4%	80.9%	9.9%	0.8%	100
重点车间	人数	3	69	9		81
	占总数的%	4%	85%	11%		100

根据甲班粗纱间共九十六人中调查,其中十一人有婚姻问题,内大老婆五人,小老婆三人,有二个男人的三人。

4. 全厂婚姻情况:

一夫多妻:1. 与人姘居虐待原妻;2. 因无子女,妻子同意纳妾(有相安无事者,也有经常争吵者);3. 姐妹或好朋友同嫁一夫,一般均相安无事;4. 原妻在乡下,在上海另与他人姘居。

一妻多夫：1. 乡下有丈夫，因受虐待或长期不通信，到上海做工后，与他人姘居，与原夫无来往，也未正式脱离夫妻关系；2. 在上海有姘夫，但与原夫仍有关系（甚至有同居一室的，姘居对象中有单身汉，也有是有妇之夫），此外有寡妇不嫁而与叔或侄，或与公公发生关系（个别有公开同居生子的）。也有未婚男女发生性关系，甚至强奸幼女，强奸妇女者。

解放后，自由婚姻的风气逐渐上升，包办婚姻仍很多，干部中自由结婚的比例增加的多，群众中包办婚姻仍占一半以上。

解放后，少数工人对原来包办的婚姻采取积极的态度，想办法解决和好或脱离，但多数仍抱着听天由命的消极态度，还有受丈夫严重虐待的妇女，连情况也不敢暴露，怕不能解决问题。

夫权思想、男尊女卑、虐待与摧残妇女的现象很普遍，家庭经济权大都属丈夫支配，很多女工所得工资必须全部交与丈夫，连买一双袜子的自由都没有，有的丈夫经常检查妻子的工会会费证，怕她"揩油"。打骂老婆的风气解放前很普遍，解放后有转变，但仍把女人比作牛马，如说："牛要耕，马要骑，老婆不打要调皮"，"老婆三天不打要成野马"。男女工普遍重男轻女，尤其是成老年工人，解放后仍有溺女婴和虐待生女致影响其发育者。

对自由恋爱，寡妇再嫁看不惯，成老年工人侧目而视，青年工人大惊小怪，因而社交不能公开，自由恋爱偷偷摸摸地进行，骂再嫁寡妇"老妖怪"、"不要脸"。再嫁要有条件，一要年轻，二要无孩子。此外，对离婚的一概不同情，相反不生育的可以纳妾，以上情况说明封建思想在婚姻问题上是普遍严重的。

二、贯彻《婚姻法》工作分三个步骤，廿一天时间结束。

1. 准备阶段：收集材料，了解情况，成立贯彻《婚姻法》运动委员会及办公室，订立计划，干部进行学习，时间七天，这一阶段主要工作是：统一领导思想，安排工作，使运动与生产紧密结合；其次是认真做好干部学习。以上工作，由于时间太短，做的比较粗糙。

2. 全面推向群众，十天时间，首先是向群众全面的进行宣传，组织讨论，同时发动宣传网、党团员与工会干部积极分子分散深入的进行宣传教育，而后再根据群众讨论中反映的问题，进一步进行宣传教育，组织典型发言,典型问题处理,表明决心,成立婚姻问题询问处,解答群众疑问,组织车间调解小组,召开群众小型座谈会,帮助群众调解处理一些婚姻纠纷、家庭纠纷,各项宣传工具围绕宣传员同时展开活动,以真人真事进行新旧婚姻制度的对比教育。

3. 推选与表扬模范夫妻、模范家庭,并开好一些家庭民主和睦团结会议,树立旗帜。先介绍两对模范夫妻事迹,听取群众意见,进而订出模范夫妻的标准,由群众推选,同时选择了三个有争吵及一般虐待的家庭,教育双方,后由他们自己开好家庭会议,订出和睦团结公约,最后召开总结大会,表扬了八对模范夫妻(家庭),一个模范婆婆,并介绍了开好家庭民主会议的情况,模范夫妻的标准是:(1)夫妻互敬互爱互助。(2)尊长爱晚,和睦共处。(3)生产积极,学习努力。(4)关心各项爱国运动。评选模范,在群众中影响很大,如粗纱间甲班,有几个工人一直在运动中不开口的也发了言,争取当模范,群众掌握模范条件很有原则,但反映条件太高,家庭民主和睦会很受欢迎,有的主动要求帮助他们召开,这种会必须领导帮助,否则容易形成斗争会。

在整个运动推开的过程中,我们还掌握了以下两点:

1. 工人与家属同时进行宣传教育,一切活动同时在工属中进行,作为工作中的重要部份。利用集居工房的条件,这样做收效很大。

2. (总计此次运动群众开会不超过十二小时)抓紧以宣传员为核心,根据具体情况运用各种时机与条件(如午饭休息时看连环画,放工后至工房中串门子等),进行分散性的活动。这样,可以避免因开会过多,致疲劳群众影响生产。

三、工作上的收获与缺点:

教育了百分之九十以上群众,在思想上划清了新民主主义婚姻制度与封建婚姻制度的界限,普遍表示拥护《婚姻法》,表现在:

1. 认识到包办、强迫、干涉婚姻自由,虐待妇女与儿童的行为是不好的,违反婚姻的人大都表示悔改,男尊女卑,重男轻女的思想也受到了批判,如粗纱间甲班很多女工包办子女婚姻都作了批判。打骂老婆的感到羞愧,表示悔改(清花间四个干部中三个如此表示)。

2. 扶持了婚姻自由,男女社交公开的新风气,批判了过去,看不惯的封建思想。团员保证今后不抢看人家信,有了婚姻问题跟组织商量,包办订婚而本人不想解约的,要积极改进关系,要做到互相了解、互相帮助,建立感情基础。

3. 男女平等,民主和睦,团结生产,新家庭的好处,群众有了进一步的认识,模范夫妻、模范家庭人人羡慕。帮助群众解除了一些痛苦的婚姻关系,解决了一些长期未解决的婚姻纠纷,启发群众互相关心、互相帮助,为今后群众性的贯彻《婚姻法》准备了有利条件。

4. 初步改变了干部不关心群众婚姻与家庭问题的现象,解决了干部与群众间在这个问题上的隔膜,因而团员对团的组织感到格外亲切。

工作上的缺点:

1. 时间短,战线长(既要宣传教育,又要检查处理),宣传教育工作不够深入,反面揭露多于正面教育,广大群众虽也知道新的比旧的好,但进一步深刻认识还不够,今后应该怎样做,也缺乏系统的具体的了解。

2. 由于党委领导只解决了干部的分工问题,如何结合生产,缺乏具体研究,基层干部学习时间太短,潦草从事,直到工作结束,部份干部中还存有把群众的婚姻、家庭纠纷视为麻烦。

3. 运动发展不平衡,女工比男工发动的好,职员根本未动,因未抓住男工特点,具体联系他们的切身利益加以教育;职员方面,主要是与己无关思想未解决,领导上对他们也比较放松。

4. 结束工作比较仓促,巩固工作做得不好,没有把群众从现有基础上提高一步,转到爱国主义教育与日常生产中去,组织建设也未做好,如调解委员会等都未正式成立。

四、体会

1. 在工厂中贯彻《婚姻法》必须与生产工作结合,必须由党委统一领导,统一部署,才能使工作做到深入细致,单是依靠工作队会变成一个外来运动,束手束脚,与经常工作发生矛盾、脱节的现象,因而不能充分发挥原有各系统组织的作用。

2. 加强基层干部学习是贯彻《婚姻法》的关键。干部学习的内容,以解决思想认识问题(如是否关心等)为主,使其积极参加运动,学习方式不宜大呼隆,须分别对象提出不同要求,重点应以车间一级干部为主,小组长只求其懂,不必进行检查,学习时间可以七天至十天。

3. 不能把暴露旧的与宣传新的机械划分,应根据群众思想情况的发展及时确定宣传教育的中心思想发展大致是:运动未开始前有婚姻问题的人顾虑疑惧较多,无问题者不关心,运动开始初步推行宣传教育之后,疑惧逐渐消除,最后拥护,一般受旧封建婚姻痛苦的多希望能扩大宣传,帮助他们解决问题,在宣传中应着重宣传《婚姻法》的优越性,交代具体政策,解除顾虑,打通思想,争取最大多数人的拥护,如此,应多表扬一些模范人物树立榜样,提出努力的方向,做到人人拥护《婚姻法》。

宣传方法上,以宣传周为主,组织各宣传力量(如工会文教委员会等)统一布置,分工负责做到步调一致,互相协调,声势浩大,内容丰富,宣传时应结合群众切身利益,在提高群众阶级觉悟基础上结合爱国主义的教育,才能真正巩固收获。

4. 评比的方法在群众要求、领导掌握的情况下,可以进行,只评:模范、和睦、一般、有争吵等四类,其余的不评,这样对鼓励群众进步,了解情况,有一定的作用,家庭民主和睦会亦须有领导有准备地进行,事先打通思想,说明利害,在群众自觉基础上,才能开好。

5. 对包办、强迫、干涉、虐待等问题一律采取教育调解的方针,一般的男女关系"乱"基本上不管,一般婚姻问题如当事人不愿解决就不能越俎代庖,但对伤害与被杀害的犯罪行为,则应主动检查处理。

上海市贯彻《婚姻法》运动委员会办公室

一九五三年三月十七日

2. 新新里贯彻《婚姻法》试点工作总结(1953年3月17日)

新新里贯彻《婚姻法》试点工作总结

一、情况:

卢湾区新新里是一条大型的里弄,一四一一户,人口五六一一人,其中职工成分占多数。《婚姻法》颁布后,进行了一些宣传,司法改革时也处理了十八件婚姻积案。自由婚姻的新气象已开始上升,解放后结婚的八十四对中,自主婚姻占六四对,青年男女中也懂得要争取婚姻自由。但干部和群众,仍有浓厚的封建思想意识,解放后结婚的有廿对是包办的,领童养媳的有六个,两个妇女因婚姻问题被杀,四个妇女自杀未死。工作队刚下去时,有六家正在包办子女婚姻,丈夫虐待妻子是合法的,还有四个男人甚至威胁老婆:“李民法、房德胜(杀老婆犯,已枪决)是好汉,杀了你顶多做李民法。”夫妻吵架,婆媳不和的现象非常普遍严重。

一般认为《婚姻法》是“离婚法”、“妇女法”,年老的人说:“什么婚姻自由,七搭八搭轧姘头。”

工作队下去后,干部和群众有顾虑,有问题的人怕开会,怕斗争,受虐待的怕宣传后,一阵风过去,自己更受苦,或怕丈夫吃官司,无法生活,青年妇女干部怕羞说:“这个运动怎么带头呢?”男干部觉得是妇女的事,他们不想参加,还有的认为这是多管闲事,吃力不讨好,针对以上情况,我们分为三个阶段进行工作的,现将工作中的体会分述如后:

二、体会

1. 要使贯彻《婚姻法》的运动顺利开展和胜利完成,主要关键应首先将基层干部和积极分子进行充分的教育,消除顾虑,打通思想,交代政策,然后把它们组织起来,作为向群众宣传的骨干,在他们明确运动目的和要求,并解决他们本身急需解决的婚姻问题后,他们放下了包袱,才能积极工作。

2. 全面展开宣传,开大会时应事先掌握各种类型人物的具体要求和思想情况,交代政策必须面面俱到,不可偏废,强调贯彻《婚姻法》的目的是为了建立和睦团结的家庭,这样他们才能消除各种思想顾虑,普遍拥护男女老少才能团结起来,搞好家庭关系。

3. 为了进行深入教育,大会后,必须进行小组漫谈,应该有骨干掌握小组会,可运用回忆、诉苦、算细账等办法发现问题进行教育,抓住两头材料(和睦与不和睦),在群众中进行评选模范,是进一步启发群众进行好坏对比教育的一个办法,并测验了群众对《婚姻法》的认识,如法电司机阴耀庭家庭从来不吵架,评选时,群众认为因其妻事事迁就丈夫,不能算真正男女平等,没有评上,因而根据《婚姻法》原则在里弄中正确地树立了“模范”“和睦”的标准,召开大会表扬模范时,应与介绍改善好了的家庭事例相结合,一面树立旗帜,但对虐待或不和睦的家庭仍未改进者,给以适当批评,提高其觉悟,鼓励他们自动改善家庭关系,夫妻关系,婆媳关系。

4. 对于一般不和睦的家庭,在小会上以群众互相启发,互相教育的基础上使其自觉改善关系,如问题复杂不易改善的应进行个别帮助,但应严格掌握“教育”方针,不要造成男女或婆媳对立,有条件的可以召开家庭团结会议。

5. 整个运动是耐心细致的教育过程,如果粗枝大叶或急躁的工作方法,就要造成混乱,只有根据群众要求,耐心细致的教育和帮助,有时甚至要等待,并采取多种多样的方式,反反复复才能解决问题。

三、主要收获

自一月十日人到二月五日结束,廿七天,共开大会九次,小组会一七三组次,参加会议的(成年人)四八〇〇余人次,少的一次,多的十余次,(基层干部、积极分子为多数),未参加会议成年人九八六人,其中在业五一〇人,其他因事、因病不能出席,其间并处理了八十一件婚姻问题(以调解为主,其中有三件交法院判决脱离关系的,有一件女方因被虐待提出要求离婚,现正由法院处理中)。

1. 运动中教育和培养了干部,干部听了报告和学习后,较深刻的认识了《婚姻法》的精神实质和这次运动的目的要求后,解除了思想顾虑,加强了群众观点,这也是为人民服务,因而提高了积极性,热烈的参加了运动,在工作中初步学会掌握《婚姻法》精神,耐心细致做说服教育工作,如调解委员会陈立茂说:“过去我们只晓得有事上门就调解,究竟用什么办法能解决纠纷是模糊的。”

妇女代表不习惯在小组会上发言,特别是有男人参加的会,这次不但敢在小组会发表意见,同时也能掌握小组会,并下决心要密切联系群众。

2. 基本上做到家喻户晓,深入人心,人人拥护《婚姻法》,端正了对《婚姻法》的认识,老年人说:“谢谢共产党、毛主席,照顾得面面周到,连老少都照顾到了。”男人们纠正了《婚姻法》是“妇女法”的看法,说:“你们讲的《婚姻法》和我本来听的不一样,是改了吗?”妇女们说:“一夫一妻真好,男人在外劳动生产,女人也可以安心做家务。”大家一致说:“人民政府真好,连我们家里事也帮助解决。”

3. 改变了旧风气,旧习惯,初步树立新思想:老年人明确了包办婚姻的害处,六件正在包办的,自觉停止了,尤为老先生张万祥在检讨时说:“是他们白头到老,不是我和他们白头到老。”领童养媳的提出以后作养女看待,婚姻应由子女自主,大部分青年人过去虽知道婚姻要自主,但不知如何正确选择对象,现在明确了婚姻自主是严肃的,应从劳动态度和思想进步来考虑问题。

改变了对家务劳动的看法,男人们明确家庭妇女不是“吃丈夫,穿丈夫”。家务也是劳动,妇女们也知道应该很好料理家务,教育孩子,使得家庭和睦,如失业的李志峰,过去因帮妻子做家务,一致认为是受虐待,学习后也改变了这种不正确思想。

4. 通过选模范,树立旗帜,指出方向:在群众大会上表扬了十五对模范夫妻和四户模范家庭,按名公布和睦家庭名单,在群众中掀起了争取做模范的风气,如龚焕文白天工作,晚上踏三轮以供子女求学,夫妻从不吵架,群众说:“他们不当模范,那家够得上?”因此打破了“有钱夫妇感情好”的看法,有的盘算明年如何争取作模范。

5. 解决了一些家庭纠纷。他们原认为夫妻打架是小事,现知道家庭不和睦害处很大,自觉提出改善家庭关系。在处理八一件婚姻问题中,约有六十件改善了家庭关系,运用会议及以对比、算细账等办法,着重批评不和睦的害处和根源:如华天林经常打老婆,床打坏三只,最后他写信给工作队说:“由于我的夫权思想,造成家庭不和,感谢你们帮助,今后一定改正。”蔡林凤爱打牌,丈夫又有夫权思想,不信任她,经济不公开,夫妻经常吵骂,丈夫踏三轮车,因此常常出事,分床数月,群众说:“这家人非拆散不可。”经过启发教育,开了团结会议,化争吵为和睦,改善了他们的夫妻关系。为此在大会上介绍了自己家庭改造的经过,批评了叉麻将的害处,教育了部分喜欢叉麻将的妇女,自动提出保证,自愿改正,并要求参加读报识字。

四、缺点

1. 对于基层干部的运用上,不够大胆放手,同时在工作方法上有包办现象,事事与他们商量不够。这样就妨碍了充分发挥基层干部的积极性和主动性。

2. 宣传工作一般化,内容枯燥,开始对群众的思想情况和婚姻情况了解不够,又缺少及时掌握群众思想变化,深入进行教育,广播和环境宣传显得无力,同时布置宣传工作也落后了一步,没有与动员群众开会结合起来。

3. 没有发挥队委会的集体领导作用,全队忙于事务,缺乏研究,在具体工作步骤上显得混乱。

上海市贯彻《婚姻法》运动委员会

一九五三年三月十七日

3. 江湾区镇南乡贯彻《婚姻法》试点工作总结(1953年3月18日)

江湾区镇南乡贯彻《婚姻法》运动重点试验工作总结

一、基本情况:

(一) 概况:

江湾区镇南乡系近郊地区,全乡共十八个选区,九二七户,四四二七人。已婚男人八四九人中,工人一四六人(产业工人四九人,手工业工人九十七人),农民六一四人。已婚妇女九三八人中,工人五二人(手工业工人四二人,产业工人十人),农民七八二人。全乡土地总面积二六〇〇多亩,其中菜地八〇〇多亩,该乡经过土地改革、镇压反革命、抗美援朝互助合作、爱国增产运动,提高了广大群众政治觉悟。已建立了党、团、政府、工会、妇联、生产、文教、调解等组织。基层干部共二〇〇余人,党员五人,团员七十五人,经常起作用的积极分子卅余人,一般积极分子五十余人,互助组八十个,是郊区工作基础比较好的一个乡。

(二) 婚姻情况:

1. 解放后,该乡自由结婚的新气象逐渐上升。解放前,自由结婚的约百分之十三点五五,《婚姻法》公布后,曾作过一些宣传和婚姻案件的处理工作。二年多来,七九对结婚中,自由婚姻的四九对,占总数百分之五十五,较之解放前大有增加。

2. 该乡封建思想仍严重存在,父母之命、媒妁之言的包办和买卖性质的婚姻很普遍。如贫农沈根最近还不同意女儿自由恋爱,说:"买斤萝卜还要一千元,要我女儿非出五十万元不可。"并装疯跳河来要挟。结婚仪式铺张浪费,如贫农沈春根孩子已十七岁,结婚时欠的债还有一五〇块银元没有还清,最近还有借债卖地结婚者。因此,群众中流传着"上半夜睡在姐身边,下半夜睡在债身边"的话。该乡还有职业媒婆五人,媒婆两头骗诈,从中获利。

男尊女卑及打骂妇女现象身为普遍。打骂老婆,视为家常便饭,打了老婆,还怪女人嘴多。如第二选区四七户中,丈夫不打老婆的只有八户。二年多来,因受虐待而吞金、上吊、投河以及切腹等自杀事件共十一件之多(女八男三),死一人(女)。歧视寡妇再嫁、童养媳及受虐待要求离婚的妇女。

3. 该乡干部对贯彻《婚姻法》虽进行了一些宣传与处理,但男干部一般认为这是妇联或女干部的事,而未婚女干部不好意思宣传《婚姻法》,已婚妇女干部怕人嘲笑,怕讲错。干部对《婚姻法》的基本精神也不了解,如宣传员沈福根说:"恋爱是好名声,实在是轧姘头。"因此,处理婚姻问题时会发生过偏差,如周桂仙受虐待要求离婚,妇女干部、乡长、团支书等互相推托延搁,致周桂仙因受虐待而病死。有的村干部看见男人打骂妇女,反而躲开,甚至看见有妇女被虐待致死也不过问,也不敢反映情况。对因父母包办、感情不好、丈夫又不劳动而要求离婚的程根娣说:"你还是不要提离婚吧!不然乡政府对你印象不好。"(这次已判决离婚)

二、步骤:

第一阶段:(一月九日至十五日)

集训工作队干部,学习贯彻《婚姻法》的指示,明确目的要求,确定"以生产为中心,结合贯彻《婚姻法》,并完成其他各项任务",统一干部思想,了解情况,制定计划,召开乡干部扩大会议,进行动员和布置,成立乡贯彻《婚姻法》运动委员会。

第二阶段:(共十三天)

开生产委员会,及互助组组长会等。经检查讨论生产工作中(因蔬菜被冻坏,菜农生活受到影响)进一步了解婚姻情况,然后再广泛深入的展开宣传。分别召开各种类型的群众会,根据不同对象,进行教育。并组织典型控诉,揭发封建婚姻制度的害处,教育群众。

展开评比运动,以互助组为单位(吸收单干户参加),由全户成员参加,以自我批评精神检查缺点,达到团结的目的。评比进行时,先评好的,再顺次评比。各互助组评好后再通过选区群众大会评选为模范,最后由乡贯彻《婚姻法》运动委员会审查确定。

第三阶段:(共八天)

召开全乡群众大会,重点介绍模范事例,一般的模范则指名表扬。此外并有虐待妻子的职业媒婆等人进行检讨。会后分批召开了一些家庭民主会议并召开临时人民法庭,处理一批婚姻案件其中有虐待媳妇致死判徒刑的一件。

第四阶段:(共三天)

总结经验,整顿妇女代表会,召开乡扩大干部会议,将贯彻《婚姻法》运动转为经常工作,并结合生产,布置了今后工作。

三、成绩与收获:

(一) 乡村干部与群众初步划清了新旧婚姻制度的思想界限。干部和群众经过教育后总结出"四好"、"四不好",实行《婚姻法》有四好,家庭团结好、夫妻感情好、生产好、对待小人好。旧婚姻的四不好,结婚花钱多,浪费不好;家庭常吵闹,生产搞不好;夫妻感情不好;对待小人不好。许多干部和群众表示今后绝不包办子女的婚姻。

(二) 通过评选模范,树立旗帜,具体深入的教育群众,全乡共选出五户模范家庭,十三对模范夫妻,三位模范婆婆,以为模范媳妇。当选的模范感到光荣,感谢党和毛主席,说感到比结婚时还高兴。并在向模范看齐的号召下,有二六三户开了家庭民主会议,订出家庭民主和睦爱国生产公约。有的家庭还买了镜框,用红纸写好公约,挂在毛主席像下,保证执行。通过贯彻《婚姻法》运动,农村中出现了新气象,多年争吵不和的夫妻、婆媳、父子言归于好。经过宣传教育调解纠纷,全乡改善了九六户家庭关系,七二对夫妻关系,四三对婆媳关系。

(三) 受理了十三件婚姻案件,其中有八件要求离婚的,经教育后撤销离婚的有三件,协议离婚的一件,判决离婚的一件,未解决的二件。要求脱离童养媳关系的三件,经教育后改为养女的二件,离婆家需安置的一件。此外,要求出嫁后的财产问题一件,判刑的一件。

(四)贯彻《婚姻法》推动了生产及其他工作,并培养了一批积极分子。生产好坏是评选模范条件之一,而宣传《婚姻法》的目的又是"夫妻和睦,有利生产",在家庭民主会上,订立生产公约,因此在这次贯彻《婚姻法》运动中,都围绕了生产工作进行的。干部在"以生产为中心"的方针下,搞好该乡冬季生产。六三〇丈长的小桥浜已于二月二日动工,并完成施麦肥工作及部分完成压麦、翻土、修理麦田、治螟等工作。在运动中,又提高了干部,共积极分子二三一人(男一一六人、女一一五人),其中原为干部的一三八人(男八八人、女五十人),新培养的积极分子八十三人(男二十八人、女五十五人),占总数百分之三七。整顿后,妇代会的九十九个代表中,原为代表的只有二十八人,委员十九人中新委员七人。

四、经验教训:

(一)必须明确坚持教育的方针。从干部到群众,必须懂得《婚姻法》是人民内部的自我教育,不同于"土地改革"及其他社会改革,谨防急躁情绪与粗暴行动,大力广泛展开宣传教育。针对具体情况,不同对象,召开各种群众会,将青年、老人、男人、女人分别召开座谈会,进行教育,达到家喻户晓,深入人心。宣传时应正面宣传《婚姻法》基本精神,并适当揭露批判旧婚姻制度的害处,批判对《婚姻法》的各种错误看法,这样易为各阶层群众所接受,切忌片面宣传结婚和离婚自由等,以免引起群众误解。

在重点试验乡,采用回忆、对比、算账等方法。以受苦最深的群众切身体会经验来揭露旧婚姻制度的害处。但如不预先进行团结教育,掌握政策,会自然形成单面的诉苦运动,妻子诉丈夫的苦,媳妇诉婆婆的苦,愈诉问题愈多。如刘年根的娘在诉苦后,怕媳妇骂伊不敢回家。也有怕吃官司的。算算因不和睦,使生产受损失的细账,然后归罪于旧社会,并进行共产主义前途教育。以上方法是在重点乡群众基础较好,干部多,易掌握的情况下进行的,在对群众宣传教育上是起了一些好的效果。但根据中共中央贯彻《婚姻法》补充指示,我们认为在一般乡不宜采用诉苦方式,以免造成混乱及家庭不和睦的现象。

(二)关于评比运动,开始搬用了福建省分类,按户评比的经验。在村干部中试行时,顾虑重重,怕评到四、五类会吃官司,怕评到后面难为情等。因此在群众中先评好的,树立模范标准,然后依次评比。被评为好的家庭很开心,通过麻烦事例对群众教育意义也很大,从村到乡表扬模范,群众情绪很高。但按户评比中,家庭有矛盾,问题多的,则顾虑也多,不易掌握。并且根据中共中央贯彻《婚姻法》补充指示,"评比站队"会引起社会某起混乱,增加群众顾虑。此办法今后在运动中不能采用,即是模范人物亦应是〔事〕事先调查,经过一定组织审查,通过宣传,加以表扬,以不在群众中评选为宜。

(三)在评比会后,组织临时人民法庭,召开审判会,处理案件,群众感到风头劲,压力大。如俞明仙被别人揭露虐待童养媳事后,就倒地打破自己的头皮,喊叫没虐待过。因此在运动中,也不宜组织临时人民法庭,遇有调解不成,需要依法处理的问题,应交人民法院处理。

(四)家庭民主会议的目的是为了促使家庭成员生产积极,政治进步,不民主不和睦的家庭能改善夫妻婆媳关系,使之成为民主和睦的家庭。必须有准备的自觉自愿的基础上,干部参加掌握,并结合生产,订出生产公约,以团结精神,运用批评与自我批评,解决较好户较坏户问题,以免流于形式,增加家庭隔阂,因此不宜无准备无条件的普遍召开。

(五)明确掌握"以生产为中心,紧密结合贯彻《婚姻法》,并完成其他各项任务"的方针。必须统一干部思想,统一组织领导和力量的使用,统一工作部署,并研究具体结合办法。这样既做到发动群众,搞好当前生产,同时也贯彻了《婚姻法》,并推动了爱国卫生运动等工作。

(六)首先训练干部,作好动员,划清新旧婚姻制度思想界限,消除顾虑,展开自我检查,明确方针政策做法上的具体标准,然后有计划的在群众中展开广泛的宣传,是一重要关键。工作中应充分运用原有农协、妇女、青年、行政等组织,发挥并扩大干部与积极分子的作用。注意在运动中通过典型,及时总结经验,研究克服困难的办法,培养干部。并且使干部分工包干,明确责任,分头到群众中去活动。同时在运动中应特别注意提高妇女干部,以为整顿妇代会及今后工作打下基础。

中共上海市郊工委贯彻《婚姻法》办公室

一九五三年三月十八日

4. 市贯彻《婚姻法》办公室致市委的函(1953年3月21日)

上海市贯彻《婚姻法》运动准备工作期间,市贯彻《婚姻法》办公室在国棉七厂及卢湾区新新里,市郊工委负责的江湾镇南乡三处进行了重点试验。自一月中开始,二月初结束。根据中共中央关于贯彻《婚姻法》运动月工作的补充指示的精神,重点试点总结中的工作方法不能普遍采用,仅作参考材料。

上海市贯彻《婚姻法》运动委员会办公室

一九五三年三月廿一日

市委:

在贯彻《婚姻法》准备工作期间,自一月中旬开始,市、区先后在十九条里弄(有的只是一条里弄中的一部分),十个工厂、市郊一个乡进行重点试验,共有四一八个干部参加。一般三周,最多四周,时间于二月底全部结束。市贯彻婚姻法办公室直接掌握一个工厂(国棉七厂),一条里弄(卢湾区新新里)及市郊工委负责的一个乡(江湾区镇南乡)其余均由区委直接领导。现将进行情况综合报告如下:

1. 试点工作中都注意了调查研究了解情况工作。根据各个点的初步材料来看,解放后婚姻自由的新风气,已经占了主要地位,而且在逐日增加(见附表)。但封建残余思想和封建婚姻恶俗还普遍存在着,如男尊女卑、包办、买卖婚姻、虐待妇女、歧视寡妇再嫁、妇女遭遗弃等还相当普遍,童养媳、养女的恶习解放后仍继续流行(主要是来自农村)个别地方,还发现有指腹为婚、摇篮亲、望门寡(抱死者排位结婚)等恶习存在。资产阶级中很多人都有大小老婆(部分小资产阶级及个别职工中也有),小老婆受人鄙视,事实上她们不少人是被迫被骗,也有痛苦。一部分人过去受淫秽的戏剧、电影、小说的影响很深,因而在男女关系性道德上表现堕落腐化,荒淫无耻,以能玩弄女性为荣,甚至有父女、母子、兄妹也乱搞关系的。在工人群众中也有男女关系混乱的情况,纱厂女工与五金厂的男工都有找不到爱人的苦闷,许多已婚工人中因对方住在乡下,夫妻长期分居,也有的几个家庭同居一室,一床一家,夫妻做工,一在白天,一在晚上,不能见面,这些情况,都是造成男女关系混乱的原因。在女工聚居的地方,有一些流氓恶势力对女工施行诱骗、奸淫、以至霸占。解放后,惩处了罪大恶极分子,解除了工人的痛苦,但在社会上还有一批地痞流氓分子,严重的虐待妇女,甚至伤害残杀妇女。由于帝国主义长期统治的结果,加上封建主义和资产阶级的影响,反映在婚姻问题上,表面是文明自由,实际是野蛮落后,情况错综复杂,这就是上海的主要特点。

过去在宣传《婚姻法》及处理婚姻案件等工作中,是有成绩的。过去没有深入的全面的进行宣传,因而封建恶习仍普遍存在。因此,开展一次大张旗鼓的宣传贯彻《婚姻法》运动是十分必要的。

2. 先干部后群众,首先是教育基层干部,打通思想,解除顾虑,交代政策。基层干部(里弄基层干部,多数是妇女)对《婚姻法》有许多片面的和错误的了解,其中许多人本身就有婚姻问题。一般说女的比男的积极,青年比老年积极。积极分子中有"左"的"斗争"情绪,特别对大小老婆和男女关系等问题,最感兴趣,如杨树浦区荣丰纱厂基层干部把贯彻《婚姻法》运动叫做"婚改",想搬用"三反"、"五反"、民改的经验,排队摸底,号召乱搞男女关系,有大小老婆的人坦白,放包袱,研究怀孕的妇女正当不正当。中间分子则表现不关心且有误解,认为《婚姻法》是"妇女法"、"离婚法",清官难断家务事,怕出力不讨好,学习时嬉皮笑脸,吊儿浪〔郎〕当,不积极。落后分子有抗拒情绪,认为这是多管闲事,本身有婚姻问题的,抬不起头来。针对以上各种思想,进行正面教育,自我检讨,互相批评,强调贯彻《婚姻法》是为群众服务的重要工作。一般以一周左右时间进行学习,经过报告讨论批判了各种错误思想,划清了新旧界限,树立了正气。最后,以积极分子为骨干,把全部基层干部组织起来,向他们交代政策,交代任务和工作方法,分工包干,展开群众的宣传教育。但有的对依靠基层组织和基层干部进行工作的思想不够明确,有些代替包办现象。

3. 群众的思想情况和基层干部大同小异,积极分子拥护,一般的不关心,虐待妇女、乱搞男女关系、有大小老婆的人害怕。群众不知道政策的底,认为大张旗鼓的来一次运动,一定要斗争要处罚,有假离婚,把小老婆藏起来,请假回乡躲风过关,不许妻子开会等个别现象发生。开始向群众作报告时,要掌握群众思想,对症下药,交代政策要全面,分清是非,讲明道理。片面讲女的受压迫,批评丈夫、婆婆不好,会引起群众错觉,认为要斗争丈夫,斗争婆婆了。不论工厂里弄,都按群众生产情况,分批进行,不能要求群众一次到会。报告后,按男女老幼、已婚未婚等类型分组座谈讨论,引导群众联系切身痛苦利害,进行诉苦、回忆、对比、算账,来批判旧婚姻的害处,认识新婚姻的好处,评选出群众中的模范人物和模范家庭,凡是采用评比、排队、控诉会、检讨会的地方都花费力量很大,不易掌握,容易发生偏差,但不能普遍采用。

经过大会报告,小会讨论,并处理一些婚姻纠纷重点召开一些家庭民主和睦会议,最后再召开群众大会表扬模范,树立旗帜,使群众自觉地去改善他们的夫妻关系和婆媳关系,把贯彻《婚姻法》的工作视为今后经常工作。

4. 重点试验工作,对于了解情况,训练干部,教育群众起了一定作用,为今后贯彻《婚姻法》建立了有利的条件。缺点是一般偏重检查,放松宣传教育工作,消极的披露批评多,积极的树立榜样不够,有急躁粗暴情绪,群众中的一般婚姻问题和家庭纠纷不应过问的,也去加以干涉,陷于被动。

根据重点试验,我们有以下几点体会和意见。

1. 上海不仅有封建的婚姻制度,而且相当普遍,广大劳动人民由于封建婚姻所受的痛苦,还没有彻底解除,但在一部分干部和积极分子中,怀疑中央指示的正确性,强调重婚纳妾,乱搞男女关系是应当解决的主要问题,这种观点是错误的,必须加以批判。应当明确肯定,在上海贯彻《婚姻法》同样是反封建的婚姻制度,而不是其他,否则就会犯错误。

2. 群众的婚姻问题是一个复杂的问题,贯彻《婚姻法》是一件长期耐心细致的工作。很多同志对这一问题认识是不够的,主观认为:遭受封建婚姻痛苦的人,特别是妇女,一定会积极起来斗争。事实说明不完全如此,群众的封建思想和习惯力量不是一下子可以扫除的,只要不是坚决要求离婚的人,一般都不愿家丑外扬,不愿算旧账,希望维持下去,怕一阵风过后,不能解决问题,反而倍增痛苦,甚至怕暴露了真相,丈夫吃官司,无依为生。群众都是望和不望离的。因此,在宣传时,应着重强调《婚姻法》的好处主要是使夫妻和睦、家庭和睦、团结生产,不是去拆散旧的家庭,不是无原则的提倡离婚。这样做,群众欢迎,人人拥护,不论大会小会,表扬模范时,群众情绪最高涨,许多疑虑误解也就随之消除。

3. 在一般党员和干部中对群众的婚姻问题关心是不够的。不了解解决群众的婚姻问题也是群众观点问题。这是由于过去领导上教育不够,同时也反映了在一般党员和干部还存在着程度不同的封建残余思想。因此,今后贯彻《婚姻法》,首先应经常的在党内和广大干部中进行不断的教育。

4. 解放后,法院处理了数万件婚姻案件,但积案很多,不能及时处理。司法改革后,有了很大改进,但仍不能满足群众要求。今后应注意加强。此外,对公安派出所的工作人员和户籍警察应加强教育,他们和群众接触最多,群众的婚姻问题很多直接去找他们解决。

5. 贯彻《婚姻法》运动月中,应以教育干部为重点,全市的机关干部与基层干部数量极大,认真的教育干部打通思想,重视起来,就解决了主要问题。对广大群众的宣传,不能要求过高,能做到人人知道《婚姻法》的好处,拥护新的,痛恨旧的,打下树立新风气的基础。宣传时,单是口头报告常常不能满足群众要求,应多发挥报纸、广播、戏剧的作用,这是比农村有利的条件,也最受群众欢迎。此外,应严惩极少数伤害人身,杀害人命的犯罪分子,以【消】平民愤。

在工厂中宣传贯彻《婚姻法》应当与工人家属工作密切配合。唯上海有工人宿舍的工厂不多,大都散居在街道里弄中。街道里弄,应注意配合这方面的工作。

当否,请指示。另附国棉七厂、卢湾区新新里、江湾区镇南乡的重点试验总结,请审阅。

市委贯彻《婚姻法》办公室

婚姻情况统计表

单位 \ 类别 / 百分数	解放前		解放后		备注
	包办婚姻%	自由婚姻%	包办婚姻%	自由婚姻%	
卢湾区新新里	64.11	35.89	23.81	76.19	自由婚姻中包括父母做主征求子女同意的婚姻。
黄浦区寿康里	50	50	14.28	85.72	
新成区老马安里	55	45	18.75	81.25	
静安区慈厚南里	46.28	53.72	13.04	86.96	
国棉七厂(重点车间)	88	12	62.5	37.5	
大同纱厂	60.18	39.82	13.63	86.37	
郊区镇南乡	86.5	13.5	44.3	55.7	

5. 上海市贯彻《婚姻法》运动月总结报告(1953年5月5日)

上海市贯彻《婚姻法》运动月总结报告

市委并转华东贯彻《婚姻法》办公室:

上海市贯彻《婚姻法》运动,已于四月二十日宣告结束,兹将运动情况及今后如何转入经常化意见报告如下:

(一)一、二两月,进行了重点试验,训练干部成立机构,订立计划各项准备工作,三月初进入大规模的集训干部和做好群众宣传的各项准备工作,自三月廿六日开始,全面展开了群众的宣传活动,至四月廿日基本结束,经过这次运动,取得了如下收获:

1. 训练了大批干部,机关干部六三二六四人,学习了《婚姻法》,其中约万人进行检查;训练了基层干部一二四三三六名,计:工厂六五一八二人,里弄四七七九七人,市郊七五八七人,其他六七八〇人。各级党委在学习中认真地检查和讨论了贯彻《婚姻法》工作;各主管婚姻业务部门干部结合反官僚主义斗争进行检查;基层干部则以分区分批集中报告(多的五次,少的三次),联系实际,分组讨论,综合解答,检查补课办法,进行学习。经过学习和检查,克服了对《婚姻法》的曲解误解,斗争惩办,认为上海特殊,企图以男女关系,重婚纳妾问题混乱运动目标等种种错误思想,认识了贯彻《婚姻法》的重要意义,明确了“坚持教育”的方针,从而保证了运动能够有组织有领导的稳步前进,并为今后贯彻《婚姻法》打下了思想基础。

2. 在广大人民中广泛地进行了一次系统的宣传,基本上做到家喻户晓。全市直接听到报告的群众达一百七十五万余人,报告员向群众作了四千二百零八次报告,组织了两次广播会,发出了八十余万份宣传材料,看过宣传《婚姻法》的戏剧、电影、图片、幻灯展览和参加座谈会,收听广播的群众约在三百五十万人左右;全市除一部分正在进行民主改革的工厂外,百分之九十五的工厂和农村都进行了贯彻《婚姻法》的宣传活动,里弄居民也普遍受到了宣传教育。其中,如普陀区(工业区)共有三十七万人,受到教育的有卅二万人,蓬莱区(居民区)共有七万多户,听到报告的共有十二万余人。经过了宣传,群众已由不了解《婚姻法》转为“知法”和“拥法”,原先认为《婚姻法》是“离婚法”、“妇女法”,要“斗争”等等顾虑和误解已经消除,特别是对于“废除包办强迫,实行婚姻自主”和“建立民主和睦,尊长爱晚,互敬互爱,团结生产”的家庭,最为广大人民所接受,如申新二厂已有八十余个男女工人改善了家庭关系,民营中纺一厂有四个老年工人自动为儿女解除了封建包办婚约,群众普遍反映:“毛主席阳光普照,《婚姻法》给家庭带来了幸福。”

3. 加强了党与群众的联系,检查了主管婚姻事务部门在执行《婚姻法》中存在的问题,认为婚姻问题是私事、家务事,因而不关心不重视是普遍现象,过去不少人认为“上海无封建”,因而对反封建婚姻制度表示怀疑,事实证明,封建残余思想、封建的婚姻制度,在人民群众中还相当普遍的存在着。由于城市和农村有着密切联系,在劳动人民中,还存在着许多与农村完全相同的封建婚姻恶习。根据法院调查,自颁布《婚姻法》至一九五二年底,因婚姻案件而自杀的就有三二〇八人(已死二三六人),纪念以来发生残杀妻子事件四起(二死,二重伤残废),在执行《婚姻法》存在的问题是党群部门主要是关心不够、重视不够;法院主要是干部政策业务水平不能适应工作要求,因而案件积压错判误判,公安部门表现怕麻烦,对受虐待受迫害的妇女支持不够;民政部门婚姻登记工作手续太繁;妇联干部一方面对妇女疾苦关心不够,另一方面又存在着片面支持妇女观点。以上问题经过学习和检查都有了很大改进,北站区法院由于领导重视,亲自动手,结合了反官僚主义斗争,进行认真的学习和检查,提高了干部政策水平,清理了积案,在一个半月内处理了一八三个案件。

4. 经过了这次运动,取得了大规模开展宣传运动的若干经验,并在全市范围内建立了一二一个基点,这对今后巩固新风气和新制度的阵地很为重要。经过群众宣传之后,婚姻纠纷大大减少了。如普陀区潘家湾的里弄调解委员会,运动前每天要处理廿多件婚姻案件,自四月份以来,群众要求调解的,一共就只有五件。此外,党的宣传网工作和宣传工作水平也有了提高,报告员的准备和报告的次数超过了历次运动。除所有报告员、宣传员都进行了学习和训练外,各种群众宣传队伍也大多进行了教育。如恒丰纱厂的读报员就共学习和讨论了,宣传提纲七次到十次。不少工厂都实行了包干制,一般支部都能根据思想情况进行宣传,法商电车公司和内地自来水公司,通过这次运动都密切了宣传员和群众的联系。在里弄中则在报告会后,强调了由受过训练的干部运用图片讲解和结合其他形象宣传工具办法进行挨户包干,消除空白点,运动中并通过树立新人新事、介绍典型现身说法办法,初步摸索到如何运用先进思想来克服旧思想的方法,基本上避免了大呼隆和形式主义的作法。

经过大张旗鼓的宣传贯彻《婚姻法》运动,系统的批判了旧思想旧制度,发扬了正气,树立了新思想新制度的阵地,基本上达到了中央所提出的要求,为今后贯彻《婚姻法》造成了良好的开端。

(二) 由于上海人口集中,情况复杂,任务繁重,经验不足,根据中央指示精神,市委决定结合反官僚主义、反命令主义、反违法乱纪的斗争,采取“充分准备,稳步前进,坚持教育,结合生产”的方针,是完全正确的。在运动初期,强调“严密控制”、“量力而行”,着重克服和批判干部的急躁冒进和松劲情绪;经过干部训练之后,领导上已取得了一定经验,提出了“大胆放手”、“尽力而为”,着重克服和批判了干部的束手束脚和潦草收兵现象。这样做,虽然在运动初期会一度形成了干部的若干束手束脚现象,但保证了整个运动的稳而不乱,这是这次运动能取得上述成绩的基本原因。为了贯彻中央指示和市委计划,在整个运动中,我们着重抓住下列几个主要环节:

1. 准备工作期间,首先集中力量在进行试点工作,十九条里弄,九个工厂,一个乡。训练干部了解情况。而后根据中央补充指示精神,市委负责同志亲自领导,召开会议,充分研究讨论,订出明确具体切实可行的运动月的计划,具体规定了那些可做和不可做的,规定了注意事项,使运动一开始就有了切合具体情况的工作方法和工作步骤,打下了运动健康前进的基础。

2. 集中力量做好干部训练和主管婚姻业务部门干部的检查工作,是整个运动的决定性环节。对主管婚姻事务部门干部,强调领导重视,亲自动手贯彻反官僚主义斗争,做好业务工作。对基层干部,主要是正面进行教育,打通思想消除顾虑全面交代政策,交代任务和做法,基层干部的思想情况与群众的思想情况基本上是相同的,基层干部训练好了,基本上也就解决了群众的宣传问题。

3. 认真做好报告员、宣传员和群众宣传骨干的训练工作,使政策及时与群众见面消除顾虑,稳定人心,这是运动中的重要一环,全市除召开了报告员大会,广播报告会,对报告员进行动员和示范报告外,各区又从机关科长以上二级干部中挑选了近一七〇〇名临时报告员,由党委负责干部作示范报告,分组学习,集体备课,分工包干,具体指导,是报告员又是检查员,充分发挥了报告员的积极性,如蓬莱区三名市级报告员在运动中就报告了十四次,有的甚至一人报告达九次之多。与训练基层干部同时训练了三万五千名宣传员和二万名群众宣传队,以就地取材的办法,大量供应了通俗实用的宣传材料。宣传活动,是以报告员报告为主,充分发挥宣传网的作用,动员各种宣传力量,宣传工具做到分工合作,各尽其能,随着报告员的报告后,进行各种形象化的宣传活动,如图片展览和幻灯放映,“说说唱唱”、电影戏剧、连环图书等,这次宣传运用了各种各样便利及适合于群众的方式,如图片采取小型展览,可以下车间,送上门,群众不用跑到老远的地方去看。又有讲解,所以群众特别欢迎,说图片展览有三好,“能看、能听、能问”。群众的自我教育方式,如座谈会、讨论会、表扬新人新事等,也起了很大的宣传作用,所以这次运动表面上没有显得轰轰烈烈,却收到了普遍宣传的效果。

4. 运动中采取重点并行吸取经验,指导全面,层层有点,样样示范的方法,及时介绍经验,纠正缺点,抓紧检查补课,市办公室在各区都派有联络员,掌握了四个不同类型的重点地区,区办公室也都层层有先行点。不少单位在报告会、座谈会、图片讲解、树立新人新事等都作了示范工作。同时通过检查,又不断修正了计划,如对干部训练不够的地方,立即以三天到五天时间专门进行检查补课。根据华东局指示,停止了里弄工厂干部的检查,适当地推延了群众宣传时间,因之贯彻了"先干部,后群众"的精神,在群众宣传会后,又及时提出"提高一步"的要求,纠正了干部中的束手束脚现象。在运动后期,以"边检查,边补课,边总结办法",防止"草率收兵"的现象。使运动善始善终地结束并转入经常。

5. 运动始终贯彻了"不误生产"的要求,解决"生产与运动相结合"的关键,首先解决领导思想,然后才能解决统一安排时间,安排工作、步调、具体分工等问题。如工业局所属各部门开始重视不足,经工业局党委专门召开会议打通干部思想后,即迅速普遍展开了。普陀区在三月份中共有十三件工作任务,由于区委重视,因而也就能很好安排展开运动。郊区工委为了解决春耕生产与运动的矛盾,也曾专门召开干部扩大会议,介绍了典型经验,有的单位由于开始对此强调不够,因而也影响到运动的推进。

6. 市区还成立了人民接待室,接待群众来访,处理人民来信共计四四三〇件,对配合宣传,协助有关部门解决各种婚姻纠纷起了很大作用,对一般婚姻或家庭纠纷,采取说服调解解决,调解无效或接待室不能处理的问题,则帮助他们到法院、民政等有关部门处理;对于向法院催办的案件则转告法院,并协助法院作好调查研究工作。对虽经催办而法院尚不能及时解决的,则向当事人说明情况,请其耐心等待;对有关统战对象和宗教人士的婚姻,都由市接待室直接掌握处理。对于因婚姻纠纷而一时无家可归、生活困难或有被害可能的则设法救济。

(三)目前存在的主要问题是:主管婚姻事务部门,特别是法院,对于如何结合运动、加强干部学习和及时处理案件做得很不够。各部门中"见危不救"、"死了不问"的严重官僚主义倾向还未得到应有的克服,运动月中仍发现有因互相推诿而致产生严重的被杀案,对于主动检查和制止杀害现象也注意不够,同时,群众宣传还有不够普遍和不够深入现象:如在工厂中听报告的群众已占百分之七〇,但街道里弄居民听报告的还只占到百分之二〇左右,个别地方发现有乱宣传的现象,(另有专题报告),旧的批判了,新的树立还不够,群众对废除男尊女卑、禁止重婚纳妾等问题认识还不足,特别是还未提高到阶级实质和制度上来认识,还未更好的和爱国主义结合起来,不少群众仍认为;"旧的婚姻也有好的,新的也有不好",有的家庭在运动中和睦了,运动月后不和了,干部对运动月中暴露的婚姻纠纷,在运动月后也有不关心现象,这些都说明贯彻《婚姻法》是今后长期的、细致的、艰苦的工作。关于转入经常化问题,提出如下意见:

1. 各主管婚姻业务部门应继续结合反官僚主义斗争和结合业务,进行检查《婚姻法》执行情况的补课工作,特别是法院,应吸收北站区法院经验,通过补课达到提高干部政策水平和结合清理积案的目的。

2. 运动结束后,对严重犯罪分子应在适当时机举行宣判,以扩大宣传教育,达到体现政策和重点制止杀害的目的。今后并经常地注意结合处理具体的典型案件来扩大宣传教育。

3. 对运动月中建立起来的基点,应继续由各级办公室(以妇联及政法部门为主)加强领导、加强巩固,并研究出如何转入经常化的办法,加以介绍推广。

4. 在运动月中所建立的各级委员会和办公机构暂不撤销,并建立定期会议制度。办公地点仍设在妇联。在具体分工上,政法部门应多注意检查处理工作,妇联应多注意《婚姻法》的宣传工作。党委宜每三个月作一次检查。

5. 运动月中的宣传材料,应很好整理,去芜存菁,可由党委宣传部责成妇联宣传部负责在运动月后,党委宣传部并应召开一次会议,专门研究如何将传出工作转入经常化问题并作出具体规定。

6. 工厂、里弄或农村基层单位,在婚姻问题上,应管什么、不要管什么、如何管法,应由党委责成各有关部门共同研究,订出具体办法,并应订立制度,对于工厂农村居民中的女工委员会、调解委员会等机构,应加以充实和加强领导。

7. 这次运动尚未进行宣传和宣传不够深入普遍的单位,应予补课,各地的夜校、政治学校、民校等也应增加《婚姻法》的教学内容。

市委贯彻《婚姻法》办公室

一九五三年五月五日

(整理者系上海市档案馆研究人员)

1956年上海茶楼交易居间人概况

宣　刚

整理者按：上海茶馆始于清朝同治初年。上海人喜欢“孵茶馆”。“孵茶馆”不仅是娱乐休闲的需要，也是信息交换的重要场所。随着上海工商业的发展，很多茶馆成为商贾聚集洽谈生意的会所。在老上海的五大茶楼中，逐渐设立了各具特色的同业茶会，如一乐天设了营造、绸缎、棉麻、五金、机电等同业公会茶会，青莲阁茶楼设了建筑、麻袋、米、服装、颜料等同业公会茶会。因此茶楼实际上成为了交易场所。解放后，随着私营工商业的社会主义改造，茶会消失，很多以此为生的居间人或被吸收或面临失业等状况。《上海档案史料研究》第九辑曾整理公布了“1951—1956年上海市场居间人情况调查史料”，现选编一组1956年上海茶楼交易及居间人的相关档案，供研究者参考。档号B123－3－104、B123－3－428、B98－4－397。

1. 茶楼兼书场报告(1956年6月15日)

茶楼兼书场

一、基本情况

1. 数字：(户数与人数)

根据茶楼业同业公会资料，在13个市区有：

(1) 茶楼兼书场58户,占茶楼业总户数20%,职工112人,占职工总人数21.41%。

(2) 58户中领有文化局许可证的28户。

(3) 58户中另有兼营熟水业务的12户,大部分向文化局登记的,但文化局对兼营熟水的书场,许可证暂留不发。

(4) 58户中说唱苏州评弹的30户,说沪书的2户,说唱维扬评话的有26户。

(5) 58户中,每户书场之营业比重在总营业额50%以下者只有2户,在50%以上的有56户。

2. 沿革

茶楼业中兼营书场业务的时间已很久,如通河茶园兼营书场已有30多年,一般在工商执照中经营范围以售茶为主,书场为次,以后在业务上书场比重逐渐变大,仅上午卖些另茶,主要依靠下午的日夜两场书场收入为主,一般营业比重书场部分营业额占总营业额的60%—100%,如邑庙区的乐安茶园,过去卖茶为主,平均每天300壶左右。在西瓜市时期,每天可卖到1200壶,但现在书场营业比重占98%,每天上午仅售茶10壶左右。凡是茶楼业中兼营书场的须领有文化局执照或公安局许可证,或经公安部门同意与区工商科同意,并必须由消防处核定最高座位数。

二、经营方式

除上午卖茶外与专业书场无甚差别,大户亦多备有扩音机与吊风扇等设备,票价极大部分为一角五分(内包括书价8—12分,茶4.85分,娱乐税2.03分,但娱乐税已于五月五日起减免)。茶楼兼书场,日夜两场,极为群众所喜,日场听客一般以老年人和妇女为多,夜场听客以一般工人为多,营业情况大部分正常,尤以例假日为好,营业好坏与说唱艺人关系很大。目前邀请唱书艺人,大多通过私人关系,评弹艺人大部分为民间艺人,评弹茶会设在云南南路如意茶楼内,可以自相邀请。每逢单月初,书场与艺人订演唱契约,一式三份,其中一份送呈上海市文化局。其他维扬评话等是向区公安局特种营业科与区文教科报备。艺人与企业拆账比例一般评弹艺人得33%,维扬评话艺人得41%,茶楼兼书场的职工一般是拆30%,所以企业的毛利率比纯茶楼较低,但营业一般正常,尚能维持。

三、财产清估情况

全市清产核资时,文化局对茶楼兼书场部分组织人力进行调查,通过同业公会组织私方学习、准备行动,但以后,茶楼兼书场又归饮食工作组清估,但现经调查已由文化局工作组进行财产清估者有三户。

1. 邑庙区春风得意楼,320只座位,职工8人营业比重占50%,但书场部分划分由文化局清理,茶楼由饮食工作组清理。

2. 杨浦区华兴茶楼,50只座位,职工2人营业比重占70%。

3. 闸北区玉茗楼茶楼,330只座位,职工8人营业比重占95%。

四、对归口意见,由于:

1. 书场是文娱事业,有发展前途,全市专业书场仅27户,茶楼兼书场有58户,占有一定比重,对文娱上有一定作用。

2. 在营业额上书场部分占很大的比重,而且今后售茶业务将更趋清谈。

3. 其中28户已向文化局登记和领有文化局执照,归与文化局后在业务上能更密切接受领导。

4. 今后民间艺人组织起来,邀请艺人就会发生困难,要影响营业很大。所以,我们意见:茶楼兼书场58户全部应归口文化局统筹安排为妥。

茶楼业兼营书场分区统计表

区别	户数	座位数	书种及户数			职工数	兼营熟水户数	有文化局许可证户数	无文化局许可证户数	备注(文化局清产户数)
			评弹	维扬	沪书					
新成	3	603	3			19	1	2	1	
卢湾	2	180	2			4		1	1	
邑庙	5	1022	4	1		18		4	1	1
蓬莱	2	110		2				2		
虹口	5	485	2	3		8	2	1	4	
提篮	6	504	1	5		6		5	1	

续 表

区别	户数	座位数	书种及户数			职工数	兼营熟水户数	有文化局许可证户数	无文化局许可证户数	备注(文化局清产户数)
			评弹	维扬	沪书					
杨浦	2	100	2			3		2		1
长宁	5	442	4	1		7	2	3	2	
江宁	7	603	3	4		10	1	3	4	
普陀	4	471	2	2		7	1		4	
徐汇	2	285	1	1		2			2	
闸北	7	917	4	3		18	1	3	4	1
东昌	8	513	2	4	2	12	4	2	6	
合计	58	6235	30	26	2	112	12	28	30	3

茶楼业兼营书场业务情况表(市区)

区别	企业名称	负责人	地址	座位数	票价	书种	职工数	营业比%	其他业务	有无文化局许可证		营业场次		备注
										有	无	日	夜	
新成	全安	王秀兰	新闻路7号	210	0.15	评弹	4	85%	熟水		无	1	1	
	龙泉	梁尧昌	新闻路812弄21号	180	0.15	评弹	8	80%		有		1	1	
	富春	顾月笙	成都北路710号	213	0.15	评弹	5	80%		有		1	1	
卢湾	林园	李品娟	黄陂南路852号	100	0.15	评弹	4	75%			无	1	1	
	汇乐	张爱林	瞿真人路1266弄8号	80	0.15	评弹		75%		有		1	1	

续　表

区别	企业名称	负责人	地址	座位数	票价	书种	职工数	营业比%	其他业务	有无文化局许可证		营业场次		备注
										有	无	日	夜	
邑庙	景春	乐阿秀	旧仓街48号	100	0.12	评弹	1	95%		有		1	1	
	日日得意	孙海涛	金陵中路80号	250	0.15	评弹	4	86%		有		1	1	
	春风得意	程海生	豫园路268号	320	0.15	评弹	8	50%		有		1	1	已由文化局清产核资
	济南	祖清瑞	济南路26弄8号	52	0.15	维扬		100%			无	1	1	
	乐安	吴财贵	中山南路41号	300	0.15	评弹	5	98%		有		1	1	
蓬莱	顺龙	吴顺和	海潮南路68弄22号	60	0.15	维扬		86%		有		1		
	选轩	徐德珍	南仓街叶花弄101号	50	0.15	维扬		60%		有		1	1	
虹口	四美轩	马山	彭泽路47号	100	0.15	评弹	3	55%	熟水		无	1	1	
	通河	盛阿松	吴淞路718弄8号	105	0.15	评弹	3	85%		有		1	1	
	奇芳居	张芝文	天水路157号	140	0.15	维扬	2	50%	熟水		无	1	1	
	通海	刘永北	东交运路151号	40	0.15	维扬		70%			无	1		

续 表

区别	企业名称	负责人	地址	座位数	票价	书种	职工数	营业比%	其他业务	有无文化局许可证		营业场次		备注
										有	无	日	夜	
	天同	陈招弟	沙泾巷路84号	100	0.15	维扬		80%			无	1		
	聚宝	刘永昌	胡家木桥路328号	60	0.15	维扬	1	75%		有		1	1	
	胡记	潘文娟	张家巷路85号	100	0.15	维扬	2	55%			无	1		
	德泉	施招娣	德询路208号	60	0.15	维扬		30%		有		1		
	龙江	潘凤英	飞虹路140号	72	0.15	维扬		40%		有		1		
	松柏	吴大宝	金日路15号	40	0.15	维扬	1	99%		有		1	1	
	万兴	施阿大	东余杭路259号	152	0.15	评弹	2	98%		有		1	1	
杨浦	华兴	施华英	杨树浦路1711号	50	0.15	评弹	2	70%		有		1	1	已由文化局清产核资
	奚记	何光明	军工路虬江新镇6号	50	0.10	评弹	1	38%		有		1	1	
长宁	永康	严鸿昌	江苏路西诸安浜路255号	100	0.15	评弹	2	93%		有		1	1	
	张福	张秋生	梵皇渡路993号	108	0.15	评弹	3	85%		有		1	1	

续 表

区别	企业名称	负责人	地址	座位数	票价	书种	职工数	营业比%	其他业务	有无文化局许可证		营业场次		备注
										有	无	日	夜	
	泰和	厉建麒	愚园路121弄386号	55	0.15	维扬	1	95%		有		1	1	
	聚兴	沈子渭	长宁路1827弄3号	129	0.15	评弹	1	75%	熟水		无	1	1	
	桥春	周卿华	法华镇路320号	50	0.15	评弹		70%	熟水		无	1	1	
江宁	顺园	胡云娣	康定路1521号	154	0.15	评弹	5	60%	熟水		无	1	1	
	三民	张麦珠	长宁支路54号	50	0.15	维扬		50%		有		1	1	
	双龙	顾沅珍	长寿支路104号	70	0.15	维扬	1	70%			无	1		
	桃园	□□□	江宁路126号	65	0.15	维扬	2	50%		有			1	
	兴隆	王全娣	长寿路945西弄176号	80	0.15	评弹	1	60%			无	1		
	□园	李粉女	梵皇渡路858弄46号	100	0.15	维扬		80%		有		1		
	福海	李福章	余姚路452号	84	0.12	维扬	1	100%			无	1		
普陀	兴隆	吴进庆	西康路1225号	160	0.15	评弹	3	80%		有		1	1	

续 表

区别	企业名称	负责人	地址	座位数	票价	书种	职工数	营业比%	其他业务	有无文化局许可证		营业场次		备注
										有	无	日	夜	
	双龙	陈康泰	安远路436号	90	0.15	维扬	2	55%	熟水		无	1		
	德盛	刘克匡	交通路1361号	90	0.15	维扬	1	90%			无	1		
	合兴	王子年	长寿路163号	131	0.15	评弹	1	30%				1	1	
徐汇	三□	李秀珍	徐家汇同仁街幸民新村94号	56	0.15	维扬		80%			无	1		
	彩云	徐福宝	徐家汇路1547号	229	0.15	评弹	2	90%			无	1	1	
闸北	张春	陆阿彩	大统路230号	112	0.15	维扬	2	90%		有		1		
	新春	韦绿娣	新民支路26号	120	0.15	维扬	2	80%		有		1	1	
	德兴	潘正泰	□江路337号	96	0.15	维扬	1	60%			无	1		
	同居	徐永光	浙江北路200号	100	0.15	评弹	2	50%			无		1	
	永芳	张梁标	永兴路145号	100	0.15	评弹	2	60%	熟水		无	1	1	
	玉茗	徐才琳	福建北路2号	330	0.15	评弹	8			有		1	1	已由文化局清产核资

2. 上海市场茶楼交易概况(1956年10月9日)

当前上海市场茶楼交易概况

茶楼	业别	交易时间	入场人数					营业额	经营商品	入场原因及交易环节
			座商	临商	摊商	居间	其他			
一乐天	电科、电机、铜锡	上午9—12 下午3—5:30	铜钨60 交木20 电机50	不锈钢30	钢包40	70	铝锡行商30、采购30	我室只掌握居间人介绍营业额(附表),通过茶楼座临商等营业额不详	电料、旧机器、马达、不锈钢、旧黄铜、铜皮、锡、锌、铝等	钢包沿街收购后入楼售给炉坊,座商向炉坊购入半成品再售给小型五金工业社用户,外部行商将贩来的铝锡售给座商,交木业座商主要是吃间茶,采购30人主要是采购电机款商品,钢类很少外销,锡由绍兴帮采购作□
同羽春	钢铁五金	下午3—6	120 竹料20	40	30	70	客帮30		旧钢铁、铁丝铰链、纺织五金	除座临商相互买卖外,外埠来沪采购的有武汉、长沙、安徽、无锡、南京、芜湖、北京生产合作社,手工业联合社,机械厂,农具修配厂等
青莲阁	飞花下脚	下午3—6	100	50		40	外埠采购20		飞花、碎布、旧麻袋、土纱、土纱做手套、	旧花布、旧麻袋业座商入楼收购碎布纱头旧袋整理后再来楼售出,临商在场外收得下脚后来楼售

续 表

茶楼	业别	交易时间	入场人数					营业额	经营商品	入场原因及交易环节
			座商	临商	摊商	居间	其他			
									毛巾、纱头回丝	出，外埠采购如沈阳、北京、青岛联购组生产社入场购纱头旧袋，常熟合作社来接收购原料后制成手套毛巾再出售
壶中天	过去绸缎，现在居间人安排后已无交易					3	17			现在入场吃茶的除二、三个年老调假居间人外尚有船户五、六人，木器业临时工约10人，但均不谈业务吃闲茶
东升	油桶	上午散茶下午3—6	45	30		7			分轻皮、重皮油桶、颜料桶，再按新旧程度分级	座临商入场主要是相互交易，但油桶业务外销最多，一般采购单位均不入场，由居间人及临商向他们住处销售，在目前货源供应紧张时采购单位很多
长乐	缝纫机零件	9—12	17 钢条 15		37		65		缝纫机零件、钢条	座楼设摊售给本外埠顾客
	钟表	2—4:30	不锈钢35	不锈钢65	36	10	30		钟表、不锈钢、表带零件	座楼设摊售给本外埠顾客，不锈钢临商向各来沪行商收购后入场售给制表带及小型工业社

续 表

茶楼	业别	交易时间	入场人数					营业额	经营商品	入场原因及交易环节
			座商	临商	摊商	居间	其他			
万商	铁皮	上午 9—12 下午 3—6	50 电气 20	30	10	10	本市未交易，锁厂五金厂 100		黑白铁皮、角/废料、矽钢片废料	本市各小型五金工业社，锁厂入场采购铁皮废料，很多座商临商入场主要是相互买卖及售给锁厂工业社，有电气座商已合营，入楼是吃闲茶□市面
古今	过去皮毛	上午 9—11	约 60—70 人（不详）			皮毛 3			过去是皮毛现在有化工颜料	皮毛居间人逐渐安排后现在到茶楼皮毛居间人已很少，但新近由怡园移来一批茶客主要是做化工颜料的座摊商等，及生产单位约六、七十人
天福	眼镜	上午 8：30—10			20			摊贩约 20000—	眼镜	天福眼镜摊贩领证的有 125 人，但经常川流入场的每天约 20 人，入场目的主要是领发票及居住附近的吃闲茶，木器摊贩在沿街收货后到茶楼将拆坏售给珠盘作坊，临商则买进又卖出
	旧木器	下午 4：30—6	28	5	18			摊贩约 22000—	旧红木拆料	

续 表

茶楼	业别	交易时间	入场人数					营业额	经营商品	入场原因及交易环节
			座商	临商	摊商	居间	其他			
品芳	汽车及零件	上午7：30—9下午散茶	40	15	15		10		汽车零件、轮胎钢卷	座商入场的系胎行与鞋底作占多数，摊贩下午在固定地点设摊，上午到茶楼找货源或与临商座商等相互买卖，其他有外埠公私合营商店来沪采购轮胎钢卷
珠玉汇市	珠玉	12—3		40	140			摊贩约200000	珠宝、钻石、玉器、珍珠、翡翠等	摊贩临商主要向外埠收购后（少数向本市居民收买）到汇市售出，售出对象除出口联营处外，尚有广州及天津、北京采购商
得意楼	废塑胶	上午7：30—10		入场摊贩100余	未入场摊贩约110			摊贩约160000	废塑胶	入场摊贩100余已由废品公司归口改合作商店，店址设在得意楼，尚有未入场蒙自路大统路摊贩约100人，入场目的主要是销售商品

场外居间人概况

1. 人数

根据黄浦、新成、邑庙、蓬莱四区税务局缴纳佣金税统计：

区别	7月	8月	9月	10月	合计(除去重复的)
黄浦		88人	96人	94人	178人
新成	40人	12人	11人	10人	48人 估计
邑庙				82人	110人 估计
蓬莱			32人	24人	40人 估计

根据以上四区人数已达376人,如按1955年6月税务局调查比例(这四区占2/3,其他各区占1/3)推算,估计全市场外居间人约560人,在黄浦区178场外居间人中有27人是曾加入茶楼交易,退出后因居间业务活跃而重操旧业,其余是过去一向做场外居间业务,如房屋、酱油、面包等未入场的,也有新产生的,如经营电机、五金、百货等。十月份加入茶楼交易的总人数为293人,实际交易的214人,据估计十月份场外交易人数为320人,较入场的多50%。

2. 佣金额(即场外居间人佣金收入)

区别	7月	8月	9月	10月
黄浦		6489元	7603元	5928元
新成	3223元	600元	700元	2152元
邑庙				6439元
蓬莱			3733元	1826元
合计				16345元

以上四区场外居间人佣金额为16345元,按这四区占全市2/3推算,全市场外佣金额估计25000元。十月份入场的佣金总额为55875元,场外占入场的44%。

3. 业别

黄浦区场外所介绍的主要是电机、马达、五金、运输、百货。

新成区场外所介绍的主要是酱油、房屋、印刷、呢绒。

邑庙区场外所介绍的主要是面包、蜜饯、五金、百货。

蓬莱区场外所介绍的主要是百货、房屋、酱油、五金、糖果、电机,人数按约总的情况,房屋、酱油、面包、蜜饯等在过去茶楼办公室并无列入的，他们是一贯经营场外的，其他如百货、电机、五金等是因入场居间人安排后新做场外的，如百货居间人徐奕哉，他本人已由中百公司分配到第一百货商店工作，他将过去卖买方关系介绍其妻饶慧英去搞，十月份佣金收入有979元；又如百货居间人徐章海，曾由中百公司分配往兰州工作，他藉口身体不好在六月间回沪经营场外居间业务，十月份收入有361元。

入场的居间人个人收入最多是陈治家，十月份收入2700余元，他介绍大新铁号售出四只锅炉，每只重四十吨，其中两只售给四川省工业所，每只价39000元，两只售给同业铁号作拆坯，每只价26000元，共计营业额130000元，介绍的经过是因该四只锅炉较庞大笨重，运输不便，过去已呆滞多时无受主，近因五金商品较缺乏，拟售给同业作拆坯，因内中炉钢板、炉钢管、元铁等很合市上需要，后因四川省工业所另买锅炉，经居间人介绍及认为可改装，所以向该单位购去两只（较大）经市贸易信托公司核价，其余两只仍做拆坯售出。场外居间人收入较多的是陆中理，介绍酱油，十月份1120元；张武伦介绍酱油十月份751元，还有介绍面包的收入也很可观，关于他们经营方式无法了解。

综合贸易公司

1956年4—9月居间人平均每月佣金收入（附表五）

业别	无收入	佣金收入在百元以下的				佣金收入在百元以上的				总计
		合计	20元以下	21—50元	51—100元	合计	101—300元	301—500元	501—651元	
铜锡		7	1	1	5	39	26	11	2	46
钢什铁	4	22	8	8	6	47	32	13	2	73
工具五金		3			3	4	2	1	1	7
纺织五金	3	7	4	1	2	3	3			13
飞花下脚	29	36	6	15	15	22	19	2	1	87
建筑材料	1					1	1			2
绸缎	10	3	2		1	3	2	1		16
油桶		1	1			6	4	2		7
卷烟原材料		3	1	1	1					3

续 表

业别	无收入	佣金收入在百元以下的				佣金收入在百元以上的				总计
		合计	20元以下	21—50元	51—100元	合计	101—300元	301—500元	501—651元	
铁皮						11	8	3		11
皮毛	13	10	2	6	2	5	2	1	2	25
罐头食品		1			1	1	1			2
海北桂	3	1	1							4
总计	63	94	26	32	36	142	100	34	8	299
比重	29.7%	%	%	%	%	88%	%	%	%	1.00%

黄浦区场外居间人统计(附表六)

(据黄浦区税务局8、9月份缴佣金税资料剔除入场部分)

八月份	交易人数	比重	佣金额	比重
入场的	247	100	48,873元	100
场外	88	35.63	6,489元	13.28

九月份	交易人数	比重	佣金额	比重
入场的	220	100	53,514元	100
场外	96	43.64	7,603元	14.21

3、各茶楼交易居间人情况(1956年10月22日)

各茶楼交易居间人情况

1. 青莲阁飞花下脚居间人情况
2. 青莲阁建筑五金材料居间人情况
3. 壶中天绸缎居间人情况
4. 东升油桶居间人情况
5. 东升卷烟原材料居间人情况
6. 得意楼罐头食品居间人情况

青莲阁茶楼飞花下脚居间人情况

本业以飞花、旧花絮、碎布、纱头回丝、旧麻袋、麻布、麻绳、布袋、纸袋、土纱、土纱手套、土纱毛巾为经营对象。

今年第二季度通过居间人介绍成交的营业额591,000元,比第一季度增加50%,比五五年以来最高的季度增加21.58%。今年八月份营业额323,600元。比五五年以来最高的月度增加45.11%。是28个居间行业中增加得最多的一个。

1. 人员情况:

1954年9月登记人数207人,其中退出79人,回乡逮捕失去联系28人,废品公司在今年7月份陆续安排13人。尚有87人在市场活动。废品公司将他们组织了一个核心小组以了解居间人生活情况,目前每天来市场的有40人左右,在青莲阁三楼集市。

他们出身:有旧社会洋行买办手下的老掮客,有歇业资方和失业职工。在解放前有很多经销飞花的字号,是既无资金又无工场设备的"蝎居字号",利用人头熟,消息灵,收购纱厂针棉织厂的飞花下脚,售给飞花整理工场,又将飞花工场整理后的飞花售给出口洋行,或接受洋行定货。解放后,飞花系我国出口物资,纺管局控制了货源,安排飞花工场代土产公司加工,因此原有的字号资方和职工转为居间人,业务转为内销,人数从几十个至54年发展到200余人。

2. 业务情况:

合营高潮后,有很多合营厂商拒付佣金,一部分佣金收入较少和长期无业务的居间人依赖社会救济,生活困难,要求安排。但自5月份开始一部分业务好转,又存现金,个别的已提出"让困难的先安排,我可以慢一步"。

在市场活动的居间人,他们的佣金收入很不平均的,列表如下:

今年1—7月统扯每月佣金收入	收入额	人数
〃	全套收入	29
〃	10元	6
〃	20元	5

续　表

今年1—7月统扯每月佣金收入	收入额	人数
〃	30元	6
〃	40元	7
〃	50元以上	15
〃	100元以上	19
共		87

有业务的居间人,他们穿插在座商、临商、行商、采购单位之间,利用业务熟、人头熟的特点,买卖双方亦利用他们可以不出固定工资而为临时推销员或收购员——他们先打听有那几个采购单位来了,就向各个旧花布店,麻袋店去取货样,向采购单位推销,或将行商、临商未经整理的下脚向飞花厂旧花布店推销,赚取营业额2%左右的佣金,在物价不稳或者在供销失调情况下,业务就随着增长。分述其活动范围如下:

(1) 介绍本市旧花布店,纱头回丝店整理加工后的飞花、旧花絮、碎布、纱头回丝售给沈阳、常熟、崇明、塘楼等地的联购组,生产合作社,土纱复制商,农业社,供应当地工厂揩擦机器,复制拖把,及农民纺纱摇手套织毛巾。介绍飞花厂收购本市临商,外埠行商的到货,弹成飞花后售给上述采购单位。在八月份总的营业额中占38.55%。

(2) 介绍旧麻袋店整理后的旧麻袋、布袋售给本市针棉织厂、印染厂及外埠,如天津、北京等地的公私合营麻袋店,联购组,青岛废品回收站等。介绍本市化工厂等的包皮下脚售给麻袋店。由于防汛和农作物收获季节,各地需要殷切,营业额占8月份42.3%。

(3) 介绍来自常熟农村的副业产品土纱、土纱手套、土纱毛巾,售给本市生产厂和北京路一带的纱头回丝店供应门售及外埠如西安、兰州的采购单位,占八月份营业额19.15%。

在增产节约,利用废料,和扩展农副业的情况下,工厂下脚减少了,利用复制的需要增加了,农副业的增长等,供应紧张是很自然的,但市场价格由于货源少,采购单位的竞争,超出了废品公司收购价,如"新碎布"废品公司收价每担16—19元,市场30—38元。"纱带"废品公司收价每担80.30,市场144元。"麻袋"废品公司收价每只1.04,市场

1.45 元。由于价格的相差过巨,有部分货源不为专业公司掌握,而流入市场。

3. 改造意见:

我们意见:长期无交易和收入不能维持最低限度生活的应请废品公司考虑安排,不使人力浪费,使他们在国营企业内发挥他们业务熟的特长。有业务的也应该在他们自愿要求下给予考虑,并建议废品公司密切注意价格问题,作有效措施。

青莲阁茶楼建筑五金材料居间人情况

1. 人数:

1954 年 9 月,登记的 29 人,其中退出的 15 人,失去联系的 5 人,五金公司安排 7 人。目前尚有年老不予吸收 1 人,健康较差 1 人。

2. 业务变化情况:

解放前,建筑五金材料如:磁砖、柏油钻、钢铁条等多系进口货。居间人从事于进口洋行、五金批发商、营造厂之间的进销介绍,同时由于经销建筑材料的座商及采购材料的营造厂大都在青莲阁茶楼集市,因此居间人也就在茶楼上介绍进销业务。

解放后,国产品代替了进口货,居间业务也就限于介绍进口行、五金批发号、水电材料行的存货售给营造厂,或介绍营造厂甲的剩余材料售给营造厂乙。1954 年 9 月业务已非常冷落了。在 55 年一年中一部分居间人回乡,一部分做临时工和依赖社会救济。合营高潮后,各营造厂组成了营造公司,剩余材料的集中利用,五金公司木材公司对营造厂的供应,居间人业务几近消灭。列表如下:

年度	季度	介绍营业额
1954 年	冬	31,000 元
1955 年	冬	14,000 元
1956 年	春	24,000 元

今年 5 月份五金公司进行安排他们。关于年老不予吸收的 1 人,目前在做临时工,健康较差的 1 个因兼营了其他已经安排的居间业务,

目前收入较好,今年3季度每月佣金收入统扯191元。

3. 我们意见:

解放前,建筑五金中的磁砖、柏油、漆等为投机筹码。解放后,闭歇行厂有零碎存量,居间人在挖掘货源和冷背货的利用上,有其作用。

壶中天茶楼绸缎居间人情况

1. 人员情况:

1954年9月为239人,其中退出131人,回乡和失去联系的25人,丝绸公司在今年7月吸收65人。目前尚有年老的12人,体弱的2人,有业务的4人,丝绸公司尚在考虑中。

他们出身多数是闭歇的绸缎批发商职工和资方。解放前,在绸缎生产者与门售之间存在着一种利用淡旺季进销的批发商"绸庄",以佣金制雇用推销员,推销员往往兼了几家推销工作。解放后,丝绸公司对货源逐步掌握,绸庄业务渐趋淘汰,歇业后的职工和资方因熟悉业务,转做绸缎居间介绍。

2. 业务变化情况:

丝绸公司对织绸厂废料加工,并对绸缎批发商进行改造,自后居间人介绍货源已限于歇业绸庄底货,门售店滞销品,绸厂和印花厂的付次零料,私人存货及杭州、苏州、盛泽一带的土丝织品、废丝织品和付次零料,介绍给本市复制商和西安、兰州、新疆等地的采购商。到55年第3季度,丝绸公司回收零料次品。杭州、苏州、盛泽等地的机坊合作化,由当地丝绸公司废料加工,居间人的业务就很快下降。列表如下:

年度	季度	营业额	
1954	冬	141万元	
1955	冬	18万元	
1956	春	8万元	
1956	夏	21万元	增加原因:安排前结清陈账

有几个居间人已改作介绍百货业务,到今年第二季度除长期无业务和介绍百货的居间人外,每人每月的佣金收入只扯到10.80元,生活

情况多很困难，他们欢欣鼓舞地接受丝绸公司的安排。目前尚有业务的4人，有2个因为人事熟，目前介绍一些私人存货和丝绸公司留下的一家绸庄的零料售给本市复制商，8月份2人的佣金收入242元。另有2个做百货的收入较多，介绍本市工业社生产的丝边、头带、袜子等售给外埠采购单位，并介绍西藏行商运来的刀片、小洋刀等售给本市百货店和中央市场。8月份2人的佣金收入880元。

壶中天茶楼主要是绸缎居间人的集合场所，目前已无居间人上门，靠出租会场维持收入。

3. 存在问题：

体弱的2人，据说身体健康后到丝绸公司报到。12个年老的，多数生活困难，又无子女，曾多次反映："虽然年老，劳动力还是有的，业务上多有几十年经验，除丝绸公司外，没有别的出路了"。对丝绸公司不吸收他们，心情焦躁，到处申诉。

我们建议丝绸公司吸收安排。

得意楼茶楼罐头食品居间人情况

1. 人数：

1955年5月登记人数20人，其中退出1人，自行就业1人，今年3月茶食糖果公司吸收16人。目前尚有2人因健康较差，茶食糖果公司暂缓吸收。

2. 业务变化情况：

解放前，他们的业务，介绍本市制造的罐头食品售给外埠采购商和本市茶食糖果店、南货店、酒菜馆。介绍进口罐头品奶粉、牛肉、菠萝等售给本市门售店及外埠采购商。

解放后，进口的罐头品存货日见减少，罐头产品为国营掌握，业务也就限于介绍本市门售店的滞销货和小型工业社出品的辣酱油售给本市酒菜馆和饭摊、糖果厂等。而外埠运销来沪，及来上海采购的也限于滞销品了，如最近通过他们介绍的有北京、天津的行商运来瓶装奶粉（已变质）售给糖果厂做原料。广州来的橄榄通过他们介绍售给本市蜜饯厂，业务逐步下降，列表如下：

年度	季度	介绍营业额
1955	秋	102,000 元
1955	冬	103,000 元
1956	春	89,000 元

今年三季度佣金收入每人每月 75 元,他们健康较差,表示:“业务愈来愈少了,身体养好再去向茶食糖果公司争取”。

3. 我们意见:

罐头食品居间人的产生,是在解放前美帝大量剩余物资倾销我市场的时候,他们的业务是介绍进口货,所以解放后就限于介绍滞销货了,今后业务当然趋向消减的,请食品杂货公司根据其健康条件照顾吸收。

东升茶楼卷烟原材料居间人情况

1. 人数:

1954 年 9 月,登记人数 114 人,其中退出 54 人,失去联系 6 人,烟专卖公司安排 29 人,中文公司安排 22 人,目前尚有专卖公司指定留下的 3 人。

2. 业务变化情况:

卷烟原材料中有几个行业与卷烟厂发生关系,如:烟叶、纸张、印刷、五金等。自 53 年 7 月土产公司在产地控制了烟叶货源,上海烟厂产品亦为专卖公司包销后,居间人在烟叶方面的业务随着消减。只限于介绍关店底货,和私人所存的进口货。如:香精、烟刀、糖精、金粉等售给烟厂。而原来介绍纸张给烟厂的,由于烟厂采用国产纸和统一调拨,居间业务也转变了对象,限于将本市的门售纸号及闭歇的进口行存货介绍给糖果厂、染织厂、做包装用,和印刷所等。所以自 54 年冬之后的营业极大部分是纸张了。合营高潮后,纸号的合并和拒付佣金,居间业务又被限于介绍合并店的底货和滞销货以及旧纸店的旧纸。售给本市制盒作场、印刷所等,营业额很快下降,列表如下:

年度	季度	介绍营业额
1954 年	冬	144,000 元
1955 年	冬	94,000 元
1956 年	春	44,600 元

目前指定留下的 3 人中,2 个的佣金收入每人每月 50 元,1 个年老已有子女负担生活的向我们表示“我生活已有子女负担,不愿意派去外埠工作”。

3. 我们意见:

上海市场大,变化多,如: 进口商行闭歇后的底货转变成私人存货、合并纸店的滞销货等,居间人在挖掘这些货源上有作用的。又如: 在废品利用上,如: 介绍纸盒作场采购废纸店单面用过的旧纸,翻过来重复使用,介绍印刷所剩余纸品售给需用单位。目前还有他们存在的作用。

1956 年 10 月 17 日

东升茶楼油桶居间人情况

1. 人数情况:

1954 年有居间人 85 人,其中退出 51 个,今年第二季度五金公司安排 17 个,目前尚有五金公司指定留下的 5 人,及年老不予吸收的 2 人。

他们多数来自浙江乌镇南浔一带的农村,解放前他们在农闲时依靠摇船代客装运物资来沪,后来,有几个人熟悉了上海情况,鉴于买卖旧油桶简单易为,一付绳、一根扁担,少数资金,沿街挨户叫喊,便从事买卖为生,后来又熟悉了大厂有整批空桶出售,限于资金不足又无堆栈,就介绍油桶行收购,从中收取佣金,形成了专做居间介绍的居间人。

2. 业务经营情况:

油桶品质有白铁、黑铁、双边、单边的分别,容量有从 10 介仑至 53 介仑的不等,折旧上又有甲乙丙丁、大口、小口的不同,分散在各个油桶行的货栈里,而各个采购单位的收购都是不定期的,需要的规格又是各种各样,居间人预先对各类存货心中有数,每天到各个单位去跑,碰到那个单位要,就领了他们去拣选,成交后,又帮同进销双方送核价单及押运手续,采购单位不必到处乱撞,油桶行也等于雇用了临时推销员,这些居间人便在本市各个角角落落及郊区为油桶行觅取货源。

3. 业务变化情况:

合营前,由于油桶货源四散各区,来自化工厂、油脂厂、颜料厂、用户等方面的进口货旧桶为粮油、煤建、油脂等公司及太原、兰州、北京等地的土产公司所需要,居间人就在上述这些进销对象之间,首先将旧油桶介绍给油桶行,经过桶行擦洗、焊补、整理,再介绍桶行售给采购单位。

旧桶系进口物资,国营公司规定油桶回收,货源逐渐减少,油桶居间人的业务也随着日益衰落。合营高潮后,废品回收站和废品公司的废品经营处对工厂废旧下脚的包厂面广了,居间人的业务也就随着下降,列表如下:

年度	季度	介绍营业额
1954	冬	398,700 元
1955	平均季度	236,000 元
1956	一季度	205,100 元
1956	二季度	272,600 元
1956	三季度	209,100 元

没有业务的居间人迫切要求工作,今年四月份五金公司对他们进行了安排,五金公司指定留下的 5 人和年老不予吸收的 2 人,佣金收益额已比过去增加,如:7 月份每人每月统扯 450 元,8 月份 262 元,9 月份 497 元,增加原因由于居间人少了,同时油桶的价格上涨了,佣金也就随着增加。

4. 存在问题:

由于货源逐渐减少,外埠采购单位如:山东、西安、北京等地的合作社,兰州、太原的信托公司、旧货商店等的采购殷切,旧油桶价格比过去上涨一倍左右,如轻皮桶在合营前石油公司核价每只12—20元,重皮桶25—38元,合营后改由五金公司核价,据了解合营后油桶行借口货源少、进本大,并强调利润上缴不核价了。目前轻皮桶每只30—40元,重皮桶每只55—65元。

在采购单位的竞购下,经销旧桶的抱着高来高去的想法,价格正在不断上涨,而旧桶货源并不因为出了高价而有所增产,造成市场价格混乱,居间人的搬东说西,也促进供应紧张和物价混乱。

5. 我们的意见:

旧桶货源四散,企业部门需要,在节约废品利用废品上,这些居间人业务仍有存必要,但五金公司应建立自由议价制度,加强思想教育,限制其间的过高利润。

上海市综合贸易公司

1956年10月22日

4. 上海市综合贸易公司1956年的茶楼市场情况(1957年1月25日)

一、基本动态:

全市全行业实行了公私合营以后,大部分居间人由有关专业公司吸收安排,上海茶楼市场由原来十五个茶楼及一个汇市变为十二个茶楼及一个汇市,为:一乐天、同羽春、青莲阁、东升、万商、长乐、天福、中鑫、壶中天、古今(以上在黄浦区)、品芳茶楼(卢湾区)、得意楼及珠玉汇市(邑庙区)。其中若干茶楼已消失其作用,如得意楼的废塑胶摊商已组织合作商店,珠玉汇市的珠玉摊商已公私合营,中鑫仅系眼镜业座商集中场所,很少交易。其他如:壶中天的绸缎茶会、古今的皮毛茶会也都失去了作用。

大合营时共有居间人2484人,划分为28个业别,合营后由各有关专业公司吸收了1766人,现在尚留下269人,计13个行业,为:钢铁、铜锡、工具五金、纺织五金、油桶、铁皮、建筑材料、飞花下脚、皮毛、绸缎、卷烟原材料、罐头食品、海北桂等。因回乡、就业、逮捕、迁移的有449人。摊商中除乐园茶楼钢笔业81人已由制笔公司全面吸收外,尚有得意楼的废塑胶摊商和珠玉汇市的珠玉摊商均已走上了合作、合营道路。长乐的缝纫机和钟表摊商,天福的眼镜摊商也由百货及钟表眼镜公司归口。已登记的摊商约有350人,未登记的约200人,经常在茶楼交易,登记的座临商自公私合营后,大部分已不上茶楼交易,经常入场交易的仅约五、六百人,只占原有登记人数的十分之一。由于入场制度松懈未办理登记的座临商及自发户入场人数估计约有千余人,外来采购单位至茶楼市场进行交易的每天约三、四百人。

1956年居间人介绍的营业额28,737,606元,佣金额847,767元,较55年减少23.88%。(附表一)

根据逐月居间业务统计,4月份因大部分居间人开始吸收,过去未了业务,纷纷结束,因此营业额达437万元(超过55年最高一月14%),随着归口安排,人数逐渐减少,营业额及佣金额也相应下降,但每人平均佣金收入仍逐月增加。8月份后,更由于市场供不应求,外地采购单位增加,业务趋于活跃,12月份每人平均佣金收入达342元,为1955年平均收入的四倍半,为1956年4月的二倍(附表二)。

根据现有269个居间人1956年平均每月佣金收入统计,经常收入在100元以上者达144人,占53.53%,其中收入在300元以上的达44人,占16.35%,最多的每月平均达680元与715元。经常收入在100元以下的计91人,占33.83%,其中收入在20元以下的计38人,占14.13%,全无收入的有34人,占12.64%,其中以废品公司归口的飞花下脚业最多达13人,其次是皮毛业8人(属鞋帽公司归口的熟皮业6人,属废品公司归口的油脂下脚业2人),绸缎业又次之计7人,全无收入的居间人中极大部分是年老及健康情况欠佳缺乏劳动力的(附表三)。

自8月份开始,居间业务逐渐活跃,其主要原因,由于1956年基层基本建设投资增加,建设部门需要的原材料数量很大,国营企业分配不足,各地采购单位急于求得货源,转向市场抢购,故市场呈现空前繁荣,促使茶楼交易外销比重逐月增加,兹将现有业别季度外销总额比重列表如下:

季度	二季度	三季度	四季度
总营业额	5,676,656	4,934,832	7,046,683
外销营业额	1,331,808	1,589,359	2,685,980
比重	23.45%	32.21%	38.12%

由于生产发展，外地采购增加，生产资料供应不足和对行商、临商、摊贩、居间人缺乏必要的行政管理，致使旧生产资料价格飞跃上升，兹将合营后茶楼市场几种主要商品价格变动列表如下：

品名	单位	国营牌价	市场价格				同一季度比
			一季度	二季度	三季度	四季度	
53介仑黑铁轻皮桶	只		20	25	40	54	270
旧生铁	吨	新货220	195	250	450	500	256
旧钢铁	吨	新货792	600	800	1500	2000	333
旧什铜	斤	合作社收价0.82	1.20	1.60	2.00	2.20	183
4吨旧车床	部		400	600	1100	1500	37.5
新碎布	担	16—17已调整28—36	20	20	40	50	250
土纱手套	打		2.50	3.10	3.80	4.50	180

二、茶楼市场的作用：

茶楼市场集市交易的除座商、自发户、摊贩及外地采购单位外尚有居间人、临行商，由于他们业务熟悉对于呆滞品的推销、废料的利用、为采购单位介绍代用品、满足生产上的需要、缓和生产资料供不应求有一定的作用，如：

1. 杨义盛制罐厂：由于生产发展，国营公司供应的马口铁不够需要，过去存货过厚不合用，经居间人吕彩兴介绍向美亚五金工厂换得薄型马口铁1100斤，解决了双方生产上的需要。又如大中华刀剪厂经居间人介绍将一批旧路轨向兴记铁号换进生铁及需用的锅料。再如：顺昌祥锅炉厂旧存不合用的水帮浦经居间人介绍售给沪江造船厂使用，使物尽其用。

2. 苏州生产合作社拟将一批工字铁、礼拜铁作为农具用的钉料，经居间人胡立人发现，说明大材小用不合算，经其介绍以一吨大料向钢铁号交换一吨半至二吨小料，不但使合作社节省了一笔钱，而且使大料也得到充分利用。

3. 哈尔滨某国营厂有一批很细的合金钢丝，呆滞多年，曾托行商持样至各地销售也无受主，后来上海经居间人章文正看后，知道这是进口货，很名贵，可做钟表油丝，介绍候昌祥五金号买进供应生产单位。

4. 塘桥某厂在解放前初期有一批镁误当合金铝配进，不合用，已呆滞多时，后经居间人李桐谋获悉，认为镁在炼钢工业上很需要，介绍山东工业厂买去。

许多外地工商业部门来沪采购，中央站和市公司不能完全满足他们需要时，大多介绍他们到茶楼市场自由采购。居间人吸收安排以后，外地采购单位感到不便，如呼尔浩特市某采购单位说：百货居间人都吸收安排了给我们带来很多不便，因为我们不仅路途不熟，而且方言不懂，亟需熟悉上海百货市场的掮客为我们服务。

茶楼市场除有利于生产的积极一面以外，也有其消极的一面，尤其第三季度后，由于外来采购日益增多，商品供应紧张，居间人、临商乘机活动，违法乱纪行为重见抬头，表现在：

(1) 居间临商相互勾结赚取暴利：

居间人金宏达在接受天津铁木加工厂委托任务后，了解市铁床车具合作社有一部龙门刨床出售，该社开价仅1600元，金认为有利可图，即勾结临商邓甫生买进，再由邓开临商发票以3000元高价售与天津单位一转手赚取了1400元暴利，金宏达分得非法利润600元。

(2) 行贿干部，盗窃国家财产：

(一) 提篮区非清产户钱益泰五金号私方钱德培经常活动在一乐天茶楼，拉拢安徽六安专区国营六安装具厂采办员李开芳，乘陪同到无锡购买车床、刨床时，用女色腐蚀，达到其盗窃国家财产之目的，嗣后李开芳即同流合污，李开芳前后用浮开发票和盗卖柴油机内发电机等方式共贪污盗窃达6100元之多。

（二）废品公司干部苗国雄（新吸收的居间人）勾结飞花居间人谢有章和王兴记飞花厂利用职权，将原由废品公司收购的破子花一批由王兴记出面收购，从中渔利。

（3）冒充工业社名义，套购国家物资：

（一）万商茶楼临商包国祥自称包国祥工业社向市贸信公司邑庙区店套购钢丝462公斤，进价每公斤3.85元，通过居间人郭应魁介绍以每公斤8元价格售与宝大五金号，经买方发觉未遂。

（二）长乐茶楼缝纫机摊商顾莲娣用缝纫机零件厂名义，向机油行套购轻质锭子油200余公斤，每公斤进价1.23元，分套小瓶以每公斤3.20元出售，获取高额利润。

（4）国营单位与行商不择手段抬价竞购：

（一）长春贸易公司为了满足收购任务于11月份通过场外居间人陆善明在大达码头大量收购崇明行商运来的土纱手套，由原价每打3.80元抬价4.20元抢购，11月19日在大达码头为了抢购货源竟与本市门售店章选记引起打架，扭送黄浦分局。

（二）广州行商、临商来沪购买钢铁等生产资料，均随身携带大量现钞，只求有货，不问价格，并用请客吃饭、送东西联络合营企业私方、居间人、临商、摊商等，个别女行商甚至出卖色相，如杨毓灵（女）与兴记铁号私方虞瑞祯、居间人郑森爱经常在酒菜馆吃饭，陪同进出东亚旅馆，以求取得货源。

（5）辗转介绍，提高价格：

居间人徐大尧将土特产出品公司出售30加仑重皮黑铁桶80只，以每只14至15元介绍永兴桶行购进后，又以每只27元转介绍与摊贩蓝仁康，徐大尧赚了二笔佣金，油桶价格前后提高一倍半。又如陆敬仪将泰山有机化工厂出售的53介[加]仑黑铁轻皮桶23只以每只18元介绍给五昌油桶行，当即又以27.50元价格介绍给兰州采购批发部，陆敬仪赚了二笔佣金。

（6）抛空卖空进行投机活动：

（一）临商包国祥诡称有一批马口铁出售，向苏北公私合营淮安化工厂采购员张玉焕骗取货款2000元，移作他用，至今尚未交货。

(二)临商王世金自称有生铁出售向惠元铁号预收定金400元,长期没有交货。

(7)逃避核价,高价出售:

(一)源聚祥铁号有旧小铁路轨十余吨,进价每吨850元,要以每吨1050元售与开封新生煤矿,至五金公司核价,因超过市场一般售价,嘱该号退还原售出单位,该号私方万不顾国营公司劝告,与该厂采购员谈妥以950元一吨成交,但在货款汇到时,该号已以每吨1000元高价售与宁波某生产单位。

(二)临商亢守勤和吴家源向无锡购来旧全铁纡子车一部,进价约400元,售与市手工业第十合作社索价1300元,最后成交价1224元,要现钞交易,以逃避到纺管局去核价。

三、我们做了那些工作

1. 配合各专业公司对居间人、摊商进行改造工作。

在合营时,主要配合各专业公司对居间人吸收安排,编制全部居间人(2460人)名单,提供各有关专业公司在吸收时参考。自入场居间人陆续由专业公司吸收后,引起了已退出的及曾参加联谊会的居间人纷纷要求安排,我们也将已退出的居间人(1135人)及曾参加联谊会的(4598人)全部人员进行统计,分送各归口专业公司参考。

配合制笔工业公司对乐园茶楼钢笔摊商81人进行全面吸收,提供在经营业务时期有关资料。并对长乐茶楼缝纫机及钟表、天福茶楼眼镜、得意楼废塑胶、珠玉汇市珠玉等摊商向有关专业公司联系归口改造工作。

2. 配合有关单位对市场违法行为的处理:

茶楼办公室属工商行政管理局领导时,遇有违法行为,及时请示,予以处分,如乐园钢笔摊商鲍丽娟、张文亮、郑燮堂、何照隶等伪造派克夹子及冒充14K金笔尖等经查获后,分别予当众销毁及警告处分。汽车居间人徐文耀骗取座商轮胎,经发觉后,予以追回并具结悔过等等。

自属我公司领导后,我们的职能是了解情况,发现违法行为向有关部门反映处理,如居间人金宏达勾结临商邓甫生,行贿国家干部,临商包国祥、摊商顾莲娣冒名套购物资。又如:长春贸易公司、广州行商抬价抢购,临商抛空卖空及居间人辗转介绍抬价竞购等违法行为。

3. 调查研究工作:

在各业居间人进行改造的同时,入场摊商也纷纷提出要走社会主义道路的要求,为了使有关专业公司能了解他们的业务情况,我们曾先后对长乐茶楼缝纫机及钟表,天福茶楼眼镜等业分业写出专题报告,现已先后归口或挂钩,除此而外,我们还分业写出各业居间人的动态,并提出改造意见,供有关方面参考,以加强对茶楼市场的管理。并配合税务局对场外居间人进行了调查、整理、分析、统计工作,提出了初步管理意见。

四、存在问题:

1. 工作任务不够明确:

茶楼办公室本属工商行政管理局领导,自移交我公司后,当发现居间人违法行为向有关方面反映情况,无权予以处理,形成市场管理松懈。当商品供应紧张的时候,商贩违法乱纪行为便较严重,使茶楼市场趋于混乱,我公司对茶楼管理职责,有进一步研究明确的必要。

2. 入场制度松懈:

大合营前茶楼严格执行入场制度,限制业外人入场交易;业内人一律凭证入场。但自大合营后,由于居间人大部分均已吸收安排工作,茶楼业务显著下降,严重影响了职工收入(职工工资按营业额多寡分酬)。各茶楼职工为了维持生活要求放松入场制度,同时由于居间人大部分已安排,认为茶楼交易也将逐渐消失,在四月间,轻二局领导同意撤消派人驻楼管理形式,改为经常流动管理,并对凭证入场制度也放松执行,使茶楼市场混乱管理困难。

3. 场外居间人活跃:

据各区税务局9—11月缴税资料统计,场外居间人约计585人,为入场居间人1.17倍。场外居间业务的发展,如不及时加强管理,则不但无法掌握其人数状况,并且难于监督其业务活动,并将促使场内交易流于场外,茶楼管理形同虚设,建议对居间人进行一次普遍登记工作,并规定他们使用统一佣金收据。

4. 临商情况掌握不够:

"临商"根据税务局规定,凡无工商登记证而从事商业活动者一律使用临时商业统一发票,称为临商(无照座商除外)所以情况复杂,人数众多(据55年市税局估计约有一万多户)交易范围并不固定,投机性较重,登记的临商,虽已有专业性,但因无固定资金和交易场所,经营又无定时,时营时辍,情况很难掌握,他们使用的发票,系向税务局领用,税局仅仅监督他们的税收,对于经营方式、买卖对象,从不了解,也未统计,不但造成管理上困难,而且易于滋长辗转贩卖、抬价暴利等消极因素,为了加强对临商情况的掌握,我们认为必须控制他们的交易凭证,发给统一发票,并采用纳税小组的过渡办法,进行深入了解,在掌握他们经营情况的基础上,研究管理办法,尤其是对经营生产资料的专业性临商,更须规定他们的业务管理和买卖对象。

三、我们对今后管理的意见:

生产资料供不应求现象,短期内仍不能完全消除,居间人、临商在积极挖掘社会存储物资、缓和商品供应紧张,尚有一定的作用,但如不加以适当管理,对市场将产生不利影响,因此,我们认为必需加强管理,并提出如下意见:

1. 按原有茶楼市场为基础,分业设立交易所,由有关专业公司负责领导,工商行政部门予以协助配合。

2. 场内外居间人重新登记编组,限制继续发展,加强领导和管理,规定他们业务范围和交易方式,只准居间介绍收取佣金,不能兼营贩卖业务,一律采用统一佣金收据,由交易所登记、核发和统计。

3. 临商、行商必须采用统一发票,成交后必须经交易所核验盖章,由所留存第二联予以统计监督,发票经交易所核验后,进货单位才能登账,运输部门方可放行。

4. 外地采购单位来沪采购,在中央站、市公司不能完全满足他们的需要时,可以介绍到交易所登记采购,交易所得分别轻重缓急予以调配供应。

1957年1月25日

一九五六年度居间业务同上年增减比较(附表一)

单位:元

业别		一九五五年		一九五六年				归口专业公司
		营业额	佣金额	营业额	对前期±%	佣金额	对前期±%	
大部分吸收尚有部分留下经营居间业务的	钢什铁	6,062,178	183,800	6,636,839	+9.48	198,619	+8.06	五金公司
	铜锡	4,723,901	126,304	5,980,513	+26.6	159,059	+25.93	
	油桶	945,061	27,953	1,191,749	+23.99	31,223	+11.70	
	铁皮	1,122,011	41,093	905,987	-19.25	35,370	-13.93	
	工具五金	992,968	29,228	653,132	-34.22	21,827	-25.32	
	纺织五金	654,410	26,160	298,471	-54.39	11,490	-56.08	
	建筑材料	108,976	3,317	85,256	-21.36	2,727	-19.79	
	飞花下脚	1,770,837	56,544	2,920,357	+64.91	83,637	+47.91	废品公司
	皮毛	1,936,417	39,938	1,034,824	-38.1	26,492	-33.73	废品、鞋帽、中畜
	绸缎	1,405,371	33,449	769,958	-45.36	19,145	-42.36	丝绸公司
	卷烟材料	457,993	15,473	101,341	-79.86	4,205	-72.82	专卖、中文公司
	罐头食品	234,804	6,880	181,279	-22.8	5,179	-24.55	茶食糖果公司
	海北桂	2,94,838	8,260	24,788	-91.59	856	-89.64	
	小计	20,509,545	598,439	20,802,496	+1.43	599,841	+0.23	
全面吸收无居间人	珠玉	3,308,710	60,863	1,962,437	-46.73	29,446	-51.62	贸易信托公司
	电机	1,981,954	67,368	1,733,466	-2.32	65,890	-2.19	
	电料	682,754	27,909	311,305	-54.4	11,807	-57.69	交点公司
	汽车零件	1,210,145	41,629	522,020	-56.86	21,314	-48.8	
	百货	2,864,693	92,113	1,161,424	-59.46	41,370	-55.09	中百公司
	针棉织	1,752,623	54,970	552,820	-65.46	16,243	-70.45	

续　表

业别		一九五五年		一九五六年				归口专业公司
		营业额	佣金额	营业额	对前期±%	佣金额	对前期±%	
继续经营居间业务的	羊毛呢绒	1,842,867	35,170	280,389	-84.37	6,550	-81.38	
	衣着五金	751,600	24,627	443,300	-41.02	14,995	-39.11	
	缝纫机及零件	213,019	7,517	31,540	-85.19	1,307	-82.61	
	化工原料	尚未受理		530,384		16,830		化工公司
	木材	1,772,296	66,679	192,126	-89.1	8,154	-87.77	木材公司
	文教用品	570,753	21,513	211,714	-62.91	8,424	-60.84	中文公司
	废塑胶	403,775	11,707	188,531	-53.81	5,097	-56.46	废品公司
	药材	51,665	1,503	8,476	-83.59	308	-89.64	药材公司
	运输	35,204	1,694	4,178	-88.13	191	-88.72	五金公司
	小计	17,242,058	515,262	7,935,110	-53.98	247,926	-51.88	
	总计	37,751,603	1,113,701	28,739,606	-23.88	847,767	-23.88	

1956年度逐月居间业务统计(附表二)

单位:元

月	总人数	交易人数	交易次数	营业总额	环比±%	佣金总额	环比±%	平均佣金额	最高佣金额	最低佣金额
1	2,458	1,129	8,259	2,006,197.32	-42.89	62,293.63	-42.89	55.18	492.63	0.30
2	2,547	1,126	8,481	2,376,205.28	+18.44	74,169.66	+19.07	65.87	816.35	0.60

续　表

月	总人数	交易人数	交易次数	营业总额	环比±%	佣金总额	环比±%	平均佣金额	最高佣金额	最低佣金额
3	2,523	1,217	13,359	3,993,130.11	+67.2	124,886.38	+68.38	102.62	1,820.00	0.49
一季度小计			30,097	8,355,533.11	−1.97	261,349.67	−0.67			
4	2,412	1,218	12,803	4,376,424.32	+10.15	137,590.93	+10.17	112.80	1,388.84	0.40
5	806	629	4,544	2,137,929.36	−51.15	71,131.94	−48.3	113.09	4,185.63	0.59
6	345	330	3,062	1,648,463.55	−22.85	45,345.20	−36.25	137.41	902.25	1.41
二季度小计			20,409	8,162,817.23	−2.31	254,068.07	−2.79			
7	722	265	2,637	1,489,862.57	−9.62	42,246.97	−6.83	157.64	1,650.00	1.02
8	652	247	2,816	1,901,274.80	+14.19	48,873.06	+15.68	197.87	1,255.85	2.50
9	642	220	2,646	1,921,619.85	+12.95	53,513.66	+9.5	243.24	1,499.10	2.30
三季度小计			8,099	5,112,755.22	−37.37	144,633.69	−43.07			
10	293	215	2,808	2,113,843.46	+10.24	55,874.75	+4.41	259.88	2,716.55	1.94
11	270	211	2,736	2,265,169.88	+7.16	60,291.65	+7.91	285.71	2,272.70	3.00

续　表

月	总人数	交易人数	交易次数	营业总额	环比±%	佣金总额	环比±%	平均佣金额	最高佣金额	最低佣金额
12	269	209	2,774	2,727,487,28	+20.41	71,549.33	+18.67	342.34	2,800.86	1.40
四季度小计			8,318	7,106500.62	+39	187,715.73	+29.79			
总计			66,923	28,737,606.18	-23.88	847,767.16	-23.88			

1956年居间人平均每月佣金收入(附表三)

业别	无收入	佣金收入在百元以下的					佣金收入在百元以上的								总计
		合计	10元以下	11/20元	21/50元	51/100元	合计	101/200元	201/300元	301/400元	401/500元	501/600元	680元	715元	
钢铁	1	20	5	2	5	8	51	17	17	11	4	2			72
铜锡		7	1			5	37	8	14	10	3	1	1		44
飞花下脚	13	29	5	3	10	11	28	20	5	1	2				70
油桶		1		1			6	1	3	1				1	7
皮毛	8	7	3	1	2	1	1			1					16
铁皮							11	5	3	3					11
绸缎	7	8	6	1		1	3	1	1		1				18
工具五金		3				3	4	2		1	1				7
纺织五金	4	8	1	2	2	3	1	1							13
罐头		1					1	1							2

续 表

业别	无收入	佣金收入在百元以下的					佣金收入在百元以上的								总计
		合计	10元以下	11/20元	21/50元	51/100元	合计	101/200元	201/300元	301/400元	401/500元	501/600元	680元	715元	
卷烟		3		1	1	1									3
建筑材料	1						1	1							2
海北桂		4	4												4
总计	34	91	26	12	20	33	144	57	43	28	11	3	1	1	269
比重	12.64	33.83	9.67	4.46	7.43	12.27	53.53	21.19	15.99	10.41	4.09	1.11	0.37	0.37	100

（整理者系上海市档案馆研究人员）

上海争取留学生回国工作史料选(1956—1957)

庄志龄

整理者按:新中国建立之初,百废待举,百业待兴,亟需大量建设人才。为争取滞留在海外的留学生和学者回国,参加新中国建设,1949 年 12 月政务院成立了办理留学生回国事务委员会,统一办理留学生及学者回国事宜。在 1949—1955 年间,一大批留学生和学者冲破重重困难,回到祖国参加建设,其中包括华罗庚、钱学森、邓稼先等一批著名专家学者。1956 年,为进一步推动争取留学人员归国工作,上海根据中央指示,成立了由市民政局、高教局、教育局、公安局组成的争取还在资本主义国家留学生回国工作联合小组(简称联合小组),负责开展此项工作。到 1956 年 10 月,已有 225 名留学人员回到上海参加工作。现选编一组相关史料,供研究者参考。档号 B3-2-92、B123-3-162、B243-1-85。

1. 上海市联合小组关于本市还在资本主义国家留学生登记工作综合报告(1956 年 6 月 14 日)

关于本市还在资本主义国家留学生登记工作综合报告

一、本市争取还在资本主义国家留学生回国工作,自 3 月 29 日开始办理家属登记至 5 月 20 日已办理结束。全市共登记留学生 1552 人,其中在中央驻沪机关、市级机关、团体、报社、高等学校等由所在机关团体进行登记的 747 人,属于其他单位及地区直接向民政局登记的 805 人。

根据统计,留学生在美国的有 1374 人,占总数的 88.5%;其他分布在英、法、德、日、瑞士、加拿大、巴西等 13 个国家的共有 1008 人,占总数的 65.3%;社会、经济、政治、法律、哲学的共 214 人,占总数的 13.8%,其他学音乐、商科、教育、摄影等共 330 人,占 20.9%,已经在工作的 841 人(包括半工半籍者 90 人)占 54.2%,尚在学习的 273 人,占 17.6%,做家务的 74 人,占 4.6%,无业的 5 人,占 0.3%,情况不详的 359 人,占 23.3%。其中已获得博士学位的 307 人,硕士的 124 人,学士的 124 人。

在办理登记工作中,家属一般均受到了一次宣传教育。我们曾先后召开了 3 次家属座谈会外,在留学生家属比较多的机关和地区,分别召开了 32 次家属座谈会,参加的家属共达 700 余人,根据已召开座谈会的经验,采取这种教育方式容易讲清问题,暴露思想,可以针对思想消除顾虑,达到互相启发教育的目的。凡是开了座谈会的,思想顾虑减少,办理登记顺利。家属所反映的思想顾虑主要表现在:

1. 机关干部的留学生家属,不少人对登记认为是又要交待海外关系,怕与在资本主义国家的留学生通讯,引起组织上和别人怀疑自己政治界线不清,立场不稳。有的说:“自划清阶级界线后,长期未通讯,一切都不知道。”在地区上有的家属怕登记后引起派出所和里弄对他的注意。

2. 一般对写信争取留学生回国,怕受到美国政府加重迫害,写信只谈家务,不敢谈国家大事。有少数家属甚至公开提出,希望政府不要“操之过急”,“要求政府登记后注意留学生安全”。

3. 部分留学生的家属怕回国后找不到工作,特别是学政治哲学一类的,怕回国不适用而造成失业;有的顾虑所得待遇不及国外好,维持不了生活;留学生已和外国人结婚和已加入美国籍的家属,顾虑更大,怕他们的爱人不愿到中国来,就是回国,顾虑政府不要外国人参加工作。

同时从家属反映和留学生来信中也了解到留学生的一般思想情况:大部分人想念家人的情绪迫切,由于美帝的阻挠,有很多来信说:

“只好待机工作”;也有的说:“我准备请假到西欧国家探友绕道而归”;同时美帝对理工科学生阻挠更多,甚至用卑鄙无耻的手段提职增薪办法加以贿赂。如留学生赵佩之来信说:“将他升职很快,一年升一级,现在是正式教授,别有用意,但我还是设法要回来。”他们回国的心情是迫切的,但又由于留学生受到美帝的反宣传,以及对祖国真实情况了解不够,造成他们思想上模糊,如李润伸来信说:“大局未定何去何从,叫我很难决定”等语。

产生留学生家属和留学生思想顾虑的主要原因:第一,是由于美国政府对我国留学生的回国,自中美大使级会谈后,虽然不敢公开阻挠,但仍存在着很多变相的无理阻挠,如留学生在美国生的孩子认为应该属于美国籍不准带回,申请回国手续故意刁难,并要纳全年的所得税,甚至申请回国首先以解雇威胁留学生,以及进行各种歪曲宣传造谣污蔑说:“共产党中国将有产阶级的财产都要没收”,“在上海共产党每天要杀一百多个知识分子”,“回国要进集中营,要洗脑筋”,对我国真实情况完全封锁,造成留学生对祖国情况不了解,对回国产生很多思想顾虑。

第二,留学生家属对祖国在国际上的地位已空前提高,中美大使级会议后,美国政府不敢公开阻挠我国留学生回国的这一有利条件认识不足,写信去争取怕自己的亲人受迫害,对美国政府尚存在着过分的顾虑。

第三,留学生家属很多是属于高级知识分子,他们对政府的知识分子政策还不够了解,怕自己的亲人回国后被歧视,工作得不到妥善安排,生活得不到照顾,也由于历次政治运动中,有部分人受到批评或斗争,因之起了一些副作用。同时我们对某些高级知识分子的职业安排,及已回国留学生就业与生活的照顾,也还存在一些缺点。这也是产生思想顾虑的原因之一。

二、由于我们对这一新的工作缺乏经验,情况复杂,分布面广,事先又缺少充分准备,因之,对今后进一步做好争取工作,还存在不少问题。其中主要是:

1. 在机关、团体、学校和地区,有部分的行政负责同志和党委对争取留学生回国的政治意义和重要性认识不足,看作是办理登记的临时任务,除个别单位比较重视建立一定的组织外,一般只指定一人临时负责办理日常登记工作,均未建立一定的组织,负责领导所属单位进行工作。根据不少单位负责这一工作的干部反映,行政与党委还没有将这一任务安排到日常工作中去,当前这一工作还没有获得各级行政负责同志和党委部门应有的经常领导和积极支持,

2. 在宣传教育工作方面,不够认真细致。有些单位仅是利用大字报、黑板报转载民政局的通知和一般号召等简单作法,没有讲清政府对争取留学生回国的态度和反复交待政策,所以很多留学生家属认识不足,有的甚至发生错觉,认为上级号召抱着不得不交代的态度,勉强进行登记。有的家属在登记时说:"政府法令下达后,不来登记怕政府质问。"由于我们对思想教育工作做得不够充分和细致,因之,目前在家属中对争取留学生回国的积极性,尚未充分发动起来。

三、今后工作意见:

发动留学生家属亲友、同学争取还在资本主义国家留学生回国,是同国际斗争有关,本市的家属人数众多,分布面广,情况复杂,是一个相当长期的复杂艰苦的工作。今后必须有计划有步骤的进行。中央提出:"全国留学生约七千人,今年在全国内要争取一千人回国参加建设"。本市已登记了1500余名留学生,其中有科学技术知识的1013人,应作为争取的重点对象,从登记工作中已反映出来的情况,留学生中已在争取回国的有58人,表示愿意回国而有顾虑的355人,情况尚不了解和暂无表示回国的共1139人,根据中央任务和本市情况,今年应争取完成200人左右回国,为及时完成争取留学生回国的任务,今后必须调整组织,加强组织领导和深入发动留学生家属。

(一)调整组织和明确组织分工

由民政局、高教局、公安局组成之联合小组办理家属登记的任务已经结束,今后的工作是进一步发动家属写信争取留学生回国。根据中央争取还在资本主义国家留学生回国工作组第五号文的指示规定:"为了便于领导留学生家属众多地区争取留学生回国的工作,建议在北京、上海、天津、广东、江苏等地政府内成立争取还在资本主义国家留

学生的工作组,工作组由上述各地的教育厅(局)、(或文教办公室)为主,会同民政厅(局)、公安厅(局)组成,有高教局和科学院的办事处的省(市)两单位亦应派人参加”。为此,建议本市以文教办公室为主,会同教育局、高教局、民政局、公安局、宗教事务局、人事处、上海科学院办事处组成工作组,负责领导和办理日常工作。

为便于今后争取工作的深入贯彻,建议各机关、团体、学校、报社等单位,按人事管理系统,条条负责掌握,中央驻沪机关、人民团体、报社归市委组织部负责掌握,高等学校归高教局负责掌握,市人民委员会所属单位由市人民委员会人事处负责掌握,所属事业、企业单位的人事关系如属各区委领导的,应由区委负责掌握,所有单位均应指定专人负责,并作为人事工作经常任务之一,列入人事工作规划。

各区应在区委、区人民委员会领导下,由宣传部、文教科、民政科、公安分局等有关部门组织联合小组,并指定专职干部在区联合小组领导下,办理日常工作(郊区可不设组,但须指定干部负责)。具体工作应由基层单位负责。

(二) 发动留学生家属争取留学生回国的主要环节是对家属做好宣传动员工作,帮助家属解除顾虑,提高认识,使他们自觉地积极做好争取工作。因此各区、各单位均必须经常深入了解留学生家属的思想动态和通讯情况,今后的宣传教育工作应采取多种多样的方式,如定期召开座谈会和进行个别访问,反复进行动员教育,有留学生回国的可召开家属和归国留学生联欢会,或归国留学生报告会,介绍争取回国的经验。通讯中争取有成效的可出大字报、黑板报不断鼓励家属的情绪和信心,市拟在6月下旬召开全市的归国留学生座谈会和家属联欢大会(另附计划)。各单位有5人以上的家属未召开座谈会的应普遍召开一次。

(三) 发动留学生家属写信工作

今后经常工作应转到动员留学生家属通信,要求与留学生经常保持密切联系,供给留学生家庭情况和祖国情况,消除他回国的顾虑,动员他积极争取回国,写信内容应亲切,从留学生的实际情况出发。一般可以从谈家常适当联系到祖国的建设,最好动员留学生最亲信的人写信,写留学生最关心的事,家属和亲友同时写信应互相配合,我们对写信给予一般适当指导外,不能去干涉其具体内容,尊重写信人的自由。

(四) 各区、各单位应结合宣传动员工作,注意家属生产生活上存在的各种困难,如属高级知识分子,应即按高级知识分子处理予以解决,如属一般就业及生活困难问题,由劳动部门和民政部门协助解决,对他们的救济标准可以按高级知识分子家属救济的标准办理。

以上意见是否可行,请审核。

上海市联合小组

1956 年 6 月 14 日

2. 上海市联合小组关于召开全市归国留学生座谈会和未归国留学生家属联欢会的报告(1956 年 6 月 14 日)

关于召开全市归国留学生座谈会和未归国留学生家属联欢会的报告

现在还在资本主义国家的留学生约有七千人,是我国社会主义建设一个很大的后备力量,中央指出今年要争取一千人回国,任务是很艰巨的。上海是资本主义国家留学生家属及归国留学生非常集中的城市,从三月廿九日开始办理家属登记以来,已登记 1552 人(约占全国未归资本主义国家留学生的五分之一),解放后从资本主义国家回国的留学生,仅在高校、科学院系统即有 123 人,因此动员和组织这批力量,做好争取留学生回国工作是很重要的一项工作。在五月间我们已先后组织了卅五个家属座谈会,发动他们写信,争取留学生回国,一般反映很好。五月下旬国务院电示各地,要各省市结合家属登记工作举行一次已归国留学生座谈会和联欢会。我们根据国务院指示及上海具体情况,拟在六月下旬举行一次规模较大的已归国留学生座谈会和未归国留学生家属联欢会。现将初步意见提出,请予指示。

(一) 解放后资本主义国家回国留学生座谈会:

1. 座谈会的要求在于加强党、政府与留学生的联系,宣传党的知识分子政策,体现党对他们的关怀,发动他们参加对尚在资本主义国家留学生的争取工作,并通过座谈,听取他们的意见,了解他们的情况,以改进我们今后的工作。

2. 座谈会的主要对象是全市各系统各部门(包括中央驻沪机关)所有在沪的、解放后从资本主义国家回国的留学生,并适当吸收一部分未归国留学生家属中代表人物参加。

(1) 全市各系统各部门所有在解放后回国留学生,已有统计者:各高等学校87人、科学院系统35人、中等专业学校1人、其他系统部门尚待市人民委员会人事处调查统计,估计总数不会超过200人。

(2) 未归国留学生家属代表10—15人。

(3) 市委、市人民委员会负责同志、文教办公室、办公厅、民政局、高教局、教育局、人事处、调查部、宣传部及联合小组估计约15人。

(4) 有留学生的机关、企业、学校的负责人(其中包括名教授、名专家)估计约25—35人。

3. 座谈会内容及开法:为了使座谈会开得更好、更多的听取留学生的意见,拟用集中报告、分组座谈的方式。

(1) 座谈会由文教办公室负责同志出面主持。

(2) 请市委或市人民委员会负责同志报告(约一小时半),主要内容:说明解放后我国各方面建设的成就及留学生在国家建设中所起的作用,宣传党对高级知识分子的政策并说明我们对我们的工作提出意见。(上项报告材料由各有关部门搜集送由市人民委员会办公厅汇总整理)

(3) 负责同志报告后,分成八至十个小组座谈(约二小时),主要就负责同志报告、争取留学生回国问题、及对各单位在贯彻党的知识分子政策方面多提意见。

(4) 会后招待便宴。在便宴中组织留学生代表、家属代表及单位负责同志作简短发言,主要是表明态度。

(5) 便宴后一起参加家属联欢会。

4. 座谈会地点拟在文化俱乐部,时间下午二时至六时,便宴地点设在锦江饭店十一楼,时间在六时一刻至八时。

(二) 未回国家属联欢会:

1. 联欢会的主要对象是未回国资本主义国家留学生的家属,联欢会的要求在于体现政府对他们的关怀。通过联欢加强与留学生家属的联系,发动他们争取留学生回国。

2. 需组织2500—3000人。其中未归国留学生家属约1800—2000人,留学生座谈会全体参加者及已归国留学生的家属约500人,其他方面200人。

3. 联欢会的开法我们提出两种意见：

（1）可借一大剧场，组织二小时半到三小时戏剧、舞蹈节目，在娱乐节目前，请市人民委员会负责同志对留学生家属作简短讲话，

（2）可设电影、戏曲、交谊舞三场（地点在文化俱乐部）。

为了更好更快地做好会议的筹备工作，请市人民委员会办公厅主持召集民政局、公安局、教育局、文化局、科学院上海办事处等有关单位，单独成立一个工作小组，进行筹备工作。

一九五六年六月十四日

3. 中共上海市委、上海市人委关于继续开展争取本市还在资本主义国家留学生回国的工作的通知（1956年7月16日）

关于继续开展争取本市还在资本主义国家留学生回国的工作的通知

据联合小组6月14日报告，本市还在资本主义国家的留学生登记工作，经过有关部门两月来的努力，基本上已经顺利完成。现在登记工作可以告一结束，今后如有申请登记的，可以个别进行。但争取还在资本主义国家留学生回国的工作乃是一个相当长期和复杂的工作，需要有一个经常的组织来计划与推动。兹决定将原来的联合小组加以扩充。小组成员增加李向群、杨其华、丁立、王力4同志，以李向群同志为组长，洪天寿同志为副组长，高教、民政两局并应组织一定专职干部负责日常工作，有关留学生学生家属救济安排等事项的处理，以民政局为主，有关留学生本身问题的处理，以高教局为主。整个工作的规划，由联合小组统一研究解决。关于召开已归留学生座谈会及未归国留学生家属联欢会，要事先作好充分准备，现在即可着手。现将联合小组关于留学生登记工作综合报告抄发给各有关单位，请参考执行。

中共上海市委员会

上海市人民委员会

4. 上海市联合小组关于召开全市归国留学生和未归国留学生家属联欢会的工作计划（1956年7月）

关于召开全市归国留学生和未归国留学生家属联欢会的工作计划

关于招待全市解放后资本主义国家归国留学生和未归国留学生家属联欢会的问题,已由市委及市人委于七月十六日指示同意。现将具体工作计划列下:

(一)招待宴会的要求在于加强党、政府与留学生的联系,宣传党的知识分子政策,体现党对他们的关怀,并发动他们参加对尚在资本主义国家留学生的争取工作。

(二)宴会的主要对象是全市各系统各部门(包括中央驻沪机关)所有在沪的解放后从资本主义国家回国的留学生。

1. 全市各系统各部门所有在沪解放后回国留学生已有统计者:各高校114人,科学院系统35人,中等专科1科人,市委所属部位24人中央驻沪机关企业工厂及党群系统估计约40人。估计总数约200—210人。

2. 参加宴会拟请下列同志参加:

市委　魏文伯　　宣传部　石西民　　高教科学工作部　舒文

市人委:刘季平、刘述周、金仲华三副市长　曾涛

文教办公室:赵行志　陈行庚

联合小组:李向群、洪天寿等九人

留学生学生家属20人

拟请有留学生的机关、企业、学校的负责同志作陪:

第二重工业局　手工业管理局　建筑工程局　对外贸易局　卫生局　人民银行　一机部第二设计分局　上海烟草公司　上海电力设计分院　船舶工业管理局造船科学研究所

华东纺织学院　鲎长明

上海第二医学院　孙仲德、胡文耀

同济大学　薛尚实

华东化工学院　张江树

复旦大学　陈望道　杨西光

上海第一医学院　陈同生　颜福庆

交通大学　彭康　陈石英

上海财经学院　姚耐　褚葆一

上海体育学院　吴蕴瑞

华东戏剧学院　熊佛西

上海第二师范学院　陈琳瑚

华东师范大学　孟宪承　陈陶林

科学院各研究所所长共六人

上海造船学院　原辛人

总计人数约280人,共25桌

3. 宴会由刘季平副市长出面主持,并由刘副市长讲话(约一刻钟)主要内容说明留学生在国家建设中所起的作用,宣传党对高级知识分子的政策,并鼓励动员留学生参加争取工作。

(三)联欢会需组织2500—3000人,其中未归国留学生家属约1800—2100人,留学生全体参加及已归国留学生的家属约500人,其他方面400人。

联欢会的要求在于体现政府对他们的关怀,通过联欢加强与留学生家属的联系,发动他们争取留学生回国。

1956年7月16日

5. 上海市联合小组关于进一步做好争取留学生回国工作的工作计划(初稿)(1956年10月25日)

关于进一步做好争取留学生回国工作的工作计划(初稿)

(一)

解放后从资本主义国家回国目前在上海工作的留学生共有225人(尚有些单位未报来),计分配在高等学校的109人,科学研究机关44人,其他工厂、企业、机关、团体72人。其中理、工、医、农科140人,文法、财经科57人,科别不明的28人。从美国回来的157人,英国41人,法国12人,瑞士5人,日本7人,加拿大、香港各1人。本市尚在资本主义国家的留学生,据我们现统计已有家属前来登记者共有1610人,其中在美国的留学生1420人,英、法、德、日、瑞士、加拿大、巴西等国190人。理工医农科1045人,文法财经艺术科565人。今年已回国留学生23人。其中从美国回来的21人。回国观光仍回美国的2人。

(二)

党中央提出加强争取尚在资本主义国家留学生回国参加祖国建设

指示后,本市在市人委领导下建立了登记工作联合小组,曾全面开展了动员家属的登记工作,进行宣传动员,消除顾虑,动员很多家属向留学生写信,并已收到了一定效果。召开过高等学校已归国留学生座谈会,在高等学校、科学院上海办事处系统对留学生工作普遍作了一次检查,已开始引起各校领导普遍重视。并开始解决了一些具体问题。通过上述这些工作,也反映出过去留学生工作中存在若干较严重的问题,直接影响争取留学生工作的开展。

第一,对已归国留学生的工作安排,学以致用方面注意不够。如有的留学生在国外学英文、国际法的,回国后在高等学校当职员或担任一般行政工作;学统计的在高等学校教一年级数学,这些情况在机关、企业中更为突出,如卫生局档案室一办事员英、法文硕士(最近已调整),亦有留学生在人民银行办事处当办事员的。在政治待遇方面,也注意得很不够,不放手使用他们。很多留学生有被"歧视"的感觉,平时不注意政治思想教育,开展运动时又集中批判一通,方式粗暴,使留学生接受不了。在高等学校工作的留学生学衔评定上,时间一般都拖的较长,有回国二三年尚未确定名义的。在生活方面适当注意照顾不够。有的由于职别定得过低,工资待遇很低,如华东化工学院教员吴乙申(现定副教授)回国后只定16级,月工资九十余元,一家八口,生活有困难(已调整为13级)。这些问题的存在都已直接影响了他们的工作积极性。

第二,在发动家属争取留学生工作方面,目前主要问题在于发动家属的工作尚陷于一般化,缺乏深入细致分别不同对象作不同争取工作。另外,部分单位行政负责同志和党委对争取留学生回国的政治意义和重要性尚认识不足,看作是仅仅办理登记的临时任务,没有作为一件系统的思想工作加以经常领导和积极支持。在宣传教育工作方面还不够认真细致,没有充分讲清政府争取留学生回国的态度和反复交待政策,消除家属顾虑,以充分发动他们积极做争取工作。

第三,目前争取留学生工作分两部分进行(家属争取工作由市民政局负责,有干部四人。已归国留学生工作由高教局负责,有干部一人)。仅有干部五人,力量较弱。且因缺乏统一领导,教育、民政、公安部门之间尚有脱节现象,亟需改善。

（三）

从资本主义国家回国的留学生都是有一定的专业知识与技术水平的高级知识分子,适当安排他们的工作,发挥他们的潜力,不但是我们社会主义建设事业中一支重要力量,而且对争取尚在资本主义国家留学生更多更快的回国有直接影响。中央指示要在大约三年的时间内,把尚在资本主义国家的可以回国的留学生基本上争取回国。今年要求争取一千人,这一任务是艰巨的。必须大力克服目前留学生工作尚存在的若干缺点,继续深入发动已归国留学生和家属做争取工作。具体打算如下:

第一,继续开展家属争取工作。

首先,加强家属争取工作的组织领导,今后争取工作应由条条负责。中央驻沪机关、人民团体、报社等归市委组织部,高等学校归高教局,市人委所属单位由人事处负责。各事业单位、企业单位人事关系如属区委,应由区委负责。各单位均应指定专人负责,列入经常的人事工作规划。

其次,据中央高教部、内务部、公安部三部联合通知:“为进一步加强争取工作,北京……上海等留美学生家属较多的城市,应成立留美学生家属联谊会或座谈会……。任务是,联系留美学生家属了解留美学生家属和留学生联系的情况,反映和协助解决有关争取留美学生回国的困难问题。”因此,本市应于第四季度内建立该项机构,并开展工作。

其三,发动留学生家属争取留学生回国的主要环节是对家属做好宣传动员工作,帮助他们解除顾虑,提高认识,自觉做好争取工作,必须运用各种方式开展宣传活动。

其四,今后留学生家属争取的经常工作应转到动员学生家属通信,要求与留学生保持经常密切联系,给留学生反映家庭情况和祖国情况,消除他们回国顾虑。写信内容一般应写留学生最关心的事。从谈家常联系到反映祖国的建设。我们对写信除给予一般指导外,不干涉具体内容。对目前通信中存在的若干界限不清的具体问题(具体如保密范围等),应研究予以解决。

其五,对留学生家属生活困难的,应给予适当救济或协助解决就业问题,由劳动部门和民政部门办理。

第二,发动已回国留学生做争取工作。首先,抓紧检查督促目前留学生工作中已发现问题的处理情况,以推动各单位关心和支持留学生工作。高教界已归国留学生曾在二次座谈会上反映了不少问题,各有关部门根据中央精神核对情况后作必要处理。该纠正的切实纠正,一时无法解决的亦应作适当解释,个别不合理要求应作适当说明教育工作。

其次,继续召开座谈会,除高校、科学系统仍将继续举行一二次座谈会,以便更进一步了解留学生工作外,应着重举行机关、企业中工作的留学生座谈会,了解他们的情况,动员他们做争取工作。

第三,做好留学生过境,尤其是回国观光留学生的接待工作。回国观光留学生都有一定代表性,做好他们的思想接待工作,不仅为争取他们回国创造了条件,且可将祖国在解放后的成就和情况,祖国对国外留学生的关怀和希望,通过他们,带到国外,扩大影响,以争取更多留学生回国。

第四,举行全市已归国留学生招待会和家属联欢会,进一步体现党和政府对他们的关怀,发动他们争取尚未回国的留学生回国。

第五,根据中央高教部、内务部、公安部联合批示今后留学生家属工作划归市文教办公室或教育部门领导。为加强领导,统一步调,遵照中央指示,应即于十一月前成立争取留学生回国的工作机构。

(关于建立家属联谊会第四、第五项工作计划另拟)

一九五六年十月廿五日

6. 上海市联合小组关于成立争取留学生回国工作机构的意见(1956年10月25日)

关于成立争取留学生回国工作机构的意见

一、本市争取还在资本主义国家留学生回国工作,目前分两部分进行。一部分是留学生家属登记及进一步发动家属写信做争取工作,由市民政局负责(有四个干部),另一部分为经常了解与检查已归国留学生安排情况,发动高等学校中高级知识分子及本市已回国留学生做争取工作。留学生回国观光接待和留学生过境招待等工作,由市高教局负责（一个人）。

二、根据九月份中央高教部、内务部、公安部争取还在资本主义国家留学生回国的下一步工作部署问题的联合通知，今后争取留学生回国的工作须在市人委领导下由文教办公室或教育部门统一负责并成立市留美学生学生联谊会（该组织机构意见由民政局负责提出）。关于统一管理留学生工作机构问题，提出如下意见：

第一，成立争取留学生回国工作处或工作组，机构附设上海市高教局内。该处经常业务由争取还在资本主义国家留学生工作及高教局领导（或设科（组）则附设办公室内）。工作处（组）下分二科（二汪组），一管留学生学生争取工作（需四人），另一管已回国留学生及留学生观光、过境等接待工作（需四人），共需干部八到九人。其编制拟请市人委编制委员会予以批准。

第二，干部来源：现在民政局负责家属工作四人（内一人为公安局调来）及高教局一人需合并保留外，市委调查部配一人，其他尚需三人由市人委人事处统一调配解决。

第三，为不影响留学生争取工作的开展，建议联合小组会后即报市人委解决干部问题，争取在十一月份建立机构。

一九五六年十月廿五日

7. 上海市留美学生家属联谊会组织草案（1956年12月21日）

上海市留美学生家属联谊会组织草案

第一章　总则

第一条　本会定名为上海市留美学生家属联谊会（简称家属联谊会）。

第二条　本会以争取在资留学生回国与亲人团聚，参加祖国社会主义建设为宗旨。

第三条　本会基本任务如下：

（一）了解留资学生家属与留学生联系情况；

（二）指导家属写信、争取留学生回国；

（三）接待回国留学生；

（四）协助家属争取解决有关困难问题；

(五)总结交流争取留学生回国工作的经验。

第二章　会员

第四条　家属参加本会以自愿为原则。

第五条　凡居住上海有正式户籍,已登记的留资学生直系家属,及已登记的帝系家属或朋友,均可参加本会为正式会员。

已回国的留资学生,志愿参加做争取工作者,亦得为本会会员。

第三章　组织与制度

第六条　市设家属联谊总会,家属小组为本会基层组织,各机关地区得根据会员分布情况设立分会;凡会员人数在30人以上的地区或机关可组织分会,在30人以下的地区或机关可联合组织分会。

第七条　本会采取民主集中制的组织原则,以会员大会为最高权力机关,下设委员会和常务委员会,会员大会闭会期间,以委员会为最高权力机关,委员会闭会期间,由常务委员会领导会务,处理日常工作。

第八条　本会委员会名额由30—35人组成。常务委员会由10人至15人组成,分会设常务委员5—7人。

第九条　本会正副主任委员和委员会委员均由会员大会推选之,常务委员由委员会推选之。

第十条　本会常务委员会下设秘书长一人,办理日常事务,分会设秘书一人,办理日常事务。

第十一条　本会在市联合小组指导下进行日常工作,各分会在市总会领导下进行日常工作,并接受当地政府或机关的指导。

第十二条　全体大会每半年召开一次,委员会每两月召开一次,分会常务委员会每月召开一次,基层小组会议每半月召开一次。

第四章　经费

第十三条　本会经费由会员自筹,或申请当地政府补助。

第五章　附则

第十四条　本章程由上海市留资学生家属代表会议通过后发生效力。

第十五条　本章程的修改权属于会员代表大会,解释权属于委员会。

1956年12月21日

8. 上海市高等教育管理局关于目前在高等学校工作的解放后从资本主义国家回国留学生情况的报告(1957年1月4日)

关于目前在高等学校工作的解放后从资本主义国家
回国留学生情况的报告

去年二月中央批转争取留学生回国工作组关于争取尚在资本主义国家留学生回国问题的报告后,我局曾根据中央指示通知各高等学校对留学生工作普遍进行了一次检查,并召开高校系统回国留学生座谈会,听取了一些不同类型留学生的反映,会上提出了不少有关工作、生活、待遇等方面的意见和问题。这些意见经与有关各校领导核对后,除个别反映与事实出入外,大部分情况是正确的。我局除已将座谈会记录整理送部外,现将所了解的情况简报如下:

解放后从资本主义国家回国目前在上海市各高等学校及中等专业学校工作的留学生共有111人,其中文法财经科45人,理工医农科65人,科别不明的1人。从美国回来的90人,英国15人,法国4人,瑞士2人。一九四九年回来的13人,一九五〇年40人,一九五一年23人。一九五二年8人,一九五三年6人,一九五四年6人,一九五五年14人,时间不明的2人。目前在高校中担任教授的26人,副教授41人,讲师26人,教员15人,助教1人,职员2人。从检查情况来看,留学生回国后,对党、对政府和学校领导一般反映很好,认为他们照顾得比较好,工作也安心。绝大部分留学生(特别是回国较早的),由于国内外形势的发展,各项运动的教育以及通过实际工作的锻炼,在政治思想上有了很大进步,涌现了很多骨干、积极分子,纷纷要求和争取入党,已有6人成为中国共产党党员。在安排留学生工作时一般注意了学以致用,发挥他们的所长,因此有的在教学及科研上已经有了一定的成就,个别突出的被评选为市先进工作者或人民代表,出席全国先进工作者会议或人代大会。生活待遇方面,自从中央召开知识分子问题会议后,已开始注意适当照顾。在我局留学生座谈会召开后,各校在可能范围内解决了一些具体问题。最近工资改革中又根据留学生从宽的原则,普遍进行了晋级加薪等调整工作。但是,在留学生工作方面也还存在着若干较严重的问题和缺点,大致有如下几方面:

第一,有些单位对留学生工作安排时注意发挥他们的所长尚不足,这是由于两种情况所造成的,一种是中央分配时大项目就不恰当,在所分配的单位,没有合乎留学生所长的工作,如在国外学国际组织法的分配在工科学校,学外文的分配在工科学校;另一种是学校在使用上未能充分发挥其所长,这种情况尤以前者为最。据目前不全面了解尚有十个留学生的工作须调整,由于目前上海各高校无适当工作可予调整,其中大部分还须中央或上海市统一解决的。其中尤其是学文法财经的安排较难,学非所用的情况也最严重。这些情况的存在,大大地妨碍了他们的工作积极性。

第二,政治待遇方面,有些留学生反映,有被"歧视"的感觉。据检查情况来看,有意识的"歧视"并不存在,但有些单位对留学生确存在较片面看法,认为从资本主义国家回来的,政治上总不太可靠,一定要经过详细审查才能放心。因此,对他们的信任和放手使用都不够,处处限制较死,如复旦大学讲师马之凋回国后要求参加"劳动"、"国庆"节游行,年年不批准,也不说明理由,马很有意见。党、政府对留学生经常的思想教育工作做得很不够,只有回国后欢迎一阵,分配工作后就再无联系。再加上学校党组织和行政领导,没有着重注意留学生工作,不了解留学生们的思想情况,缺乏日常的关心、了解和思想教育,遇到运动来时,又不分对象、方式粗暴的集中批判一通,使留学生们接受不了。

第三,在确定学衔及工资级别问题上存在较严重的缺点。高教部规定留学生回国要半年到一年后才能正式确定学衔,但有的出国前就是副教授的,回国后是可以早确定的,但也要拿一年教员名义,超过一年而未确定学衔的也很多,这一点留学生很反感。华东化工学院留学生李磐生讲:"回来一年多仍是教员名义,这对我们学理工科的人来讲,真是莫大污辱"。有些留学生因为名义长期不确定,认为领导对自己怀疑,政府不信任自己,大大的影响了工作情绪。上海各高校至今未确定名义的有十二人,其中有些人均系上报高教部而数月未得批示的。另外关于留学生在国外所得的学位,目前一般都未予承认,但留学生们却是非常重视他们所获学位的,因此这一问题亟须明确。留学生的工资级别经过此次调整一般根据从宽的原则,大部分留学生的工资级别是合理的,但由于有的回国后起薪太低,此次虽经调整工资,但仍较低。

特别是文法财经科与理工科的留学生级别悬殊较大,资历相仿的,常有二、三级之差。有些留学生反映:"学理工科的人是前世修来的,学文科的是前世未修"。

第四,生活待遇方面,过去领导上重视不够,自从中央提出知识分子问题后,这一情况有所改善,但在某些方面还不如科学院系统工作做得细致和周到,在解决具体问题过程中,尚缺乏应有的爱国主义思想教育,单纯为解决而解决。另外,由于客观条件的限制,也还有些留学生的具体问题,如爱人的工作等尚未得到解决。

据最近回国留学生反映:在国外的留学生大部都想回国,自从中美大使级会谈、日内瓦会议后,美国政府对中国留学生回国一般已不太限制。由于美国政府的反宣传,在国外的留学生对国内真实情况不了解,普遍存在着恐惧心理,怕回国要"洗脑",失掉自由,怕回国后找不到工作,特别是学文法财经科的都传闻回国后没有用处,有的写信回来给家属说,准备再学一二年实用的科目,如养鸡、图书等再回来;学理工科的学生在美国一般薪金较高,普遍顾虑回国后薪金低,不能维持生活。有的留学生要求事先明确工作条件、待遇情况,因之,今后在争取资本主义国家留学生回国工作方面,除了加强宣传工作,发动各方面力量进行外,对某些具体问题,也应采取一系列具体办法予以解决,以减少留学生的顾虑,争取更多的留学生回国参加建设工作。

争取留学生回国和发动已归国留学生参加争取工作,首先要做好已回国留学生的安排工作和加强对他们的思想教育。在这方面希望高教部能统一考虑一些有效措施,并加强领导督促检查。对于若亟须解决的具体问题,特提出下列初步意见:

第一,在广泛发动各高等学校在争取留学生工作上的积极性,在分配回国留学生工作时,应照顾到原争取单位。目前由于争取回来的留学生都由高教部分配,这样对统一掌握和调配全国人才方面虽有利,但也影响了单位争取工作积极性。目前高等学校中教师不够,留学生是补充师资的一个来源。有些高等学校在解放前送了一些教师、学生出国留学,学校希望他们回来任教,他们一般也愿意回到母校工作,因此今后应有组织地发动各高等学校的教师及留学生家属做争取工作。同时争取回国后,确系学校需要的应同意留学校工作,我们认为这样将会更大地发挥各高校在争取留学生工作上的积极性。

第二,关于留学生学位及确定学衔问题。留学生在国外所得学位,回国后不予否认,但不作为评级、评薪或确定学衔的根据。关于留学生回国后学衔的确定问题,我局意见,一般应从宽处理,并为方便起见,应交各校自行确定后报中央高教部备案。学校在掌握时,可按不同情况作不同处理。如原在国内已有工作名义,回国后能提供必要证件时,其名义应在分配工作时,即行确定;如原在国内时有工作名义,但因特殊情况无法提供者,或原系大学毕业生出国的,回国后均应暂定教员名义,并在一年或半年内确定名义,最迟不能超过一年。

第三,关于文法财经科目留学生工作安排问题,由于文法财经科目在国外学的都是资本主义一套,回国开始工作时,一般都较难安排,工资待遇也定得很低。有的人讲:"我们不能再去争取别人回来了,连信也不敢给人家写,回来后一事无成,见不得人"。因此实际上这批文法财经科目留学生妥善安排问题,已直接影响了争取工作。据了解,在国外学文法财经科的留学生为数尚多,他们也想回国,这批人迟早总要回国的,因此能回来的还应争取,早回来也可以早受到教育,对我国社会主义建设也能多起一些作用。为了做好这批人的安排,建议中央能从根本上考虑设立一定的研究经济、法律的专门机构,让他们一面学习,一面工作,逐步树立起马列主义观点后再另行分配工作。

目前在上海工作的留学生较多,由上海出国留学生尚在国外的也很多,因此亟希望中央能加强这一方面的业务指导,组织适当的经验交流。

上海市高等教育管理局

1957年1月4日

9. 上海市高等教育管理局为有关留学生工作事的请示(1957年1月8日)

沪高办字第7号

国务院专家局:

上海市争取尚在资本主义国家留学生回国工作组是一九五六年七

月在尚在资本主义国家留学生学生登记小组基础上扩大建立的。由高教、民政、公安等局,及人事处、市委宣传部、调查部等部门组成。我局副局长李向群为组长,民政局副局长洪天寿同志为副组长。具体分工,关于家属争取工作由民政局负责,已归国留学生及高校系统的争取工作由高教局负责。该二项工作均由联合小组具体工作机构督促检查。原决定联合小组工作机构设高教局内,现尚无干部,故未成立,望今后能多与我局加强联系。

目前在接待留学生工作方面,尚存在一些问题。亟须明确:

(一)从香港回国观光或回国工作的高级知识分子,因上海无专管机构,过去有的是交际处,有的是侨务处接待,最近我处也接待了两批(一批观光,一批回来工作),这类人员按其性质不应属我局管理范围,请中央能迅予明确。

(二)关于接待过境留学生方面,接待方针及若干具体制度不明确,经费如何开支也无明文规定,亟需中央能及早指示。

(三)关于接待留学生的经费,过去由中央高教部直接拨交高教局,现此项工作转由专家局负责,经费如何报销,请能明确。

(四)目前我处对现有留学生人数较难掌握,留学生经过上海由我处接待后即不知下落,无法与留学生保持经常联系,故希今后能将确定在上海工作的留学生通知我处。

(五)据接待中留学生反映:“每到一地询问历史、情况的很多,在广州填一张表,到北京还要填一张更详细的表,有的报社记者、里弄干部也要问情况,太麻烦了!”我们在工作中也觉得有些重复。如留学生经过上海时,我们为区别不同对象进行工作,也要进行一番了解。因此,除报社、里弄、各区人民委员会了解情况问题,我处拟另文报市人民委员会加以控制外,建议广州在接待过程中了解的情况可以补充后报中央,这样中央在分配工作前也能心中有数。如同意,请通知广州。

以上问题,请示复。

上海市高等教育管理局
一九五七年一月八日

10. 上海市争取留学生工作组关于召开留美学生家属座谈会的情况报告(1957年1月11日)

上海市民政局通知　(578)沪民政字第8号

市人委第二办公室

我们在1月7日邀请了部分代表性的留资学生家属进行座谈,听取他们对我们工作上的意见、建议。这些意见对今后工作帮助很大。现将座谈会记录发你处。并建议有五人以上的单位由领导干部亲自主持在春节以前召开一次座谈会。征求他们对工作的意见。对已回国的留学生家属表示祝贺。对未回国的留学生家属进行慰问。以表示对他们关怀。会后请将记录整理后送我处。

附件:会议记录一份,会议情况综合一份。

上海市争取尚在资本主义国家留学生工作组

1957年1月11日

留美学生家属座谈会情况综合

1月7日下午市联合小组工作组共邀请了十位留美学生家属组织座谈。他们都是具有代表性的人物,包括市人民代表、政协委员、民主人士、工商界、宗教界、高级知识分子、共产党员等。在会上相互交流自己亲人在国外的情况,申新总管理处副总经理吴士槐先生又介绍了自己争取儿子吴锡九回国的情况及经验,他们对政府去年的工作和今后争取工作提出了很多建设性的意见,综合如下:

一、过去对家属和留学生宣传教育工作做得不够,没有将政府重视留学生回来后的生活工作安排情况,向家属向国外留学生进行宣传。对家属的思想工作做得不够深入。现在还有部分家属认识上不一致,没有很好与政府配合进行争取工作,有些家属至今还不了解留学生回国的手续和回国中政府可以帮助解决的一些困难问题。存在着一些不必要的顾虑。因此他们建议:要扩大宣传,多报道留学生与家属情况,尤其是留学生回国后的工作安排、研究条件、技术设备、生活情况等,最好拍成照片,印在刊物上,通过家属将这种材料寄到美国去,使留学生了解祖国建设,了解已回国留学生的情况。鼓舞他们返回祖国的信心和热情,对家属要经常深入下去,了解情况和经常开一些座谈会,帮助家属解除顾虑。

二、政府要多动员已回国的留学生向国外留学生写信,报道自己回国后所看到的情况、感想、体会,他们写去的信更能使留学生相信政府的政策,比家属写的信作用更大。留学生对家属写的信总难免存在着一些怀疑的。

三、多召开回国留学生报告会,使家属能更确切的了解美国情况,便于通信。

四、已回国的留学生中,有从香港回来的,政府没有很好接待,引起不满,对国外也发生了不好的影响,希望政府对香港回来的也要注意。

五、家属们建议上海可以成立家属联谊会,把所有家属组织起来便于联系。相互了解情况交流经验,解决一些困难问题,也便于与政府密切配合争取工作。

(整理者系上海市档案馆编研部研究馆员)

学术动态

“报刊与近现代中国的知识再生产”讨论会综述

李稳稳

2015年10月31日至11月1日,由复旦大学中外现代化进程研究中心和复旦大学亚洲研究中心共同主办的新文化史工作坊系列之四——“报刊与近现代中国的知识再生产”学术讨论会在复旦大学召开。本次会议共收到来自中国大陆、台湾、香港和美国、日本等高校及研究机构学者的论文28篇,会议讨论热烈,激发出了很多思想火花,这与诸多青年学者提交论文和参与讨论有关。与会者围绕报刊与政治文化、报刊与受众、报刊与大众文化、报刊作为史料以及报刊本身的历史等展开了热烈的讨论,从报刊与近代中国知识再生产的视角重新思考了近代中国的政治、社会、文化等面相。在论文发表与讨论环节,大家都充分注意到报刊在近代中国的巨大作用及影响,不但积极探索近代中国报刊本身的历史研究,还努力发掘报刊作为史料的巨大价值,进一步拓展研究的宽度与深度,并试图反思既有的报刊史研究典范,努力指出研究中应该注意的面向,尝试提出新的报刊研究取径。

一、报刊与政治文化

从文化史的视角重新考量近代中国的重大政治事件和政治精英人物,考察文化因素在政治实践中的影响,回归政治史的研究,是近年来新文化史研究的一个方向,也是本次会议讨论的热点之一。黄克武(台湾中央研究院)的《报刊媒体与国族建构:抗战时期中国朝野对

"中华民族"的讨论》一文,基于大量的日文资料,考察了抗战时期中国政治与学术精英在各大报刊媒体上对于"中华民族"的讨论,强调了日本知识界的相关讨论对中国思想界造成的影响。作者认为抗战时关于"中华民族"的讨论,其主旨在于寻求国人之"团结",结果却引发了蒋汪内部以及国共的分歧和权力的斗争。但另一方面由"中华民族"这一观念所形成的凝聚性却有效地团结了人心,成为国族建构的一个重要环节。此文引起了与会学者们的热烈讨论。在讨论环节中,作者补充到,近代以来"天下"的观念崩解,被"民族国家"所取代。此外,民国时期蒋介石的中国民族观有其合理性,但因其反共和法西斯等色彩浓厚,故而模糊了其民族性。有学者认为,抗战时期中国共产党受苏联民族政策的影响,非常强调民族平等,所以其政策对少数民族很有吸引力。也有学者就文中所引用的汪派刊物资料提出质疑,认为20世纪三四十年代汪派处于中日两种民族认同之间,建议作者认真考量汪派刊物对民族性问题的回应。针对此问题,作者回应到,汪派的档案资料已大量公布,相关议题值得进一步研究,但目前仍不便处理。

不同于以往的"革命视角"或"北洋视角",承红磊(华中师范大学)的《〈泰晤士报〉眼中的袁世凯与民初政局》一文通过外国在华报刊的视角来考察北京政府时期的袁世凯及中国政局。文章梳理了民国时期《泰晤士报》对袁世凯态度的转变,从辛亥时期认为袁为不二人选到帝制运动后期的袁非退位不可,考察了该报从拥袁到弃袁态度逆转的过程。作者认为《泰晤士报》态度的转变与其自身利益密切相关,即使在该报拥护袁世凯建立"强固中央"时期,也并不意味着它对袁所采取的措施是完全赞同的,对袁完全排挤"新党"和改革滞后,该报一直不乏非议。有学者认为,文中关于《泰晤士报》对袁世凯态度的逆转并没有解释清楚,建议将该报对袁的看法、对中国政局的评断与该报所代表的英国知识精英、政治精英对中国的理解做一勾连,从而呈现出该报背后的英国政治文化传统。也有学者认为,文章不应仅停留在观察和描述舆论的层面,应该挖掘更深层次的问题,比如该报是如何参与到中国的政治当中,如何影响北洋时期中国政局的变化。作者回应到这个问题可以继续探讨,需要进一步细化,但也存在缺乏资料等难题。

青山治世(日本亚细亚大学)的《〈顺天时报〉末任主笔金崎贤——

“复原”近代日中言论空间的尝试》一文以当事人的证言记录为主，结合其他日文资料，追溯了日本人在民国初年于北京创办的中文报纸《顺天时报》末任主笔金崎贤的人生经历及其言论活动，重点考察了他对抵制《顺天时报》运动及该报停刊的看法。作者认为“日系中文报纸”一方面需要应对中国读者群的态度及其所处政治情况的变化，另一方面又身处日本政府的监督之下，在两者的夹缝中开展言论，必然伴随种种“制约”。此文运用了大量日文资料，故能较以往研究有所推进。有学者提出，作者是否可以多介绍一些该报的研究现状。作者回应到，此报刊一直被学术界认为是日本帝国主义的宣传工具，目前中日双方并没有系统地研究，相关研究在慢慢起步中。

杨琥（北京大学）的《晚清报刊史上被遗忘的报人与政治家——夏曾佑报刊活动述略》，立足于《时务报》等晚清报刊上发表的大量政论文章，考察了夏曾佑鲜为人知的报刊生涯。文章通过爬梳夏曾佑担任《国闻报》和《中外日报》主笔时的撰稿以及为《外交报》、《新民丛报》等报刊所撰写的文章，探讨了夏曾佑的政论特点。与会学者认为，夏曾佑曾做过京官，所以应该从其在野时的视角出发，考察其交游背景以及与其知识背景相近的人来定位进行研究。也有学者就此提出质疑，因为夏曾佑做官时曾经贪污，这与他文集中很光正的言论是表达与实践的矛盾。作者补充到，夏曾佑是否贪污目前还不清楚，但是他作为清朝的官员，搜刮民脂的情况是有可能存在的，不过从他担任主笔时的窘迫生活可以看出，夏曾佑当官时应该没有贪污很多。

沈洁（上海社科院）的《报刊舆论中的辛亥革命——以“满汉”“种族”为中心的讨论》一文在此次会议中引起了热烈的讨论。文章以“满汉”“种族”矛盾为中心进行研究，超越了以往的革命史视角与“大妥协”视角，将满汉族群和种族问题纳入其中，探讨了舆论、媒体是如何介入历史进程，如何在真实的意义上影响和改变历史。作者描述了报馆关于报纸谣言、谎言的制造，分析了辛亥革命时期的满汉矛盾，从晚清最后十年的“排满”风潮开始思考羼杂着民族、国族与种族议题的辛亥革命。作者认为，北洋时期的中国是后辛亥时代，20 世纪 20 年代辛亥并没有结束，因为共和的中国是以各种矛盾为开端，也以矛盾的方式继续政争、党争。有学者就清帝退位与谣言、舆论之间的关联提出质疑,隆裕太后及清廷高层是如何讨论决定退位的,他们能否确认当时的舆论就是谣言。作者回应到,他们无法确认谣言,但是清帝退位的根本原因是当时清中枢已经没有抵抗的可能,八旗和各省都已光复,禁卫军也放弃了抵抗。另有学者质疑文中关于辛亥革命与暴力之间关系的论述以及作者自身的立场问题。作者补充到,文章要解决的问题是辛亥革命发生的过程、方式以及族群问题是如何影响中国的历史进程的,作者本身并没有立场。

杨雄威(上海大学)的《舆论与外交:晚清政府媚外形象的形成》以媚外这一概念为切入点,基于晚清大量的时人日记、笔记、书札以及报刊文献等资料,结合中西冲突这一背景,考察了晚清政府媚外形象的塑造与生成。作者剖析了媚外这一流行语所催生的政府新形象与事实存在的出入,从排外到媚外与敌我权势失衡的关系,探讨了晚清后期出现的交际与交涉的分野与中外日常交往的关系。作者认为交际与媚外界限的模糊,为政府的媚外形象提供了生动素材,而民间与政府在外交上不可调和的对立冲突,导致了晚清政府媚外形象的坐实。有学者提出疑问,资料中是否存在"媚洋"或类似"媚外"的词汇表述以及舆论界的内涵与定义问题。也有学者表示,此文逻辑性很强,论证细腻,但文章结构和部分解释存在问题。晚清到民国时期,围绕"民族国家"各种形象建立起来,作者是否关注到其对立面的形象建构。作者回应到,存在类似"媚外"的词汇表述,比如"媚夷"和"媚洋"。但是它们是有区别的,"媚夷"是指个体,没有形成整体的解释,"媚洋"这种说法在20世纪之后,在"媚外"一说流行之后才开始出现,但很少用,主要的词汇还是"媚夷"和"媚外"。关于舆论界的说法,虽然是有点从后倒推的意味,但是在正文中是可以这样用的,不过也需要考虑舆论界形成的过程。关于其对立面的形象建构,因为当时整个政府的形象跟爱国已经偏离,也许在某些官员个人的表述中会有爱国形象的存在。

王建伟(北京社科院)的《孙中山逝世前后中共的宣传策略》一文结合国共两党的合作与分裂,详细考察了中共创建初期对孙中山的多种态度、孙中山逝世前后中共对其"左派"形象的塑造与颂扬以及中共与戴季陶等人争夺"三民主义"的权威阐释权。作者认为共产党的这种集体行为并非自发,而是有统一的安排与部署。有学者提出三点疑问：1. 对于1910、1920年代的知识人和党人来说宣传与启蒙之间的关系如何，从启蒙到宣传如何一步步走过来的，从新文化运动到主义的时代，这中间是否存在过渡或转折的年代；2. 中共对孙文评价的多重变化与孙文未完成的学说之间的关系如何，到底是三民主义本身具有可阐释的空间，还是孙中山自己根本就没有想清楚这个问题才给后人提供一个所谓争夺孙文学说的正统性的战争；3. 文中建党初期的宣传精英中为什么没有毛泽东。作者回应到，首先，关于宣传和启蒙的关系，20世纪20年代现代意义上的政党兴起之后，主体进行宣传的目的是组织动员民众，这和传统的启蒙是有区别的。其次，三民主义的阐释空间确实存在争议，任何主义都需要国家制度和行政确立其意识形态，而孙中山的去世确实影响了三民主义合法性的统治权。三民主义的内涵和外延，尤其是外延，缺乏明确的规定性，国民党内部对三民主义采取各取所需的方式，这种过分阐释的工具性价值的过分利用影响了三民主义成为严密的意识形态。再次，虽然毛泽东代理当时的宣传部长、主办《政治周报》，实际上他被淹没在众多的共产党员之中，其影响与陈独秀、李大钊等人差距较大。此外，中共党员的宣传文章都是由中央文件限定主题，大同小异，所以毛泽东在1927年以前的影响很小。另有学者不赞同作者的这一观点，认为20年代毛泽东和中共的宣传策略受共产国际的影响非常大，与其他党员的宣传策略是有区别的。

二、报刊与传播

近代以来，新兴的报刊和出版物改变了以往传统的知识传播方式，成为传递新知识和新思想的新平台，成为传播大众文化的重要渠道。从知识传播的视角考察报刊作为大众文化传媒对受众的知识构成和思想观念的影响，成为本次工作坊讨论的重点。李在全（中国社科院）的《“新人”如何练就：清末一位留日法科学生的阅读结构与日常生活》一文，以黄尊三为个案，以其三十年的日记为主要资料，结合清末中日冲突及国内革命思潮的高涨等情势，讨论了清末留日法政学生的阅读史及日常生活状况，分析了这些被视为“新人”的知识结构与思想形塑对于其未来个人选择的影响。作者认为黄尊三对政治有理想也有参与热情,但谈不上热衷,从本质上讲,黄尊三是一位内心向往安静,注重修身养性的读书人,而非政治人物。有学者认为文章视角新颖,考察了处于复杂模糊地带的人是如何被卷入革命的浪潮之中的,但是深度不够,建议作者将留学欧美和留日的学生情况做一比较。也有学者认为作者在黄尊三阅读结构的设定上是有问题的,因为有些书很难进行归类,所以建议作者先做书籍史的整理工作。而遭学者们质疑最多的是文中提出的"新人"读古书的吊诡现象,与会学者们纷纷表示,这是一件非常普遍的事情,并不是吊诡现象。笔者认为,文中的这位"新人"是否具有典型性和代表性仍需要思考。

区显锋(香港浸会大学)的《〈小方壶斋舆地丛钞〉与清季报刊的史地知识之传播》,根据《小方壶斋舆地丛钞》及其续补三编等文献资料,探讨了编者王锡祺采编的《舆地丛钞》对晚清知识分子的治学理念及中外形势变化认知的影响,通过对报刊文献的梳理,揭示了知识分子对清季时局变迁的关注焦点。有学者认为,目前学术资源数据库的使用越来越便捷,学者们都去追溯原文,导致了《舆地丛钞》的价值逐渐降低,而且《舆地丛钞》的编者在采编的过程中对所采用的文章有删改,所以建议作者做版本对照。作者回应到,此文考察的是《舆地丛钞》上文章的来源及分类等内容,在资料梳理的过程中,也曾将多个版本进行对照,发现有些文章是编者将两个或多个版本合在一起,很难辨识其来源。

陆胤(北京大学)的《"普通国文"的发生——清末〈蒙学报〉的文体试验》一文,立足于"国文"这一学科概念,关注《蒙学报》对于"文体"的经营和调适及"国文"意识在启蒙教育领域的发生。关于教科书的研究,过去主要集中在出版史或教育史领域,注重单行本而忽略报刊连载,忽视刊物和刊物表现的教学实践,此文重点考察了报刊教育实践文体上的试验,反映了晚清世人为下一代想象新的国文体试、构造新的文体空间所做的努力。有学者对此文补充相关日记方面的材料。也有学者好奇晚清期刊对教科书的影响情况以及1897—1902年这一时期的蒙学对日本外来新名词的敏感度问题。作者回应到,晚清期刊对教科书的影响表现在课文的取材和主题等方面,虽然在语言上会有所修改,但能观察出其传承性。另外,《蒙学报》对新名词也是很敏感的,他们将不同的词分类,将新名词列为特别字,比如革命、民主等字。

Robert Culp(高哲一)(Bard College 美国巴德学院)《Reading and Writing Zhejiang Youth: Local Textual Economies and Cultural Production in Republican Jiangnan》一文,以民国时期江浙一带的教育期刊为研究对象,分析地方期刊在社会文化上的作用。文章一方面从书籍史的视角探讨了读者与作者之间的关系,认为江南各地作者与读者群体之间没有清晰界限,因为地方期刊给读者有表达意见的机会;另一方面分析了地方教育期刊的三种构建社会个体与群体的作用:第一,期刊作者与读者之间的交流有助于定义、实践本地所谓的教育界;第二,地方学校教师与地方职员写文章讨论近期教育理论与学校政策、活动以标示其自身是职业化、现代化的教育家;第三,各地的教育期刊展示本地的社会文化特色以构成各个层面的地方认同。

陈建守(台湾大学)的《启蒙如何运动:近代中国知识人对"启蒙运动"的想象与挪用》,立足于"启蒙运动"一词的翻译与挪用,探讨近代中国知识人如何介绍、运用这一舶来品概念的过程。有学者提出疑问,关于"启蒙运动"这个词是否存在类似文艺复兴的情况,对于西史的命题,中国的近代知识分子是否会根据自身的想象去建构西方历史上的启蒙运动,特别是西方 18 世纪至 19 世纪早期的情况。作者回应到,晚清时期中国知识分子对启蒙运动的认知是缺席的。19 世纪黑格尔之后才开始称启蒙时代。启蒙运动进入近代中国知识人视野之后,特别是 20 世纪二三十年代,各种随意地挪用和各种形象地建构和比附都出现了。但他们关于启蒙哲士的描述是正确的,与现有的认知基本相同。也有学者提出质疑,19 世纪黑格尔之后欧洲启蒙运动有所变化,尤其是 19 世纪下半叶到 20 世纪上半叶,西方启蒙的脉络是否影响了近代中国知识分子。作者补充到,这部分还需要进一步地梳理,需要比对晚清时期的教科书和历史文本的参考文献。

唐小兵(华东师范大学)的《形塑社会想象的思想资源与概念工具——以民国时期"社会问题"系列图书为中心的考察》,探讨了"社会问题"的由来以及对社会问题的认知,诸如贫困问题、农民问题、工人问题、民族问题等,文中引用了来自欧美和日本的各种思想资源和概念工具,并试图提出解决社会问题的各种方案。有学者质疑文章关于社会问题出版的图书质量的评判标准,作者回应到,主要是根据时人直观地评论和文章的内容来评判,但文章的质量与其传播不成正相关,这部分还需要进一步挖掘。笔者认为,文章视角新颖,但行文中脉络不够清晰。就像有学者提出的疑问,如果就民国的社会问题来看,文中所列书单并不全;如果从问题与主义的脉络来看,归结到马克思主义成为主导性的价值理念,这个结论下的有点快;建议作者仔细考虑图书作者的学科背景、学科理论脉络、出版社的政治立场与党派之间的关系。作者回应到,本文是大计划的一部分,而大计划主要是聚焦于20世纪二三十年代的上海左翼文化,这部分内容还需要再思考,未来将会考虑把政治脉络、学术脉络、阅读脉络等内容纳入其中。

王东杰(四川大学)的《"汉语是一种语言":中国现代国语运动与汉语"方言"的成立》一文,基于书信、文集、地方志、档案资料以及报刊文献等大量资料,集中探讨了方言与国语的关系,作者跳出了语言学的专业视野,从政治的视角把现代汉语方言的成立过程放回作为一种文化政治现象的国语运动脉络中,探讨了现代语言学与民族国家假设之间的协同关系。有学者提出,如何理解官话和土话、国语与方言这两对概念。作者回应到,这些概念在过去都没有严格的定义,描述是非常地模糊。在过去,与方言相对应的是雅言,并不一定是官话,官话包含的内容广泛,很少将它与方言作对比。在如今的语言学中,国语与方言理论上似乎平等,但实际上并不平等,等级差别主要存在于方言与雅言之中,官话与土语中是没有的。严格来讲,雅言很难界定,只能从文化上讲,方言没有任何特定的界定,只能理解为不同地方的语言,而且方言之间没有什么关系。有学者补充到,官话与国语牵涉到两个关键的因素,即民族国家的形成和现代语言学,这两个因素是界定国语的重要因子。

也有参会学者提出更多地疑问:第一,是否存在其他语种的少数民族知识分子反对国语运动的情况;第二,国语运动是否存在这样的面相:既需要与传统汉语文化圈中以雅言为核心的那套模式切割,又需要处理与传统汉语文化圈中的其他民族国家,尤其是日本,它们之间语言的互动性关系;第三,如何理解从晚清到五四时期世界语运动与国语运动之间的复杂关系。作者回应到:第一,20世纪30年代才开始出现反对国语运动,这也是出于政治斗争的需要。提倡汉族拉丁化和普通话就是反对国语运动的表现,提倡普通话的背后是苏联民族政策的支持,但是少数民族知识分子的介入很少,因为他们没有发言权。第二,国语运动与传统汉族文化圈的关系主要表现在平行性。中国与日本从清末开始就有呼应,其思想资源也来自日本,后来资源也很广泛,包括土耳其、德国、苏联的文字改革。然而二者也存在差异,日本排除国字是要建立文化的主体性,其与中国改革的目的不同。此外,国语运动是关于民族国家内部的思考,不涉及跟日本、韩国等国家竞争的方面。第三,国语运动和世界语运动的关系早期是相互配合,后期新文化运动的那批人就退出世界语运动的舞台,世界语变成左翼文化,反而变为共产党的外围组织,也有人很奇怪,支持世界语、方言,反对国语。以上三个方面的区别主要还在于政治目的的不同。

周月峰(华中师范大学)的《五四后"新文化运动"一词的流行与早期含义演变》一文,基于书信、文集及报刊杂志等资料,聚焦于"新文化运动"一词流行之初,探讨了其概念的复杂性和多变性,突破以往多集中于三四十年代的研究。作者通过讨论五四后数年间各方对"新文化运动"的不同表述及争论,展示时人心中的"新文化运动"如何从"混流并进"逐渐统系化,进而形成两种主要叙述,即以胡适为代表的中西新旧框架与以中国共产党为代表的阶级分析框架,试图揭示后世历史叙述"建构"的过程,借以加深对含混复杂、疏忽不定的新文化运动的认识。在讨论环节中,有学者认为:第一,文中对于新文化运动这个名词的考察存在矛盾或者叙述不清晰的情况;第二,关于陈独秀资料运用的问题,在1919年或之前都可以使用陈独秀的资料,但从1920年及其后的论述中如果只引陈独秀的文章、选编资料就会存在问题,因为共产国际的介入,所以不好分辨陈独秀的个人观点。此外,有学者给作者推荐了各省陆续出版的《革命历史文件汇集》等资料。作者回应到,自己曾考虑过这个方面,也有将报刊与文集相互参照,共产国际的问题应该考虑纳入,这可以增加文章的丰富性,但文章的主要观点不会改变。也有学者建议作者去参考桑兵的《"新文化运动"的源起》这篇文章,发表在《澳门理工学报》2015年第4期,该文认为新文化运动跟江苏教育会有很大关系。

章可(复旦大学)的《“主义”的悲剧:五四前后报刊中的“人道主义”小说》,立足于“人道主义”这一概念,基于五四前后报刊小说和文学作品,探讨了“人道主义”这一概念的出现及其进入文学视野的历史过程,揭示这种进入的途径带给“主义”本身的影响。作者认为从新文化运动一直到1920年代中期,在社会生活各个方面出现“主义”概念的过渡滥用和过渡政治化的倾向。“人道主义”小说对“主义”的反思,揭示了其内在的矛盾性和两难选择,呈现出历史的另一面相。有学者提出质疑,如何理解民国时期留学生或新式学生的旧式婚姻问题。作者回应到,传统旧式婚姻的人道主义,从深层次来看,它是伦理学或政治方面的问题,本文想谈的问题是人道主义这个概念因为当时的现实情境而离散开来成为论题式的东西,这背后包含权力的因素,当人道主义本身符号化之后再去评判传统旧式婚姻就会导致权力与解释的问题。

杨卫华(上海大学)的《民国自由派基督徒对个人主义的检讨、规训与重构》一文,基于中英文基督教报刊资料,考察了民国自由派基督徒对个人主义的声音,结合国内外战争等形势,探讨了近代基督教参与个人主义演进的历程以及个体与各种复数的集体之间的复杂关系,揭示了个人主义在近代中国的命运。有学者提出两点疑问:第一,如何理解个人主义概念的复杂性,因为它很容易流俗化地理解为自私自利,是否存在从这样的视角对个人主义进行阐释。第二,基督教的思想资源非常丰富,基督教是否在学理上为个人主义提供一种新的内涵。作者回应到,基督教很难超越西方的个人主义,二者共享很多思想资源。基督教有其自身的关怀,在坚守个体价值的同时,也有对他人、集体、社会、大的共同体的关怀,他们希望在这二者之间寻求某种平衡。西方的个人主义也是沿着这个思路在走,努力在个人权力和义务、自由和平等之间寻求平衡,是否有受到基督教的影响,目前还不清楚,但是基督教与西方主流的发展方向基本是一致的。

借鉴社会史、心态史和文化史的视角,高波(中国人民大学)的《社会主义论战缘起再审视——知识、认同与形象建构的视角》一文以社会主义论战为中心进行研究,突破了以往从思想史、政治史脉络入手的研究,侧重突出论战缘起及展开的历史语境,重点剖析了地域因素对中国社会主义运动产生的影响。有学者就此提出两点疑问:第一,在20世纪20年代前后的转折点上,学养深的老派人与新青年之间的激烈论战与知识挑战之间的关系。第二,如何理解精英与民众的关系。因为很多中共党员都是知识分子,而党的意识形态属性是工人阶级,当时像张东荪这派人是如何看待共产党内的精英与贫民的关系。作者回应到,首先关于中国早期的社会主义知识谱系的问题。一般认为社会主义论战发生时共产党还没成立。中共党成立之初,党员对马克思主义的了解是极端不够的,党外人士比党内成员更了解马克思主义的情形也许是存在的。1920年代,罗素和杜威才是主流,所有的派系都认为罗素所象征的修正主义式的社民主义路线才是未来社会主义的方向,但是在1921年之后很快就发生变化。中国早期的社会主义知识谱系很复杂,包括无政府主义。从晚清来说,广义的左派激进思潮的主流一直是无政府主义而不是马克思主义,到了20世纪中期才完成替换,这时的底色是无政府主义加上社会民族主义,强调国家的力量和阶级斗争的马克思主义反而被认为是落伍的。中国早期的社会主义知识谱系很复杂,20世纪30年代之后才开始重新系统地整理,我们看到的是重新整理过的知识谱系。

其次,关于精英与民众的关系。20世纪20年代,关于知识分子的问题还没有浮出水面。到了大革命时期,大量的学生党员涌入党内参加革命,工人阶级迟迟没有形成。中国早期的革命都是实践推动理论。关于阶级的论述是在1922年、1923年之后,尤其是知识分子党员构成中共的主体之后才开始的。在1920至1921年期间,中共主要还是在争夺社会主义的正统,他们想将马克思主义树立为正统。五四运动时期,以阶级斗争理解社会主义的方式并不是主流,至少在论战发生时,阶级分析说还没有来得及考虑,之后才开始将阶级细化。中国的共产主义革命巨大的特点一直是实践推动理论。也有学者认为20世纪20年代的文化权威是一个常见的问题,建议多强调从内地引发的挑战文化权威的论战。作者回应到,科举之后诞生的新知识分子、新的教育体制与乡村有某种疏离感,乡村被当做一个外在的东西。乡村改造就是试图把城市和乡村关联起来,自己也在考虑如何把1927年之后军阀推动的乡村建设中的知识分子和官员在重建中国乡村时复杂的认同过程表达出来。也有学者认为张东荪的演讲应该是受到舒心城的影响,建议多关注这方面的资料。

赵中亚(山西大学)的《艾伟德与〈六福客栈〉之争:“小妇人”形象的生成研究》一文基于形象建构的视角,立足于伦敦大学亚非学院所藏艾氏个人档案,以及台湾、香港、英国小报中的相关报道等资料,探讨了英国女传教士艾伟德与《六福客栈》之间曾经发生的争论及论争的深层原因,揭示了艾伟德“小妇人”形象的最终建构。张仲民(复旦大学)的《试论近代上海医药广告中的借名造假现象》一文,基于近代报刊和时人小说等文献资料,考察了近代报刊上所刊登的上海医药广告中的借名造假情况,揭示了借名造假这种广告手法背后所反映的近代上海医药广告文化的建构情形。有学者好奇作者背后所隐含的宏大关怀。作者回应到,20世纪三四十年代的政治宣传、政治文化和此文的背景是一样的,虚假宣传可以产生实际的效果,不仅是假药宣传,政治宣传也是如此,上台之后的政治宣传可以产生很大的作用。也有学者认为借名造假是有根源的。作者解释到,历史研究需要史料证明,此文主要考察的是借名造假的现象,是否真正发生过某个事件本身并不是那么重要。所以,借名造假所反映的是一种文化上的真实、实践上的作假的现象。

三、作为史料的报刊与报刊本身的研究

报刊是史学研究极为珍贵的第一手资料,报刊史料能很好地弥补相关史料的不足。中国近代的报刊内容非常丰富,涉及政治、经济、文化、社会思潮等各个方面,是研究政治史、思想史、文化史、经济史及新闻出版史不可或缺的原始资料。目前学术界关于报刊史料和报刊本身的研究,主要集中于总体性研究,区域性和专题性的研究成果参差不齐。在本次工作坊中,已有学者开始关注专业性或小型报纸的史料价值和报刊本身的研究,也有学者从新的视角解读报刊。

张凯(浙江大学)的《宋育仁与近代经史学之省思:以〈国学月刊〉为中心》一文从学术史的视角,探讨了近代经学与史学的重构关系,反思当下的治学方式与研究路径。文章从经史关系、孔学系谱、四部与分

科三个方面考察了宋育仁从个人立场与新办玄经的对话，重构孔学统系，贯通义理与制度，其后以宋育仁与东部学人的学术分合为线索，反思当下以西律中的分科之学，提出在现代学术注重客观经验知识的基础上，需要再次从传统出发，突破分科之学，建立方法与宗旨、考据与义理相贯通的整体学术体系，以问题为导向，而非以学科为界限，整合义理学与经史之学，赋予现代史学“撰述”与“明道”之义，为现代史学走出困境提供可能性。在讨论环节中，有学者质疑文中从天下国家到民族国家这一提法，建议将民国时期的学术思想对当局政治的影响、思想进入历史的过程以及与现代学术做一勾连。作者回应到，学术如何影响政治这个问题很复杂也很宏大，需要基于“守先待后”的观念来考察。天下国家以文化、伦理或价值观念为立足点，而民族国家以民族、血缘为基点，具有明显的边界来区分人与人、民族与民族之间的关系。也有参会者质疑文章的核心资料，认为《国学月刊》与一般的单行本著作不同，需要谨慎辨别。还有学者补充到，宋育仁作为学人对于当时的政治实际上毫无影响，而且也很难将其归类，建议将其与时人进行比较，文章可能会更立体。

叶舟（上海社科院）的《熔铸中外：周维翰及其〈医学报〉》一文，基于蒋湾桥周氏宗谱和报刊（以《医学报》为主）等资料，对周维翰的家世、生平及其创办《医学报》等事迹做了详细的梳理，突破了以往资料的限制。作者认为周维翰的思想是否真正贯穿到中医学界还是存疑的。有学者质疑《经世文潮》与经世文社之间是否有关系。作者认为这两者应该是相互独立的，没有太大联系。也有学者好奇周维翰的医业情况，并建议考虑采用德国学者的同乡会模式来阐述相关问题。作者回应到，周维翰医业情况不错，但是他应该不在同乡会中活动，所以同乡会的模式并不适合他。皮国立（台湾中原大学）的《从专业知识到家庭医药之转型：民国时期中西医对流感的治疗与调摄》一文以流感为切入点，探讨了中西医治疗流感的不同药方及差异性，检视了民国时期流感所映照出的药品、日常生活与大众文化的历史，揭示了清末民初西医最终取代中医的原因。有学者提出两点：第一，文中提到的家庭用药书籍本身就是变相的医药广告，因此是否需要考虑商业的因素；第二，建议增加病家的反应情况。作者回应到，文中需要增加药商的相关资料,因为药商是游走于医生和病人之间很重要的群体,他们一方面希望医生为自己生产的成药做广告宣传,另一方面希望通过这些宣传书籍吸引民众去购买他们的药品。另外,增加病人的情况将会使文章更加立体,日后将会考虑采纳此意见。

罗婉娴(香港浸会大学)的《东南亚华人的医疗观与对中医的寄望:以〈叻报〉为研究个案(1881—1900)》一文,探讨了19世纪末新加坡的医疗情况、东南亚华人的医疗观以及东南亚地区医学交流的情况。有学者质疑《叻报》与《申报》之间存在某种关系以及《叻报》是否发行到中国内地。作者回应到,《叻报》确实有些内容转载自《申报》,但是有的文章并没有注明,比较二者的关系将有助于考察东南亚地区报章的来源问题。关于《叻报》的发行,作者认为中国沿海有可能会有《叻报》发行,但内陆应该没有。最后有学者补充了与此文相关的清朝太医方面的资料。邹振环(复旦大学)的《20世纪50年代的一次中国翻译史研究规划的流产——试析〈翻译通报〉及其"中国翻译史特辑"》,立足于新资料的发现(以《翻译通报》为主),纠正了以往相关研究中的错误,详细梳理了新中国成立后中国翻译史的出现及初期两度推出的"中国翻译史特辑",分析了20世纪50年代的政治运动与中国翻译史研究规划流产的关系。在讨论环节中,有学者提出《翻译通报》关于俄国人的治国经验讨论较少。作者回应到,民国时期翻译界主要以英美为主,关于俄国的翻译不多。20世纪50年代希望扭转这个局面,所以在取材、编字典等方面皆以俄苏为主,这是受官方意识形态所支配的。也有学者就出版总署的翻译局是否有专门的翻译人才以及相关职员的信息和聘用过程等问题提出疑问。作者回应到,出版总署的翻译局刚成立时,翻译人才确实很少,而且关于职员的信息和聘用情况,目前没有相关资料,需要进一步到北京去查档案。

戴海斌(上海社科院)的《〈亚东时报〉考论(外篇)》一文,综合中日两方面的日记、书信及报刊等文献资料,作者详细考证了山根立庵、乙未会以及《亚东时报》的创刊、发行、改版及终刊等情况始末,其中还探讨了时人与《亚东时报》的渊源。有学者提出疑问,在《亚东时报》中是否有直接关于章太炎等学人的资料以及内篇的写作思路。作者回应到,该报跟普通士人没有太多交集,没有直接关于章太炎等学人的资料。内篇的写作思路主要是：第一，论说部分，主要追踪中国时事的政治性评论。其中涉及对中日关系的设想，主要包括两个趋势：一是当时中日双方的政府和民间都有关于中日结盟的构想，二是中国的民间团体逐渐合流为东亚同盟会的问题。第二，这部分主要是通过普通人的来稿来反映社会心理，考察中国普通士人对当时的时事和中日关系的看法。第三，这部分主要涉及大量的译稿，牵涉西学东渐的问题，也是西学汇入中学的一个表现。从学术史的角度，还有很多可做的地方。其他部分按内容来做，这就是内篇大概的研究思路。

高晞（复旦大学）的《未竟之业：〈博医会报〉中文版的梦想与现实——传教士中文传播西医学的探索与局限》一文，立足于《博医会报》的英文版文献，探讨了19世纪80年代后期上海的传教士尝试以中文传播西医科学知识、创办中文医学期刊的可能性，考察了博医会创办中文医刊的努力与计划失败的原因。作者认为《博医会报》中文版梦想的失败，根本原因在于该报的成员始终没有考虑清楚西医科学的传播到底该用何种语言。有学者提出疑问，《博医会报》的读者群体到底是哪些人，其发行范围是多大以及是否会针对欧美读者而发行到海外。作者回应到该报的发行对象是不断变化的。在1907年之前，《博医会报》主要发行在博医会成员内部，属于行业性的信息交流，也会发行到海外。到了1907年，该报成为学术医学杂志，其发行量扩大，发行对象和读者对象也都发生了变化，即从教民转向中国的医学生。也有学者就传教士的医学特色与宗教信仰之间的关系以及西医范畴是否有视野的限制等问题提出质疑。作者回应到，晚清时期教会以传教的方式传播医学，传教士是从宗教的角度来思考问题的，对于和基督教教义相违背的中国事物他们都大加批判，这种反对是出于心理和信仰上的。关于这二者的关系，它是有一个变化的过程，当传教士繁忙时一般不涉及这个问题。19世纪80年代他们比较重视医学的学术方面。到了19世纪90年代，突然转变为通过医学宣传宗教信仰，注重宗教的宣传，这种状态持续一年后，他们又回归学术医学的走向。

赵莹（山西大学）的《传承与转变：19世纪英文报刊所载〈京报〉译文比较研究》一文以在华英文期刊为主要资料，梳理了19世纪《京报》英译刊载活动的概况。文章通过深入研究各时间段内译介《京报》的代表性报刊,考察了《京报》英译活动的特点及其发展进程,揭示了19世纪中英关系发展变化的轨迹。有学者提出,可否进一步补充关于英译报刊的读者情况,文中讨论较少。也有学者就文中对英译报纸的归类、总结英译报纸的批判性以及译文报刊报道的频次和频率的统计情况提出了质疑。作者回应到,《京报》读者群体主要是汉学家、商人和长期生活在中国的人,这部分内容还需要进一步补充。此外,《北华捷报》和《字林西报》等商业性报纸对《京报》的重视程度,从文章的比例和翻译侧重上并没有表现出来。对于《京报》的翻译,相比于刊出平台,可能译者的作用更大。前期的译者主要是传教士,无论在道德方面还是价值方面,他们的要求都比较高。19世纪50年代和60年代,《北华捷报》的译者是传教士麦都思,这时《京报》的翻译无论从结构还是视角都更像前期。英国驻京使馆设立之后,《字林西报》的翻译来源变成了使馆的翻译人员,使馆人员的翻译一方面是获取对华信息,另一方面是作为他们学习中文的练习。此后,翻译的文章越来越少夹杂评判,相反,译员更多地加入注释,并结合中国其他的典籍对其中的文字和中国特有的事物进行讨论,《京报》后期的翻译就更加学术讨论化,减少了强势地判断。

四、报刊与近代中国知识再生产

在本次工作坊的圆桌讨论环节中,学者们围绕报刊与知识再生产等相关概念及其之间的关系进行了热烈的讨论。张仲民作为会议发起人之一,就报刊与知识的再生产之间的关系提出了自己的观点,他认为报刊研究的第一个层面就是报刊本身的研究,过去主要集中于大报或有影响力的报刊杂志的研究。第二个层面是报刊与知识再生产关系的研究,“再生产”需要从两个维度去理解:一是关注新报刊所承载知识的再利用问题,即被读者阅读、使用和再接受的过程,因为过去报刊多受西方的影响,传播西学知识、政治、新思潮等内容;二是关注报刊的同时关注报刊本身是如何建构起来的,包括文体、栏目、关键内容及其来源等。同时,他提出国内外的报刊史研究多关注报刊自身,这种范式需要反思和转变,如何结合报刊史料但又不为其所局限来进行研究,需要我们进一步思考。

会议的另一发起人章可认为“再生产”是将报刊视为一种载体、特别文本，在知识传播、消化过程中就会有一个“再生产”的过程。比如已有的知识通过报刊这种载体后会有一个新呈现，“生产”这个词更有“过程”这样一个含义，它能够包容报刊的编者、作者、读者等内容。他认为知识是很广泛的，从概念、观念层面到学术、学问层面，通过报刊这个媒介它会发生很多的变化，“再生产”就是将其视角聚焦到这整个过程上。

在讨论过程中，与会学者们不仅反思了目前报刊研究既有的研究范式，而且努力指出研究中需要注意的面相，就报刊与知识再生产的研究也提出了各自的看法。首先，黄克武认为近三十年来报刊的史料搜集有了很大发展，但仅靠史料进行研究也会受到很大限制。除了史料以外，我们还需要很好的问题意识作为研究的导向。关于报刊的研究，有的聚焦于报刊的创办和经营，有的则聚焦于报刊中的内容，但这两者之间如何勾连，如何将“再生产”的过程变成一个动态的过程，还需要我们继续思考。高哲一认为，目前报刊的研究主要有两种方法：一是把报刊当做史料来分析思想史等方面的问题；二是将报刊看作研究对象，分析报刊的产生、发展，研究报刊本身的历史。他认为这两种方法可以同时使用。关于“知识再生产”，他认为翻译就是“再生产”，将一手资料翻译成另外一种语言文本就是对原有内容的“再生产”，因为在译介的过程中，内容必然会发生变化。20 世纪是一个全球化的时代，翻译是生产新知识最简便的一个方法，如果将其看作是知识再生产的过程就显得非常有价值。

关于报刊本身的研究和报刊作为史料的研究，戴海斌认为这是报刊研究的两个面相，也是报刊研究逻辑上的两个步骤。因为报刊作为一种传播媒介和载体，它本身的研究是报刊作为史料研究的前提，这二者都需要批判性地理解。而陆胤则更倾向于从文献的视角而非史料的视角来进行报刊研究。他认为现当代文学研究者更加注重报刊的文体，如政论文、小说、连载小说、报纸的副刊等，这都与近代报刊的出现有很大关系，这就让我们不仅仅将报刊内容作为史料来看待。每个史料都有不同的重量，它在不同的语境、背景、版面、栏目、言说欲求、印刷发行方式上都有各自不同的色彩,所以从文献的视角进行报刊研究值得进一步讨论。

王东杰对本次参会论文进行简单地总结,认为可分为两大块:一是研究报刊,二是研究知识的生产。但是他本人并不太喜欢“知识的生产”这个用语,因为这种表述类似于把知识也当成某种产品。他渴望看到有文章阐释报刊与知识生产之间到底是怎样的关系,报刊的特殊性是什么,通过报刊和书籍呈现出来的知识是否会有变化。王东杰认为新闻学界对传播方式的研究会给我们史学工作者有很多启发,比如报刊和新书籍会对知识生产产生什么样的影响。古代人对出版书籍是非常慎重的,但近代人如胡适等人很快就将自己的文存付梓出版,这是一个时代性的问题。这些人为何很快就打破了古人的惯习?有人的解释是这些文字还不成熟,需要将其贡献出来给大家交流。这表明近代人们的道德观念与古人发生了重要变化,通过出版的形式或许可以窥知一二。我们也需要考虑知识生产不同形式的变化会对读书人的生活带来怎样的改变。比如,之前的学术刊物多是季刊,慢慢的变成双月刊、月刊等,显然这些变化对我们的学术研究都是有影响的。

杨琥认为近代以来知识体系出现了新的变化,学术期刊将以前书信往来所探讨的问题表达了出来,报纸对当时各种各样的信息、事件给予评论,所以近代的知识生产应该区分为两种:一是随时随地都可获得的知识,二是传统的本质性的知识。比如《国闻报》和《清议报》的报道和评论特别多,这些都成为后来历史学者书写历史的知识来源,而这些知识本身在历史环境和时代条件中都会有所变化。报刊上的知识有些是虚假的,甚至是有意制造的结果,只有加以鉴别才能认识到真实的知识。总而言之,报刊的研究有利于我们更加逼近真实的历史,认识到真实的知识。张凯认为报刊知识的再生产需要注意以下几个层面:第一,虚实相济的重要性,报刊的理解路径需要注意语境问题;第二,研究对象的问题;第三,报刊的运作、制度、人事、群体等背后的东西。除此之外,还需要理解言说的本意,既有当下性的东西,又要回溯根源经济体。对学识的挑战,既需要认识自己,也要认识到中国明清以来社会的发展变迁。

邹振环认为报刊是传统出版和现代出版之间的一个重要载体,它在近代便成为现代出版的一个重要标志,从日报、半月刊到月刊,它们的出现使得书籍史、出版史发生了天翻地覆的变化,从1843年墨海书馆的《六合丛谈》开始,几乎每个出版机构都与报刊联系在一起。以前的很多研究就是利用报刊里的资料来研究一些问题,对报刊本身的研究,大家都没有经验。他认为比较可靠的方法是先对报刊创办发展历程进行充分研究,然后在此基础上再上升到理论分析。张仲民补充到,报刊最基础的研究就是梳理清楚一个报刊的来龙去脉。

对于报和刊、知识和再生产等概念及相关问题的讨论也是圆桌会议的重点。首先,王东杰认为报和刊是不一样的,刊物的周期长,报纸的周期短,尤其是日报,它们在供稿和更新速度等方面差距较大。皮国立也认为报刊应该要分开来看,报与刊是有区别的,报的信息量比刊更大,报的更新速度比刊更快,而刊经常抓一个概念或思想的东西进行阐述。报的更新速度很快,但这"快"中就有作假和伪造的问题,所以就需要我们解构报刊中的虚妄,而这解构就是再生产。张仲民补充到,报刊的功用重在宣传,它具有误导性和欺骗性,即表达与实践存在一定的差异。"再生产"同时也有解构报刊自身合法性的意思,解构报刊的知识来源和立场也是提醒我们注意媒体的误导性、欺骗性和政治性等。

高波认为对"知识"这个概念应该有更广义和更宽泛的理解,尤其需要注意的是,不同形态的媒介生产出来的知识有何不同,比如报刊中生产出来的知识,它与书籍的知识和口传的知识有何不同。另外,报刊是一群人做出来的,它有一套传播系统,包括受众和经费来源等内容。所以在研究中,他更关注报刊所带来的作用和影响,如公共空间的拓展、社会意识的宣传、观念的铺展和行为方式的改变等。章可同意"知识"应该宽泛定义,他认为知识可以是片段式的信息,也可以是成体系的东西,可以是小的单位,也可以是大的单位。国内外思想史研究似乎缺乏对人的体验的加速化的认识,报刊是19世纪以来加速知识信息传播的载体,而今的微信等媒介又将是另一个加速历史进程变化的重要载体。

章可还提出,知识一旦产生,似乎具有天然的正当性。研究知识的生产就是要揭示知识的产生过程,质疑其合法性和正当性,将知识背后的面目揭露出来。周月峰认为,知识似乎存在名和实的区别,揭示出知识的事实及其与建构出来的知识之间的差异是我们需要进一步探讨的。王建业认为,数据库出现后史料收集逐渐演变成为体力活。从知识的狭义概念来理解,学术期刊的出现改变了知识生产和传播的方式,这为民国学术史研究提供了很好的载体。学术期刊让很多知识快速进入被人评价的范围内,使不同领域、地域的人能够产生一定共识。杨琥补充到北大很多老师的讲义最终都变成了知识,比如孟森的讲稿、钱穆的《国史大纲》等书都成为今日的经典书目,这在近代以前是不可能出现的,这也就反映了人们对知识及其形态的理解出现了很大变化。承红磊认为,除了报刊知识和书籍知识之外,是否还存在另一种知识,即奏议知识。因为近代报刊出现之前,士人对现实政治有想法大多是通过奏折,这是他们表达观点的一个重要渠道。

黄克武认为报刊的印刷流通给社会带来一种具体的呈现,但这种具体呈现还会给社会带来一种力量。近代以来,报刊作为一种现代传播媒介和方式将大量的知识和信息传播开来,这与近代政治、社会、思想观念的变化有着莫大关联。需要注意的是,近代报刊的传播需要打破中国这个空间概念。近代中国已经进入全球化的时代,中国报刊反映的一些问题也具有全球性,比如上海医药造假的现象,这在其他地方也同样存在,医药造假也是一个全球性的现象。在全球视野方面,所有资本主义的广告都是资本主义国家的资本市场的全球布局,在这个布局里面,无论是全球化还是在地化,他们对广告的措辞都有所考量,整个布局的过程就展现了全球化与在地化思想的冲击,因而报刊在中外之间的连接上有着十分重要的作用。青山治世同意黄老师的说法,认为现在是研究报刊最好的时代,我们应该注意原本的收藏情况,如果只使用数据库进行研究就会有问题。王建业也非常赞同黄老师刚才提到的,我们应该打破中国的地域范围。因为他自己在看史料时就发现有很多当时人关于世界的认识。

沈洁认为近现代中国与传统中国非常大的差异在于近现代中国创造了知识和舆论引导社会的时代,这与报刊、舆论的产生有很大的关系,知识和舆论搅动社会、影响历史。除了影响之外,需要注意的是舆论和报刊如何真实地左右历史、影响整个世界。通过对近代新型传播媒介的考察能够将近现代史的很多史实更好地勾连起来。徐敬(华东师范大学)认为在进行历史研究之时,我们应该注重史料所反映的矛盾和冲突,通过史料,尤其是反映前人研究观点相反一面的史料,在详细分析论证后提出一个新的逻辑就非常好。通过分析造假事件产生冲突的报刊、档案、日记等新材料,采用另外一个逻辑可以进一步延伸相关研究的深度。

五、小　结

本次工作坊从很多方面关注了报刊与近代中国知识再生产的课题。在论文发表与圆桌讨论中,与会学者们也充分重视了报刊在近代中国的巨大作用及影响,不管是报刊作为史料还是报刊本身的历史研究。新资料的发掘与新视角的转换进一步拓展了研究的宽度与深度,丰富了人们对历史的“立体性”或“全息性”认知。与会学者们通过激烈的讨论,反思了既有的报刊史研究范式,尝试从近代中国知识再生产的视角进行报刊研究,这在一定程度上加深了我们对于报刊与知识再生产等概念及其关系的理解和认知。在本次工作坊中,从报刊的受众和大众文化传播视角的相关论文虽然不少,但很多问题需要进一步地探讨和厘清。比如能否将报刊中的错误或虚假信息称之为“知识”,报刊中的翻译行为是一种转述还是知识的再生产,读者对于报刊的反映与回馈的研究,以及大众文化与精英文化之间的界限能否划分、如何划分的问题,这都需要进一步地思考。

(作者系复旦大学历史系博士研究生)

《不忘初心——上海市档案馆藏红色文献选萃》出版

1921 年 7 月,中国共产党在上海宣告成立。上海作为中国工人阶级的主要发源地之一,是工人阶级最集中的地方,同时也是新文化运动的发源地和传播马克思主义的重要基地。中国共产党在上海为发动工人运动,宣传革命思想,著书立说,办报纸,编杂志,在组织动员革命力量方面,发挥了巨大作用。上海市档案馆收藏有大量红色革命历史文献,其中既有建党初期的《共产党宣言》初版本,也有《青年杂志》《少年中国》等大量宣传马克思主义的刊物,还有宣传动员工人的各类小册子、宣传品,以及党组织在上海形成的其他重要资料,这些都是中国共产党早期历史的珍贵遗存,是弥足珍贵的红色记忆。

考虑到馆藏红色档案资源中有许多珍贵文献仍不被外界所了解,在中国共产党建党 95 周年前夕,本着弘扬党的革命传统、宣传老一辈革命家的无私奉献、流血牺牲的革命精神,不忘初心,勇于奋进。上海市档案馆编辑出版了《不忘初心——上海市档案馆藏红色文献选萃》图集。

面对数以万计的馆藏红色档案文献资源,如何取材,颇费踌躇。经过再三思考,我们决定从党的宣传工作角度,通过红色资料,再现我党从建党初始,在上海建立宣传工作阵地,宣传马克思主义、宣传中国共产党为人民谋利益的主张,组织动员人民群众参加反帝反封建的革命斗争;呼吁反对日本帝国主义侵略中国,组织动员建立广泛的民族统一战线;宣传中国共产党的新民主主义纲领,领导全国人民反内战反独裁,建立人民民主政权的历史过程,使读者从中感悟到党的宣传工作的重要作用,以及革命前辈为了宣传马克思主义、宣传党的革命主张,呼吁动员人民大众参加反帝反封建的革命斗争，逐步夺取并巩固革命政权的历史。这些红色资料丰富多样，有报纸、杂志，有书籍、文件，还有油印的宣传单、甚至手抄的党的文件等等，我们将这些积累近百年的红色遗存，通过书影图片的形式，呈现出来，使读者可以真切感受到我党革命斗争年代的历史脉动。

本图集选材的起止时间为1919—1949年。三十年的历史分四个部分展开：

第一部分为曙光初现（1921—1927）。反映了建党前后，以李大钊、陈独秀为代表的具有初步共产主义思想的知识分子通过创办报刊，广泛传播马克思主义，促进了马克思主义同中国工人运动的结合，为中国共产党的创建奠定了理论基础。在筹备建党时期，创办《劳动界》《共产党》，出版陈望道翻译的《共产党宣言》等马克思主义经典著作，使马克思主义理论逐渐成为引领中国革命的思想武器。1921年中国共产党成立后，为进一步宣传马克思主义，又先后创办了《劳动周刊》《妇女声》《先驱》《向导》等刊物，推动工人运动、妇女运动和青年运动的开展。大革命时期，领导创办了《热血日报》等，及时宣传党指导五卅运动的方针、政策。我党创办的这些报刊和出版机构成为党开展宣传工作的强有力阵地，把党的理论和主张传播到大江南北，极大地提升了中国共产党的影响力和号召力，为党掌握中国革命的领导权奠定了坚实的基础。馆藏上述重要红色资料，很多都是创刊号，如《共产党宣言》的首版中文译本，更是弥足珍贵，已经名列中国档案文献遗产第一批名录。

第二部分是风云激荡（1927—1937）。1927年国民党发动四·一二政变后，白色恐怖笼罩上海。中国共产党各级组织克服重重困难，坚持在上海秘密出版地下报刊，重建党的宣传阵地。在艰苦、险恶和动荡不安的环境中出版发行党的刊物，困难极大。为避开国民党的报刊检查，党的宣传工作者采取各种斗争策略，不断变换刊物名称、出版地址，甚至采取伪装封面的形式，如《布尔塞维克》《红旗》《红旗周报》《党的生活》《党的建设》等，就曾用过各种各样的伪装封面进行出版。在极端艰难困苦的环境下，党继续有组织有计划地翻译和出版马列著作，党的主要领导人也深入思考革命现实和理论问题，周恩来撰写了《目前中国党的组织问题》,以伪装封面书的形式出版,瞿秋白撰写的《中国革命与共产党》、毛泽东的《兴国调查》等,都从不同角度对中国革命实践进行总结和反思。同时,中共党组织继续坚守阵地,领导上海的工人运动和学生运动,出版了《上海工人》《列宁青年》及《少年真理报》、《摩登青年》等一批报刊,及时总结斗争经验与教训,提出正确的斗争策略和方法,起到了重要的宣传领导作用。

第三部分众志成城(1937—1945)。反映在抗日战争期间,在抗日民族统一战线的旗帜下,我党在上海这个党的抗日救亡的宣传主战场积极联合各界抗日力量,组织救亡宣传工作。中共上海党组织领导的上海文化界救亡协会机关报《救亡日报》与邹韬奋主编的《抗战》等,成为救亡报刊的旗帜。这一时期大量战地纪实报道通过《抗战画报》《抗同画报》《抗敌画报》等,揭露了日军的侵略暴行,激励民众奋起抗击。上海沦陷后,上海地下党组织在"孤岛"利用各种渠道创办《导报》《新知》《时代》周刊等报刊,出版《西行漫记》《西行访问记》《中国的新生》《华北前线》《成为时局中心新四军》等译作和《上海一日》《华北前线》等书,持续推动救亡宣传运动。

第四部分是迎接黎明(1945.8—1949)。抗战胜利后,迅速占领上海等大城市的宣传阵地成为我党宣传工作的重点。党的宣传工作围绕着"反内战、促和平、民主建国"展开,宣传党的各项方针政策,揭露国民党发动内战的阴谋、呼吁争取和平与民主,宣传报道解放区民主政权建设的情况。创办了《人人周刊》《文萃》《周报》《民主》《新文化》《方向》等刊物,出版美国记者福尔曼的《中国解放区见闻》、中外记者西北访问团报道《外国记者眼中的延安解放区》,以及延安整风系列文献汇集《灯塔》小丛书等。随着解放战争的迅速推进,国民党政府全面溃败,中国共产党清理、接管大中城市的工作被提上议事日程。为此,中共中央制定了一系列细致严密的政策,制定相关文件与规章制度,如《城市政策》《华东军区约法三章》《城市接管工作学习提纲》等,地下党组织组织编纂出版的《城市常识》《上海概况》等,对接管上海城市发挥了重要作用。

《不忘初心——上海市档案馆藏红色文献选萃》,通过大量书影图片和文字叙述,展现了中国共产党自诞生之初,便将宣传传播马克思主义、革命主张视为义不容辞的革命使命,中国共产党人在各个革命历史时期,积极创办党报党刊及群众性刊物,宣传党的政治主张和反帝反封建的民主革命纲领,组织发动社会各阶层参与到革命斗争的行列之中。这些文字铿锵有力、内容丰富充实、论述精辟独到的红色文献如一柄柄火炬,为中国共产党的发展壮大照亮了前行之路,给灾难深重的中国人民带来光明和希望。

触摸历史,不忘初心。红色记忆带给我们的不仅是对革命前辈的景仰之情,更是激励后人不忘初心,继续前行的动力之源。

《不忘初心——上海市档案馆藏红色文献选萃》即将由上海书店出版社出版。

(庄志龄)

《上海档案史料研究》稿约

为进一步开发上海档案信息资源,深化上海历史研究,加强档案馆与学术界的联系,为上海经济社会发展服务,上海市档案馆定期编辑出版学术论丛《上海档案史料研究》,特诚向广大专家学者征求稿件,渴望得到您的大力支持。兹敬告如下:

1. 本论丛内容以反映上海近现代城市发展进程为主线,兼顾中国近现代历史研究的各个方面,尤其欢迎对档案史料进行开发、利用、研究的各类学术性成果。

2. 本论丛常设栏目专题研究、读档随笔、口述历史(回忆录)、档案指南(访档录)、档案架(档案史料公布)、译林(译文精选)、学术动态(会议综述、会讯、书评、书讯)等,并可根据来稿内容作相应调整。

3. 来稿请提供 Windows Office Word 中文版电子文本,论文注释统一为页下注,并应符合通行学术规范。编作者并请注明职务、职称、工作单位、联系方式。

4. 来稿一经本论丛采用,稿酬一律从优。

5. 本论丛原邮箱自 2017 年 1 月后改用 shdaslyj2017@163.com 邮箱。敬请注意。

联系人:朱　榕

联系地址:上海市仙霞路 326 号上海市档案馆编研部(邮编 200336)

联系电话:021 - 62751700 - 1615

电子邮箱:shdaslyj2017@163.com.

图书在版编目(CIP)数据

上海档案史料研究. 第二十一辑/上海市档案馆编. —上海：上海三联书店,2016.12
ISBN 978-7-5426-5771-8

Ⅰ. ①上… Ⅱ. ①上… Ⅲ. ①上海—地方史—史料—文集 Ⅳ. ①K295.1-53

中国版本图书馆 CIP 数据核字(2016)第 294519 号

上海档案史料研究(第二十一辑)

编　　者 / 上海市档案馆

责任编辑 / 张大伟
装帧设计 / 樊　琳
监　　制 / 李　敏
责任校对 / 喻　萍

出版发行 / 上海三联书店
(201199)中国上海市都市路 4855 号 2 座 10 楼
网　　址 / www.sjpc1932.com
邮购电话 / 021-22895557
印　　刷 / 上海展强印刷有限公司

版　　次 / 2016 年 12 月第 1 版
印　　次 / 2016 年 12 月第 1 次印刷
开　　本 / 640×960　1/16
字　　数 / 360 千字
印　　张 / 23.25
书　　号 / ISBN 978-7-5426-5771-8/K·409
定　　价 / 58.00 元